*Fonética y fonología
actual del español*

Francesco D'Introno
Enrique del Teso
Rosemary Weston

Fonética y fonología actual del español

SEGUNDA EDICIÓN

CÁTEDRA

LINGÜÍSTICA

1.ª edición, 1995
2.ª edición, 2010

Reservados todos los derechos. El contenido de esta obra está protegido por la Ley, que establece penas de prisión y/o multas, además de las correspondientes indemnizaciones por daños y perjuicios, para quienes reprodujeren, plagiaren, distribuyeren o comunicaren públicamente, en todo o en parte, una obra literaria, artística o científica, o su transformación, interpretación o ejecución artística fijada en cualquier tipo de soporte o comunicada a través de cualquier medio, sin la preceptiva autorización.

© Francesco D'Introno, Enrique del Teso y Rosemary Weston
© Ediciones Cátedra (Grupo Anaya, S. A.), 1995, 2010
Juan Ignacio Luca de Tena, 15. 28027 Madrid
Depósito legal: M. 50.106-2010
I.S.B.N.: 978-84-376-1363-5
Printed in Spain
Impreso en Anzos, S. L.
Fuenlabrada (Madrid)

A nuestros hijos:

Tarik
Tonia
Francesca
Marta
Javier

Presentación

Pasé el año académico 1992-1993 en la Universidad de Oviedo gracias a un programa de intercambio entre esta universidad y la mía y gracias a una beca Fullbright. Estaba reemplazando a Enrique del Teso, quien en ese momento me reemplazaba en la Universidad de Massachusetts. José Antonio Martínez, jefe del departamento de Filología Española, me pidió que diera el curso de fonética y fonología que era el curso que debía impartir Enrique del Teso. No tenía materiales para dicho curso, y decidí elaborar algunos y reelaborar otros ya existentes.

Enrique del Teso estaba dando un curso de lingüística general en la Universidad de Massachusetts, y al llegar a la parte de fonética y fonología decidió elaborar sus propios materiales. Así que al terminar el intercambio, Enrique y yo descubrimos que habíamos estado haciendo lo mismo, en gran parte por la falta de un libro específico sobre fonética y fonología actual del español. Fue así como concebí la elaboración de este libro y le pedí la colaboración a del Teso y a Rosemary Weston, entonces una estudiante graduada de la Universidad de Massachusetts que trabajaba en fonología.

Escribir un libro entre tres personas no es una tarea fácil, a pesar del correo electrónico, el fax, etc. sobre todo cuando media una larga distancia, las vacaciones de las universidades donde los tres autores trabajan no coinciden, y todos ellos deciden tener bebés durante la producción del libro. Por estas razones me autonombré coordinador, por supuesto con la venia de del Teso y Weston, y he tratado de respetar y hacer respetar fechas y pautas de redacción. Pero mi labor ha sido algo difícil. A pesar de ello hoy puedo enviar la última revisión del libro a Cátedra, que ha mostrado una gran paciencia y comprensión durante todo el proceso.

¿De qué trata este libro? En pocas palabras es un estudio y presentación del estado de la cuestión en fonética y fonología del español. El primer capítulo está dedicado al análisis fonético del español con cierto énfasis en fonética acústica y análisis fonético por ordenador. El segundo capítulo es una revisión, desde el punto de vista fonológico, de Tomás Navarro Tomás y otros autores, por ejemplo Alarcos Llorach, con el fin de organizar datos, proponer algunas hipótesis iniciales sobre fonología del español e introducir nociones y métodos analíticos importantes en fonología contemporánea. El tercer capítulo es una presentación de la fonología generativa con referencia al español, yendo del modelo de finales de los años 60 al modelo de mitad de los años 90. Los temas más relevantes en este capítulo son la sílaba y la acentuación en español, para los que se ofrece la hipótesis estándar en fonología generativa y la nuestra propia.

¡Ah, casi se me olvidaba! Como coordinador y redactor principal quiero expresarles, en nombre de Enrique, Rosemary y el mío propio, nuestro agradecimiento a todos los que nos ayudaron y/o soportaron durante la producción de este libro. En particular y de una manera un poco personal quisiera agradecerles a Elisabeth Selkirk, John McCarthy, Jorge Guitart, Guillermo Lorenzo, José Antonio Martínez, Cristina González y a muchas otras personas los consejos que nos dieron, las sugerencias que nos hicieron o la buena voluntad que mostraron en escucharnos. Rosemary y yo también queremos expresarles a Manoli Junquera y Guillermo Corretgé la amabilidad de ofrecernos la hospitalidad de su piso en Gijón donde ahora me encuentro y donde redactamos parte del libro en 1992. Ninguno de ellos debe o puede sentirse responsable por nuestras ideas y nuestros errores.

Gijón, 2 de agosto de 1995
Francesco D'Introno

CAPÍTULO PRIMERO

La fonética en los estudios del lenguaje

1.1. INTRODUCCIÓN

Siempre que una manifestación determinada de un sistema es capaz de generar efectos en otro, es decir, siempre que un sistema transmite una forma de *información* sobre otro, ha de haber alguna materia que haya partido del primero y alcanzado al segundo. Cuando hablamos, las secuencias que emitimos producen en quien nos escucha una alteración en su estado de memoria: ciertos "recuerdos" o conocimientos suyos se hacen más vivos a resultas de que nosotros hayamos pronunciado una determinada palabra. Aunque no tenga ninguno delante, la emisión de la palabra *árbol* hará que esa realidad se haga presente en su mente "como si se ampliara el horizonte de sus percepciones", según la feliz sentencia de Bühler. Si esto ocurre, si ciertos gestos articulatorios nuestros dan lugar a que se activen los complejos procesos bioquímicos en que consisten los recuerdos y saberes de quien nos escucha, es porque alguna forma de materia emanada de nuestro organismo incide en el suyo. En el ejercicio lingüístico más habitual esta materia es la que llamamos sonido. En última instancia podríamos hacer descansar todo nuestro saber lingüístico en flujos de energía y procesos químicos que tienen lugar en nuestro cerebro y sistema nervioso y admitir así que todo en el lenguaje es *materia* estructurada de cierta manera. Pero aun en este supuesto, el sonido sería la materia por excelencia del lenguaje, porque es la única materia que se *transmite* desde el sistema emisor al sistema receptor y, por tanto, es la materia misma de la *comunicación* ("puesta en contacto") entre los dos sistemas. Ciertamente, las alteraciones en la presión del aire que llamamos sonido no son ellas mismas el idioma en que nos entendemos ni su estudio puede suponerse el estudio del saber por el que los que hablamos la misma lengua podemos entendernos todos los días. Tampoco la arcilla, la piedra y demás materiales de construcción son ellos mismos un edificio ni una catedral, pero mal ejercerá su oficio el arquitecto que desconozca los materiales brutos que su actividad organiza. Hay al menos tres buenas razones para exigirnos que los estudios fonéticos en que se basan los análisis lingüísticos no sean triviales:

1) Una razón obvia es que la fonología, como disciplina científica, debe proyectar sus análisis sobre un material que sea bien conocido en su estado bruto para poder comprender qué clase de metabolización de ese material es la que representa el plano de la expresión. Sólo así podremos estar seguros de que cuando decimos del fonema /k/, por ejemplo, que es un fonema denso estamos transmitiendo algún tipo de conocimiento. Términos como 'denso', 'sonoro', 'grave', etc., que constituyen la masa misma de la fonología, serían meras etiquetas lúdicas si no es bien conocido el hecho acústico que designan.
2) La lingüística tiene el objetivo de hacer comprensible la naturaleza y el *quid* específico de las lenguas humanas. Como en cualquier otra actividad racional gnoseológicamente similar, este objetivo implica la construcción de principios en virtud de los cuales haya el menor número posible de cosas fortuitas y el mayor número de cosas posible predecibles a partir de esos principios. De hecho, las cantidades elementales y magnitudes constantes que maneja la física contemporánea representan otras tantas frustraciones de los científicos de ese campo. No basta con estar seguros de que todas las lenguas son habladas (y ninguna visual), ni de que en todas las lenguas habrá una gramática y una fonología de cierta complejidad; quisiéramos llegar a ver que eso sólo puede ser así porque ciertos conocimientos que fuimos capaces de elaborar predicen que así han de ser las cosas. El conocimiento de la naturaleza del sonido, de las vicisitudes de su transmisión y de la manera en que el organismo humano lo percibe es una parte inevitable de los conocimientos que debemos acumular para entender por qué los códigos que llamamos lenguas tienen la forma en que se nos presentan. En suma, ciertas características estructurales de nuestras lenguas son deudoras de ciertas características estructurales del canal por el que nos comunicamos y no podremos entender tales características sin conocer lo que es en sí la materia que pone en contacto el organismo emisor con el organismo receptor.

3) Finalmente, hay una amplia gama de actividades aplicadas que no podrían ser llevadas a cabo sin un conocimiento profundo de lo que es el sonido, su generación y su recepción: interfaces de voz, rehabilitación del habla, ortofonía, aprendizaje de lenguas no maternas, didáctica, etc.

En las secciones que siguen trataremos de hacer comprensible todo lo que ocurre desde que empiezan a actuar los músculos abdominales del emisor, iniciándose el proceso del habla, hasta que en los parietales del cerebro del receptor tiene lugar la actividad eléctrica y química en que consiste el procesamiento de la señal recibida. Tendremos en cuenta en lo que sigue la triple perspectiva con que se suele analizar el hecho del habla y que corresponde a los tres momentos del acto comunicativo: emisión, transmisión y recepción. A estos momentos corresponden, respectivamente, la fonética articulatoria, la fonética acústica y la fonética perceptiva. Por razones de exposición y comprensión empezaremos nuestra exposición por la fonética acústica. La comprensión cabal de lo que es la energía misma que se transmite y que se procesa hará más fácilmente comprensible la génesis de esa forma de energía (fonética articulatoria).

El riguroso paralelismo que muchas veces hay entre los parámetros articulatorios y los acústicos da lugar a que la terminología articulatoria y la acústica parezcan una traducción de la otra. Quienes se inician en esta disciplina pueden percibir a veces esto como una duplicidad que genera complejidad a cambio de nada o de muy poco. Sin embargo, el conocimiento de la génesis articulatoria de los sonidos y el de su naturaleza acústica no son redundantes. No siempre es indiferente estudiar los hechos articulatorios y los hechos acústicos. Puede ser más interesante adoptar el punto de vista acústico o el articulatorio según cuáles sean nuestros propósitos. Es interesante el punto de vista articulatorio en actividades como las siguientes:

a) Estudios de gramática histórica. Las causas internas de los cambios fonéticos suelen ser articulatorias y pocas veces acústicas.
b) Aplicaciones para rehabilitación del habla.
c) Enseñanza de segunda lengua. En cualquier aplicación pedagógica debe recordarse que la descripción articulatoria permite la autoobservación del alumno, pero no la descripción acústica. Un alumno puede comprobar por sí mismo que junta los labios para articular una [p], pero no puede comprobar que los formantes de las vocales contiguas tienen transiciones rápidas.

Por el contrario, es preferible el punto de vista acústico-perceptivo en casos como los siguientes:

a) Aplicaciones al reconocimiento automático del habla y a la generación de voz.
b) Implementación de cualquier tipo de interfaz de usuario basado en la voz.
c) En general, será el punto de vista científicamente más realista. Lo que realmente pone en contacto al emisor con el receptor son las ondas sonoras, no los movimientos articulatorios del emisor. La fonética y fonología acústica será empíricamente la más adecuada.

1.2. LOS FENÓMENOS ONDULATORIOS Y LAS ONDAS SONORAS

1.2.1. *Breve memento terminológico: fuerza, energía, potencia, presión*

1.2.1.0 Los sonidos, las secuencias con que nos comunicamos, son una forma de energía que se transmite. Se trata de un hecho físico que se deja entender a partir de parámetros físicos que debemos conocer. En lo que sigue deberemos utilizar con normalidad expresiones como "fuerza", "energía", "intensidad", "presión", etc., que casi pertenecen al vocabulario normal que usa un hablante en contextos neutros. Precisamente por esa razón es posible que no sea estéril un recordatorio de lo que esos términos significan en física. No nos interesan aquí las cuestiones relativas al cálculo de estas magnitudes, sino sólo el concepto que cubren esas etiquetas con el grado de precisión que necesitamos para nuestra exposición. El lector que maneje con soltura estas magnitudes encontrará innecesaria la lectura de los párrafos siguientes y puede pasar directamente al punto 1.2.

1.2.1.1. El concepto angular sobre el que descansa la mecánica clásica es el de **fuerza**, definido por Newton como la magnitud vectorial producto de la masa y la aceleración[1]. La aceleración se entiende

---

[1] La fuerza es una magnitud vectorial porque en su cuantificación no se agota todo lo que es físicamente relevante. Es necesario especificar también su dirección y su sentido. Si imaginamos que una fuerza es algo que tiene una trayectoria que puede ser representada como un segmento (es decir, un línea recta delimitada por sus dos extremos), la dirección es la recta (infinita) de la que es componente ese segmento y el sentido es la orientación de ese segmento. Así, por ejemplo, una fuerza de dirección vertical podrá tener un sentido ascendente o descendente.

como la modificación que experimenta la velocidad de una masa en un lapso de tiempo determinado. Un cuerpo nunca se acelera por sí solo. Cuando está en reposo, es decir, en velocidad cero, tenderá a mantenerse en reposo; y cuando se desplaza a velocidad constante se mantendrá a esa velocidad constante (aunque en el mundo que experimentamos en nuestra vida cotidiana esto último no lo podemos comprobar). Cuando un cuerpo en reposo deja de estarlo, o cuando un cuerpo que se mueve a 100 km/hora pierde velocidad, es decir, cuando un cuerpo se acelera[2], es porque alguna fuerza actuó sobre él. La aceleración es, por tanto, uno de los efectos de las fuerzas y tanto mayor es la fuerza cuanto mayor la aceleración, es decir, cuanto mayor sea la modificación de la velocidad en menos tiempo. La fuerza es además proporcional a la masa. Se capta con facilidad que si dos cuerpos se aceleran igual y uno tiene el doble de masa que el otro, la fuerza que actuó sobre él ha de ser mayor que la que actuó sobre el otro. Cuando cuantificamos la masa de un cuerpo, cuantificamos la resistencia que ese cuerpo ofrece a ser acelerado, es decir, su *inercia*.

1.2.1.1.2.1. Cuando una masa aplica una fuerza a otra masa, hay algo que la primera gasta e invierte en la otra. Ese algo es lo que llamamos **energía** y el efecto producido por la aplicación de la fuerza, es decir, aquello en lo que se invierte la energía, se denomina *trabajo*. Trabajo y energía se miden de la misma manera porque básicamente son lo mismo. En términos sencillos, el trabajo es el efecto cuantificable a que da lugar la aplicación de una fuerza y la energía es la capacidad de trabajo que tiene una masa. Si apretamos con un dedo un bloque de hormigón, estaremos ejerciendo una fuerza que, probablemente, no producirá ningún efecto: la aplicación de esa fuerza da lugar a un trabajo nulo. Si hacemos lo mismo sobre plastilina, es probable que sí consigamos crear una pequeña oquedad en el material; aquí sí habrá trabajo realizado. Un coche aparcado no está realizando ningún trabajo y uno que se esté desplazando a 100 km/hora, en principio, tampoco. Pero el primero no nos causa ningún respeto, mientras que el segundo tratamos de evitarlo. El primero no sólo no está realizando ningún trabajo, sino que tampoco está en condiciones de realizarlo; el segundo no está realizando trabajo, pero sí tiene capacidad de realizarlo. Este segundo es el que tiene energía.

---

[2] Recuérdese que en física la aceleración no alude a un incremento de velocidad, como en el lenguaje cotidiano, sino a una modificación de velocidad, en el sentido que sea.

1.2.1.2.2. Los efectos de la aplicación de energía (= los trabajos que se pueden cumplir) son enormemente diversos: un papel que se rompe, un globo que estalla, un sello que queda adherido a un sobre, un televisor que funciona,... Siempre que ocurre *algo* es porque hay un trabajo en el que se disipó alguna forma de energía. ¿Cómo se puede cuantificar semejante diversidad? Como cualquier otro campo que se quiera estar en condiciones de dimensionar, se busca una situación tipo, fácil de observar y medir, y se hace consistir la medida de las demás situaciones en las veces que sea necesario repetir el patrón obtenido. La energía más fácil de medir es la energía potencial. Haremos después una caracterización somera de esta forma de energía. De momento retengamos que es la energía que adquiere un cuerpo por su situación con respecto a la gravedad. Es la energía que podríamos comunicar a una silla que suspendiésemos de la ventana de un décimo piso: si hay riesgo de que se caiga a la acera trataríamos de no estar debajo por la intuición que tenemos de su capacidad de trabajo. Para mantener un cuerpo en nuestros brazos sin dejar que se caiga y sin levantarlo debemos ejercer la fuerza justa que compense la atracción que la gravedad hace de ese cuerpo. La cantidad de fuerza que hay que ejercer para lograr esto habrá de ser el producto de la aceleración que la gravedad imprime al cuerpo en cuestión (en nuestras latitudes, 9,8 m/s^2) por la masa de ese cuerpo. Si quisiéramos vencer la gravedad con nuestros brazos y elevar un metro la masa de que se trate, podríamos relacionar esa fuerza con el espacio de desplazamiento (en este caso, un metro) y llegaríamos a una magnitud que cuantificaría nuestro esfuerzo: este es tanto mayor cuanto mayor sea la fuerza necesaria para mantener suspendido el cuerpo que teníamos en los brazos (dado que la aceleración de la gravedad es constante, esta fuerza dependerá sólo de que el cuerpo tenga más o menos kilogramos masa); y será tanto mayor cuanto mayor sea el espacio que queramos que se desplace el cuerpo en cuestión (levantar dos metros ese cuerpo cuesta más que levantarlo uno). Esa magnitud es el trabajo. El producto de la fuerza por el espacio cuantifica la energía que transmitimos al cuerpo que levantamos. Así, un *julio* es la energía que se invierte al levantar un metro una masa ejerciendo sobre ella una fuerza de un newton. Si queremos saber cuánta energía transmitimos a un balón al darle una patada, debemos calcular cuánto espacio levantaríamos una masa ejerciendo cuánta fuerza si el gasto lo hubiéramos hecho en levantar esa masa.

1.2.1.2.3. Como quizá pueda deducirse de lo dicho hasta aquí, hay muchas formas de energía. Para la comprensión de lo que son los sonidos nos interesa caracterizar brevemente una de esas formas de energía: es la llamada **energía mecánica,** que resulta de la suma de **energía potencial** más **energía cinética.**

La energía cinética es la capacidad trabajo que tienen los cuerpos debida a su masa y a su cantidad de movimiento. Es directamente proporcional a la masa y al cuadrado de la velocidad. La energía que tenía el coche que se movía a 100 km/hora, y que no tenía el coche que estaba parado, es precisamente de este tipo. Si el coche fuera al doble de velocidad, tendría más energía cinética; y si lo que se moviera a 100 km/hora fuera un camión, también sería mayor la energía cinética, al ser mayor la masa.

La idea básica de lo que es la energía potencial es muy fácil de captar, pero una definición mínimamente técnica ha de tener un cierto grado de elaboración. Como apuntamos antes, un cuerpo suspendido en lo alto de un edificio, aunque esté *quieto* y por tanto su energía cinética sea nula, tiene una cierta cantidad de energía: la eventualidad de que se le suelte desde arriba le confiere la capacidad de trabajo que pueda originar el previsible impacto. Si cogemos una piedra de cierto peso en la calle y subimos con ella unas escaleras, a medida que vamos subiendo va ganando energía potencial la piedra; cada vez es más el trabajo que podría hacer si la soltamos. Si estiramos la goma de un tirachinas con un canto prendido en ella, ese canto tiene una cierta cantidad de energía aunque esté en velocidad cero: de hecho esto que acabamos de describir podría ser la sustancia de una amenaza. La energía que tiene esa piedra por el proceso que se desencadenaría si se dejara que la goma retornara a su posición de reposo sin resistencia es también energía potencial. Como se ve, la energía potencial es la capacidad de trabajo que tiene un cuerpo a resultas de posición espacial con respecto a un cierto tipo de fuerza (en nuestros ejemplos, la gravedad y la que se genera en un cuerpo elástico al que se deforma) que se denomina *fuerza conservativa*. Una fuerza es conservativa si la cantidad de trabajo que invierte en mover un cuerpo desde un punto A a un punto B es independiente de la trayectoria que recorra el cuerpo en cuestión. La fuerza que mueve un coche de Gijón (punto A) a Madrid (punto B) es evidente que no es conservativa. Necesitaremos más o menos gasolina según qué ruta sigamos. Lo peculiar de las fuerzas conservativas es que la ruta que siga la masa que se mueve no es relevante para la energía que se invierte. Evidentemente, si el punto A y el punto B son el mismo, el trabajo realizado por la fuerza conservativa habrá de ser necesariamente nulo. El ejemplo más obvio de fuerza conservativa es la gravedad. Si arrojásemos una piedra al alto y la recogemos de nuevo con nuestra mano y si esto pudiera ocurrir en el vacío para que no incida más fuerza que la gravedad, la energía (cinética) con que la piedra sale de nuestra mano ha de ser necesariamente la misma con la que regresa al mismo punto. No hay más trabajo que el realizado por nuestro cuerpo; el trabajo realizado por la gravedad es nulo. Tienen energía potencial por estar sometidos a una fuerza conservativa, por ejemplo, un péndulo cuando está en lo alto, un cuerpo elástico comprimido o la mencionada piedra elevada a un décimo piso.

1.2.1.2.4. Como dijimos antes, la energía mecánica es la suma de la energía cinética y la potencial. Debemos retener que la suma de estas dos energías es constante y por eso la energía mecánica que podemos atribuir a masas que están cumpliendo determinados ciclos es constante. Pensemos en la piedra sostenida en la ventana del décimo piso e imaginemos que, finalmente, se suelta. Cuando está en el piso décimo, aún quieta, la energía cinética es nula (puesto que está en velocidad cero) y la energía potencial máxima. Cuando la piedra, cayendo, alcanza el piso quinto ya perdió una parte importante de su energía potencial: a la altura de un quinto un cuerpo tiene menos energía potencial que a la altura de un décimo. Pero a la altura del quinto la piedra ya no está quieta, sino que ya va con una cierta velocidad. Lo que perdió en energía potencial lo ganó en energía cinética. Justo antes de estrellarse contra el suelo la energía potencial será mínima, pero habrá llegado al máximo su velocidad y, por tanto, también su energía cinética. En todo momento la suma de energía cinética más energía potencial es constante. Como veremos en su momento, la relación entre las energías cinética y potencial de una onda sonora varía según la fase de la onda en que se esté, pero hablamos de la intensidad de la onda, como un dato estable, porque en todo el ciclo es constante la energía mecánica.

1.2.1.3. Trasladar dos toneladas de ladrillos de un punto a otro es algo que puede hacer una máquina y que puede hacer también una persona sola. En los dos casos será el mismo el trabajo realizado y en los dos casos será igual, por tanto, la energía invertida. La única diferencia está en el tiempo que se necesita para realizar el trabajo en uno y otro caso. La magnitud física que hace diferentes las dos situaciones es la **potencia**. La potencia es la relación que existe entre la energía y el tiempo en que invierte esa energía. Muchas veces se cuantifica la intensidad del sonido en watios y, por tanto, en unidades de potencia. El dato simple de la capacidad de trabajo dice poco si no se pone en relación con el tiempo necesario para realizarlo.

1.2.1.4. El último de los conceptos básicos de física que necesitaremos para expresarnos en lo que sigue es el de **presión**. Es la cantidad de fuerza por superficie. Es directamente proporcional a la fuerza e inversamente proporcional a la superficie que la ejerce (o el volumen, si la fuerza se ejerce en todas las direcciones). La diferencia de cortar con un cuchillo afilado o con un cuchillo mellado no tiene que ver con la fuerza que se ejerce, sino con el hecho de que en un caso es más pequeña la superficie que la ejerce: de la fuerza total ejercida, cada punto de la superficie que la ejerce "toca a más" fuerza. Esa magnitud que crece cuando merma la superficie es la presión. Naturalmente, cuanto mayor sea la fuerza ejercida mayor será también la presión. Como veremos, es habitual cuantificar la perturbación que produce una onda en un medio elástico en unidades de presión, además de unidades de potencia. De hecho, lo que realmente provoca el movimiento de nuestro tímpano, es decir, lo que da lugar a la impresión de sonoridad, son alteraciones en la presión del aire.

1.2.2. *Choques elásticos y cuerpos elásticos*

1.2.2.1. El choque perfectamente elástico

1.2.2.1.0. El sonido es un proceso ondulatorio que tiene lugar en una masa elástica. La comprensión de lo que es una onda, y por tanto una onda sonora, pasa precisamente por la comprensión de lo que es un **cuerpo elástico**. Puesto que lo que distingue un cuerpo elástico es la manera en que reaccionan sus partículas cuando una perturbación las mueve de su posición de reposo, quizá la forma más sencilla de llegar a donde pretendemos es concentrarnos en lo que es el proceso simple del **choque elástico.**

1.2.2.1.1. Un choque es un contacto físico entre dos masas, al que llegan con una cierta cantidad de movimiento, durante el cual se crea un juego de fuerzas que cada una ejerce sobre la otra. Hay ciertas fuerzas que son externas al choque, porque actúan sobre las masas al margen de que el choque se produzca; otras son internas al choque porque se aplican a consecuencia de que se haya producido el contacto. Se entiende que el choque es perfectamente elástico si la composición de todas las fuerzas externas es nula y el trabajo realizado por las fuerzas internas es nulo. Imaginemos una bola de billar parada (A) sobre la que incide otra que fue impulsada para ello (B). En el momento en que B entra en contacto con A, ejerce sobre ella una fuerza y recibe de A la correspondiente fuerza de reacción. Podemos suponer que ambas bolas van a quedar como estaban antes del choque, que no les pasará *nada* por haber colidido. Si esto es así, el trabajo realizado por esas fuerzas de acción y reacción que se aplicaron durante el choque realizaron un trabajo nulo. La bola B que incide sobra la bola que estaba quieta llega al choque con una cierta energía cinética; al no invertir en trabajo esa energía, se la transfiere a la bola A, que de esa manera sale del choque con la cantidad de movimiento y con la energía cinética que le comunica la bola B. Por su parte, la bola B, al comunicar toda su energía a la bola A, la pierde y tenderá a quedar quieta. Si además no hubiera fuerzas externas al choque incidiendo (o la composición de todas ellas fuese nula), el resultado del choque sería el intercambio de energías cinéticas de las dos masas que entraron en colisión. Si chocan dos bolas de billar en movimiento y con distintas velocidades cada una, la bola que iba más rápida saldrá del choque a la velocidad de la más lenta y viceversa[3].

1.2.2.1.2. En el otro extremo, un choque será perfectamente inelástico si las fuerzas internas al choque desarrollan un trabajo en el que se invierte *toda* la energía cinética que llevaban las masas. Al salir del choque, las masas tendrán entonces una energía cinética nula: esto sólo ocurre si están paradas y, por tanto, si el efecto del choque es que queden pegadas. Una porción de plastilina chocando con la pared sería un ejemplo de choque inelástico.

1.2.2.2. Los medios elásticos

La elasticidad o inelasticidad de los cuerpos es una característica que les atribuimos por la manera en que reaccionan cuando se les perturba. Si damos un golpe a un cuerpo, provocaremos un movimiento de las partículas más cercanas a la fuente de perturbación que hará que choquen con otras partículas. Si el choque es inelástico, tenderán a quedar *pegadas* como resultado de ese choque y, de esa manera, nuestro golpe puede dar lugar a una deformación del cuerpo perturbado que se mantendrá después de haber dejado nosotros de actuar. Si los choques de partículas que provocamos con nuestro golpe son elásticos, esas partículas se transmitirán su energía, pero, puesto que las fuerzas internas a los choques no realizan trabajo, la

---

[3] Naturalmente, el choque perfectamente elástico no se da en el mundo real. En el ejemplo que manejamos, es evidente que sí realizan algún trabajo las fuerzas internas (por ejemplo, el choque *se oiría*, lo que implica una pequeña inversión de la energía que la bola B llevaba al choque; también habrá un pequeño calentamiento en las superficies que entren en contacto). Además, siempre existen fuerzas externas al choque: la resistencia del aire, el rozamiento con el tapete, etc.

situación que resulte de los choques debe ser la inicial: después de una deformación temporal, la masa tenderá a restablecer su forma anterior a la perturbación. Un cuerpo será entonces elástico si las partículas que lo componen chocan elásticamente cuando son movidas de su posición de reposo. Debido a que las fuerzas internas de cada uno de los choques no realizan trabajo, las partículas no invierten su energía en los choques, sino que se la transfieren a las otras partículas con las que coliden. De esta manera, los cuerpos elásticos tienen la notable característica de que permiten que la energía que se les comunica cuando se les perturba se *transmita* a lo largo de su masa. Los cuerpos elásticos son así *medios* adecuados para la transmisión y propagación de energía.

1.2.3. *Las ondas sonoras*

La idea básica de cómo es una **onda** nos resulta fácilmente accesible porque estamos familiarizados con un buen número de procesos ondulatorios visibles y reconocibles como tales procesos ondulatorios. Supongamos que tenemos sobre una mesa una barra de madera y a su lado un muelle más o menos grande. Si le damos un golpe seco a la barra de madera por uno de sus extremos, la barra se desplazará *toda ella* por la superficie de la mesa. Se trata de un cuerpo rígido que acusa el golpe moviéndose *entero* en el sentido de la fuerza recibida. Si, por el contrario, golpeamos el muelle por uno de sus extremos, el efecto va a ser distinto. Nuestro golpe no hará que *todo* el muelle se mueva. Tan sólo vamos a provocar un desplazamiento en la parte del muelle que golpeamos; el extremo opuesto, en un primer momento, no acusará el golpe. Naturalmente, nuestro golpe genera una reacción que acabará recorriendo todo el cuerpo del muelle, pero lo interesante es que nunca están desplazándose todas las partes del muelle en el mismo sentido a la vez. Si al dar nosotros el golpe, la parte del muelle que lo recibe se desplaza mientras la parte siguiente se queda quieta (en el primer momento), inevitablemente habrá un punto en el que se concentre, fugazmente, más materia de muelle de la que había en posición de reposo. Percibimos esa concentración de materia como un grumo, un punto y un momento en el que el muelle es más "espeso". Lo que ocurrió fue que la perturbación originó una alteración local en la presión del muelle: lo que vemos como un grumo corresponde a un punto y un momento de alta presión. Un momento después ocurrirá que la parte del muelle que nosotros perturbamos con nuestro golpe, a resultas de su desplazamiento y choque con la siguiente capa del muelle, transmitirá a ese tramo siguiente la perturbación. Ese siguiente tramo se desplazará hacia una tercera zona del muelle, mientras la primera (la que nosotros golpeamos) está retornando a su posición de reposo. Habrán ocurrido dos cosas. La primera es que el grupo de muelle se habrá desplazado (es otro trozo de muelle el que ahora acusa la perturbación). La segunda es que, al desplazarse el segundo tramo del muelle hacia el tercero a la vez que el primer tramo regresa a su posición de reposo, el punto del muelle donde empezó habiendo un grumo ahora aparecerá más estirado, con menos concentración de materia, de como estaba en posición de reposo; al ir una parte hacia la izquierda a la vez que la otra regresa a la derecha, se crea una zona de cierto vacío. En otros términos, el punto en el que nuestro golpe había creado una alta presión ahora es una zona de baja presión, mientras la alta presión se desplazó al siguiente tramo del muelle, donde ocurrirá un proceso parecido. Teniendo en cuenta que cuando hay dos zonas consecutivas de distinta presión tiende a haber un flujo de materia de las áreas de alta presión a las áreas de baja presión, la creación de estos puntos de baja presión explica la tendencia de cada partícula a retornar a su posición de reposo después de cada choque. Las zonas de alta presión son zonas de **compresión,** mientras las zonas de baja presión son zonas de **rarefacción.** Lo que veremos al golpear un muelle es una sucesión escalonada de momentos y puntos de compresión y momentos y puntos de rarefacción. Esto es exactamente una onda.

Los sonidos por los que nos comunicamos son procesos ondulatorios. Aunque no constituyan la experiencia más evidente que tenemos de la elasticidad, materiales como el agua, el aire o el hormigón son elásticos: todos son susceptibles de ver alterada, en mayor o menor medida, su presión (se les puede comprimir) sin que la perturbación necesaria para tal alteración produzca deformaciones permanentes. Simples alteraciones en la presión del aire es lo que nos produce la sensación de sonoridad. Como veremos en otro momento, el tímpano separa dos cámaras de aire que, en condiciones normales, tienen la misma presión. Cuando llega algún sonido, lo que ocurre es que se altera la presión de la cámara que comunica con el exterior hacia el pabellón auditivo, mientras la otra permanece a presión constante. De esta manera, cuando hay rarefacción en esa cámara que va al exterior, la presión de la cámara interior es mayor y la membrana timpánica se deja vencer hacia fuera; cuando coincide un punto de compresión en la cámara exterior, esta tendrá más presión que la cámara interna y la membrana se verá impulsada hacia dentro. Estos movimientos hacia dentro y hacia fuera del tímpano constituyen una vibración que reproduce la forma de la onda y que genera un complejo proceso que en otra sección sintetizaremos. Retengamos ahora que son las alteraciones en la presión del aire lo que origina el proceso de la audición y, por tanto, en esas alteraciones es en lo que consiste el sonido.

No todas la ondas son ondas de presión. Hay ondas que son sólo de desplazamiento. Si sujetamos una cuerda a una pared y por el otro extremo la agitamos con un movimiento vertical de nuestra mano, se genera una onda con la clásica forma sinusoide. En este caso no hay alteraciones en la presión de la cuerda, sino sólo desplazamientos escalonados de cada una de sus partes. En vez del juego compresión - presión normal - rarefacción, tenemos el juego desplazamiento hacia arriba - punto de reposo - desplazamiento hacia abajo. Las ondas de este tipo se denominan **transversales** porque en ellas la dirección del movimiento de cada partícula y la dirección del desplazamiento de la onda son perpendiculares. Las ondas de tipo que ejemplificábamos con el muelle se denominan **longitudinales,** porque en ellas la dirección del movimiento de cada partícula y la del desplazamiento de la onda es la misma. Este es el tipo de onda en que consiste el sonido.

Debe repararse en que en todos los procesos ondulatorios que estamos citando lo que se transmite a través de un medio apropiado es energía y no materia. De hecho una onda es en esencia una propagación de energía sin transporte de masas. Si tiramos una boya a un estanque se produce un efecto óptico que nos hace creer que el agua inmediatamente desplazada por la boya se mueve hacia los bordes del estanque. En realidad, cada partícula del agua hace lo mismo que la boya: un movimiento ovalado y vertical. Es la concatenación gradual del mismo movimiento en todas esas partículas lo que crea el efecto. Pero lo que realmente se transmite es el movimiento y la energía cinética que conlleva, no la masa de agua.

Las ondas sonoras se transmiten a más velocidad cuando el medio es favorable. La velocidad de transmisión no tiene que ver con la intensidad de la perturbación, sino sólo con las características físicas del medio, principalmente, densidad y temperatura. A mayor densidad y temperatura mayor facilidad para la transmisión. Cuanto más compacta sea la materia y mayor su energía interna[4] más fácil y rápidamente se propaga el movimiento en que consiste la onda a través de ella. La velocidad que normalmente se atribuye al sonido, 340 metros por segundo, es la que corresponde a su transmisión por el aire

---

[4] La energía interna se refiere a la temperatura. Dicho en términos sencillos, lo que se mide en un cuerpo cuando se mide su temperatura es el grado de excitación que tienen sus partículas básicas. Mayor temperatura significa mayor velocidad en el movimiento de esas partículas y, por ello, mayor energía cinética interna.

a 15° centígrados. En otros materiales y a otras temperaturas se modifica sustancialmente esa velocidad.

1.3. El sonido y sus componentes

1.3.1. *Las ondas simples*

1.3.1.0. Percibimos las ondas sonoras como hechos acústicos diferenciados debido a que se presentan con formas variadas. La variedad de la forma de las ondas se puede ver cuando obtenemos su representación por medios acústicos. La descripción, comprensión y generalización de los componentes de las ondas sonoras, tal como se hacen hoy en día, tienen como término *a quo* la obra del matemático, egiptólogo y administrador francés J. Fourier, que vivió en el último cuarto del siglo XVIII y primero del XIX. El estudio del movimiento armónico simple permite comprender suficientemente el comportamiento de las ondas periódicas simples. Estas ondas sólo se producen haciendo vibrar un diapasón muy afinado o mediante un sintetizador. Lo habitual es que las ondas sonoras que oímos, y por supuesto las que forman las cadenas lingüísticas, sean ondas complejas. Precisamente el **análisis de Fourier** demuestra que la forma de las ondas complejas es la suma algebraica de las ondas simples que las componen, y que entre esas ondas simples existe una razón aritmética constante. Más adelante analizaremos los componentes de las ondas complejas. De momento quedémonos con la conclusión que nos interesa adelantar. Desde el momento en que se considera probado que los componentes de las ondas complejas son deducibles de los componentes de las ondas simples constituyentes, los datos que obtengamos del estudio de las ondas simples serán generalizables a las ondas complejas[5].

---

[5] Para profundizar en los fundamentos físicos de lo que se expone en los siguientes apartados hasta el punto 4, véase P. A. Tipler, *Física*, 2 vols., Reverté, 1978. Hay una síntesis en manuales como A. Quilis, *Fonética acústica de la lengua española*, Gredos, 1981 y *Tratado de fonología y fonética españolas*, Madrid, 1993; E. Martínez Celdrán, *Fonética*, Teide, 1983; Ph. Lieberman & Sh. E. Blumstein, *Speech physiology, speech perception, and acoustic phonetics*, Cambridge University Press, 1988; y A. Mª Borzone de Manrique, *Manual de fonética acústica*, Hachette, 1980.

1.3.1.1. El movimiento armónico simple

1.3.1.1.1. Concepto

Como ya vimos, en un proceso ondulatorio ocurre que el movimiento que se inicia en una partícula (o una capa de partículas) se transmite, mediante una cadena de choques elásticos, a otras partículas. El movimiento que hace cada partícula tiene las características del llamado movimiento armónico simple. Su estudio permite comprender cómo son las ondas periódicas simples.

Para empezar a entender lo que es el **movimiento armónico simple,** conviene fijarse en lo que literalmente significan cada una de las palabras que componen la expresión. Se trata de un movimiento y, por tanto, es un tipo de *trayectoria* el que estamos considerando. Es *armónico,* lo que significa que se repite en lapsos regulares de tiempo. Y es *simple,* lo que significa que estamos considerando la trayectoria que realiza una partícula. Se entiende que el desplazamiento de una partícula en el espacio es un movimiento armónico simple si sucede que en todo momento la velocidad de la partícula es inversamente proporcional y de signo opuesto al de su aceleración. En otros términos, que su alejamiento de la posición de reposo es inversamente proporcional a su velocidad. Observando el comportamiento de un péndulo se comprenderán sin dificultad estas definiciones.

En el movimiento de un péndulo podemos fijar tres puntos importantes para definir cuatro fases en su trayectoria. Llamemos A al punto de reposo, que corresponde a la vertical del péndulo. Si ponemos el péndulo en movimiento hacia nuestra izquierda, se desplazará de ese punto de reposo hasta llegar a un alejamiento máximo, a partir del cual volverá a descender; llamemos B a ese punto de máximo alejamiento. A continuación, el péndulo retornará a la vertical, pasará por el punto A y se alejará de él hacia la derecha hasta alcanzar un nuevo punto de máximo alejamiento, al que llamaremos C. Los cuatro momentos de su trayectoria son A-B, B-A, A-C y C-A: del punto de reposo al punto de máximo alejamiento, retorno del punto de máximo alejamiento al punto de reposo, alejamiento del punto de reposo por la dirección opuesta hacia otro máximo alejamiento y retorno al punto de reposo.

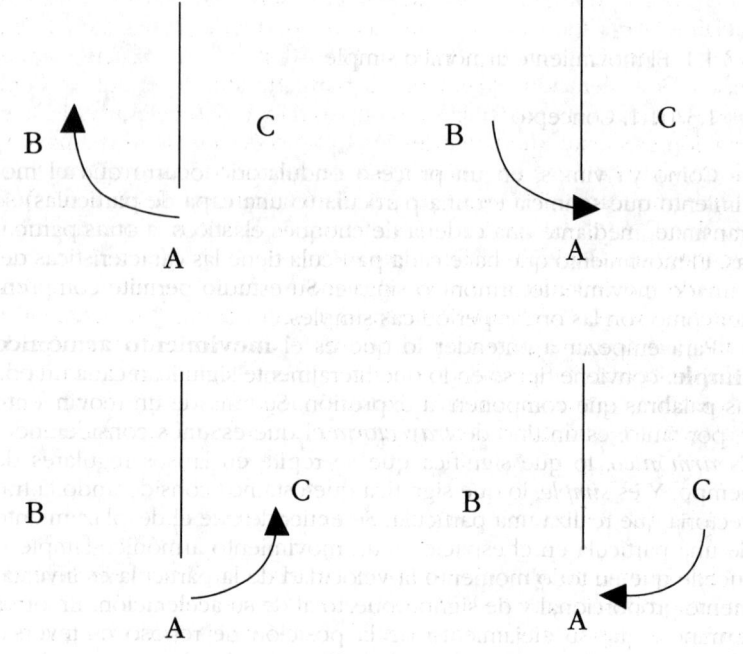

Las cuatro fases del movimiento del péndulo

Es fácil comprobar la relación inversa que tienen el alejamiento de la posición de reposo y la velocidad. La velocidad máxima del péndulo coincide con la vertical, que es precisamente su posición de reposo. Y la velocidad mínima coincide en los puntos de máximo alejamiento, B y C: en ellos el péndulo está parado, con velocidad cero. Todo cuerpo que describa una trayectoria cíclica en la que sea cierta esta relación inversa está describiendo un movimiento armónico simple.

Algo más difícil de captar intuitivamente es la relación inversa que tienen velocidad y aceleración. En los puntos B y C es donde el péndulo está más acelerado y en el punto A, donde va a más velocidad, es donde la aceleración es nula. Una forma de acercarnos a esta afirmación es recordar la relación que existe entre fuerza y aceleración: donde es mayor la fuerza será mayor la aceleración. Evidentemente, un péndulo en posición vertical no está sometido a ninguna fuerza (es decir, la composición de todas las fuerzas que actúan es cero), por lo que ahí no hay aceleración. En los puntos de máximo alejamiento la fuerza es máxima, como podríamos notar si subiéramos nosotros a pulso el péndulo; ahí es donde, en consecuencia, es mayor la aceleración. Realmente, a partir de ahí el péndulo no empieza a ganar velocidad, sino a recuperarla y a desacelerarse. La aceleración creciente que tiene desde el punto de reposo al de máximo alejamiento consiste en una pérdida de velocidad, que una vez llega al máximo, cambia su signo para ir disminuyendo y llegar a ser nula allí donde ya desaparecieron los efectos de la anterior aceleración y recupera su velocidad inicial: el punto A.

Hay que recordar que la energía mecánica del péndulo es constante en todo el ciclo. En los puntos B y C tendrá una energía cinética nula, pero una energía potencial máxima. En la vertical habrá perdido toda su energía potencial, pero, como va a velocidad máxima, tiene el máximo de energía cinética. La suma de ambas es constante y los watios que le atribuyamos no se refieren a una fase u otra del ciclo.

1.3.1.1.2. Representación gráfica: la curva sinusoidal

El movimiento armónico simple y sus fases suele ser representado en una gráfica mediante la llamada curva sinusoidal, que es la curva con que se representa normalmente la forma de las ondas simples.

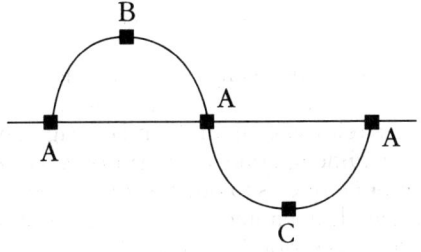

Curva sinusoidal

Si pensamos en cómo se puede obtener esta curva será sencillo comprender lo que representa. Imaginemos un péndulo tumbado, que haga sus oscilaciones sobre un plano paralelo a una mesa, en lugar de perpendicular a ella. Si colocamos en el extremo del péndulo un lápiz y ponemos justo debajo un papel que se vaya desplazando a velocidad constante, el trazo que iría quedando en el papel según se desplaza sería la curva sinusoidal. La curva sinusoidal no refleja la forma del movimiento de las partículas, sino sus fases en función del tiempo (ninguna partícula hace esa especie de zig-zag que es la sinusoide). El eje de abscisas (horizontal) no indica espacio, sino tiempo. De izquierda a derecha se avanza en el tiempo, pero no en el espacio. La línea horizontal que parte la sinusoide es siempre el punto A, es decir, el punto donde el péndulo estaría en vertical, o lo que es lo mismo, el punto de reposo. El tramo AB representa la trayectoria del péndulo alejándose de la posición de reposo; el tramo BA es el *mismo* espacio que en el momento en que el péndulo lo recorre retornando a la vertical; el tramo AC, situado por debajo de la horizontal, representa la trayectoria del péndulo alejándose por el lado opuesto al que se había alejado antes; y el tramo CA representa ese mismo espacio, pero cuando lo recorre el péndulo volviendo a su posición de origen.

Este gráfico representa el movimiento que hace cualquier partícula implicada en un proceso ondulatorio (restringiendo siempre el caso a las ondas periódicas simples). La forma con que se presenta en un papel este gráfico hace pensar antes en ondas de tipo transversal (como las de una cuerda que se agita) que en ondas de tipo longitudinal (como las que se producen en un muelle al que se comprime, o las que componen los sonidos). Sin embargo, aunque en sí mismos sean distintos los movimientos, los dos tipos (y el del péndulo) reproducen exactamente las mismas fases y se ajustan a la definición del movimiento armónico simple.

1.3.1.2. Descripción de la onda simple: la frecuencia

Las características relevantes de una onda se agotan en la cuantificación de algunos parámetros que le son propios. Uno de estos parámetros es la **frecuencia,** que es lo que produce la sensación de **tono.**

Dijimos antes que el movimiento armónico simple, que es el que permite comprender y describir las fases de una onda, era un tipo de movimiento periódico, entendiendo por tal el que se repite en intervalos regulares de tiempo. Esa trayectoria recurrente que se repite es lo que llamamos **ciclo.** Cada vez que el péndulo o las partículas de aire que ponemos en movimiento cumplen las fases AB-BA-AC-CA decimos que se completa un ciclo, el movimiento completo que cada cierto tiempo se va a repetir. El **período** es el tiempo que tarda en cumplirse un ciclo, mientras la *longitud de onda* es la *distancia* que recorre una onda para cumplir un ciclo. El gráfico sinusoidal anterior representa un período, aunque a efectos pedagógicos se diga muchas veces que la distancia horizontal entre la primera y la tercera A del gráfico es la longitud de onda. Esa lectura podría hacerse si convenimos que el eje de abscisas represente el espacio, no el tiempo, y por tanto que cada punto de la sinusoide sea una partícula distinta que aparezca reflejada en el gráfico según la fase en que se encuentre. Pero según la convención más habitual no puede entenderse que esté reflejada la longitud de onda porque, si la horizontal es siempre el mismo punto, no puede reflejar la distancia entre el inicio y fin de un ciclo (lógicamente el punto de inicio y el del fin no pueden ser el mismo punto). La frecuencia de una onda es el número de ciclos que cumple por unidad de tiempo. En vez de expresar este concepto recurriendo sin más al de período, se utiliza un lapso de tiempo que se tenga por relevante para lo que se considera y se cuantifica el número de ciclos que se consuman en ese lapso. Así, en vez de hablar de ondas cuyo período sea de una centésima de segundo, hablamos de ondas de cien ciclos por segundo. La unidad de frecuencia que se utiliza más habitualmente en fonética es el ciclo por segundo o **hertzio,** abreviado como hz.

Los parámetros físicos de las ondas que tomamos en consideración son siempre parámetros que dan lugar a alguna respuesta diferenciada de nuestro organismo y que, en consecuencia, son susceptibles de ser utilizados en la comunicación lingüística (por ejemplo, la fase de la onda no entra en las descripciones fonéticas porque el oído humano no puede captar las diferencias de fase). El correlato perceptivo de la frecuencia es, como ya adelantamos, el tono. El tono es lo que hace diferente la percepción de la voz de una mujer, un niño o un varón adulto. El tono se cuantifica en unas unidades llamadas **meles.** Naturalmente, frecuencia y tono son directamente proporcionales: a mayor frecuencia mayor altura tonal, o lo que es lo mismo, a más hertzios más meles. Pero no hay una relación lineal entre frecuencia y tono.

En primer lugar, no todas las frecuencias son percibidas por nuestro sistema perceptivo, por lo que no toda frecuencia tiene un tono correlativo. Normalmente, la gama de frecuencias que somos capaces de oír se sitúa entre los 15 hz. y los 15.000 ó 20.000, dependiendo de la edad del individuo. Las ondas más bajas o más altas de ese espectro no generan ninguna reacción en nuestro organismo.

En segundo lugar, la proporción que se da entre frecuencia y tono no es aritmética, sino logarítmica. Esto significa que a medida que vamos hacia las zonas altas de frecuencia se necesitan cada vez saltos más acusados de frecuencia para originar el mismo salto en el tono. Un salto de 100 hz puede ser muy perceptible en una onda de 100 hz y apenas percibirse en una onda de 5.000. Es un proceso parecido al que hace que, si sostenemos un cuerpo de un kilogramo en nuestra

mano, sea claramente perceptible el añadido de otro kilo, mientras que si lo que sostenemos son cuarenta kilos, el añadido de uno más da lugar a un salto en la respuesta muy poco acusado.
La frecuencia de una onda incide también en la intensidad de esa onda. Aunque el factor intrínseco de la onda que más incide en la intensidad es la amplitud, el hecho de que una onda repita más veces por unidad de tiempo su ciclo completo hace que tenga más energía, si los demás factores permanecen constantes: si tenemos dos ondas que responden a una perturbación del medio de idéntica intensidad, tendrá más energía total la onda en que se alcancen más veces por unidad de tiempo los máximos de presión (aunque el valor de esos máximos sea el mismo en las dos ondas). Si dos personas nos estuvieran pinchando de manera continuada con un alfiler y si las dos nos pinchan con la misma fuerza, nos hará más daño el que lo haga más veces por unidad de tiempo. Cuando subimos el tono en un televisor, además de oír más aguda la señal, da la sensación de haberse subido el volumen también. Lo mismo sucede con las ondas luminosas. Las ondas correspondientes al violeta tienen una longitud de onda muy corta (y por tanto una frecuencia muy alta) y son precisamente las de mayor energía: son las que buscamos para broncearnos y las que tememos cuando se nos recuerda la debilidad de la capa de ozono que las filtra.
La frecuencia es uno de los componentes de la onda que no depende de la intensidad con que se perturbe el medio elástico. Por fuerte o suave que pongamos en movimiento un columpio no conseguiremos modificar el período de tiempo que invierte en completar un ciclo completo: cuanto más fuerte lo agitemos más velocidad adquirirá para completar el mismo ciclo en el mismo tiempo. Sólo la longitud de la cuerda que sujete al columpio, su tamaño, densidad, etc. modificará su frecuencia.

1.3.1.3. Descripción de la onda simple: la intensidad

Cuando ponemos en movimiento un péndulo hacemos que este abandone la posición perpendicular que tiene en reposo y se eleve tanto más cuanto mayor fuerza se haya ejercido. La distancia que separa el péndulo de su posición de reposo es la elongación. Llamamos **amplitud** de una onda a la máxima **elongación,** en este caso del péndulo. La amplitud es, pues, el máximo alejamiento del punto de reposo que alcanzan las partículas que intervienen en la propagación de una onda. En la gráfica de la sinosoide corresponde a la distancia entre A y B y entre A y C. La amplitud dependerá solamente de la fuerza con que se perturbe el medio elástico y, por tanto, de la energía que se comunique a ese medio. La amplitud se mide en unidades de longitud y la energía de la onda es directamente proporcional a ella. Si dos ondas tienen las mismas frecuencia y velocidad y distinta amplitud, como las dos tardan lo mismo en completar el ciclo, es evidente que en una las partículas han de recorrer más distancia en el mismo tiempo que la otra y, por tanto, que su energía cinética máxima es mayor: cuanto más alto suba el péndulo más velocidad alcanzará en la vertical. Además es evidente también que la energía potencial que tiene cada partícula en el punto de máximo alejamiento (puntos B y C) es también mayor. En suma, una gráfica sinosoide debemos suponer que representa una onda de más energía cuanto más lejos de la horizontal estén sus crestas: esta distancia es la que representa la amplitud de onda, directamente proporcional a su energía mecánica.

En cualquier caso, lo que se entiende por intensidad de un sonido no se agota en los julios de energía que se le puedan atribuir. Como ya dijimos en otro momento, la cuantificación de la energía de algo muchas veces es poco relevante si no se pone en relación con el tiempo necesario para realizar el trabajo. Si relacionamos la energía con el tiempo y hablamos de potencia estaremos más cerca de lo que es la intensidad. La intensidad es mayor cuando es mayor la potencia, pero está también en función de otro factor: la superficie. La **intensidad** es la relación existente entre la energía, el tiempo de inversión de esa energía y la superficie en que se aplique. Cuanto menor sea esa superficie (o volumen, si la energía se aplica en todas direcciones), mayor será la intensidad en cada uno de los puntos afectados por la aplicación de esa energía. Si los puntos sobre los que se aplica son más, será menos lo que reciba cada uno. El efecto de una lámpara de estudio no procede del hecho de que tenga más potencia la bombilla, sino de que se coloca más cerca de la mesa y se reduce la superficie sobre la que se aplican las ondas luminosas. Lo mismo ocurre con el sonido. Cuando nos alejamos de alguien que está hablando lo oímos peor debido a que las ondas se propagan aplicándose sobre una superficie cada vez mayor, con lo que baja rápidamente la intensidad sin que se haya perdido mucha energía[6]. Si hablamos a través de un tubo, al impedir las paredes del tubo que se abra la superficie perturbada, las ondas pueden conservar alta intensidad hasta puntos muy alejados de la fuente.

---

[6] El aumento de la superficie sobre la que se aplica el trabajo no es el único factor, aunque sí el más importante. Otro factor es que la elasticidad de aire no es perfecta y en cada choque de partículas se pierde siempre algo de energía. Cuanto más nos alejemos de la fuente más energía se perderá.

La intensidad se cuantifica entonces en unidades de potencia por unidades de superficie. Lo que se mide con la intensidad es una función de energía, tiempo y espacio. Sin embargo, cuando se mide la intensidad del sonido dando relevancia al hecho de que va a ser captado por humanos, la especificación de los watios de potencia que tenga una onda es un dato de muy poca utilidad. Una misma cantidad de watios puede no ser suficiente para ser oída a una cierta frecuencia y producir dolor a otra frecuencia distinta. Una intensidad audible ha de situarse siempre dentro del llamado campo de audición. Este campo lo forman las ondas cuyas potencias se sitúen entre el llamado umbral de audición y el umbral de dolor. El primero es la potencia más baja que pueda ser captada por un oído medio y el segundo la potencia más alta que produzca sensación de sonoridad en nuestro organismo. Las potencias más bajas de la que forma el umbral de audición no se oyen; y las más altas de la que marca el umbral de dolor no se perciben como sonidos, sino que ya producen sensación dolorosa. La distancia entre esos dos umbrales, y por tanto el tamaño del campo de audición, varía según la frecuencia de la onda. En frecuencias muy bajas o muy altas (dentro del espectro de frecuencias que el oído humano es capaz de captar) el campo es reducido. Si tomamos el valor de una onda audible, una bajada poco pronunciada en su potencia puede hacer que ya no se oiga y una subida moderada puede hacer que produzca dolor. Hacia la zona media del espectro audible (unos 5.000 hz, teniendo en cuenta la relación logarítmica entre frecuencia y tono) el campo de audición es máximo. Por eso, la expresión de la intensidad de una onda en unidades de potencia o de potencia por superficie tiene poco valor para la fonética.

La escala que normalmente se utiliza sitúa el punto cero en una potencia convencional: esta potencia será la que marca el umbral de audición de una onda de 1.000 hz, es decir, 10^{-16} watios, que ejerce, en el momento de compresión, una presión de 0,0002 dinas/cm². A partir de ahí la escala irá creciendo logarítmicamente en unas unidades llamadas **beles** (la escala exponencial es la adecuada para expresar cómo crece la intensidad dentro del campo de audición humano). Podemos suponer que todo lo que oímos tiene una intensidad entre 1 y 12,5 beles (recuérdese que la escala es logarítmica). La cuantificación de la intensidad de una onda cualquiera consistirá entonces en situarla en algún punto de esta escala. Lo primero que habrá que hacer es saber cuántas veces contiene la potencia unidad (que, recordemos, era 10^{-16} watios). A continuación, puesto que la escala es exponencial, se busca el número al que haya que elevar 10 para obtener ese número de veces. En términos más directos, la intensidad será el logaritmo del cociente de su potencia por la potencia unidad. Como los beles representan saltos muy pronunciados de intensidad, resulta una unidad demasiado grande para medir la mayoría de los sonidos que interesan. Por eso se suele recurrir a una unidad diez veces más pequeña, que es el *decibelio*. Según lo que llevamos dicho, los decibelios se calcularán aplicando la fórmula

$$I = 10 \log \frac{P}{P_0},$$

donde P representa la potencia de la onda que se considera y P_0 representa la potencia unidad (10^{-16} watios). La escala de decibelios sigue siendo una gradación de un parámetro físico de la onda acústica, no una cuantificación de la percepción de la onda. No debe pensarse en los decibelios como el equivalente de los meles para la intensidad. Es simplemente otra forma de medir la intensidad de manera que se adecue al campo que puede percibir el oído humano.

Debe retenerse de la intensidad que, en última instancia, es directamente proporcional a la amplitud de la onda y que todo lo que pueda afectar al valor de esa amplitud acabará afectando a la energía de la onda y su intensidad. Esto hará sencillo comprender lo que es la estructura acústica y el timbre de un sonido.

1.3.2. *La resonancia*

Cuando un cuerpo elástico es perturbado se propaga a través de su masa una onda cuya frecuencia depende fundamentalmente de la densidad, temperatura y volumen de ese cuerpo, según vimos. Podemos entonces decir que cualquier cuerpo elástico tiende a vibrar a una frecuencia propia si se le perturba, toda vez que la frecuencia de la onda que se generaría dependería sólo de sus características intrínsecas y no de la intensidad con que se le perturbe. La perturbación que dé lugar a la vibración de un cuerpo puede ser la vibración de otro cuerpo. Cuando hablamos, el sonido que se transmite no es otra cosa que la vibración de las partículas del aire que se va propagando de unas a otras. Cuando una onda sonora choca con un medio elástico distinto de aquel por el que se transmite (cristal, acero, aire encerrado en un volumen determinado, etc.), el contacto consistirá en una sucesión de pequeños choques de las partículas de aire que vibran contra la masa del cuerpo elástico que apareció en la trayectoria de la onda. Esos pequeños choques se sucederán con la cadencia que corresponda a la **frecuencia** de la onda y el cuerpo elástico perturbado se pondrá a vibrar con su frecuencia propia. Si esas dos frecuencias son muy distintas, el ritmo con el que la onda golpea al cuerpo y el ritmo con el que vibra ese cuerpo serán desacompasados y la energía que llevaba la onda será absorbida muy rápidamente. Es lo mismo que ocurriría si agitásemos un columpio con los ojos cerrados y moviendo azarosamente nuestro brazo; si el ritmo de nuestro brazo no lleva bien el compás del columpio, chocaría nuestra mano y el columpio a destiempo muchas veces y lo más probable es que apenas se moviera el columpio. Si, por el contrario, la frecuencia de la onda coincide con la frecuencia propia del cuerpo sobre el que incide, los sucesivos golpes de las partículas del aire llegarían siempre en el momento apropiado, coincidiendo con los movimientos vibratorios del cuerpo en cuestión. En este caso la vibración de ese cuerpo elástico no amortiguaría la onda incidente sino que le permitiría mantener su energía y, en ciertas circunstancias, podría hacer que aumentase.

A este fenómeno es al que se llama **resonancia** y al cuerpo cuya frecuencia coincide con la de la onda que lo perturba, **resonador.** Desde otro punto de vista, podemos decir que el resonador es un filtro. Si a un resonador, por ejemplo de 500 hz, van a llegar ondas de distintas frecuencias, él sólo responderá a las ondas cuya frecuencia sea idéntica a la suya. Si conseguimos que sólo sean audibles las ondas a las que responda el resonador, habremos *filtrado* las ondas incidentes de manera que sólo se conserve la energía de las ondas de 500 hz. En el caso de las ondas simples el único efecto que puede hacer un resonador es amortiguarlas o mantenerlas. En el caso de las ondas complejas el efecto debe explicarse con más matices, como veremos en su momento. Adelantemos, no obstante, que las ondas sonoras que forman las cadenas de habla están formadas siempre por ondas complejas y que lo que oímos no es nunca la onda original, sino una señal filtrada en las cavidades supraglóticas.

1.3.3. *Las ondas complejas*

1.3.3.1. Concepto

Hasta aquí venimos explicando los procesos ondulatorios en que consiste el sonido y los componentes de las ondas sonoras aceptando que las ondas en cuestión son ondas simples, generadas por el movimiento armónico simple de unas partículas que lo transmiten a otras. La onda simple, sin embargo, no es fácil de conseguir. La onda simple se obtiene mediante la vibración de un solo punto mediante una pulsación. Pero la mayoría de las veces las ondas son generadas por pulsos consecutivos y no es sólo un punto el que vibra sino varios. Además sólo en el primer pulso ocurre que la perturbación coge a cada uno de los puntos en su posición de reposo. Si agitamos una cuerda atada por uno de sus cabos a la pared, sólo el primer movimiento vertical de nuestra mano cogerá a todos los puntos de la cuerda formando una línea horizontal. Los siguientes pulsos cogerán a los sucesivos puntos de la cuerda en distintas posiciones según la fase en que se encuentren. Todo esto hace que no haya sólo una vibración, sino varias. No sólo vibra el cuerpo sometido a la perturbación, sino también cada una de sus partes. Cuando estamos agitando la cuerda, o cuando estamos perturbando la cuerda de una guitarra o similares, siempre se están superponiendo a la onda que resulta de la vibración completa del cuerpo, una serie de ondas de frecuencias distintas que resultan de las vibraciones de las partes de ese cuerpo. Todas estas vibraciones son simultáneas y generan un efecto unitario en nuestras percepciones.

Para formarnos una imagen algo gráfica de este proceso, podemos pensar en procesos que generen vibraciones de distintas frecuencias sucesivas en el tiempo, y no simultáneas. Pensemos en un balón que esté botando perfectamente en vertical, siempre sobre el mismo punto. En cada bote, el balón alcanzará una altura algo inferior al bote anterior y la cadencia con que cumple el ciclo bote-altura máxima es cada vez más acelerada. Si pensamos en la analogía que tiene el ciclo del balón con el del péndulo, podemos decir que la frecuencia de cada ciclo va siendo mayor después de cada bote. De hecho es característico el tintineo acelerado que tienen las cosas esféricas cuando se caen. El balón es sólo un punto haciendo un recorrido. Por eso los ciclos sucesivamente más agudos que va describiendo no son simultáneos sino sucesivos en el tiempo. Cuanto menor sea la altura desde la que se bota el balón, mayor será la frecuencia del ciclo; por eso, al ir perdiendo altura el balón va aumentando su frecuencia. Imaginemos que hay varias personas alineadas botando cada una un balón, de manera que la que está más a la derecha sea la que lo bota desde más arriba y las otras botan el suyo cada una desde un poco más abajo que la anterior, hasta llegar a la persona más a la izquierda, que lo bota ya casi a ras del suelo. Alineándonos con ellos veríamos claramente cómo el ciclo más grave corresponde al balón que se bota desde más arriba y cómo los ciclos se van haciendo más rápidos a medida que deslizamos nuestra mirada hacia la izquierda, donde los balones se van botando desde más abajo. Sin perder de vista esta imagen, imaginemos que hacemos un "barrido" de izquierda a derecha y colocamos todos los balones debajo y en vertical del que bota desde más alto e imaginemos que los balones pudieran quedar adheridos en columna. El sujeto que estaba botando ese balón ahora está en realidad agitando una columna de balones. El golpe que da al primer balón no lleva a este contra el suelo, sino contra el siguiente balón y así sucesivamente: está creando una onda. La frecuencia de esa onda es la que tenía el balón cuando estaba botando él solo. *Pero las frecuencias que tenían los otros balones cuando botaban independientemente también se mantienen.* Aunque haya un movimiento más perceptible que los demás, que es el que recorre toda la columna de balones, cada balón sigue oscilando con las frecuencias que tenían cuando botaban ellos solos. Esto es lo que se quiere decir con la afirmación de que la perturbación de un medio elástico, no sólo hace vibrar a ese medio, sino también a sus partes y que cada parte vibra a frecuencias propias. La agitación de la columna de balones provoca varias ondas superpuestas con distintas frecuencias. En un cuerpo elástico, por tanto, no sólo existe la vibración integral de ese cuerpo, sino que los puntos que están progresivamente más alejados del punto sobre el que se ejerce la perturbación, y que delimitan trozos sucesivamente más pequeños del cuerpo que vibra, mantendrían las vibraciones que equivalen a las de frecuencia creciente que hace el balón cuando sigue botando él solo o a la de los balones más bajos cuando hacemos una columna con ellos[7].

1.3.3.2. Frecuencia fundamental y armónicos

Según lo dicho hasta aquí, la vibración de un cuerpo elástico da lugar a un conjunto indefinido de ondas sucesivamente más agudas. La forma de la onda resultante es la suma algebraica de todas esas ondas simples componentes. Las ondas sonoras con las que nos comunicamos son siempre ondas complejas de este tipo y, por tanto, sabemos que su forma resulta de la suma de ondas simples. La más perceptible de todas es la de más baja frecuencia. En el caso de la columna de balones o de la cuerda que se agita, la onda más grave es la que recorre la columna y la cuerda, respectivamente, que es además la que mejor vemos. Esta onda es la que llamamos **fundamental** y las demás ondas, las que son progresivamente más agudas, se denominan **armónicos.** Como los armónicos resultan básicamente de la vibración de las partes del cuerpo perturbado, ocurre que sus frecuencias son siempre múltiplos enteros de la fundamental. Una onda compleja cuya fundamental sea de 250 hz tendrá armónicos de 500, 750, 1.000, etc. En otro momento dijimos que el correlato perceptivo de la frecuencia es el tono. Si una simple vocal [a] es una onda com-

---

[7] La imagen de la columna de balones es, además, bastante exacta porque la onda que la recorre es de tipo longitudinal, como es el caso del sonido.

puesta de ondas a distintas frecuencias, parece deducirse que un sonido simple produce múltiples sensaciones de tono. En realidad no es así. Como veremos, el tono de una onda compleja lo marca su fundamental. La voz de un varón adulto tiene una frecuencia fundamental de 125 hz, por término medio, mientras la de una mujer tiene unos 220 hz. Eso es lo que provoca la diferencia que percibimos entre una y otra voz y es lo que provoca que nos resulte más aguda la voz femenina. En las modulaciones de la fundamental es también en lo que consiste la entonación de una secuencia. Obviamente, los armónicos son siempre múltiplos enteros de la fundamental, por lo que esas modulaciones de la fundamental son siempre reproducidas por todos los armónicos.

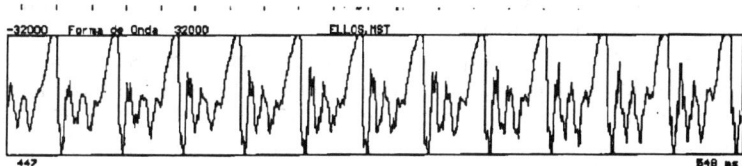

Imagen de una onda compleja armónica. Corresponde a un momento en que se está pronunciando una vocal. La armonicidad se advierte en que hay un "dibujo" que se repite regularmente. La razón de que la forma no se parezca a la sinusoide que representa el movimiento armónico simple es que esta representa la suma algebraica de varias ondas simples armónicas. Esta imagen representa la forma de las alteraciones de presión tal como inciden en nuestro sistema auditivo y la forma concreta depende de cómo se haya filtrado la señal producida en la glotis, es decir, de cuáles hayan sido nuestros movimientos articulatorios. La imagen representa sólo 100 ms, en los que pueden apreciarse 12 ciclos. La fundamental está en ese punto, por tanto, en 120 hz.

Es importante retener que la caracterización de una onda compleja, como la que nos suena [a], consistirá en identificar componentes a alturas variables de frecuencias. Todo sonido de habla tiene ciertos rasgos que se distribuyen en un espectro de frecuencias, que abarca desde su frecuencia más baja (la de la fundamental), hasta la del armónico más alto.

1.3.3.3. Ondas complejas y resonancia. Espectros y análisis de Fourier

En el punto 1.3.2. explicamos en qué consiste la resonancia y cómo afecta este fenómeno a una onda simple. Recordemos que cuando se perturba un cuerpo elástico, este vibra a una frecuencia propia que depende de su densidad, volumen y temperatura. Si la perturbación consiste en el movimiento que le transmiten las partículas que intervienen en la transmisión de una onda, ocurrirá que se juntarán dos vibraciones: la de la onda que incide sobre el cuerpo elástico y la del cuerpo elástico que acusa esa incidencia. Si la frecuencia natural del cuerpo elástico coincide con la de la onda, ambas vibraciones se alimentarán y la onda conservará o incrementará la energía que llevaba. Si las frecuencias son dispares, sucesivos choques desacompasados darán lugar a la pérdida casi total de la energía que llevaba la onda. Esto es lo que ocurre con una onda simple. Por tanto, es lo que ocurre con cualquiera de las ondas simples que componen una onda compuesta, o, si se prefiere, es lo que ocurre con cualquiera de los armónicos de una onda compleja.

Supongamos que emitimos una onda compleja con una fundamental de 150 hz. Supongamos que esta onda incide sobre un resonador (es decir, un cuerpo elástico perturbado por esa onda) que tiene una frecuencia natural de vibración de 600 hz. Si la fundamental es de 150, tendremos armónicos de 300, 450, 600, 750, 900, 1.050, etc. Uno de esos armónicos, el que hay en 600 hz, tiene la misma frecuencia que el resonador. Ese armónico conservará la energía que llevaba, mientras que los demás la perderán. El efecto de la resonancia será una onda compleja que presenta su máximo de intensidad en 600 hz. Se puede decir esto mismo diciendo que el resonador *filtró* la señal y sólo dejó pasar la energía que hubiese cerca de 600 hz. Si la misma onda compleja, con la misma fundamental, se hubiera hecho incidir sobre un resonador de 900 hz, el efecto de la resonancia hubiera dado lugar a una onda que percibiríamos como distinta de la anterior. Lo que hace que nos parezca un sonido distinto es sencillamente que la energía se concentró en otro punto del espectro de frecuencias: ahora serán los armónicos cercanos o coincidentes con 900 hz los que conserven su energía y serán los demás los que resulten filtrados. Cuando hablamos, aunque modulemos el tono, lo que hace que los sonidos resultantes de nuestra actividad sean distintos es que, al hacer gestos cambiantes con nuestra boca, alteramos las condiciones de resonancia que actuarán sobre la onda generada en la glotis. Los sonidos [a] o [e] son simplemente dos efectos de resonancia distintos que afectan a la misma onda compleja. Los sonidos con los que nos comunicamos no son la onda que generamos en nuestra laringe, sino esa onda filtrada, de formas diversas, en las cavidades supraglóticas. En otro momento desarrollaremos esto.

Según lo que llevamos explicado, parece evidente que la descripción de un sonido consiste, sin más, en: a) señalar cuál es su fundamental (de donde se deducen ya los valores de sus armónicos); y b) especificar la intensidad de cada armónico. Esto es lo que se llama un análisis de Fourier. La comprensión de que una onda compleja es la suma algebraica de un conjunto indefinido de ondas simples, múltiplos todas ellas de la más baja (fundamental), y de que la cualidad de un sonido (aparte del tono) consiste en la distinta energía relativa que tiene cada una de esas ondas es la conclusión que nos interesa retener de los estudios de Fourier.

Si representamos gráficamente la fundamental y armónicos de una onda, por un lado, y la intensidad de esos armónicos, por otro, habremos representado *el* **espectro** *de esa onda*. Cuando se hace esto, lo normal es representar la frecuencia en el eje de abscisas (horizontal) y la intensidad en el eje de ordenadas (vertical). El espectro tendrá el aspecto de un conjunto de líneas verticales; cada una representará un armónico y partirá del punto que en la horizontal representa su frecuencia; y llegará tanto más alto cuanto mayor sea su intensidad. Esta representación recibe el nombre de **espectro discontinuo.** Si trazamos una línea que vaya uniendo las cimas de esos trazos verticales y después eliminamos tales trazos, la curva resultante recibe el nombre de **espectro continuo.**

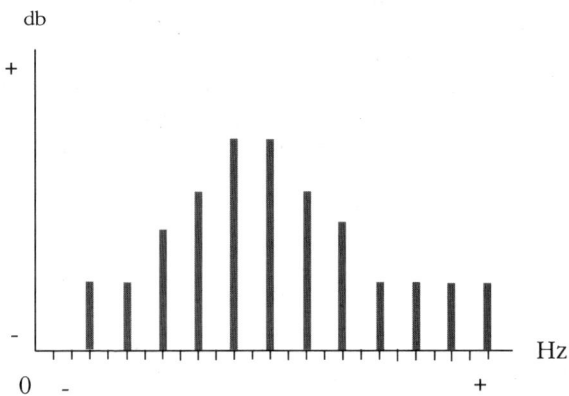

Espectro discontinuo de una onda compuesta

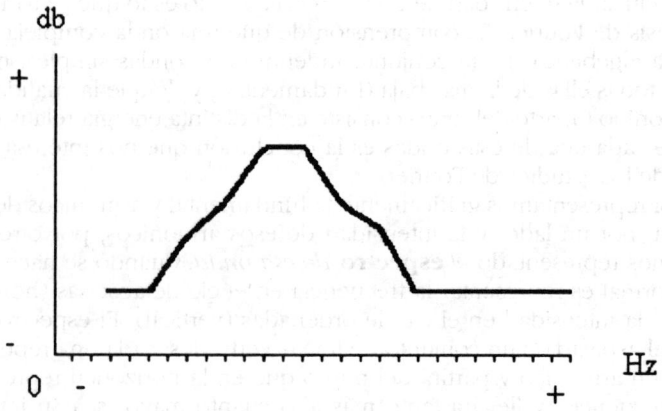
Espectro continuo de la misma onda compuesta

Estos espectros representan lo que necesitamos saber de un sonido *aislado*. Si queremos analizar una señal de habla normal, es necesario un tercer parámetro: el tiempo. Cuando hablamos no estamos alargando continuamente un mismo sonido, sino que concatenamos sonidos variados. Esto quiere decir que van modificándose las bandas de frecuencia en que se va concentrando la energía, es decir, en sentido propio, van modificándose los sonidos. El espectro de una emisión de habla real habrá de tener, por tanto, tres dimensiones: tiempo, intensidad y frecuencia. La descripción acústica total de una señal de habla consiste en especificar las inflexiones de la fundamental y qué intensidad hay en qué bandas de frecuencia y en qué momentos.

1.3.4. *Ondas no periódicas*

En los puntos 1.3.1. y 1.3.2., con sus correspondiente subepígrafes, estuvimos operando sobre dos reducciones: prescindimos de las ondas complejas y de las **ondas aperiódicas** para explicar los componentes básicos de los procesos ondulatorios. En el punto 1.3.3. dimos entrada ya a las ondas complejas, pero estuvimos también hablando siempre de ondas periódicas. Es el momento de dar entrada en nuestra exposición a las ondas no periódicas.

Básicamente las ondas no periódicas son lo mismo que las ondas periódicas: se trata de una serie de alteraciones en la presión del aire que producen la sensación de sonoridad; como en los casos ya estudiados, lo que se transmite es energía y no masa. La diferencia se deduce de la propia nomenclatura. En las ondas aperiódicas el movimiento de partículas que se transmite no se repite en unidades regulares de tiempo, sino que es errático y, aparentemente, azaroso. Evidentemente, no tiene mucho sentido hablar de la frecuencia de una onda inarmónica, porque la frecuencia es el número de movimientos idénticos que se repiten regularmente en una unidad de tiempo especificada y en una onda aperiódica no hay nada que se repita y menos aún que se repita regularmente. En una onda aperiódica compleja, que son las que oímos normalmente, no hay frecuencia fundamental ni tampoco armónicos definidos. No cabe aquí describir el sonido mediante un análisis de Fourier, en el estricto sentido en que lo caracterizamos antes. Pero sí cabe hacer una proyección de este análisis. Aunque no haya una fundamental y no podamos decir por ello que hay armónicos en tal o cual intervalo de hertzios, sí persiste el hecho básico de que se trata de una onda compleja con componentes (esto es, con ondas) que se dan a lo largo de un cierto espectro de frecuencias. Si una onda aperiódica incide sobre un resonador que responde a 600 hz, no podremos decir que el armónico más cercano a esa frecuencia será el que retenga más energía, pero sí podremos decir, porque ocurre, que a esa altura esa onda compleja tiene mayor intensidad, aunque eso que tiene más intensidad no sea uno o varios armónicos sino ondas inarmónicas. Como en el caso de las ondas periódicas, el análisis de una onda aperiódica consistirá en descomponer esa onda en sus frecuencias componentes y especificar cómo se distribuye la energía por ese espectro de frecuencias. Obviamente, un espectro discontinuo no puede representar la descomposición de una onda aperiódica. Sólo un espectro continuo puede ser una representación adecuada.

Una onda aperiódica no se forma exactamente de la misma forma que una onda periódica. En el caso de la onda no periódica no hay una vibración regular de un cuerpo elástico, sino que la perturbación del medio elástico da lugar a una vibración irregular que provoca choques erráticos. Las causas por las que esto puede ocurrir son muy variadas: puede ocurrir que la onda se forme por pulsos que se suceden de una manera inconstante; puede suceder también que haya un solo pulso, pero el volumen del cuerpo elástico presente irregularidades u obstáculos que den lugar a antirresonancias; también puede ser que la fuente sonora no haya sido uno o varios pulsos que hayan agitado un medio elástico, sino una contigüidad súbita entre dos zonas, por ejemplo gaseosas, de distintas presiones que dé lugar a un estallido; puede ocurrir que la fuente sea una agitación turbulenta y desordenada de partículas, como sucede en los rozamientos; etc.

Aunque hayamos subrayado lo que hay de semejante en la respuesta que un resonador da a una onda periódica y a una onda aperiódica, para encarecer la bondad de la proyección del análisis de Fourier a las ondas aperiódicas, lo cierto es que la respuesta no es idéntica. Hay algunas diferencias que tendremos que hacer notar, pero lo haremos ya a propósito de la clasificación de los timbres sonoros, en el punto 1.3.5.2.

1.3.5. *El timbre*

1.3.5.1. Concepto

La voz de dos personas puede parecernos diferente por su tono, es decir, por su distinta frecuencia fundamental. Como ya dijimos, es lo más evidente que distingue la voz de una mujer y la de un varón. Pero, aparte del tono, la voz de cada persona tiene una cualidad específica. No es difícil saber quién nos habla porque solemos conocer la voz de las personas con las que tratamos. Dos instrumentos pueden sonar con la misma nota, y por tanto tener el mismo tono, pero sabemos sin dificultad si se trata de un piano o de un trombón. Lo que hace distinto el sonido de un piano y un trombón o lo que hace diferente la voz peculiar de dos personas es el *timbre* del sonido. Lo que hace distintas una [a] y una [e] pronunciadas por la misma persona es el timbre. Cuando decimos que en español hay cinco vocales, queremos decir que distinguimos cinco timbres vocálicos. Si analizamos todos los componentes del timbre de una señal de habla, es obvio que no todos ellos son interesantes para la fonética. La descripción fonética, en sus aplicaciones más habituales, dará relevancia a los rasgos responsables de que un sonido se perciba como [a] o como [e], pero no a los rasgos responsables de que la señal se perciba como la voz de un sujeto u otro.

El término "timbre" alude en realidad a una cualidad de la percepción de la onda, no a una cualidad física de la onda. En el punto 1.3.3.3. vimos que la mayoría de las ondas que oímos son ondas complejas filtradas. Esto es, la mayoría de las impresiones sonoras que tenemos son el efecto de algún fenómeno, más o menos simple o complejo, de resonancia sobre una onda compleja. Vimos también que el efecto de la resonancia era que la energía de la onda se concentrase en unas bandas u otras de las frecuencias que abarcaban los componentes de la onda compleja. Esa distribución de la energía en el espectro de frecuencias es el hecho físico cuyo correlato perceptivo es lo que llamamos timbre. El timbre [a] se reconoce, por ejemplo, cuando una onda compleja concentra alta energía en torno a los 750 hz y en torno a los 1.500 hz. La nota *fa* emitida por un piano tiene la misma fundamental, y por tanto los mismos armónicos, que esa misma nota emitida por un trombón. Lo que hace diferentes los dos sonidos es que los armónicos que tienen mucha o poca energía son distintos, es decir, que la energía se distribuye de manera distinta en el espectro de frecuencias. En eso consiste que sus timbres sean diferentes. Esta distribución de la energía en que hacemos consistir el hecho físico responsable del timbre se puede observar analizando las señales mediante un aparato llamado espectrógrafo, que descompone la señal y nos muestra su estructura en unas muestras llamadas espectrogramas.

Se podrá deducir sin dificultad que sólo tiene sentido hablar de timbre cuando hablamos de ondas complejas. Las ondas simples sólo tienen componentes en una frecuencia, la de la onda de que se trate. En este caso el timbre ha de ser idéntico al tono.

1.3.5.2. Sonidos formánticos

1.3.5.2.1. Es relevante tener en cuenta una diferencia entre timbres que se deja entender bien examinando las características de sus extremos, los sonidos formánticos y los ruidos. Un formante es un armónico o conjunto de armónicos que conservan alta energía debido a que su frecuencia coincide con la del resonador. Si decimos de un sonido que tiene un formante en 500 hz, queremos decir que en torno a esa frecuencia va a concentrar su energía. Los sonidos formánticos son siempre sonidos de fuente armónica, con una fundamental bien establecida y unos armónicos más o menos claros. El timbre formántico caracteriza a los sonidos que tienen formantes. Lo que interesa destacar de esta estructura formántica es que la energía del sonido se concentra en bandas bien definidas de frecuencia que contrastan nítidamente con las zonas de frecuencia donde la energía es baja. Toda la energía de la onda se concentra en bandas más o menos estrechas y las zonas de frecuencia no favorecidas por el resonador presentan una energía prácticamente nula. Esto hace que estos timbres sean altamente cromáticos, es decir, que en ellos se perciban con claridad los matices. El hecho de que la mayoría de los sonidos formánticos presenten más de un formante se debe a que muchas veces el resonador es complejo y son varias las bandas del espectro de frecuencia que van a ser reforzadas en el proceso de resonancia.

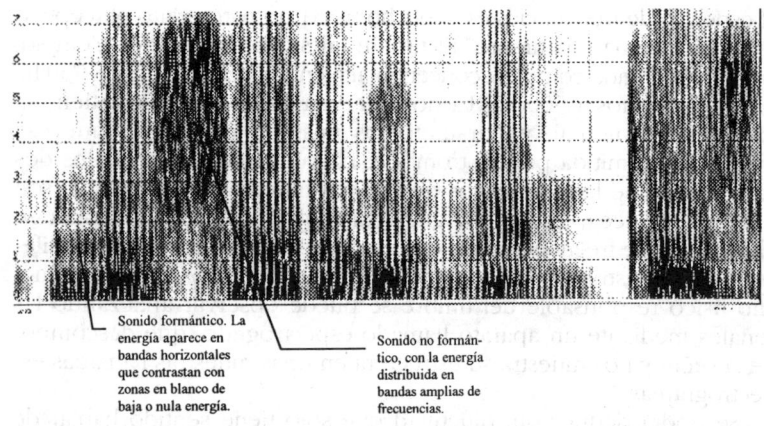

Sonido formántico. La energía aparece en bandas horizontales que contrastan con zonas en blanco de baja o nula energía.

Sonido no formántico, con la energía distribuida en bandas amplias de frecuencias.

1.3.5.2.2. Los sonidos del habla que presentan una estructura formántica más clara son las vocales. Pero no es tan sencillo como pudiera suponerse establecer a qué frecuencia precisa tiene los formantes una vocal determinada, aunque aparentemente las muestras espectrográficas los sitúen con claridad. La frecuencia que corresponde a un formante está determinada por el tamaño y forma del resonador que filtre la señal de la fuente. En nuestro caso, la señal se genera en la glotis y hace de resonador el tubo formado por la faringe y la boca. El gesto articulatorio que hagamos con la lengua, labios y maxilar determinará el tamaño de ese tubo y su forma y, por tanto, las frecuencias que se verán reforzadas. Si el tamaño y forma del resonador está preparado, por ejemplo, para vibrar a 500 hz, 1.500 hz y 2.500 hz (la configuración de la vocal *schwa*) debemos esperar que los armónicos que tengan esas frecuencias tengan alta energía y queden así definidos tres formantes. Pero, lógicamente, sólo ocurrirá esto si hay armónicos a esas frecuencias. Recordemos que habrá un armónico en cada múltiplo de la fundamental y ninguno más. Si la onda generada en la glotis tiene una fundamental de 200 hz, no habrá ningún armónico en 500, por ejemplo. Si la onda no tiene componentes en esa frecuencia, simplemente no puede haber nada de alta ni baja energía en 500 hz y un espectrograma no nos puede mostrar nada ahí. El espectrograma nos mostrará una energía superior a la normal en 400 y 600, que son los armónicos más cercanos, con lo que nos dará un dato engañoso sobre la altura real del formante. Ciertamente, el espectrógrafo sólo muestra lo que en realidad hay: no muestra un formante a 500 porque no hay nada ahí. Pero lo interesante es que el receptor lo oye ahí. Si una mujer hace con sus órganos fonatorios que el resonador tenga el tamaño adecuado para vibrar a 500 hz, aunque su onda no tenga ahí componentes, nuestro cerebro procesa la señal basándose en los datos de los armónicos más cercanos y restituyendo el componente allí donde le corresponde por el gesto articulatorio hecho. Es un proceso parecido por el que restituimos la fundamental en los sonidos sordos, que no la tienen. Cuando alguien nos habla, no percibimos su entonación quebrada, a pesar de que *realmente* sí lo está cada vez que aparece un sonido inarmónico. Allí donde la línea melódica se quiebra nuestro cerebro la restituye, basándose en los datos de los sonidos contiguos[8]. Por esa razón, una [a] la entendemos tanto si la pronuncia un varón como si la pronuncia una mujer, a pesar de que en el segundo caso ocurre muchas veces que no tiene energía en el lugar que corresponde a alguno de los formantes. En sentido estricto, los formantes no son una característica de la señal, sino del resonador: es el resonador el que tiene frecuencias formantes, que son las frecuencias a las que tiende a vibrar espontáneamente si se le perturba. Lo que ocurre es que ésta es una característica del resonador que condiciona la forma de la onda que incide sobre él. Realmente, cuando decimos que un sonido tiene formantes en 500 y 1.500 hz, lo que decimos es que es una onda filtrada por un resonador cuyas frecuencias formantes son esas. Por eso no es extraño que el espectrógrafo, que analiza y descompone la onda física, pueda no recoger con fidelidad los formantes del resonador, que es sin embargo lo que realmente oyen los hablantes.

---

[8] En realidad es este un proceso que se da en cualquiera de nuestras percepciones. Nuestras estimulaciones básicas originan una actividad neural bulliciosa y fragmentaria. La estabilidad que percibimos en nuestras sensaciones (por ejemplo, las imágenes visuales) se debe a la interacción que se da entre la información sensible y patrones ya almacenados. Estos patrones hacen de molde en el que se conforma la información sensible recién llegada y por eso esa información se percibe en parte como repetición y tiene ese aspecto de estabilidad. Si una persona queda ciega con un mes de vida y se le consigue restituir la vista a los veinte años, las nuevas sensaciones le resultarían, en principio, de poca utilidad. Serían sensaciones no mediatizadas por patrones adquiridos y, por tanto, serían caóticas y efervescentes. Estos mecanismos actúan sobre nuestras sensaciones auditivas. Tenemos una serie de patrones de memoria auditiva que condicionan la categorización y discernimiento de las estimulaciones acústicas que podamos tener. La interacción de las impresiones auditivas recién recibidas con las categorías estables que tenemos interiorizadas es lo que hace que lo que realmente oigamos sea el molde con el que nuestro cerebro igualó la sensación recibida, siendo entonces posible que lo que el fonetista tenga que describir sean piezas del molde que puedan no estar en la onda real.

Naturalmente al fonetista le interesa saber las características de los sonidos que permitan comprender la categorización que hacen de ellos los hablantes. Al fonetista le interesa entonces el lugar en el que realmente está el formante, que es la frecuencia a la que el resonador está preparado para responder óptimamente, haya o no componentes en la onda allí. Existen formas de conseguir que el espectrógrafo nos indique con cierta fiabilidad dónde está ese formante, incluso si la onda que analiza no tiene componentes a esa altura. Después veremos escuetamente esos procedimientos.

1.3.5.3. Ruidos

En el otro extremo tenemos los ruidos no formánticos. En este caso la onda es aperiódica, lo que significa que el movimiento que se transmite de partícula a partícula en los sucesivos choques no es un movimiento que se repita y no se puede hablar propiamente de ciclos, porque no hay nada cíclico. Por eso decíamos antes que no se puede hablar aquí de frecuencia (que, recordemos, es precisamente el número de ciclos por unidad de tiempo). Si esto es así, cuando una onda no periódica perturba un resonador, cuya respuesta sea, por ejemplo, 500 hz, el efecto de filtro que va a hacer ese resonador no es igual que el que hace en una onda periódica. En una onda periódica hay algo a 500 hz, o más o menos cerca de 500 hz, pero en una onda no periódica no se puede decir que haya componentes de esa u otra frecuencia. El resonador, es decir, el cuerpo elástico perturbado por la onda no periódica vibra y repite cíclicamente un movimiento que no es idéntico al de ninguno de los componentes de la onda aperiódica, ni totalmente distinto del movimiento de esos componentes. No habrá entonces componentes de la onda aperiódica claramente favorecidos por la vibración del resonador, ni claramente filtrados. Dicho en otros términos, no habrá bandas de frecuencia claramente más afectadas que otras por la resonancia. Precisamente la característica más notable de los ruidos, frente a los sonidos formánticos, es que en ellos la energía no se concentra en bandas bien definidas de frecuencia que contrasten claramente con bandas de poca energía. La distribución de la energía en el espectro de frecuencias es mucho más uniforme y, si hay bandas con más energía que otras, el contraste es "sucio", poco acusado. El ruido límite es el llamado ruido blanco, que se caracteriza precisamente porque en él la distribución de la energía es perfectamente uniforme en todo el espectro de frecuencia. Es el ruido chisposo que oímos en televisión en horas en que no hay programación. La [s] que pronunciamos en el castellano estándar se parece a un ruido blanco, de no ser porque no empieza a tener energía hasta los 3.500 hz aproximadamente. Desde esa frecuencia hacia arriba su aspecto es parecido al de un ruido blanco.

Los ruidos son sonidos menos cromáticos que los sonidos formánticos. Las diferencias de matiz se captan peor porque las partes que componen su estructura interior están peor delimitadas.

1.3.6. *Las muestras espectrográficas*

1.3.6.0. Los datos más estables y los que dan mayor sensación de objetividad son los que se manifiestan en señales visuales. No solemos fiarnos de las sensaciones auditivas como soporte de razonamientos de cierta complejidad ni como material adecuado de archivo de conocimientos. Cuando tratamos de analizar las propias ondas sonoras, no hacemos excepción en esta norma. Mientras las ondas sonoras sigan siendo sensaciones auditivas, por muy filtradas y descompuestas que consigamos reproducirlas, seguirán sin ser un material adecuado para el trabajo científico. Es necesario que podamos ver el sonido, que de alguna manera las ondas sonoras se conviertan en un material visual. Esto es precisamente lo que hace el espectrógrafo. Mediante este aparato la energía del sonido se transforma en otro tipo de energía que da lugar a manchas visibles que la representan en un papel o en una pantalla de ordenador.

El análisis espectrográfico se suele realizar con espectrógrafos, normalmente digitales, o mediante equipos informáticos que hacen la misma función. No nos interesa aquí entrar en el detalle del funcionamiento de estos aparatos ni de la forma de utilizarlos o las operaciones de que son capaces. Sólo nos interesa referirnos al resultado de sus operaciones, los espectrogramas, porque la descripción de los sonidos del habla que hagamos consistirá precisamente en la especificación de los índices espectrográficos propios de cada uno de esos sonidos. Del espectrógrafo en sí nos basta saber que se trata de un aparato en el que grabamos una secuencia y que, tras determinados procesos, deja en un papel especial unas manchas que representan la estructura energética de la señal grabada.

Dependiendo de los parámetros que hayamos definido para la señal de entrada y de las operaciones de análisis que hayamos especificado, un espectrógrafo puede generar distintas muestras gráficas de una misma señal de habla. La diferencia entre las muestras espectrográficas consiste en la manera en que se representen la frecuencia, la intensidad y el tiempo. Sintetizaremos a continuación las más habituales.

1.3.6.1. Espectrogramas en banda ancha y en banda estrecha

Las muestras más utilizadas, las que en sentido estricto se suelen llamar espectrogramas, son precisamente las que muestran esos tres parámetros: espectro de frecuencias (eje de ordenadas), tiempo (eje de abscisas) e intensidad (tonos de gris). Como en una escritura normal, en un espectrograma la gradación izquierda - derecha representa la sucesividad en el tiempo. Todo lo que en un espectrograma aparezca en la misma vertical es simultáneo. Ese eje es el que representa el espectro de frecuencia de cada sonido. Recordemos que cada sonido es una onda compleja con componentes de distintas frecuencias: el eje vertical es el que recoge estas distintas frecuencias. En los espectrogramas más habituales, la energía se corresponde con la mayor o menor oscuridad del trazo que aparezca en el papel. Así, los distintos sonidos de una frase aparecen contiguos unos de otros en sentido horizontal, por lo que no se confunden en el papel los rasgos de unos con los de otros. Y, además, las distintas frecuencias, normalmente de 0 a 8.000 hz o a 4.000 hz, aparecen contiguas en el eje vertical, por lo que no se confunde en el papel la energía que hay en unas frecuencias con la que hay en otras. El espectrograma nos muestra por tanto separados unos sonidos de otros y, dentro de cada sonido, unas frecuencias de otras, por lo que nos da todos los datos relevantes para la descripción acústica de los sonidos. Recordemos que la descripción de un sonido queda agotada explicitando cuál es su fundamental y en qué bandas de frecuencia se concentraba la energía de la onda.

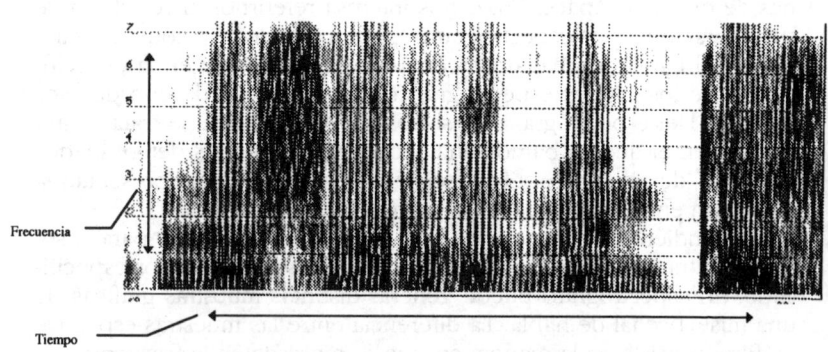

Espectrograma en banda ancha. Los niveles de gris indican niveles de energía, el eje horizontal el tiempo y el vertical la frecuencia.

Que el espectrógrafo represente una señal de habla extensa en el tiempo no necesita ninguna explicación. Nosotros hablamos concatenando los sonidos uno detrás de otro y ningún sistema de grabación o reproducción necesita nada especial para registrar este hecho. Más complicado resulta desmembrar en el papel (en el eje vertical) los componentes simultáneos de los sonidos. Este efecto se consigue utilizando un conjunto de filtros que irán actuando sucesivamente sobre la señal grabada (que se estará repitiendo continuamente), o utilizando un filtro que irá desplazándose sucesivamente por todo el espectro de frecuencias; el efecto será el mismo en los dos casos. En los espectrogramas utilizaremos normalmente un filtro de 300 hz de anchura de banda. Un filtro de 300 hz de anchura de banda es un resonador que responde a un intervalo de frecuencias de 300 hz y filtra todas las que no estén en esa gama: esta gama puede ser 0-300, 600-900, 1.025-1.325, etc., o cualquier otro intervalo de 300 hz. Cuando se hace un espectrograma de 300 hz de banda, lo que se hace es hacer pasar la señal por sucesivos filtros que responden cada uno a un intervalo de 300 hz, empezando por las frecuencias bajas y siguiendo hacia las altas, siempre en bloques de 300 hz, hasta que se llega al umbral máximo que se haya prefijado (normalmente 8.000 hz). El desplazamiento de la señal por los sucesivos filtros (o el desplazamiento del filtro único por las sucesivas frecuencias) es concomitante con el desplazamiento vertical de la aguja de la impresora por el papel en el que quedará el espectrograma. De esta manera en el papel quedará descompuesta la señal en sus frecuencias componentes.

Los sonogramas hechos con el filtro de 300 hz se denominan sonogramas de banda ancha. Son los más adecuados para el análisis de la estructura acústica que determina el timbre porque son los que representan con más claridad la estructura formántica de los sonidos, es decir, la energía relativa que hay en sus frecuencias componentes. Son los de más fácil lectura y los que más sencilla hacen la segmentación de la señal porque son los que manifiestan con más claridad los rasgos acústicos propios de cada sonido. Pero se utilizan también los llamados espectrogramas de banda estrecha, que se obtienen con un filtro de una anchura de 45 hz o de 10, según los casos. Estos espectrogramas reflejan peor la estructura acústica de los sonidos pero a cambio permiten ver la fundamental y sus armónicos uno a uno. En los espectrogramas de banda ancha obviamente no se puede ver la fundamental ni los armónicos. Los sonogramas de banda estrecha presentan, por tanto, prácticamente dibujada la entonación en cada uno de los armónicos y hacen más visible el contraste entre sílabas átonas y tónicas (obsérvese la figura siguiente para ver la diferencia).

La respuesta de un filtro de banda estrecha dura más tiempo que la de un filtro de banda ancha. La respuesta de un filtro de banda ancha se amortigua en menos tiempo del que hay entre dos golpes glotales. Como la excitación acústica que provoca en el filtro un golpe glotal se amortigua antes de la excitación que provocará el siguiente, hay un breve período en que el filtro está dando una respuesta nula y no llega ninguna energía al papel. Por eso los sonogramas en banda ancha aparecen verticalmente estriados. Los sonidos de fuente armónica aparecen en el papel como conjuntos de estrechísimas barras verticales entre las que median pequeños espacios en blanco. Cada una de esas barras es un golpe glotal y el espacio blanco que hay entre ellas es una parte del silencio que hay entre dos golpes glotales (en un varón, ese silencio dura 1/125 seg, por término medio). Por eso, en un sonograma en banda ancha, indirectamente, también podemos leer la fundamental. Cuanto más juntas estén estas barras verticales, más golpes glotales por unidad de tiempo se están produciendo y más alta es la fundamental. En un equipo informatizado, donde podemos ampliar sin dificultad una parte de la señal, podemos incluso contar esos golpes glotales y saber cuántos se están produciendo por segundo y cuantificar así de forma precisa la fundamental. La lectura de la fundamental en un espectrograma de banda ancha es, desde luego, menos intuitiva que en un espectrograma de banda estrecha, pero es posible.

El programa PcVox incorpora una operación que permite visualizar directamente la línea de la frecuencia fundamental sobre el espectrograma en banda ancha si se desea. Esta posibilidad hace que no sea necesario recurrir tantas veces al espectrograma en banda estrecha.

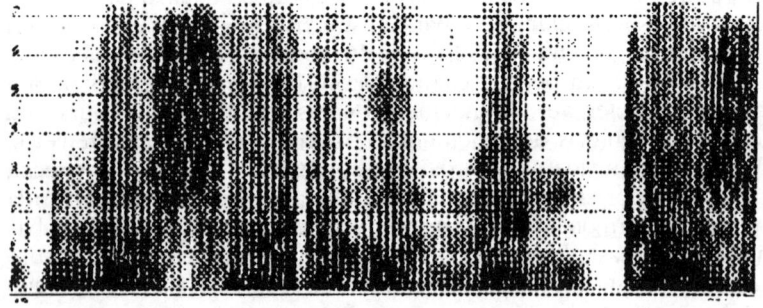

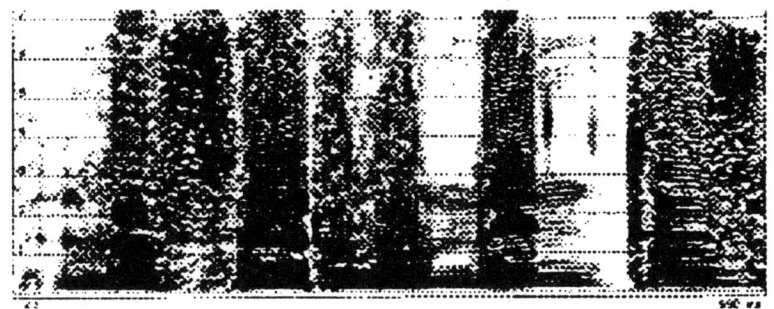

Sonograma en banda ancha (página anterior) y en banda estrecha (arriba). En banda ancha se ve con más claridad la distribución de la energía (timbre), que se presenta como bandas más oscuras. Las finas líneas verticales que peinan de arriba hacia abajo el sonograma representan los golpes glotales. Cuanto más juntas estén estas líneas más alta será en ese punto la fundamental. En banda estrecha aparece con menos resolución la distribución de la energía, pero se pueden ver los armónicos, que son las líneas horizontales onduladas que cruzan de izquierda a derecha el sonograma. Como todos son múltiplos de la fundamental, el dibujo que hace cualquiera de ellas sirve para ver la forma de la curva melódica.

1.3.6.2. Secciones

La sección es un tipo de muestra en la que sólo aparecen representados los parámetros de intensidad y frecuencia. Desaparece, por tanto, el tiempo. Todo lo que vemos en una sección es simultáneo, y no sucesivo como ocurría en los espectrogramas en banda ancha y en banda estrecha. Para hacer una sección, se fija un punto discreto en el tiempo por el procedimiento que tenga previsto el equipo del que dispongamos y se da la correspondiente instrucción. En una señal como *los argumentos lo convencieron,* con la que estamos ejemplificando, por ejemplo, podemos estar interesados en saber si la /e/ de *argumentos* está o no nasalizada, y para ello deberemos estar atentos al valor del primer formante. En este caso puede sernos útil hacer una sección de ese sonido, señalando el punto exacto del tiempo en que se está pronunciando lo que consideremos que es su cuerpo pleno. En el papel la frecuencia seguirá representada en el eje de ordenadas, mientras el eje de abscisas indicará la intensidad: cuanta más intensidad tenga un componente de una frecuencia determinada más largo en sentido horizontal será el trazo que lo represente. Esto nos da una idea de la energía de cada uno de los componentes de la onda compleja mucho más precisa que la que obteníamos mediante espectrogramas en banda ancha y por supuesto en banda estrecha. En estos espectrogramas la intensidad se reflejaba mediante tonos de gris, mientras que aquí se refleja con mucha exactitud hasta dónde llega la intensidad de cada uno de los componentes de cada una de las frecuencias de una onda compleja (ver ejemplos de secciones en el punto 1.3.6.4.1.2.).

El aspecto de la sección variará según la hagamos en banda ancha o banda estrecha. En banda estrecha el resultado será una serie de líneas horizontales paralelas de distintas longitudes. Cada línea horizontal es un armónico, cuya frecuencia viene marcada por la altura en la que aparezca. Las distintas longitudes representan las distintas intensidades. Lógicamente, los armónicos que correspondan a los formantes, o estén cerca de ellos, aparecerán con trazos más largos. Si hacemos la sección en banda ancha, no aparecerán líneas horizontales, sino una gran mancha negra que se hará más ancha allí donde haya más energía. En principio, el aspecto de una sección podemos imaginarlo como si uniéramos con una línea los extremos de los armónicos que nos refleja la sección en banda estrecha y después coloreáramos el área delimitada con negro macizo.

La sección en banda estrecha representa una perfecta transformación de Fourier. La onda compleja queda representada como un conjunto discreto de ondas componentes con especificación de la energía de cada una de ellas. Esta representación tiene el valor de mostrarnos individualizados los armónicos y la verdadera intensidad de cada uno, pero tiene el inconveniente de que puede dar una falsa imagen de la verdadera localización del formante. Como vimos en 1.3.5.2., si una onda no tiene ningún armónico a la altura del formante que corresponda, una transformación de Fourier no nos va a indicar de ninguna manera que a esa altura hay un formante, puesto que un análisis de este tipo no puede registrar nada donde no haya nada. La sección en banda ancha da una imagen más precisa. Como es fácil que el filtro pueda estar respondiendo a una banda en la que haya más de un armónico, puede ocurrir que si no hay un armónico a la frecuencia del formante, el filtro esté respondiendo a una banda que comprenda el armónico inmediatamente más bajo de la frecuencia del formante y el armónico inmediatamente más alto. Cuando esto ocurre, la respuesta promediada que da el filtro tenderá a situar el máximo de intensidad en una zona intermedia que suele reflejar con bastante corrección el lugar del verdadero formante. La sección en banda ancha, pues, es una buena forma de obtener información precisa sobre la estructura formántica real de un sonido que hayamos querido aislar de forma discreta.

1.3.6.3. Curva de intensidad

En este tipo de muestras los parámetros presentes son la intensidad y el tiempo. Desaparece la frecuencia. Cuando hacemos la curva de intensidad, lo que buscamos es que la muestra nos revele cómo evoluciona la energía global en el tiempo, sin considerar su distribución en el espectro de frecuencias. La visión de un espectrograma en banda ancha no nos permite ver con claridad qué sílabas tienen más intensidad porque al presentarnos la intensidad distribuida en las frecuencias se pierde la impresión global. La curva de intensidad se suele superponer al espectrograma en banda ancha y es especialmente útil para el estudio de la sílaba y el acento.

1.3.6.4. El análisis espectrográfico con equipos informatizados

1.3.6.4.0. El trabajo del análisis espectrográfico se ve modificado, en algunos aspectos sustancialmente, utilizando equipos informatizados[9]. La utilización de estos equipos afecta a las operaciones que es posible realizar, al soporte de la información y al tiempo que tardan en obtenerse las muestras.

1.3.6.4.1. Operaciones

Las diferentes capacidades del equipo PcVox, u otro de características semejantes, empiezan por el tipo de muestras que es posible obtener a partir de una señal grabada. Además de los tipos de muestras ya comentados el programa PcVox permite obtener algunas otras, de las que para nuestro trabajo destacaremos dos: se puede obtener directamente sobreimpresa sobre el espectrograma en banda ancha la línea de la fundamental; y, además de la transformación discreta de Fourier, es posible seccionar un sonido mediante el sistema LPC ("linear predictive coding").

---

[9] En nuestro trabajo hemos utilizado sobre todo un ordenador equipado con la placa VISHA, hecha en la Escuela Superior de Ingeniería de Telecomunicaciones de Madrid, con el programa PcVox, desarrollado en el mismo centro.

1.3.6.4.1.1. El poder obtener directamente la curva melódica de una secuencia evita tener que recurrir con mucha frecuencia a los espectrogramas en banda estrecha y facilita mucho el análisis de los rasgos prosódicos, al permitir acumular en un mismo gráfico el espectrograma, la curva de intensidad y la curva de entonación. Cuando estamos analizando contornos melódicos específicos de ciertos tipos de secuencia, esta posibilidad permite también obtener muestras en que aparezcan limpios esos contornos, y no la imagen más confusa de los armónicos paralelos.

1.3.6.4.1.2. El equipo PcVox permite también practicar secciones (o "espectros instantáneos") de sonidos concretos, aunque la representación gráfica es inversa a la que obtenemos mediante el espectrógrafo digital. Ahora el eje de abscisas representará la frecuencia y el eje de ordenadas la intensidad. La información que obtenemos mediante una sección practicada con este equipo no difiere mucho de la que obtenemos mediante el espectrógrafo digital. Se trata de una transformación discreta de Fourier que muestra la descomposición de la onda compleja y la energía relativa de sus componentes. Es algo diferente al imagen, especialmente en banda estrecha, porque en vez de aparecer una serie de líneas paralelas que representan cada una a un armónico, aquí aparece una especie de dientes de sierra, cada uno de los cuales representará a un armónico (ver los gráficos que siguen).

La diferencia significativa consiste en la posibilidad de realizar ese análisis mediante el sistema LPC. Este sistema tiene el objetivo de representar la onda descompuesta indicando los máximos de intensidad a la altura real de los formantes del resonador, con independencia de que a esa altura haya o no armónicos (recuérdese lo dicho al final de 1.3.5.2.). Lo que representa la sección hecha con LPC es la respuesta real que dan a la onda generada en las cuerdas vocales los filtros supraglóticos, es decir, el resonador que constituye el tubo formado por la faringe y la boca. Recordemos que las frecuencias a las que responde ese resonador pueden no coincidir con la de ninguno de los componentes de la onda compleja, a pesar de lo cual son las que realmente el receptor "oye". Lo que hace el análisis LPC es simular el proceso que hace el receptor para reprocesar la señal recibida y situar los formantes donde les corresponde según ciertos modelos que ya tiene interiorizados y que hacen como de molde en el que se da forma al material recibido. El LPC es un algoritmo[10] que contiene

---

[10] Un algoritmo es un conjunto finito de procedimientos ordenados que, a partir de un dato de entrada, llevan mecánicamente a un estado especificado. Un programa de

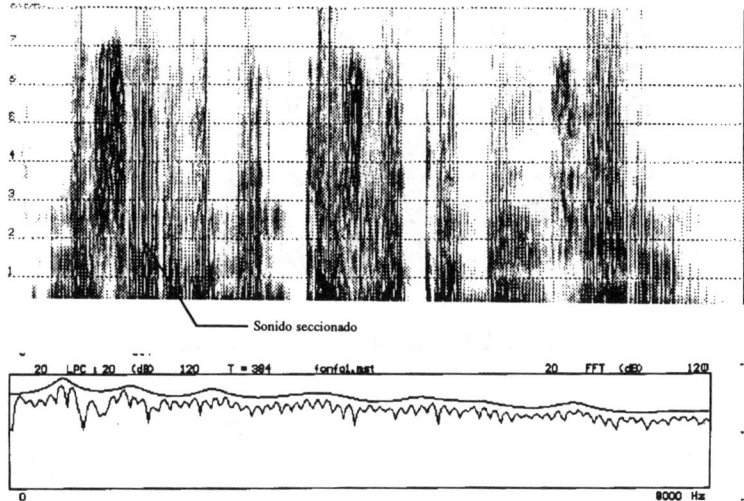

Sonograma en banda ancha y secciones mediante FFT y LPC. El espectrograma corresponde a la secuencia *los argumentos lo convencieron* y en el gráfico se representa la sección de la [a] de la palabra argumentos. La línea de abajo representa la sección practicada mediante la transformación discreta de Fourier en banda estrecha. Cada diente de esa línea es un armónico. La línea ondulada de arriba, sin entrantes y salientes, es la sección hecha mediante LPC. La frecuencia se lee de izquierda a derecha y la intensidad de abajo arriba. Los picos más salientes representan los formantes de la [a].

ciertos datos sobre las restricciones que hay en la producción de los sonidos del habla y que es capaz de comparar los datos del análisis espectrográfico con una especie de biblioteca de posibles combinaciones de frecuencias formánticas. Lo que hace este algoritmo es igualar los datos brutos del análisis espectrográfico con la mejor de las combinaciones de formantes contenidas en la biblioteca del programa y esa combinación de formantes elegida es la que aparece en la pantalla del ordenador o en el papel como sección del sonido que nos hayamos propuesto. Como se ve, el espectro que el programa nos ofrece por este procedimiento es resultado de una estimación prevista por el programador. Esta estimación tiene un margen de error muy pequeño y la mayoría de las veces obtendremos la imagen

---

ordenador, por ejemplo, es un algoritmo o conjunto de algoritmos. Las fórmulas que estudiamos en matemáticas para la resolución de problemas son también algoritmos.

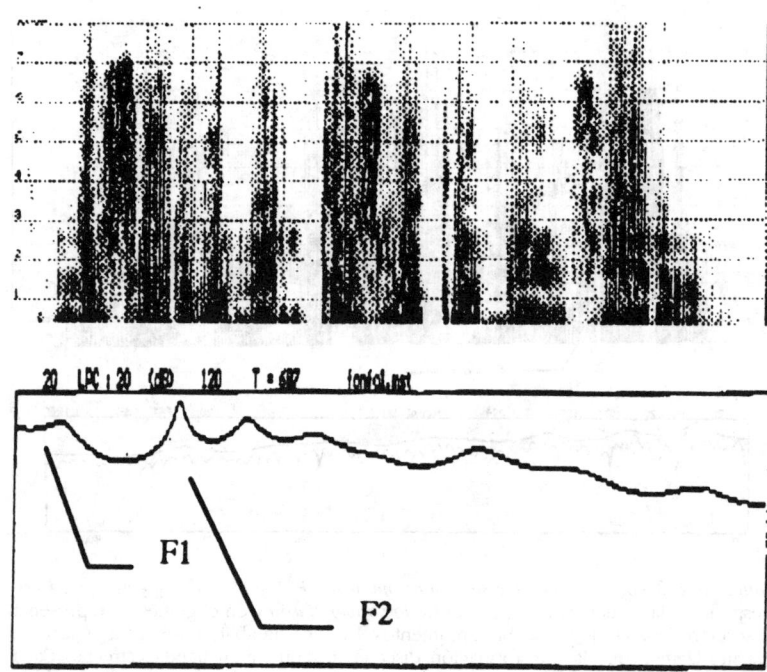

El sonograma corresponde a la misma secuencia *los argumentos lo convencieron*. La sección de abajo corresponde a la /e/ de *argumentos*. Como aparece haciendo sílaba con dos consonantes nasales, se nasaliza y reduce la intensidad de su primer formante. En el sonograma normal es difícil comprobar si está o no nasalizada porque la gradación de grises no manifiesta con claridad este tipo de matices. En la sección, sin embargo, se ve claramente que la cresta correspondiente a F1 queda por debajo de l a correspondiente a F2 (el primer formante normalmente tiene más energía que el segundo).

de lo que realmente hizo el emisor con sus órganos de resonancia y lo que realmente oyó el receptor, ya que todo el procedimiento es una simulación de lo que hace este último.

3.6.4.1.3. La diferente operatividad del equipo digital y el equipo informatizado no se agota en el mayor número de tipos de muestras que puede hacer este último. También es mucho más sencillo el trabajo sobre las muestras realizadas, al menos en los siguientes aspectos:

1. Los programas de análisis de sonido tienen siempre algún tipo

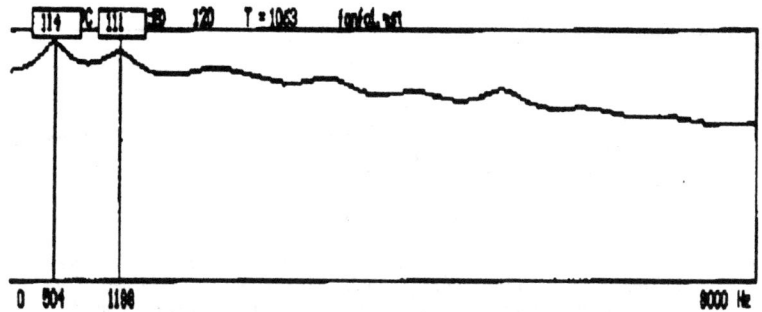

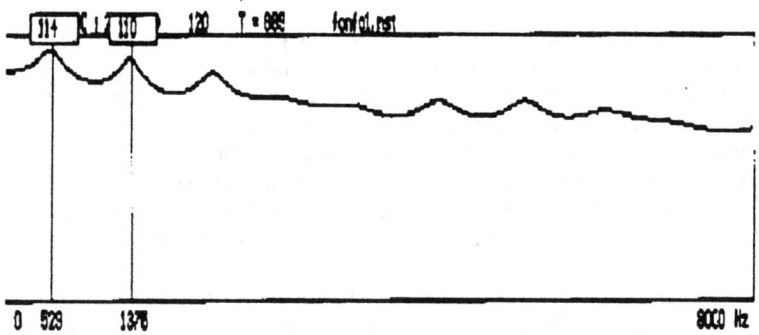

La imagen de abajo es la sección de la /o/ de *argumentos* y la de arriba la de la /o/ de *lo*. La primera /o/ presenta el F1 a 504 hz y el F2 a 1.198. El F1 de la segunda está en 529, lo que indica que es algo más abierta; el F2 aparece en 1.375, lo que significa que se pronunció con la lengua más adelantada. El F3 tiene más intensidad en el segundo por esta misma razón.

de dispositivo señalador (ratón, lápiz óptico o algo similar) que permite fijar en la pantalla alguna referencia sobre algún punto concreto de la señal que nos muestra. La pantalla siempre nos está dando datos del momento de tiempo que representa esa referencia que hayamos fijado, si se fija en una muestra que incluya el parámetro tiempo (como en el caso de los espectrogramas); o también nos estará dando datos puntuales de la frecuencia e intensidad del punto que señalemos en una sección (tanto si es una transformación discreta de Fourier como si es una sección practicada con el algoritmo LPC). Como es posible tener abiertas dos ventanas en la pantalla y ver simultánea-

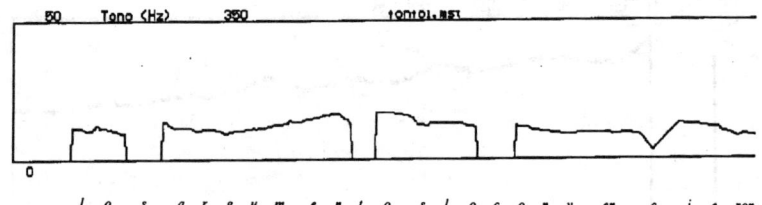

Curva de entonación. La imagen representa la frecuencia fundamental de *los argumentos lo convencieron*. El punto más alto marca la frontera entre el sujeto y el predicado, como es habitual en una oración enunciativa. El tono desaparece cuando hay silencio (casos de [t] y [k]) o cuando hay algún sonido de fuente no armónica (como la [s]). Puede verse que la primera /s/ es sorda, e interrumpe la línea tonal, mientras que la segunda es sonora y no produce quiebra en la línea melódica.

mente el espectrograma en banda ancha y la sección, con estos dispositivos resulta muy sencillo señalar un punto concreto de la señal para ver inmediatamente en la ventana inferior la sección de ese punto. Con el espectrógrafo digital la operación es más compleja, porque es necesario hacer el espectrograma sobre un papel que contiene una escala numérica, comprobar el número de esa escala que corresponde al momento que queremos seccionar, visualizar ese número en una pequeña pantalla y ordenar una nueva muestra a la impresora.

2. Con el mismo dispositivo señalador es posible fijar dos puntos en una muestra, de manera que quede acotada una parte de la señal, la que queda entre los dos puntos fijados. Esto hace posible definir muchas operaciones sobre la zona acotada: oírla, ampliarla, medir el tiempo, borrarla, etc. Es especialmente importante poder medir con facilidad tiempos muy cortos, como el que define el VOT (el que media entre la explosión de una oclusiva y el comienzo de la vibración glótica de la vocal siguiente), el que dura una vocal, el de una transición formántica, etc.

3. Con estos equipos es posible editar la voz. No sólo se puede oír la señal completa o una parte que nosotros mismos delimitemos. Es posible borrar partes de la señal (por ejemplo, una transición formántica o hacer más breve el silencio de una oclusiva), copiarlas de una parte a otra, repetirlas, etc., y oír el resultado. Aunque esto no permita las amplias posibilidades de un equipo de síntesis, con todo le permite al analista oír el efecto de ciertas modificaciones, encuestar a informantes sobre ese efecto y aquilatar la importancia de ciertos rasgos fónicos en la percepción de tal o cual sonido.

1.3.6.4.2. Soporte de la información

El espectrógrafo digital no permite más señal visible del sonido ni más forma de almacenar los análisis hechos que el papel térmico en el que la impresora escribe los datos del análisis. Si queremos ver distintos aspectos de una señal grabada en el equipo (espectrograma en banda ancha, espectrograma en banda estrecha, sección de algunos sonidos, forma de onda, etc.), deberemos acumular papeles, porque una vez escrito uno de ellos no se puede hacer que desaparezca alguno de los parámetros representados para sustituirlo por otro. Con el equipo PcVox, sin embargo, el primer soporte visual que tenemos del análisis practicado es la propia pantalla del ordenador, que además permite tener abiertas dos ventanas, es decir, dos áreas independiente de trabajo. La posibilidad de tener abiertas dos ventanas en la pantalla y de poder superponer distintas muestras en una misma ventana (siempre que la definición del eje de abscisas y el de ordenadas de esas muestras sea compatible) permite visualizar simultáneamente una información muy rica sobre la señal analizada. Con el equipo digital se necesitarían varios papeles para lo mismo y mucho más tiempo. Además, todo lo que se ve en la pantalla puede escribirse en un papel, por lo que no se pierde ninguna de las posibilidades que tenía el equipo digital.

Pero la diferencia de soporte no sólo afecta a la visualización de los análisis, sino especialmente a su almacenamiento. Con el espectrógrafo digital sólo podemos almacenar análisis hechos almacenando papeles. Si queremos clasificar los fenómenos observados y las muestras son numerosas, tendremos todas las limitaciones habituales de los archivos en papel. Podemos, en lugar de eso, almacenar las propias muestras que ejemplifican los datos que sean. Pero esto sólo lo podremos hacer en soportes analógicos, como cintas, y el acceso y manejo de muchos datos puede ser sumamente dificultoso. En el equipo basado en la tarjeta VISHA, y en general en cualquier equipo informatizado, la señal continua de habla, que sólo puede ser recibida analógicamente, adquiere una representación digital numérica que puede ser procesada por el ordenador y almacenada en un soporte magnético. La señal queda entonces grabada en el propio disco duro del ordenador y puede ser recuperada con facilidad cuando se necesite. Además, cada señal grabada puede llevar aneja una especie de ficha con sus características, con lo que es sencillo trabajar con grandes cantidades de muestras y hacer generalizaciones sobre ellas.

1.3.6.4.3. Tiempo de análisis

El sonido es una manifestación evanescente de la energía. Como estímulo que incide en nuestro sistema perceptivo, dura muy poco tiempo y cualquier recuperación que queramos hacer de una señal acústica habrá de ser una repetición de su emisión (a diferencia de lo que ocurre con las señales visuales, que no se borran cuando uno las lee). Cuando un fonetista trata de saber los componentes de una [a], la materia que está examinando es necesariamente una generalización de todas las emisiones y reemisiones de ese sonido. En todas esas repeticiones hay inevitablemente una serie de variaciones con las que es necesario tratar. Unas variaciones son simplemente debidas al azar: no tiene nada de particular que si pronunciamos diez veces el sonido [a], lo pronunciemos de manera parcialmente diferente cada vez. Otras variaciones se deben a los diferentes contextos de emisión de ese sonido (sonidos contiguos, rapidez de elocución, etc.). Otras variaciones tienen que ver con las propias diferencias que hay entre unos individuos y otros. Otras tienen que ver con la procedencia geográfica o social de los hablantes. Y así sucesivamente. Lo que debe retenerse de todo esto es que el fonetista trabaja con *poblaciones*, que los datos empíricos sobre los que proyecta sus análisis son *muestreos* y que sus descripciones y conclusiones son generalizaciones y promedios que proceden de un tratamiento estadístico de sus datos[11]. Es fácil entender que, si los trabajos más o menos esmerados de fonética requieren una colección de muestras generosa para garantizar que las conclusiones son fiables, un factor importante que condiciona el avance y a veces la posibilidad de la investigación es el factor tiempo. Si estamos analizando los valores formánticos de una determinada vocal en un determinado espacio y tenemos ya recogido un volumen abundante de muestras, debemos saber que con el espectrógrafo digital necesitaremos 80 segundos para obtener cada uno de los sonogramas (con la mejor calidad de la impresora); y que cada una de las secciones requerirá otro tanto. Obtener las muestras que necesitamos para saber con detalle los valores formánticos de una vocal en una sola señal, contando el tiempo de impresión y el que tardamos en poner el papel es una labor de casi tres minutos. Hay que

---

[11] En E. Martínez Celdrán, *Fonética Experimental: teoría y práctica*, Síntesis, 1991, puede verse una introducción al análisis estadístico que se debe hacer de los datos con los que trabaja la fonética.

añadir aquí las medidas que tenemos que tomar para saber en qué frecuencia está ocurriendo qué cosa. Si intentamos analizar 100 ó 200 ejemplos, el tiempo empezará a ser un factor crítico. El equipo PcVox puede representar un sonograma en pantalla en 6 segundos (hay muchos equipos informatizados que son capaces de hacerlo en tiempo real). La curva de entonación la representa en 3 segundos. Y todas las demás operaciones las representa de manera instantánea. Una vez abiertas dos ventanas, obtener una sección a partir de un espectrograma es tan rápido como señalar con el ratón el sonido que se quiere analizar y pulsar el botón: en la ventana inferior aparecerá el espectro instantáneo de ese punto. No hace falta tomar medidas para saber a qué frecuencia ocurre algo. Basta con apuntar con el ratón y la pantalla nos da el dato en la parte inferior. Además una vez "leída" una señal (es decir, tomada del disco duro y alojada en la memoria RAM) y una vez abiertas las ventanas, se pueden modificar siempre que se quiera los parámetros representados en ellas, si necesidad de repetir todo el proceso de visualización, como ocurre con el espectrógrafo digital. De esta manera, es posible acumular grandes cantidades de datos, para calcular los promedios que necesitemos, en un tiempo abarcable.

1.4. La recepción del sonido

1.4.0. El estudio de las ondas sonoras y sus componentes es imprescindible en cualquier descripción fonética o fonológica que se quiera hacer de las secuencias de una lengua, porque ellas son la materia misma de esas secuencias. Por la misma razón, es también necesario su conocimiento profundo para poder decidir acerca de la plausibilidad de ciertas hipótesis generalistas que se puedan formular sobre la estructura fonológica de las lenguas. Ese conocimiento puede ser el que nos haga ver la imposibilidad de que una cierta conjetura pueda ser de aplicación a alguna lengua imaginable o, al contrario, que sea necesaria en cualquier lengua. Pero el fonetista tendría muchas dificultades para evaluar el interés de los datos que obtiene en el análisis acústico si no puede comprobar cómo reacciona un organismo humano ante ellos. De poco serviría un espectrograma que nos mostrase una 'i' tónica con cinco formantes si no tenemos alguna manera de comprobar que con los dos primeros ya es casi siempre suficiente para saber de qué sonido se trata. Como ya dijimos varias veces, los sonidos que le interesan al fonetista son los que constituyen la materia del lenguaje y le interesan en la medida en que se trata precisamente de la materia de la comunicación lingüística. Comprender los sonidos del habla desde este punto de vista supone entender la onda acústica como un *estímulo* que provoca en el receptor una *respuesta* fisiológica anticipada por el emisor (cuando el emisor genera una secuencia de habla supone de antemano la respuesta del receptor y trata de que esta sea funcional para que en su mente se reproduzca lo que él quiso transmitir). El análisis acústico nos proporciona los parámetros que van a soportar la descripción de los sonidos, pero la importancia de esos parámetros tuvo que ser evaluada mediante el análisis de la percepción de esa onda. Como la percepción y procesamiento de un estímulo acústico es un proceso complejo que no se reduce a la mera estimulación del órgano sensorial apropiado (el oído), podemos decir que el análisis acústico adquiere su valor científico cuando sus resultados son evaluados en experimentos fisiológicos y sicolingüísticos que permiten realizar conjeturas sobre el papel que los componentes estudiados tienen en la comunicación.

El proceso de recepción y procesamiento de las señales acústicas es sumamente complejo y su descripción somera excede el espacio que le podemos dedicar en este trabajo. Nos limitaremos a sintetizar los aspectos del proceso que pueden ayudar a comprender mejor cómo el sistema emisor y el sistema receptor se comunican acústicamente. Después de visto qué es la materia del lenguaje, se trata sólo de ver cómo esa materia se hace útil en un organismo para evocar recuerdos o situaciones.

1.4.1. *La estimulación acústica: breve descripción del oído y la audición*

1.4.1.0. El órgano sensorial que acusa directamente la estimulación de las ondas sonoras es el oído. Es habitual dividir la anatomía del oído en tres partes: oído externo, oído medio y oído interno. La audición se hace posible porque en el oído interno tiene lugar un proceso que acabará convirtiendo la energía mecánica de la onda sonora en un conjunto de fenómenos eléctricos que actuarán como señales enviadas al cerebro. Para que esto ocurra es necesario que la onda llegue a estimular el oído interno y esto puede ocurrir por dos vías: la vía aérea y la vía ósea. La primera es la vía que siguen los sonidos por los que nos comunicamos normalmente. En la audición de sonidos que llegan por vía aérea intervienen las tres partes del oído, a diferencia de lo que ocurre con la audición por conducción ósea, en la que la onda llega directamente al oído interno sin pasar por el oído externo y medio. De ella hablaremos más adelante.

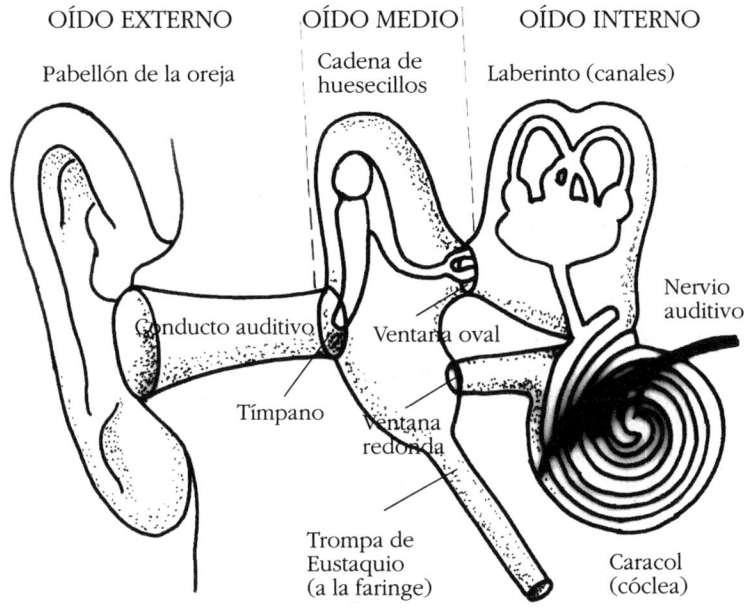

Esquema general del oído

1.4.1.1. El oído externo

El oído externo está compuesto por dos órganos: el pabellón auditivo y el canal auditivo. El pabellón auditivo permite que se recoja una cantidad de energía de la onda inicial algo mayor de la que se recogería en su ausencia al hacer que sea mayor la superficie sobre la que se proyecta esa energía. La forma del pabellón le permite hacer las veces de embudo que lleva hacia el oído las ondas de 3.000 hz y frecuencias algo superiores (el tamaño medio de un pabellón viene a ser la mitad de la longitud de una onda de esa frecuencia).

El canal auditivo es un conducto suavemente ondulado, de unos dos centímetros y medio o algo más, que termina por su extremo interior en la membrana llamada *tímpano,* que inicia el oído medio. A su través la onda se proyecta hacia el oído interno y su tamaño determina que las ondas de frecuencias inferiores a 3.500 hz o 3.800 hz se vean favorecidas por la resonancia.

1.4.1.2. El oído medio

El oído medio tiene como componentes principales el tímpano y la cadena de huesecillos. El tímpano es una membrana situada en el extremo del canal auditivo sensible a las variaciones que se producen en la presión del aire. Como ya explicamos en otro momento, las ondas sonoras no son más que alteraciones en la presión del aire que se van transmitiendo y son estas alteraciones de presión lo que provoca la vibración timpánica (ver lo dicho en 1.2.3.). Las variaciones de presión en que consisten las ondas sonoras dan lugar a esta vibración gracias a que el tímpano está en realidad separando dos masas de aire: la masa aérea situada en el canal auditivo, en contacto directo y permanente con el exterior; y la situada en la cámara interior, que está la mayor parte del tiempo incomunicada con el exterior. Para que se produzca de manera correcta la vibración del tímpano es necesario que la presión de estas dos cámaras de aire sea la misma. Si no están niveladas esas dos presiones, las alteraciones que se den en la presión de una de ellas (la del canal auditivo) no darán lugar a movimientos en el tímpano que reproduzcan esas alteraciones porque el tímpano tendrá más o menos resistencia de la debida por el otro lado. Cuando tiene lugar alguna de las circunstancias que hacen variar la presión atmosférica que actúa sobre un sujeto (variaciones de altitud, cambios de temperatura, etc.), en principio se produce una descompensación entre la presión del aire situado en el canal auditivo y el situado en la cámara interior. La única forma de que se vuelvan a nivelar esas dos presiones es hacer que esta cámara interior se comunique con el exterior, de manera que se equilibre la presión interior con la atmosférica. Esto puede lograrse porque hay un conducto que comunica la cámara interior con la cavidad rinofaríngea denominado *trompa de Eustaquio*. Este conducto está normalmente cerrado y sólo se abre cuando hacemos el movimiento de la deglución. Cada vez que ingerimos alimentos o tragamos saliva se abre este conducto y se nivela la presión interior con la atmosférica. El hecho de que el necesario equilibrio de presiones que debe darse entre el canal auditivo y la cámara interior dependa de movimientos no intencionales garantiza que normalmente van a estar compensadas las dos presiones sin que el sujeto deba preocuparse de ello.

La cadena de huesecillos es una estructura ósea compuesta por tres huesos (llamados *martillo, yunque* y *estribo)* que conecta por un lado con el tímpano y por otro con la ventana oval, que da entrada al oído interno. Esta estructura desempeña un importante papel para que se amplifique la energía recibida lo suficiente como para compensar las grandes cantidades que se pierden por fenómenos de reflexión. Por un lado, el movimiento de los dos primeros huesecillos hace un efecto de palanca que triplica la intensidad de la onda. Pero además la ventana oval, sobre la que proyectan los huesecillos la onda, tiene una superficie treinta veces menor que el tímpano, por lo que se multiplica por treinta la presión de esa onda (recordemos que la presión alude a la cantidad de fuerza que se ejerce por unidad de superficie). Por eso se dice con frecuencia que la cadena de huesecillos transmite la vibración al oído interno haciendo las veces de pistón y de adaptador de impedancia. Este efecto de amplificación es determinante para que llegue suficiente energía al oído interno. Como veremos a continuación, cuando la onda llega al oído interno debe desplazarse en un medio acuoso y no aéreo. Cuando una onda pasa del aire al agua se refleja el 99% de la energía que lleva y sólo se refracta en el agua el 1%; esta debería ser la energía que debería llegar al oído interno. Pero la resonancia que se da en el canal auditivo ya duplica la intensidad de la señal; el efecto palanca de la cadena de huesecillos, la triplica; y la reducción de la superficie sobre la que se proyecta la energía recibida, la multiplica por treinta (recuérdese que la ventana oval, sobre la que actúa el estribo, tiene una superficie treinta veces menor que el tímpano, que transmite su vibración al martillo). Por tanto, la presión final que llega al oído interno se habrá multiplicado por 180 y compensa así los 30 dB que se calcula que pierde la onda por efecto de la reflexión al pasar del aire al medio acuoso.

1.4.1.3. El oído interno

1.4.1.3.1. Cóclea y líquidos linfáticos

El oído interno tiene una estructura sumamente complicada. Nos detendremos sólo en los aspectos que interesan para nuestra exposición. Se inicia en la ventana oval, a través de la cual el estribo actúa para transmitir la energía recibida del exterior. El oído interno se encuentra dentro de una estructura ósea llamada *peñasco* y consta de dos partes: los *canales semicirculares* (órganos de orientación y equilibrio) y el *caracol*. El caracol o *cóclea* y los canales semicirculares forman juntos el laberinto, que es otra forma de llamar al oído medio. Para comprender el proceso de audición la parte del laberinto que nos interesa es la cóclea.

La cóclea está formada por tres membranas denominadas membrana de Reissner, membrana basilar y membrana tectoria. Estas tres membranas están enroscadas en forma de caracol, de manera que la parte externa de la espiral (la opuesta al ápice) es la que hace frontera con el oído medio, mediante la ventana oval y la ventana redonda. La cóclea (que es la estructura que forman estas tres membranas enroscadas) está flotando en un líquido denominado perilinfa, de composición semejante a los líquidos cerebro-espinales. Este líquido invade todo el espacio del laberinto que no esté ocupado por las membranas. El interior de la cóclea, es decir, las rampas o espacios que quedan entre las tres membranas citadas, está también lleno de un líquido denominado endolinfa, de una textura y viscosidad parecida al agua. Estos dos líquidos están aislados entre sí y la diferencia química más notable es que en la endolinfa dominan los iones de potasio y presenta una baja concentración de iones de sodio, a diferencia de lo que ocurre en los demás líquidos extracelulares, incluida la perilinfa.

El movimiento de la cadena de huesecillos hace que el estribo agite los líquidos linfáticos a través de la ventana oval de una manera parecida a como se agita una campana cuando se tira de la cuerda. La perilinfa es un líquido que no admite variaciones de presión y, por tanto, la agitación afecta simultáneamente a toda su masa. La ventana redonda es la que cumple la necesaria función de válvula. Las entradas del estribo por la ventana oval se compensan inmediatamente dejándose vencer la membrana de la ventana redonda hacia el oído medio. Esta agitación de los líquidos linfáticos que provoca el movimiento de la cadena de huesecillos da lugar a que la onda aérea que incidió sobre el receptor se transmita, ya como movimientos de un medio líquido, a la cóclea.

1.4.1.3.2. La membrana basilar

De las tres membranas que componen la cóclea, la más importante es la membrana basilar, puesto que en ella están situadas las células ciliares que forman parte del órgano de Corti. La membrana basilar tiene forma apuntada hacia el ápice. La materia de que está formada es parecida a la piel y en ella hay, como en otras partes de la piel, unas células llamadas ciliares que se presentan en dos filas que se unen formando una especie de túnel. Estas células, aunque no son propiamente neuronas, convierten la energía mecánica recibida en impulsos eléctricos y establecen ya sinapsis con las primeras fibras del nervio auditivo, que transmitirá las señales a los parietales del cerebro. Las células ciliares desencadenan este proceso eléctrico al ser ellas perturbadas por el movimiento de la membrana basilar, que a su vez tiene lugar como respuesta a la vibración transmitida a los líquidos linfáticos desde el oído medio. Todos los avatares de la transmisión y recepción del sonido serían improductivos para que un sujeto oiga algo si en algún momento del proceso no ocurriera que la energía se transformara en señales eléctricas. Esta es la única materia en que se puede sustanciar algo que para nuestro cerebro sea información.

Un aspecto clave de todo el proceso de audición son los movimientos de la membrana basilar, responsables directos de que las células ciliares se deformen y retuerzan para dar lugar a los oportunos procesos químicos. La estimulación que produce un sonido no activa el total de células ciliares del órgano de Corti. Que sean unas u otras las células que se estimulen y, consecuentemente, las fibras nerviosas que se activen, depende de que el movimiento de la membrana basilar haya sido integral en todo su cuerpo, o haya sido localizado en unas zonas más que en otras; y, en este segundo supuesto, dependerá de cuáles sean esas zonas el que se activen unas u otras fibras. El hecho de que las señales que llegan al cerebro correspondan a la actividad de estas o aquellas fibras nerviosas es lo que nos hace percibir que el sonido tiene este o aquel componente. Es obvio que si reconocemos distintas frecuencias y distintas intensidades en los sonidos, es porque esas distintas intensidades y frecuencias han de llegar al cerebro como señales diferenciadas. El hecho de que podamos distinguir timbres diferentes indica que somos capaces de percibir los distintos componentes de frecuencia de las ondas complejas y para eso debe ocurrir en alguna parte que nuestro organismo dé una respuesta diferenciada para cada uno de esos componentes. En otros términos, en algún momento nuestro sistema perceptivo debe hacer una especie de transformación de Fourier sobre cada uno de los sonidos que nos llegan y debe separar en respuestas fisiológicas discretas (o al menos claramente diferenciadas) cada una de las frecuencias componentes de esos sonidos. Parece ser que la membrana basilar es el punto en el que esto ocurre.

La membrana basilar tiene distinto grosor y rigidez a lo largo de su cuerpo. En la parte más cercana a la ventana oval la membrana es más flexible y delgada que hacia el ápice. Cuando recibe la presión de la onda, se produce una deformación en su cuerpo que generará en el nervio auditivo unas "púas" eléctricas, que podrán ser más o menos abundantes y tener un ritmo más o menos vivo. Lo primero, es decir, el hecho de que haya una actividad más o menos acusada y haya más o menos espigas eléctricas, es la respuesta que corresponde a la intensidad. En ondas de baja frecuencia, de 60 hz hacia abajo, el ritmo de descargas eléctricas está sincronizado con la frecuencia de la onda. Esto ocurre porque una onda grave de este tipo provoca un movimiento integral del cuerpo de la membrana basilar, cuya cadencia responde a la frecuencia de la onda. A partir de estos 60 hz la cadencia del movimiento de la membrana no reproduce ya el ritmo de los ciclos de la onda; ahora empieza a ocurrir que la deformación de la membrana no es homogénea, sino que unas zonas de su cuerpo acusan la presión recibida más que otras. A partir de los 4.000 hz la zona de la membrana que acusa la perturbación de la onda es la única respuesta de la membrana que tiene relación con la frecuencia, sin que intervenga ya para nada la cadencia de su movimiento.

Puesto que la zona de la membrana más cercana a la ventana oval es la más delgada y flexible que la zona más cercana al ápice, esa será la zona que acuse con su movimiento las frecuencias altas. Las ondas más graves o bien provocan un movimiento integral y homogéneo de la membrana o bien dan lugar a una deformación especialmente acusada en las zonas cercanas al ápice. Es interesante hacer notar que una onda de alta frecuencia perturba la membrana basilar en la zona más cercana al oído medio y esa perturbación no sigue recorriendo el cuerpo de la membrana. Las ondas de baja frecuencia, por el contrario, provocan una perturbación que debe recorrer toda la membrana hasta las zonas cercanas al ápice (si es que son ondas que perturban la membrana en alguna zona en particular). Las ondas altas, por tanto, provocan una alteración de la membrana más puntual que las ondas bajas. Si, de una manera algo simple, imaginamos que el cuerpo de la membrana basilar está predispuesto a vibrar a distintas frecuencias según en qué zona, las ondas altas no perturban las zonas correspondientes a las ondas graves, mientras que para que el movimiento correspondiente a las ondas bajas alcance su zona, ha de alterar también a su paso las zonas correspondientes a las ondas altas.

1.4.2. *La percepción de los componentes sonoros*

1.4.2.1. Frecuencia e intensidad

1.4.2.1.0. Como ya dijimos al iniciar el punto 4 de este trabajo, el análisis acústico nos proporciona los parámetros a partir de los cuales describimos y clasificamos los sonidos del habla. Lo mismo ocurre, como veremos en la próxima sección, con el análisis articulatorio. El análisis de la recepción del sonido, al menos en el nivel de conocimientos que se tiene hoy en día, no suele conducir al establecimiento de rasgos a partir de los cuales sea posible la descripción de los sonidos. La utilidad del análisis de la recepción del sonido es, sin embargo, doble. Por un lado, permite la comprensión total del proceso de transmisión acústica. Y, por otro lado, es el momento en el que podemos evaluar la importancia de los parámetros acústicos establecidos en el análisis anterior.

Cuando describimos una señal acústica, lo hacemos según las tres dimensiones que nos resultan relevantes del sonido: frecuencia, intensidad (tanto la intensidad global de la onda como su distribución entre sus componentes de frecuencia) y tiempo. No solemos describir los sonidos según el correlato perceptivo de esos rasgos (tono, sonía y duración). El hacer a continuación unas consideraciones generales sobre la percepción de la frecuencia e intensidad tiene sólo el interés de comprender mejor cómo se relacionan los hechos a partir de los cuales describiremos los sonidos con la manera en que responde nuestro organismo a esos hechos.

1.4.2.1.1. Meles y fonos

1.4.2.1.1.1. Lo dicho en el punto 1.3.1.2. sobre la relación entre los niveles de frecuencia y los niveles tonales y lo dicho en 1.4.1.3.2. sobre los movimientos de la membrana basilar sintetizan lo esencial de la recepción de la frecuencia. Lo esencial que debemos recordar es que la gradación de los tonos que percibimos tiene una relación logarítmica con la gradación de frecuencias de las ondas. Las mismas diferencias de frecuencia se corresponden con saltos tonales cada vez más pequeños a medida que es mayor la frecuencia. Los meles son las unidades que se utilizan para cuantificar el tono. La escala de hertzios tiene una relación exponencial con la de meles.

1.4.2.1.1.2. Por su parte, la intensidad del sonido se mide mediante una escala, la de decibelios, que cuantifica la intensidad de la onda en el marco del campo de audición del oído. No obstante, la sustitución de los watios/superficie por decibelios no supone un paso semejante a la sustitución de hertzios por meles, como dijimos en 1.3.1.3. La escala de decibelios cuantifica la intensidad física de la onda. La percepción de la intensidad suele llamarse sonía o sonoridad. Pero en la sonía de una onda no sólo interviene su intensidad; también depende de la frecuencia. Debemos recordar que los umbrales de audición y dolor que delimitan el campo de audición cambian según la frecuencia de la onda. Una cierta cantidad de decibelios puede estar, a una frecuencia determinada, muy cerca del umbral de dolor y a otra frecuencia oírse muy poco. Mediante tests de audición se elaboraron las llamadas curvas de isosonía o contornos equisonoros. Estas consisten en un gráfico que representa en el eje de ordenadas la intensidad en decibelios y en el eje de abscisas la frecuencia. Las curvas de isosonía son líneas curvas que cruzan el gráfico en horizontal uniendo los puntos de sonía idéntica. Por convención se acepta poner como punto de referencia una onda de 1.000 hz que tenga 40 dB de intensidad. A esa onda se le atribuye una sonía de 1 fono. Estos tests permitirán postular que una onda de 1.000 y 50 dB se percibe con el doble de sonía que la onda de referencia, por lo que a una onda de esas características le corresponderán 2 fonos. Como es habitual en las relaciones entre estímulo y respuesta, la relación entre intensidad y sonía será logarítmica, por lo que, por ejemplo, una onda de 1.000 hz y 100 dB tendrá 64 fonos. Las curvas de isosonía nos indican qué decibelios a qué frecuencias producen la misma sonía. Para saber cuántos fonos tiene una onda de una frecuencia distinta a 1.000 hz, se consulta la gráfica de las curvas de isosonía y se mira cuál es la onda de 1.000 hz que es isósona con la que se quiere medir. Se le atribuirán a esta los fonos que correspondan a la onda de 1.000 hz que el gráfico señale como isósona.

1.4.2.2. Las secuencias acústicas y su procesamiento

1.4.2.2.1. Sonidos discriminables y sonidos identificables

Hasta aquí venimos comentando cuáles son los límites de lo que el oído puede oír dentro de una escala determinada. Sabemos que el oído percibe intensidades entre 1 y 125 dB y frecuencias entre 20 y 20.000 hz. Pero podemos aún preguntarnos cuántas unidades sonoras verdaderamente puede reconocer el oído, dentro de los límites expuestos. Después de realizar ciertos tests, en cuya descripción no podemos detenernos, algunos autores sugieren que un sujeto medio es capaz de discriminar 250 intensidades diferentes y 1.000 saltos tonales. Si una onda se define por su frecuencia e intensidad, resultará que un sujeto normal puede discriminar 250.000 tonos distintos[12].

Naturalmente, esta cifra se alcanza si consideramos lo que el oído puede discriminar, es decir, distinguir por contraste. Es obvio que un sujeto no puede identificar esa cantidad de tonos. Los sicolingüistas piensan que un sujeto medio puede categorizar 7 saltos tonales y 7

---

[12] Ver sobre estas cuestiones H. Hörmann, *Psicología del lenguaje*, Gredos, 1973.

intensidades; es decir, que su habilidad para clasificar en un grupo a un sonido que se le ofrece aislado tiene sólo ese alcance. Esto significa que la cantidad de tonos que un sujeto puede identificar y manejar categorizados es más o menos de 50, que es el tamaño máximo que suelen alcanzar los inventarios fonológicos de las lenguas. El hecho de que el tamaño de los sistemas fonológicos de las lenguas sea tan parecido sugiere que debe haber una fuerte motivación anatómica.

1.4.2.2.2. La memorización de los datos acústicos

1.4.2.2.2.1. El hecho de que las unidades sonoras que somos capaces de identificar sea tan limitado y el hecho de que las necesidades comunicativas que debemos satisfacer mediante cadenas acústicas sean tan complejas sugiere que la extensión acústica media de nuestros mensajes ha de ser considerablemente grande. La extensión sintagmática tiene una relación inversa con el tamaño del inventario: cuanto menor sea el número de unidades de que dispongamos, más largas han de ser las cadenas que formemos con ellas para poder transmitir el mismo número de mensajes que podríamos transmitir si dispusiéramos de más unidades. De hecho, no son extraños los mensajes que concatenan 100 ó 200 sonidos.

Esto tiene consecuencias interesantes. Para procesar una señal acústica, primero debe haber una estimulación de algún órgano sensible, en este caso el oído. La respuesta de este órgano suele durar algo más que la estimulación propiamente dicha. Es posible crear ilusión de movimiento mediante imágenes estáticas en el cine gracias a que la respuesta del ojo no desaparece justo cuando deja de ser estimulado, sino que su deformación se mantiene algo más de tiempo, dentro del cual nos pasan el siguiente fotograma, de manera que nunca se llega a captar el vacío que hay entre cada imagen. El receptor tiene la información sensible el tiempo que dura la estimulación más el tiempo que dura la respuesta del órgano que la recibe. A partir de ahí, el dato se *memoriza*. La huella de los datos recientes que no reciben un procesamiento conjunto, sino que se reciben como datos separados, es lo que constituye la memoria a corto plazo. Los datos así memorizados duran poco tiempo y además nunca pueden acumularse más allá de seis u ocho. Las limitaciones que hacen que sólo podamos categorizar 50 sonidos llevaban, según lo dicho, a que las cadenas acústicas sean extensas. Pero las limitaciones de nuestra memoria, teniendo en cuenta que el sonido dura muy poco en nuestras percepciones, exigen que no se acumulen más unidades acústicas de las que podemos retener a corto plazo. Esto quiere decir que antes de que se sature la memoria a corto plazo debe haber algo que nos permita procesar los sonidos recibidos como un bloque y no como un conjunto de hecho aislados. Ese algo es el significado que se asocia con determinadas sucesiones de sonidos. Nuestras limitaciones memorísticas, tanto a largo como a corto plazo, permiten suponer que en cualquier lengua los signos mínimos tendrán una longitud relativamente breve. Como el procesamiento de la información semántica de un segmento no puede llevar más tiempo que el que dure la información sensible de ese segmento en las percepciones del sujeto, podemos suponer que los signos de las lenguas siempre tendrán un contenido semántico relativamente simple. Esto a su vez permite predecir que no será habitual que los hablantes tengan una palabra que transmita exactamente lo que quieren decir en cada caso, y que casi siempre tendrán que combinar palabras para que su mensaje sea suficientemente explícito. Las simples limitaciones de identificación y de retención a corto plazo de sonidos permiten deducir que las lenguas tendrán siempre una gramática de la complejidad a la que estamos acostumbrados[13].

1.4.2.2.3. Segmentación y codificación de la cadena acústica

La representación de las cadenas sonoras con la que estamos más familiarizados es la convención ortográfica con que se representa. Estamos habituados a utilizar para expresar gráficamente nuestra lengua un alfabeto cuyos componentes son más o menos trasuntos de sonidos. El análisis fonológico nos acostumbró a pensar en las secuencias acústicas como compuestas a partir de segmentos cuyos componentes son simultáneos en el tiempo y los alfabetos fonéticos y fonológicos que se utilizan para representar con precisión esas secuencias están formados por símbolos que expresan hechos acústicos simultáneos, no sucesivos. En suma, intuimos que las secuencias acústicas se componen de sonidos y que el sonido es la unidad más pequeña que reconocemos en esas secuencias.

Sin embargo, hay hechos que parecen indicar que las cosas no son tan sencillas. Cuando grabamos una señal en un equipo informatizado, por ejemplo, es fácil aislar un sonido y hacer que se oiga sólo ese sonido aislado. Si el sonido fuera una de las unidades segmenta-

---

[13] Sobre las bases cognitivas del procesamiento de la información, véase P.H. Lindsay y D.A. Norman, *Introducción a la psicología cognitiva*, Tecnos.

les de que se compone la percepción que hacemos de la secuencia, debería ser reconocible sin dificultad cuando se oye aislado, como ocurre con otras unidades segmentales como la palabra. Si una frase se compone, por ejemplo, de 10 palabras y nos hacen oír una de ellas aislada, la reconoceríamos sin dificultad; esto demuestra que esa palabra era uno de los segmentos que percibíamos en la secuencia completa. No ocurre esto con los sonidos. El caso más evidente y conocido lo tenemos en las consonantes, como tendremos oportunidad de comentar más adelante. La identificación de una consonante depende íntegramente de las transiciones de los formantes de las vocales contiguas. Si escuchamos la consonante completa aislada es imposible saber de qué sonido se trata; necesitamos incluir los formantes vocálicos en la audición para que identifiquemos el sonido en cuestión. Sin la audición de la vocal muchas veces no se puede saber siquiera que se trata de un sonido humano. Como además las transiciones formánticas características de una misma consonante varían según cuál sea la vocal contigua, no podemos siquiera postular que esas transiciones sean parte del segmento que constituye la consonante. Pero ocurre este mismo fenómeno con las vocales. Es muy frecuente que la audición de una vocal aislada, entresacada de una secuencia más amplia, resulte ininteligible. Normalmente, si no incorporamos a la audición la consonante que haga sílaba con ella será difícil reconocerla o, al menos, percibirla como un sonido natural. Se da incluso el caso de que, si de una sílaba formada por consonante + vocal + consonante, escuchamos aislado el segmento vocal + consonante, aunque quizá se reconozca la vocal, lo cierto es que su timbre resultará artificial y extraño.

Según todo esto, parece que la sílaba es el segmento más pequeño de que se compone nuestra percepción de las cadenas acústicas. Sólo cuando el segmento que oímos aislado es una sílaba completa parecen percibirse los sonidos con naturalidad. Hay una prueba de esto que nos enseña la síntesis de voz. Un sintetizador debe generar secuencias sonoras a base de concatenar átomos acústicos. Si fuera cierto que las unidades perceptivas básicas de las secuencias de habla fueran los sonidos, sería sencillo grabar muchas señales, "recortar" sonidos y hacer consistir la labor del sintetizador en concatenarlos para formar secuencias, como nosotros hacemos con las letras del alfabeto cuando escribimos. Pero lo cierto es que cuando se hace esto el resultado es irreconocible. El alfabeto sonoro que deben utilizar los sintetizadores para sus emisiones debe componerse de unidades más parecidas a las sílabas. El verdadero inventario acústico que debemos suponer que utilizamos para codificar las señales acústicas continuas que nos llegan debe ser más bien silábico y debe contener muchas más unidades que los alófonos que nos revela el análisis fonológico. Todas estas evidencias hacen que sea extraordinariamente difícil hacer una descripción acústica totalmente realista de los alófonos habituales de una lengua. En otra sección haremos una descripción de estos alófonos y en esa descripción sin duda diremos cosas ciertas de las secuencias del español, pero no lo habremos dicho todo. Si, por ejemplo, oímos un sonido vocálico en contextos diferentes, aislándolo y recortándolo de ese contexto, es tal la diferencia de timbres que resulta difícil entender qué es lo que nos permite reconocer en todos los casos el mismo fonema o el mismo alófono. El distanciamiento de ese timbre con respecto al que percibimos cuando lo pronunciamos aislado es mucho más profundo de lo que indicamos cuando describimos y transcribimos los alófonos.

Hace años Lieberman propuso una teoría para explicar la percepción de los sonidos, que se conoce con el nombre de teoría motora, que merece la pena mencionar porque contiene elementos intuitivamente fáciles de admitir. El receptor de una onda sonora trata de descodificar algo que generó un emisor mediante una técnica articulatoria en la que el propio receptor tiene destreza. Cada vez que un sujeto emite un mensaje lo hace mediante una serie de movimientos que nosotros, receptores, sabemos hacer e inconscientemente hacemos al recibir la señal (de una manera parecida a como muchos conductores cuando se sientan en el asiento del co-piloto no pueden evitar hacer en el vacío los movimientos de pies que harían si estuvieran conduciendo). Esta especie de mímesis rapidísima que hacemos de los movimientos que tuvo que hacer el emisor (o, si se quiere, la transparencia e inmediatez con se nos hacen presentes sus operaciones articulatorias) forma parte del procesamiento que hacemos de la señal enviada. Aunque las secuencias no son acústicamente tan constantes como suponemos, la reproducción de la actividad de emisor que hacemos cuando somos receptores contribuye a estabilizar lo inestable y a dar constancia a lo inconstante[14]. No es fácil demostrar empíricamente una teoría de este tipo, pero contiene algo que nos debe resultar familiar. Nuestro organismo, por razones innatas o aprendidas, es especialmente sensible a los estímulos que podrían ser manifestaciones de ese organismo. Oímos mejor las cosas que podemos pronunciar; vemos más detalles en aquello que somos capaces de dibujar, construir o arreglar; etc.

---

[14] Véase sobre todo esto Ph. Lieberman & Sh. E. Blumstein, *Speech physiology, speech perception, and acoustic phonetics*, Cambridge University Press, 1988.

1.4.2.3. El enmascaramiento

1.4.2.3.0. Las ondas sonoras tienden a propagarse en todas las direcciones y a adoptar una forma esférica. Esto hace que el sonido sea una materia sumamente cómoda para la comunicación, hasta el punto de que podemos estar seguros de que todas las lenguas de todas las comunidades serán habladas y no estructuradas en señales visuales, por ejemplo. Esta característica del sonido hace que pueda ser percibido con relativa independencia de la disposición espacial del organismo emisor y el organismo receptor. Las señales visuales, por ejemplo, al transmitirse las ondas luminosas en línea recta, sólo pueden ser captadas si están en línea el estímulo visual y el órgano visual del receptor, a diferencia del sonido, que puede ser percibido aunque el receptor cambie la orientación de su cabeza o el emisor cambie su posición en el espacio.

Pero esta característica que hace del sonido una forma de energía muy ventajosa para el trasvase cotidiano de información hace también que el canal auditivo esté más expuesto a las interferencias. Los sonidos útiles se propagan en todas direcciones y alcanzan el órgano sensitivo del receptor en muchas circunstancias; pero por lo mismo los sonidos inútiles alcanzan el sistema receptivo de los sujetos con mucha facilidad, sin que ellos hayan hecho nada para que esto ocurra. La mayor parte de las veces los sonidos por los que nos comunicamos nos llegan junto con otros sonidos que interfieren con ellos y que reciben el nombre de *máscara*.

Los sonidos máscara son, en el circuito comunicativo, un **ruido.** Son señales (esto es, elementos físicos susceptibles de ser transmitidos por un medio) que reducen el número de acontecimientos informativos sensibles discriminables. En presencia de un sonido máscara baja el número de sonidos útiles que podemos distinguir entre sí, con lo que baja la información que se transmite.

El enmascaramiento tiene el efecto de que dejamos de oír el sonido útil, total o parcialmente. Es una experiencia muy evidente la de que un sonido puede impedirnos oír otro. Existen dos tipos de factores que determinan que un sonido pueda verse más o menos enmascarado por otro. Estos son factores de tipo físico, por un lado, y sicolingüístico, por otro.

1.4.2.3.1. Factores físicos implicados en el enmascaramiento

Desde el punto de vista acústico, el nivel de enmascaramiento depende de dos factores: intensidad y frecuencia.

El nivel de enmascaramiento será tanto mayor cuanto mayor sea la intensidad del sonido máscara con respecto al sonido útil. Es la experiencia más intuitiva que podemos tener de este fenómeno. Cuanto más fuerte sea el sonido máscara, menos oímos el útil. Si el nivel de actividad eléctrica que genera un sonido en las células ciliares y el nervio auditivo es mucho mayor que el que genera otro sonido, el organismo no tendrá ninguna actividad específica asociada con la estimulación de este segundo, por lo que simplemente no se percibirá.

Algo menos evidente para la intuición inmediata es la relación que tiene la frecuencia del sonido máscara con el nivel de enmascaramiento. Las ondas graves enmascaran con facilidad a las ondas agudas, mientras las agudas difícilmente enmascaran a las graves. Esto se comprende recordando los movimientos de la membrana basilar. Las ondas agudas perturban la zona de la membrana más cercana al oído interno y la perturbación que producen sólo se da en la zona de la membrana sensible a la frecuencia de que se trate. Las ondas más graves, sin embargo, provocan una perturbación uniforme en todo el cuerpo de la membrana. Y las ondas graves superiores a 60 hz perturban especialmente la zona de la membrana más alejada del oído interno, por lo que también provocan un movimiento general en todo el cuerpo, aunque se acuse más en unos puntos que en otros. Como hicimos notar en 1.4.1.3.2., las ondas graves perturban las zonas de la membrana más sensibles a las ondas agudas, mientras que las ondas agudas no llegan a perturbar las zonas de la membrana más proclives a vibrar a frecuencias bajas. Esto explica que, aparte del factor intensidad, cuando el sonido máscara sea más grave que el sonido útil sea más fácil que no oigamos el sonido útil.

También tiene que ver con la frecuencia otro hecho. Si las frecuencias de dos ondas son semejantes, el enmascaramiento tenderá a ser más acusado. Ciertamente, si el sonido máscara y el útil tienden a excitar las mismas células ciliares y fibras nerviosas, debido a que los dos perturbarán la membrana basilar en la misma zona, no llegarán al cerebro claramente distribuidas las señales eléctricas del nervio auditivo. No procesaremos los dos sonidos como estímulos claramente separados y por ello el estímulo útil no provocará una respuesta específica en el organismo, esto es, no lo percibiremos[15].

---

[15] Véase Lindsay & Norman, *op. cit.*

1.4.2.3.2. Factores sicolingüísticos implicados en el enmascaramiento

No sólo las características acústicas de las ondas implicadas y la manera en que nuestro organismo responde a ellas inciden en el fenómeno del enmascaramiento. En ocasiones una señal sonora nos provoca dificultades para procesar la señal útil sin que haya razones físicas que justifiquen esa dificultad. No basta con que nuestro oído reciba correctamente la señal y el nervio auditivo envíe un nivel suficiente de actividad al cerebro. Para que se procese la señal hay que estar suficientemente *atentos* a ella y un sonido que nos distraiga del sonido útil provoca una pérdida de esa información acústica útil semejante al enmascaramiento físico. La atención no es sólo el resultado de un esfuerzo intencional. Hay características intrínsecas a ciertos sonidos que los hacen de antemano especialmente capaces de distraernos y enmascarar sonidos útiles. Por eso tiene sentido hablar de los factores sicolingüísticos de este fenómeno.

Mientras estamos despiertos, está llegando al sistema reticular de nuestro encéfalo una abrumadora cantidad de información procedente de la estimulación de nuestros sentidos. La actividad química y eléctrica en que consiste esa información no llega con la misma intensidad a la corteza superior, sino que la actividad correspondiente a ciertas estimulaciones se inhibe, mientras la correspondiente a otras se mantiene. Percibimos claramente que no todas nuestras sensaciones tienen la misma jerarquía en nuestra consciencia. Cuando leemos, los estímulos visuales que recibimos alcanzan un procesamiento más intenso que la sensación de la temperatura ambiente, por ejemplo. El procesamiento de la información sensible supone una actividad química que implica un consumo de nuestros recursos energéticos. Esa actividad tiende a ser más o menos constante en cada circunstancia. Hay circunstancias que obligan a un mayor esfuerzo que otras, pero en cada circunstancia tendemos a hacer un esfuerzo sostenido. Esto significa que la cantidad de información por unidad de tiempo que procesamos tiende a ser estable. La atención sobre una cierta sucesión de estímulos consiste en que su procesamiento sea el que consuma la mayor parte de los recursos que se están invirtiendo a costa de las demás estimulaciones, que de esta manera se inhibirán y no llegarán a ser procesadas con un alto nivel de consciencia.

En el caso concreto de los sonidos, la atención sobre el sonido útil implica que sea ese el único estímulo acústico del que estamos obteniendo información consciente. En la medida que otro estímulo acústico concurrente sea informativo, y en la medida en que la información total por tiempo que procesamos tienda a ser constante, bajará la información que obtenemos del sonido útil; esto es, bajará la intensidad de su procesamiento.

Uno de los factores que hacen que un sonido pueda enmascarar con facilidad a otro, con independencia de su intensidad y frecuencia, es el grado en que su percepción rompa las expectativas y los hábitos del receptor. Normalmente, cuando una información sensible, procedente del órgano que sea, resulta familiar y esperable según la información memorizada, es inhibida sobre todo por la acción del hipocampo. De hecho, en el caso límite, si una estimulación se mantiene llega a no sentirse. Un sonido ambiente constante enmascara muy poco las señales útiles porque la inhibición es tan grande que llega a "no oírse". El ruido que hace una puerta al abrirse, o el ruido medio que oímos en la calle de un centro urbano enmascaran poco porque son esperables en la situación en que los oímos. No tenemos dificultad en centrar nuestra atención en lo que alguien nos diga aunque interfiera ese tipo de sonidos. Un sonido inesperado y sorprendente, sin embargo, distraerá inevitablemente nuestra atención y enmascarará con más eficacia al sonido útil.

El hecho de que un sonido sea inesperado no es lo único que lo convierte en informativo, y por tanto, en máscara. Una estimulación acústica continua que seamos capaces de procesar como una secuencia y hacer un seguimiento de ella distraerá fácilmente nuestra atención del sonido útil. Particularmente grande será el enmascaramiento si además son señales categorialmente semejantes a las señales útiles. Si estamos atendiendo a alguien que nos habla, por ejemplo, será una importante fuente de interferencia el hecho que una segunda persona nos hable a la vez, o tengamos cerca una conversación. Una melodía musical interfiere gravemente si estamos tratando de oír otra melodía musical, y muy poco si estamos de conversación.

1.5. La producción de los sonidos del habla

1.5.0. Como apuntamos en la introducción, la fonética se interesa por las vicisitudes de los sonidos del habla en los tres momentos de la comunicación: emisión, transmisión y recepción. Las secciones 2ª y 3ª las dedicamos al momento de la transmisión (acústica) y la sección 4ª a la recepción (perceptiva). Es el momento de centrarnos en el momento de la emisión. Conocida la materia que se transmite, debemos ver ahora cómo se crea esa materia. Como ocurriría en el caso de la acústica, y a diferencia de lo que sucede en el caso de la perceptiva, el estudio de la producción de los sonidos del habla será la base del establecimiento de unos parámetros y una terminología que se hará intervenir en la descripción de los sonidos.

En la génesis de los sonidos del habla podemos distinguir tres momentos relevantes.

1. La respiración, puesto que la energía de la corriente espiratoria es la materia prima de los sonidos articulados.
2. La fonación, que corresponde al momento en que la energía espiratoria se hace sonido. Es el momento de la fuente.
3. La articulación, que corresponde al momento de la resonancia y diversificación de timbres, por un lado, y a la creación de fuentes transitorias suplementarias, por otro[16].

1.5.1. *La respiración*

La **respiración,** como es bien sabido, consta de dos fases: inspiración y espiración. En la primera hay un flujo de aire del exterior hacia el interior. En la segunda, el flujo se invierte y va del interior al exterior. Estas corrientes dependen de cómo se relacione la presión del interior de los pulmones con la presión atmosférica exterior. Si se juntan dos masas gaseosas y en una hay una presión más alta que en la otra, se creará siempre un flujo de la zona de alta presión a la zona de baja presión. Hasta cierto punto, las partículas de gas se comportan como las personas de una masa. Si encerramos a doscientas personas en una habitación y abrimos la puerta, de manera que queden contiguas la zona de alta presión de la habitación con la más baja presión del pasillo, es seguro que habrá un flujo de gente hacia el pasillo. Los pulmones están como flotando en la caja pleural y, dentro de ese espacio, puede cambiar de volumen según se tensen o se distiendan ciertas fibras elásticas. Las variaciones de volumen de los pulmones es lo que hace que varíe la presión que hay en su interior y lo que hacemos cuando respiramos es provocar esas variaciones de volumen. La presión que ejerce un gas contenido en un recipiente es inversamente proporcional al volumen de ese recipiente. Las doscientas personas del ejemplo anterior suponían una alta presión en una habitación, pero esa misma cantidad de individuos representarían una presión muy baja en un campo de fútbol. Obviamente, la corriente ingresiva se crea aumentando el volumen de los pulmones, de ma-

---

[16] Tenemos en cuenta en lo que sigue los trabajos ya citados de Borzone de Manrique, Quilis, Martínez Celdrán y Lieberman & Blumstein.

nera que su presión interna baje por debajo de la atmosférica. Podemos ver a simple vista que aumenta nuestro volumen torácico y abdominal cuando el aire entra a los pulmones. La corriente egresiva tiene lugar cuando comprimimos el volumen de los pulmones hasta que su presión se hace más alta que la exterior. Es la misma operación que hacemos cuando estrujamos una bolsa para sacar el aire de su interior.

Las variaciones de volumen de los pulmones dependen de la acción combinada del diafragma (es el músculo que rodea nuestra cintura, que por delante tiene forma apuntada hacia arriba) y los músculos intercostales externos e internos, fundamentalmente. El movimiento descendente del diafragma, que redondea y amplía nuestro abdomen, y la acción de los músculos intercostales externos es lo que provoca el aumento de volumen de los pulmones y, por tanto, la inspiración. Parece, sin embargo, que el diafragma actúa en la respiración cuando no hablamos. Cuando la inspiración tiene lugar al hablar parece demostrado que el diafragma no actúa.

La fase espiratoria admite más variaciones que la inspiratoria. El sujeto puede modular el tiempo de espiración según su necesidad. Para aumentar el volumen de los pulmones y provocar la corriente ingresiva es necesaria la actividad de determinados músculos. La disminución del volumen que provoca la corriente egresiva, sin embargo, no necesita la actividad de los músculos apropiados para ello. Con sólo dejar que se distiendan las fibras antes tensadas ya es suficiente para que el aire salga de los pulmones. Pero el sujeto puede hacer que el tiempo de expulsión del aire sea mayor o menor haciendo intervenir sus músculos. La acción de los músculos intercostales internos puede acelerar la salida del aire, mientras la acción de los músculos intercostales externos (que, recordemos, actúan en realidad ampliando el volumen de los pulmones) puede frenar la compresión pulmonar y ralentizar el proceso de espiración. Parece demostrado experimentalmente que los hablantes adaptan este tiempo de espiración al "programa" de elocución que tengan trazado. El tiempo de espiración siempre es proporcional y adecuado a la longitud de los períodos locutivos que materializarán la información que se desea transmitir.

Conviene hacer notar que casi todas las lenguas se articulan utilizando la corriente espiratoria y sólo excepcionalmente se utiliza la corriente inspiratoria en algún sonido de alguna lengua. Esto se debe en parte a la disposición de la laringe, que hace que sea más fácil la vibración glótica si el aire va de abajo arriba. Pero también se debe a la mayor capacidad que tiene el sujeto para controlar y modular la corriente egresiva, frente a la poca facilidad que tiene de programar la corriente ingresiva.

1.5.2. *La fonación*

La **fonación** tiene lugar en la laringe. El aire en movimiento que sale de los pulmones tiene una cierta cantidad de energía cinética derivada de su masa y su cantidad de movimiento, pero en sí mismo no es sonido. El sonido se origina siempre en alguna vibración que resulta de alguna perturbación de una masa y esa perturbación tiene lugar siempre por la aplicación de alguna forma de energía. Lo que vimos hasta aquí es la forma de energía de que nos valemos. En la fonación es el momento en que se crea el sonido, el punto de la fuente de voz.

La laringe está compuesta por cuatro cartílagos: cricoides, tiroides y dos aritenoides. El cricoides es el que aparece debajo, con una forma parecida a un anillo de sello. Sobre él se asienta el tiroides, con forma apuntada hacia adelante. Del vértice hacia atrás aparecen las cuerdas vocales, que son dos músculos gemelos de cierta elasticidad. Por la parte posterior enlazan con cada uno de los aritenoides. Estos cartílagos están unidos por una serie de músculos que les transmiten una gran movilidad. El movimiento de los aritenoides hace que las cuerdas vocales se junten y se separen, por un lado, y que se tensen o distiendan, por otro. El espacio abierto que dejan cuando se separan se denomina glotis.

Durante la respiración normal espontánea la glotis se mantiene abierta, que es la manera menos costosa de mantener el flujo de aire. Cuando tratamos de emitir sonidos de habla, sin embargo, la glotis recibe la corriente egresiva cerrada. Esto hace que el aire se detenga momentáneamente por el obstáculo interpuesto. Como el aire sigue saliendo de los pulmones, cada vez hay más masa debajo de la glotis y cada vez es mayor la presión. A esta sobrepresión se le suele dar el nombre de presión subglótica. Llega un momento en que la presión ejercida por el aire es mayor que la que mantiene unidas las cuerdas vocales y estas se abren haciendo que el aire se mueva y siga su camino hacia el exterior. El teorema de Bernouilli explica por qué a continuación vuelven a cerrarse las cuerdas vocales. Según este teorema, la energía mecánica total de un gas o de un fluido, incluida la que se deriva de su presión y de su cantidad de movimiento, es constante mientras no se altere su masa o su temperatura. Esto implica que allí donde aumenta la velocidad de un gas ha de disminuir su presión y viceversa. Si, por ejemplo, hacemos pasar un fluido por un lugar estrecho, donde necesariamente ejerce poca presión, aumenta su velocidad; todos habremos visto alguna vez el rápido que hace un río al pasar por un lugar angosto. Y también sabemos que, si estamos en medio de una muchedumbre muy apretados y el gentío empieza a moverse, inmediatamente notamos que baja la presión sobre nosotros, consecuencia de que la energía que adquiere la masa por el movimiento la pierde en presión. Si sólo se mueve una columna de gente por nuestra derecha, notaremos que hay una fuerza que nos empuja hacia ahí; al bajar la presión por la derecha y mantenerse por la izquierda somos empujados hacia la baja presión. Los individuos que estuvieran al otro lado de la columna que empezó a moverse (y que a ellos les quedaría a su izquierda) se verían asimismo arrastrados hacia la zona del movimiento. Visto desde arriba el proceso, da la sensación de que la columna de gente que se mueve "succiona" a las personas que tiene en sus flancos y tiende a hacerlos acercarse. Una succión de este tipo es la que provoca la corriente espiratoria al pasar por la glotis. El resultado de esta succión es el acercamiento de las cuerdas vocales y el cierre de la glotis. Llegados a este punto, se generará una nueva presión subglótica que iniciará de nuevo todo el proceso. Este proceso se repite unas 125 veces por segundo en el caso de un varón adulto y una 220 en el caso de una mujer. En esta sucesión de aberturas y cierres es en lo que consiste la vibración glótica. Para que esta vibración se produzca sin estridencias, es necesario que la presión máxima con que mantenemos las cuerdas unidas para crear la presión subglótica no pase de valores medios. Es lo que hacemos cuando, por divertimento, queremos hacer vibrar nuestros labios, según el oportuno ejemplo de Lieberman y Blumstein.

La masa aérea llega entonces a la faringe, no como un flujo continuo, sino como una serie de pequeños golpes de aire que agitan el aire que ya estaba en la faringe y en la boca. El número de golpes glotales por unidad de tiempo es lo que determina la fundamental de la onda compleja que se forma por esta agitación del aire. La laringe de un varón adulto deja pasar en cada golpe más masa de aire y cumple menos veces por tiempo el ciclo que en el caso de una mujer.

El número de golpes glotales por unidad de tiempo, y por tanto, la altura de la fundamental de la onda sonora, depende de varios factores. En primer lugar, depende, como estamos viendo, del tamaño de la laringe. Por esta razón la voz de una mujer o un niño es más alta que la de un varón adulto. Obviamente, las diferencias de frecuencia que tengan que ver con este factor no tienen relevancia lingüística porque no puede ser controlado por el sujeto.

En segundo lugar, la altura de la fundamental depende de la actividad de los músculos que determinan la tensión de las cuerdas vocales. Cuanto más se tensen la cuerdas vocales, más alta será la frecuencia. Este sí es un factor que el hablante puede controlar. Por eso ha de ser parte de la actividad que determina las inflexiones tonales que se advierten en los mensajes.

En tercer lugar, influye también la presión subglótica. Cuanto mayor sea esta más alta ha de ser la frecuencia fundamental. La presión subglótica tiene, por tanto, relación con dos parámetros acústicos: intensidad y frecuencia. Este es también un factor que puede controlar el hablante, porque depende directamente de la energía espiratoria, salvo en ciertos contextos. Ante pausa el hablante no puede evitar que descienda esta energía y por eso lo más neutro, informativamente hablando, que puede ocurrir es que baje la frecuencia en esos momentos. De hecho, sólo puede subir o mantenerse si el hablante compensa mediante un esfuerzo voluntario esa caída de energía con una tensión mayor de las cuerdas vocales.

En cuarto lugar, condiciona también el número de golpes glotales por tiempo la forma y volumen de los resonadores supraglóticos. En principio, la generación de sonido en la fuente es un proceso independiente de los procesos de resonancia que puedan afectar a la onda así generada. Sin embargo, parece demostrado que en los sonidos del habla hay una relación entre ciertos timbres y ciertos tonos; es decir, que la forma que adopte el tracto buco-faríngeo tiene relación con el número de veces que la glotis cumple su ciclo de apertura y cierre. En concreto, parece claro que las vocales con un primer formante bajo, es decir, la cerradas del tipo [i] o [u], son intrínsecamente más altas que las demás, si todos los demás factores que inciden en la fundamental están más o menos equiparados. Esto no debe sorprender. Debemos recordar que lo que da lugar a la vibración glótica es la diferencia de presión que se crea antes y después de ella. Si no hubiera una presión subglótica claramente superior a la presión existente en el tracto, no ocurriría el proceso. No tiene nada de particular que los movimientos articulatorios con que hacemos variar el tamaño y forma de las cavidades faríngea y bucal puedan alterar la presión del aire en ellas contenido y afectar así a la relación que hay entre las presiones subglótica y supraglótica, cuya descompensación da lugar precisamente a la vibración de las cuerdas.

1.5.3. *La articulación*

1.5.3.0. La **articulación** tiene lugar en las llamadas cavidades supraglóticas, esto es, la cavidad faríngea, la cavidad nasal y la cavidad bucal. Lo que oímos cuando alguien nos habla no es el zumbido de las cuerdas vocales, sino la resonancia de ese zumbido en las cavidades supraglóticas. El aire contenido en la faringe, nariz y boca actúa como un resonador. La forma, tamaño y volumen de la masa de aire contenida en las cavidades será lo que determine las frecuencias a las que resonará esa masa cuando se vea sacudida por los golpes de aire procedentes de la glotis y, por tanto, los armónicos de la onda generada que conservarán o aumentarán su energía. Obviamente, la forma y volumen de esa masa de aire dependen de la forma y tamaño de las cavidades que la contienen. Lo que hacemos con los movimientos de la lengua y demás gestos articulatorios es precisamente modificar esa forma y volumen para hacer variar las frecuencias del resonador y dar lugar así a la variación de sonidos con que nos comunicamos. Podemos imaginar el conjunto formado por boca y faringe como un tubo curvo en el que resonará la onda compleja generada en la glotis. Nuestros movimientos articulatorios pueden deformar ese tubo, estrechándolo o ensanchándolo por una u otra zona, o interponiendo obstáculos a la salida del aire, por ejemplo. Lo que llamamos articulación es ese conjunto de movimientos que dibujan el volumen y forma de las cavidades supraglóticas y que determinan las condiciones de resonancia de esas cavidades.

1.5.3.1. La cavidad más cercana a la glotis es la faringe. La faringe comunica hacia abajo con la laringe camino hacia los pulmones, por un lado, y con el esófago camino hacia el estómago, por otro. El hombre es el único mamífero que utiliza para los alimentos el mismo conducto que utiliza para la entrada y salida del aire. La faringe es el último espacio que los alimentos y el aire pueden compartir. Las paredes de la faringe son fibras musculosas que le permiten cambiar de forma y tamaño.

1.5.3.2. La faringe llega hasta la úvula y en ese punto empieza la cavidad bucal. La cavidad bucal es la más importante porque es la que puede adoptar más variaciones de forma, tamaño y volumen, y por eso es la que más sonidos es capaz de diferenciar. El órgano más importante es la lengua, a cuyos movimientos se deben las variaciones más acusadas en las condiciones de resonancia. La forma de la lengua en el hombre es muy diferente de la que tiene en la mayoría de los mamíferos. La lengua está formada por capas musculosas convergentes. Tiene una forma redondeada por la parte posterior, que se va haciendo apuntada hacia adelante. Su gran movilidad es lo que le permite crear profundas modificaciones en el volumen y forma de la cavidad bucal.

El movimiento ascendente y descendente del maxilar inferior tiene también un efecto muy importante sobre el timbre del sonido resultante, sobre todo porque condiciona el volumen relativo de boca y faringe.

El movimiento de los labios es otro de los factores determinantes de la cualidad del sonido porque sus movimientos acortan o agrandan el volumen del resonador bucal y modifican la altura de los armónicos favorecidos por la resonancia.

1.5.3.3. La cavidad nasal no interviene siempre en la cualidad de los sonidos del habla. Que intervenga o no depende de la posición en que se encuentre el velo del paladar al salir el aire. Normalmente, el velo está en posición levantada e incomunica esta cavidad con las otras dos. En estos casos no hay más resonancias que la faríngea y la bucal. Si se hace descender el velo del paladar, sin embargo, la cavidad nasal quedará comunicada con la faríngea y la bucal. En este caso es un volumen de resonancia añadido a los otros dos que tendrá sus efectos en el timbre del sonido de salida. No es especialmente importante que, al estar el velo en posición caída, pueda salir parte de la corriente de aire por las fosas nasales, como a veces se insiste. Lo importante es que la masa de aire contenida en esa cavidad queda comunicada con la contenida en las cavidades bucal y faríngea y la perturbación que producen los golpes glotales en la masa de aire de las cavidades supraglóticas se va a transmitir también a la masa de aire de la cavidad nasal, sea o no importante la corriente que salga por las fosas nasales. Se trata, como decimos, de un resonador añadido. Las paredes de la cavidad nasal son blandas y tenderán a absorber parte de la energía de los componentes de baja frecuencia.

1.6. Los sonidos del habla. Breve descripción de los alófonos del español

1.6.1. *Los sonidos del habla: vocales y consonantes*

1.6.1.1. Los sonidos del habla, los que constituyen las cadenas lingüísticas con las que nos comunicamos, son la respuesta acústica de los resonadores que forman el tracto vocal (faringe, boca y nariz) a la fuente armónica situada en la glotis o, eventualmente, a alguna otra fuente transitoria situada en algún punto del propio tracto. La descripción acústica de cualquiera de los sonidos que componen las secuencias lingüísticas consistirá en especificar el tipo de fuente que le es propio y la distribución de energía en el espectro de frecuencias que le corresponda. Desde el punto de vista articulatorio, la descripción consistirá en especificar la configuración que tiene que adoptar el tracto para dar lugar a los índices acústicos que correspondan, explicando qué órganos articulatorios son los responsables de que el tracto adopte esa configuración.

Lo que haremos a continuación será una clasificación y descripción sucinta de los sonidos más habituales del español estándar. Para ello empezaremos por la clasificación más inclusiva de los sonidos del habla, que es la que opone las vocales a las consonantes. Lo que sigue no es un intento de describir los sonidos del español con el pormenor de trabajos más especializados, como los de Quilis y M. Celdrán. Se trata sólo de retomar los aspectos descriptivos más generales que permitan crear un campo en el que se muevan con soltura las consideraciones fonológicas de las secciones siguientes.

1.6.1.2. La clasificación de los sonidos en vocales y consonantes es la que nos resulta más intuitiva, hasta el punto de que es prácticamente la única que es posible hacer accesible a hablantes que están aún en la primera enseñanza. No obstante, la evidencia de esta clasificación, tal como la intuye un hablante alfabetizado normal, tiene su fundamento sobre todo en el hecho fonológico de que las vocales son las únicas que un sujeto se imagina formando una sílaba por sí solas. Desde el punto de vista fonético debemos decir, sin embargo, que las cualidades acústicas y articulatorias con que diferenciamos los sonidos forman una especie de continuo en el que no parece haber saltos intrínsecos, sino sólo grados. Acústicamente hablando, lo que llamamos cualidad vocálica, frente a lo que llamamos cualidad consonántica, debemos entenderlo como los puntos extremos de una escala en la que caben grados y matices. Podremos decir, por ejemplo, que ciertos sonidos son más vocálicos que otros, aun siendo todos consonantes. Entiéndase la caracterización somera que haremos a continuación como una forma de distinguir los sonidos que son claramente vocálicos de los que son claramente consonánticos y no se vea con sorpresa que algunas consonantes tengan alguna de las propiedades que citaremos como vocálicas.

Estas son las principales características acústicas de las vocales:

– Las vocales son sonidos de fuente siempre armónica. Los sonidos vocálicos nunca presentan añadida a esta fuente ningún otro tipo de fuente inarmónica.
– Se trata de sonidos que tienen una clara estructura formántica[17]. Las vocales son sonidos de energía alta que distribuyen en bandas bien definidas de frecuencias, claramente contrastivas con las ban-

---

[17] Téngase bien presente en lo que sigue lo dicho en los párrafos de 1.3.5. Lo más relevante de la estructura acústica de las vocales está allí expuesto, al caracterizar la estructura de los sonidos formánticos.

das de armónicos cuyas frecuencias están alejadas de la frecuencia del resonador. El hecho de que haya más de una cavidad de resonancia y de que la forma de estas cavidades no es totalmente regular justifica que nuestro tracto vocal no tenga una sino varias frecuencias formantes y, por tanto, que las vocales presenten varios formantes.
– Es característica de las vocales la estabilidad de sus componentes acústicos. Los trazos oscuros que representan a los formantes vocálicos en los espectrogramas aparecen normalmente en horizontal. Teniendo en cuenta que el eje de abscisas representa la sucesión en el tiempo, esa horizontalidad significa que durante los milisegundos que dura la vocal la energía se concentra en la misma banda de frecuencias. Un trazo inclinado hacia arriba, por ejemplo, indicaría que durante esos milisegundos la banda de frecuencia que absorbe la energía va desplazándose hacia arriba y que, por tanto, el resonador está cambiando de forma y sus frecuencias formantes no permanecen constantes. En una vocal no hay antirresonancias que amortigüen la intensidad de los formantes o que los haga inestables.

Los anteriores índices acústicos son resultado de las siguientes características articulatorias:

– En la articulación de las vocales siempre hay vibración glótica. No existen vocales que se articulen con la glotis abierta.
– Aunque en la articulación de las vocales puede deformarse el tracto buco-faríngeo y normalmente cabe hablar de zonas de mayor o menor constricción articulatoria, esta constricción nunca llega a ser un verdadero obstáculo a la salida del aire.
– El tracto vocal tiene una configuración general abierta en la articulación de una vocal.

Por su parte, las consonantes presentan las siguientes características acústicas:

– Es habitual que las consonantes presenten alguna fuente inarmónica generada en el tracto vocal. Esta fuente inarmónica puede ser la única fuente sonora o añadirse a la fuente glótica.
– El timbre de las consonantes es muy variado, pero no presentan una estructura formántica como la de las vocales. Cuando la fuente es exclusivamente inarmónica, o bien la fuente inarmónica domina sobre la armónica, la consonante es ruidosa y la energía se dispersa en bandas amplias de frecuencia. Si domina la fuente

armónica y la consonante es formántica, estos formantes suelen ser menos intensos y más inestables que los de las vocales, porque en una consonante siempre hay algún factor que da lugar a antirresonancias.
- Los componentes acústicos de las consonantes son más inestables que los de las vocales. Como veremos en su momento, los hechos acústicos de los que depende el reconocimiento de una consonante son precisamente las fases inestables de los formantes vocálicos contiguos.

Las características articulatorias que se corresponden con estos índices son las siguientes:

- En las consonantes no siempre hay vibración glótica. Un buen número de consonantes se articula con la glotis abierta.
- La característica articulatoria más perceptible es que en la génesis de las consonantes siempre hay algún obstáculo que se interpone a la salida del aire en las cavidades supraglóticas, especialmente en la boca.
- La configuración general del tracto en la producción de las consonantes es cerrada.

1.6.2. *Los sonidos vocálicos del español*

1.6.2.0. Como ya dijimos en otros momentos, las vocales son los sonidos más cromáticos de los que componen el habla normal y presentan la estructura formántica más definida. La estructura formántica de las vocales es lo que determina el timbre que reconocemos en ellas y este timbre abarca dos cosas: normalmente sabemos qué se nos dice y quién nos habla. Los tres primeros formantes son los que componen la cualidad sonora que podemos considerar realización de alguna unidad fonológica, en tanto que los formantes más altos tienen que ver con el peculiar timbre de voz de cada hablante. La intensidad y frecuencia de los tres primeros formantes depende del grado de abertura articulatoria de las vocales y de la posición que adopten la lengua y los labios; en suma dependen del gesto articulatorio del hablante. Los otros componentes dependen de la peculiar anatomía de cada hablante. La descripción fonética se centrará por tanto en los formantes bajos, cuya disposición permite diferenciar las vocales entre sí. Los dos primeros formantes son suficientes para describir todo lo que es acústicamente relevante de cada vocal. El tercero sólo es relevante en algunos casos.

La descripción acústica de las vocales consistirá, por tanto, en la especificación de las frecuencias formantes de la configuración del tracto que les es propia. Expresando la altura a la que aparecen los dos primeros formantes de una vocal queda ya descrita esa vocal. La descripción articulatoria de las vocales consistirá, como se puede deducir de lo dicho, en la especificación del grado de abertura, de la posición de la lengua y de la disposición de los labios[18].

1.6.2.1 Los formantes vocálicos y las cartas de formantes

La forma más directa de saber la altura de los formantes de una vocal es examinándola en un espectrograma en **banda ancha** o haciendo una sección de la vocal en cuestión. En un sonograma en banda ancha normalmente aparecen los formantes representados por unas gruesas manchas negras horizontales que indican la alta concentración de energía. Si no necesitamos un análisis muy detallado, podemos atribuir al formante la frecuencia que cruce por la mitad del cuerpo del trazo que ese formante deja en el papel. Un dato más preciso lo podemos obtener mediante una sección, especialmente si la hacemos aplicando el programa LPC[19]. La sección hecha en banda ancha muestra prominencias extensas en la curva que dibuja el perfil de frecuencias de un sonido, destacando así las zonas de alta energía de una manera no mucho más precisa de como la veíamos en el sonograma que representa el tiempo. En **banda estrecha** veríamos separada la representación de cada armónico, pero puede no ser visible el punto de frecuencia que corresponde al formante. El análisis LPC dibuja lo que sería la línea envolvente de los armónicos que vemos en la sección en banda estrecha, colocando crestas muy precisas en los puntos que corresponden al verdadero formante, según la estimación del programa.

Los valores formánticos que se recogen en un muestreo suelen representarse en un gráfico que se denomina carta de formantes. Este gráfico es en realidad un área cuadriculada que representa en los dos

---

[18] Sobre lo dicho hasta aquí y sobre lo que sigue, véase especialmente N. Navarro Tomás, *Manual de pronunciación española*, CSIC, 1977; A. Quilis, *Fonética acústica de la lengua española*, Gredos, 1981 y *Tratado de fonología y fonética españolas*, Madrid, 1993; y E. Martínez Celdrán, *Fonética*, Teide, 1983. Véase también A. Mª. Borzone de Manrique, *Manual de fonética acústica*, Hachette, 1980 y E. Alarcos Llorach, *Fonología española*, Gredos, 1976. Una definición acústica de todos los rasgos de los que vamos a hablar puede verse en R: Jakobson, *Fundamentos del lenguaje*, Ayuso, 1974.

[19] Sobre esto y lo que sigue recuérdese la exposición que hicimos en los epígrafes de 1.3.6.

ejes sendas escalas de frecuencias. En el eje de abscisas se representan los valores posibles del segundo formante (F2) y en el eje de ordenadas se representan los valores posibles del primer formante (F1). La gradación de estas escalas no sigue la proporción aritmética de la escala de frecuencias, sino la logarítmica de la escala de meles; a medida que vamos hacia las frecuencias altas, los mismos saltos de frecuencia se representan en saltos más pequeños de papel. Cada muestra de cada vocal se representará en la carta en el punto que corresponda a la intersección de los dos ejes según el valor de sus dos formantes. Como lo normal es que haya pequeñas (o grandes) fluctuaciones en los valores recogidos en distintas muestras, cada vocal acabará siendo representada por un conjunto de puntos más o menos apiñados, que se encierran en un área que los recoja. Esa área delimitada es la que representa el área de valores de la vocal de que se trate. Es una forma bastante precisa y cómoda de visualizar el triángulo vocálico de un sistema determinado.

1.6.2.2. La altura del primer formante

En condiciones normales el primer formante es el más intenso de todos. En general, la energía de una vocal va siendo más escasa a medida que vamos hacia frecuencias más altas. Como ya sabemos, la onda compleja que se genera en la glotis pasa antes de salir al exterior por dos cavidades (dejamos las nasales aparte de momento) que hacen las veces de resonador complejo: la cavidad faríngea y la cavidad bucal. Aunque en la articulación de las vocales no hay obstáculos a la salida del aire, sí es normal que haya algún punto de constricción más acusada, según el movimiento de la lengua y el maxilar, sobre todo. Dependiendo de que este punto de máxima constricción esté más adelantado o más retrasado, dominará más en el juego de resonancias que se crea el espacio faríngeo o el espacio bucal. A su vez, que el punto de máxima constricción se adelante o retrase depende en buena medida del movimiento del maxilar inferior. Si el maxilar desciende, al hacer una especie de altavoz con la boca, el volumen de la faringe se hace más pequeño y dominará la resonancia bucal. Si el maxilar inferior se aproxima al superior, se ensancha el volumen de la faringe y dominará la resonancia faríngea.

Esto es lo que determina la altura del primer formante. Cuanto más retrasado sea el punto de máxima constricción, por tanto, en la medida en que la resonancia bucal domine sobre la faríngea, será más alta la frecuencia de F1. El primer formante será entonces tanto más alto cuanto más abierta sea la vocal. Sin entrar en más detalle del que pretendemos y en espera de alguna precisión que haremos después, podemos esperar el primer formante de la [a] en torno a los 700 hz; el de la [e] y la [o], en torno a 500; y el de la [i] y la [u] por debajo de los 400. Es útil tener presentes los valores de la vocal *schwa* para hacernos una idea de los timbres que tratamos de caracterizar. La vocal *schwa* es la vocal neutra, media con respecto a todos los parámetros; es la que pronunciamos si dejamos que el espacio faríngeo y el bucal formen un tubo curvo lo más simétrico posible. Esta vocal tiene sus primeros formantes en 500 y 1.500. Vemos, por tanto, que los 500 hz de la [e] y la [o] son los que corresponden a una abertura media. Y, naturalmente, el valor máximo lo presenta la [a].

1.6.2.3. La altura del segundo formante

Siempre se asoció la altura del segundo formante especialmente con la posición de la lengua y, con algo menos de relevancia, con la posición de los labios. Se supone que cuando la lengua se adelanta y se acerca al paladar sube la frecuencia del segundo formante. Sin embargo, las imágenes en rayos-X parecen demostrar que no siempre es la posición de la lengua la responsable de que el segundo formante de la [i], por ejemplo, sea más alto que el F2 de la [e]. De hecho, no parece que se pueda dar un rasgo articulatorio que podamos suponer que de manera estable marca las diferencias entre sonidos como [i] y [e]. Lo que diferencia de manera estable estos sonidos (como en el caso de [u] y [o]) es un hecho acústico, la altura del segundo formante, y este hecho acústico no tiene correspondencia regular con un determinado gesto articulatorio. Lo que determina la frecuencia del segundo formante es el volumen del resonador. Cuanto mayor sea este más bajo será el segundo formante y hará subir su frecuencia cualquier gesto que reduzca ese volumen. Evidentemente, los movimientos de la lengua determinan grandes variaciones en el volumen del resonador bucal y es difícil pensar que se pueden distinguir timbres extremos, como [i] frente a [u], sin modificar la posición de la lengua. Pero la diferencia de valores de este segundo formante que existe entre sonidos más cercanos, como [i] frente a [e], o [e] frente a [a], puede obtenerse por más caminos que el movimiento de la lengua. Por un lado, el abocinamiento o retracción de los labios puede hacer oscilar las frecuencias de este segundo formante lo suficiente. Pero además la propia laringe admite desplazamientos que pueden ser de hasta 20 mm, lo que, en combinación con los movimientos de los labios, puede dar lugar a variaciones importantes en el volumen del resonador.

Con estas reservas apuntadas, podemos recordar que hará subir la frecuencia del 2º formante el adelantamiento de la lengua hacia los incisivos (y consiguiente acercamiento al paladar) y la retracción de los labios. Hará bajar esta frecuencia la disposición retrasada de la lengua hacia el velo del paladar y el abocinamiento de los labios. En español podemos esperar para la [i] unos valores que rondarán los 2.000 hz o algo más; para la [e] unos 1.800; para la [a] 1.500; para la [o] 1.000 ó 1.100; y para la [u] unos 700. La vocal *schwa*, recordemos, lo presenta en 1.500.

1.6.2.4. Clasificación de las vocales

1.6.2.4.1. Densas/difusas. Abiertas/cerradas

Las vocales densas se caracterizan por presentar una fuerte concentración de energía en las bandas centrales del espectro de frecuencias, esto es, por presentar bastante próximos entre sí sus dos formantes en esa zona central[20]. Para que esto ocurra, es necesario que el primer formante sea muy alto y se acerque a esa banda central. Si el primer formante es alto es porque domina la resonancia bucal sobre la faríngea, por lo que la constricción debe ser retrasada y, por tanto, el maxilar inferior debe haberse alejado del superior. En esas condiciones, difícilmente puede haberse articulado la vocal con la lengua totalmente adelantada hacia los incisivos, con lo que el segundo formante no debe alcanzar la altura máxima. En resumen, debemos suponer que un primer formante muy alto no concurre con un segundo formante de altura máxima, por lo que si el primer formante es alto, debe estar relativamente cercano al segundo, concentrándose así la energía en la banda central.

Se puede ver con facilidad que las vocales acústicamente densas se corresponden con las que articulatoriamente se llaman *abiertas*, que son las que se articulan separando los dos maxilares.

Frente a ellas, las vocales *difusas* se caracterizan por dispersar la

---

[20] Debemos recordar que lo relevante para la comunicación son los dos primeros formantes y estos aparecen siempre por debajo de los 2.200 hz aproximadamente. Una vocal puede tener formantes hasta por encima de los 6.000, pero, teniendo en cuenta nuestros intereses, lo que llamaremos frecuencias altas es el umbral de los 2.000 hz y con respecto a ese umbral debe considerarse la expresión "banda central de frecuencia". En cualquier caso, no es nada forzado hablar así, puesto que por debajo de los 2.000 hz se concentra la mayor parte de la energía de la vocal y, por tanto, del estímulo que actúa sobre el receptor.

energía hacia los extremos del espectro y presentar la zona central vacía de energía. Para que esto suceda, es necesario que el primer formante sea bajo y alejado de esa zona central. Esto sucede cuando la resonancia faríngea domina sobre la bucal y por tanto cuando la constricción es adelantada. Para que la constricción máxima sea adelantada, el maxilar inferior debe estar cerca del superior, es decir, la vocal debe ser articulatoriamente *cerrada*.

En español, son densas la [a] (palatal) y [ɑ] (velar). De ellas, la más densa y, por tanto, la que presenta más próximos sus dos formantes es la [ɑ]. La [a] es la más difusa; además de ser más adelantada (lo que implica un aumento en la frecuencia de F2), es algo más cerrada (descenso de F1).

Son medias en cuanto a la oposición densa/difusa las palatales [e] (cerrada) y [ɛ] (abierta) y las velares [o] (cerrada) y [ɔ] (abierta). La [ɛ] es más densa que la [e]: esta es más cerrada (descenso de F1) y más adelantada (ascenso de F2), por lo que sus formantes se separan más. Por su parte, la [ɔ] presentará sus dos formantes más altos que la [o]: esta es más retrasada (descenso de F2) y más cerrada (descenso de F1).

Finalmente, son difusas las palatales [i] (cerrada), [ɪ] (abierta) y las velares [u] (cerrada) y [ʊ] (abierta). Como en el caso anterior, en el caso de las palatales la más abierta presenta sus dos formantes más próximos entre sí, mientras la más cerrada los separa más. En el caso de las velares, sin embargo, la más abierta simplemente presenta los dos formantes más altos que los dos de la variante cerrada.

Las palatales [i], [ɪ] responden perfectamente a la definición de vocal difusa. Su carácter cerrado hace que su primer formante sea muy bajo; el hecho de que se articulen con la lengua adelantada hace que su 2º formante sea muy alto. Por tanto, los dos formantes aparecen muy alejados entre sí y la energía aparece dispersa hacia los extremos. En el caso de la [u] y la [ʊ] puede parecer menos evidente su condición de vocal difusa. Su primer formante aparece muy bajo porque son cerradas; pero su 2º formante aparece también bajo, por articularse con la lengua retrasada. Los dos formantes están, por tanto, cercanos el uno al otro. A pesar de esto, siguen siendo difusas porque mantienen sin energía la zona central del espectro y sigue siendo cierto que la energía se dispersa hacia los extremos, aunque en este caso sea a un solo extremo. Lo que percibimos en estas vocales es simplemente una fuerte concentración de energía en zona baja del espectro.

Desde Navarro Tomás es habitual indicar que en español todos los fonemas vocálicos, excepto la /a/ presentan dos alófonos, uno abierto y otro cerrado. Alarcos aceptó la existencia de estos dos alófonos y la distribución que había indicado para ellos Navarro Tomás en su *Fonología,* la primera y principal descripción del sistema fonológico y el primer trabajo de conjunto en que se dan datos espectrográficos de los alófonos estudiados por Navarro Tomás. Sin embargo, estudios acústicos más recientes parecen no confirmar plenamente esta descripción del vocalismo español. Martínez Celdrán hizo ya constar que los datos acústicos sobre la distribución de las variantes abierta y cerrada de las vocales españolas no ofrecían regularmente los resultados obtenidos por Navarro Tomás. Con una muestra y un recuento más precisos, Quilis afirmó ya claramente que existen las dos variantes abierta y cerrada, pero que no están en distribución complementaria. Esto quiere decir que las realizaciones abierta y cerrada se dan erráticamente y no podemos asociarlas a contextos fonéticos concretos. Quilis opta ya definitivamente por no incluirlas en la descripción de los alófonos de los fonemas vocálicos del español.

1.6.2.4.2. Graves/agudas. Velares/palatales

Si en el caso de la oposición densa/difusa nuestra atención principal eran los movimientos del primer formante, lo que distingue las vocales graves de las agudas es sobre todo la altura del segundo formante. Una vocal es *aguda* cuando presenta un segundo formante alto, por encima de los 1.800 hz[21]. Es *grave* si presenta el segundo formante bajo, por debajo de los 1.200 hz. El hecho de que una vocal sea grave o aguda depende, como se ve, de que haya fuerte concentración de energía en la zona alta o en la zona baja. Como ya vimos antes, en realidad la altura del segundo formante depende del tamaño del resonador, y este de varios factores articulatorios que varían de una a otra emisión y de uno a otro hablante. Podemos, de todas formas, simplificar la exposición asumiendo que los movimientos de la lengua son los que crean los contrastes más acusados en el valor de F2. La lengua reduce el tamaño de la cavidad bucal cuando se adelanta hacia los incisivos y se acerca al paladar. Las vocales agudas serán entonces las que articulatoriamente llamamos *palatales.* El resonador bucal aumenta su volumen, y la frecuencia de F2 baja, cuando

---

[21] Como es lógico, la oposición grave/agudo, y cualquier otra, no es sustancialmente discreta, sino continua. El poner la frontera en lo grave y lo agudo en una banda u otra es siempre relativo a los hábitos fonéticos y a la estructura fonológica de cada lengua. Los 1.800 hz que citamos como límite de las vocales agudas frente a las vocales medias es una referencia aproximada y relativa a los usos del español.

la lengua se retrae acercando el dorso hacia el velo; por tanto las vocales graves son articulatoriamente velares[22].

En español son agudas las vocales [i], [i̞], [e] y [ɛ]. Todas ellas presentan su segundo formante más alto de 1.800 hz. Algunas realizaciones de la /a/ pueden presentar su segundo formante a la misma altura que la [ɛ]. Estas vocales agudas presentan además un tercer formante muy intenso y cercano al segundo. Esto hace que cerca de los 2.000 se acumule en conjunto una energía mayor que la propia del primer formante. Son vocales graves [u], [u̞], [o] y [ɔ]. En las palatales, las realizaciones abiertas tienen el segundo formante algo más bajo que el primero, mientras en las velares este mismo formante sube en las realizaciones más abiertas. Simplemente debemos recordar que las realizaciones abiertas tienden más a valores medios, por lo que las agudas son algo menos agudas y las graves algo menos graves.

1.6.2.4.3. Bemolizadas/sostenidas. Labializadas/deslabializadas

Esta oposición tiene también que ver con los movimientos del segundo formante. Los rasgos de bemolizada y sostenida no se oponen entre sí, sino que cada uno de ellos se opone a su correspondiente ausencia (no bemolizada, no sostenida). Lo característico de las vocales bemolizadas o sostenidas no es que presenten un segundo formante a tal o cual altura, sino que su segundo formante experimente un descenso o un ascenso con respecto a otro valor. Según que el segundo formante de una vocal esté en la zona alta o baja del espectro, decimos que es una vocal aguda o grave. Lo que la convierte en bemolizada o sostenida es que, dentro de la banda de valores frecuenciales de F2 que hacen a una vocal grave o aguda, el segundo formante esté en parte alta o baja de esa banda. Un descenso en la frecuencia del segundo formante de una vocal la convierte en *bemolizada*, mientras que un ascenso la convierte en *sostenida*. Como vemos, el salto de valores de F2 al que aludimos con la oposición grave/agudo es mucho más acusado que el salto al que nos referimos con la oposición bemolizado/sostenido.

El carácter bemolizado o sostenido de una vocal está en relación

---

[22] No debe inducir a confusión el uso de los términos "grave" y "agudo" que se utilizan normalmente para diferenciar las vocales según la altura de su segundo formante. Estos términos no aluden aquí al tono de los sonidos. Que una vocal tenga el rasgo de grave o aguda es independiente de que sea tonalmente grave o aguda. En esta sección estos términos no tienen que ver con el tono sino con el timbre.

con el tamaño del resonador (no olvidemos que seguimos hablando de variaciones del segundo formante). Cuando el volumen del resonador aumenta, baja el segundo formante y sube este formante cuando disminuye el tamaño de la cavidad. Las modificaciones de volumen que se pueden poner en relación con el carácter bemolizado o sostenido de una vocal no son tan acusadas como las modificaciones que determinaban que la vocal fuera grave o aguda. La forma más habitual de bajar la frecuencia de resonancia es alargar el tracto por la parte delantera abocinando los labios. De la misma manera, podemos acortar el tracto mediante una retracción de los labios hacia atrás[23]. Por eso, desde el punto de vista articulatorio las vocales bemolizadas se llaman *labializadas* o *abocinadas,* mientras las sostenidas reciben el nombre de *deslabializadas* o *retraídas.*

En español son bemolizadas las vocales graves y sostenidas las agudas. Los rasgos bemolizado y grave, por un lado, y sostenido y agudo, por otro, son concomitantes. Cuando adelantamos la lengua para pronunciar una vocal retraemos los labios y cuando retrasamos la lengua los abocinamos. No obstante, la razón de que no se describan normalmente en español realizaciones agudas bemolizadas o graves sostenidas es que no existen contextos en que regularmente podamos decir que las pronunciamos así. En muchas ocasiones pronunciamos este tipo de vocales, aunque no lo hagamos con regularidad. Hablaremos de ello más adelante.

1.6.2.4.4. Nasales/orales

Los sonidos que llevamos descritos hasta aquí tienen todos la característica común de que se articulan con el velo del paladar levantado, de manera que la cavidad nasal está incomunicada con las cavidades faríngea y bucal. De este tipo de vocales se dice que son *orales* (la terminología acústica y articulatoria con que se denominan a estas vocales es coincidente). Las vocales *nasales,* por el contrario, se articulan con el velo del paladar en posición caída, con lo que quedan comunicadas las tres cavidades y la resonancia nasal será un componente del timbre final.

Desde el punto de vista acústico, esta circunstancia da lugar a la aparición de formantes suplementarios, algunos a una altura media y otros en las zonas más altas del espectro (por encima de 3.000 hz). Pero parece demostrado que lo que realmente se corresponde con el

---

[23] Recuérdense, en cualquier caso, las consideraciones hechas en 1.6.2.3.

timbre nasal es la clara disminución de energía del primer formante[24].
Cualquier otra consecuencia acústica de que una vocal se articule con el velo caído podría pasar inadvertida para el receptor mientras se mantenga la disminución de la energía del primer formante.

En español la nasalización es un fenómeno muy poco constante en las vocales. Un receptor normal no percibe cuándo las vocales son nasales porque en español no tiene relevancia fonológica este rasgo, como ocurre, por ejemplo, en francés. Sin embargo, es frecuente que las vocales que aparecen entre nasales y, sobre todo, las que aparecen trabadas por consonante nasal se nasalicen. En una emisión normal grabada en un equipo informatizado, si escuchamos aislado el grupo que forman una vocal y la nasal que la traba, lo normal es oír un solo sonido, no una sucesión, y que se perciba claramente ese sonido como una vocal nasalizada. Al no ser distintiva la nasalidad en español, no suele ser un rasgo tan marcado como se da en lengua en que sí es distintivo. No es habitual que estas realizaciones nasales a las que estamos aludiendo presenten formantes adicionales. Tampoco suele ser fácil de apreciar en un espectrograma en banda ancha la disminución de energía del primer formante. Lo normal es que tengamos que recurrir al análisis LPC para comprobar esta disminución.

Una consecuencia de la nasalización de las vocales es que se perciben con más dificultad las diferencias entre las vocales densas y las difusas, es decir, se distinguen peor los grados de abertura. Esto es lógico si tenemos en cuenta que el valor del primer formante es que manifiesta los grados de abertura. De hecho, no hay ninguna lengua que distinga más grados de abertura en la serie nasal que en la serie oral.

1.6.2.5. Vocales átonas

El español no es una lengua en la que haya grandes variaciones entre el vocalismo átono y el vocalismo tónico. De hecho, no es distinto el inventario fonológico en una y otra posición, aunque tengan mayor rendimiento las oposiciones en posición tónica que en posición átona. De todas formas, la menor energía general que hay en las sílabas átonas hace que la tensión articulatoria baje y se vea así afectado el timbre de las vocales. Sabemos que para articular sonidos de-

---

[24] De hecho, cuando se escucha mediante un sintetizador una señal a la que se le borraron todos los primeros formantes, aunque es posible entender lo que dice, da la sensación de haber sido pronunciada por alguien que tenía prensada la nariz.

bemos mover ciertos órganos y alejarlos de la posición que tienen cuando estamos en reposo. Por tensión articulatoria se entiende la medida en que alteramos la posición de reposo de los órganos implicados en la génesis del sonido. Si decimos que las sílabas átonas son normalmente menos tensas, queremos decir que los movimientos articulatorios son más perezosos que los que hacemos en las sílabas tónicas y no completamos los movimientos como para que las vocales alcancen los valores críticos típicos de su timbre. Una carta de formantes debería reflejar el triángulo de las vocales átonas dentro del triángulo de las vocales tónicas. Esto quiere decir que todas las vocales se tienden a acercar a la estructura acústica de la vocal *schwa:* las agudas serán menos agudas, las densas menos densas y así sucesivamente.

1.6.2.6. Vocales en contexto

1.6.2.6.1. Vocales aisladas y vocales en secuencias

Las descripciones fonéticas que se dan de las vocales españolas suelen basarse en el timbre que tienen cuando se pronuncian aisladas o en sílabas aisladas. Sin embargo, cuando escuchamos las vocales que aparecen en secuencias que nos parecen perfectamente normales, aislándolas artificialmente, el sonido que oímos nos resulta sumamente extraño, como si no fuera una vocal normal. Hay varias razones que justifican esta extrañeza y algunas de ellas son de interés en este punto de la exposición.

Parte de la extrañeza se justifica por la entonación. Cuando pronunciamos una vocal aislada, la entonamos como se entonan las secuencias completas; y, si sostenemos artificialmente el tono, ese tono que sostenemos es el habitual de media secuencia. Una vocal en contexto, sin embargo, tendrá el tono que corresponda al punto de la secuencia en que se emite; aislada de ese contexto, nunca tendrá una entonación que nos parezca natural, lo que de por sí es ya un factor importante de anomalía fonética.

Otro factor es la duración. Una vocal en contexto dura mucho menos que esa misma vocal cuando la pronunciamos aislada. Realmente, el sonido fugaz que oímos cuando aislamos una vocal de la secuencia de que forma parte nunca lo oímos de boca de nadie. Sólo cortando artificialmente una secuencia real podemos oír un sonido así.

Otro tercer factor, quizás el principal, tiene que ver con lo que explicamos en 1.4.2.2.3. La sílaba parece ser el marco mínimo que procesamos de la cadena acústica. En la cadena que queda comprendida en el bucle tensión - distensión que compone una sílaba, los hechos acústicos responsables de la identificación de cada uno de los sonidos que componen esa sílaba no son tan sucesivos como imaginamos. Si tenemos un grupo consonante + vocal + consonante que forma una sola sílaba, a la articulación de la vocal se llega desde la articulación de la consonante previa y en la propia vocal se anticipa ya el movimiento hacia la consonante siguiente, todo ello en un lapso de tiempo muy corto y en un único movimiento tensivo - distensivo. Lo que hace el receptor es casi "escuchar" directamente el núcleo silábico cuyos componentes transitorios definen ya a las consonantes contiguas. Como veremos, el reconocimiento de una consonante depende de la rapidez, dirección e intensidad de las transiciones formánticas de las vocales contiguas y la simple audición de la consonante, sin esas transiciones, no permite siquiera estar seguros de que se trata de un sonido de habla. Ahora bien, el receptor está acostumbrado a asociar estos componentes transitorios de las vocales con ciertos hechos concurrentes. Ciertamente, lo que nos permite saber que delante de una vocal hay una [p] son las transiciones de esa vocal. Pero estamos acostumbrados a que precisamente esas transiciones características de la [p] vayan precedidas de un silencio y de una explosión de ciertas características. La [ɑ] que pronunciamos en [pɑl] incluye hechos acústicos que nunca concurren en la [ɑ] si no tiene delante el ruido de la [p] y detrás el de la [l]. Cualquier corte que disocie los componentes de una sílaba dará lugar a un sonido que, o bien no somos capaces de categorizar (en el caso de la mayoría de las consonantes) o bien nos suena extraño (en el caso de las vocales).

Aparte de estos factores, hay muchas veces modificaciones reales en el timbre de las vocales. Los contextos en que es más fácil que una vocal cambie su timbre son aquellos en que se suceden varias vocales o vocales y consonantes muy vocalizadas, como las líquidas y las aproximantes sonoras. En estos casos, al no tener que interponer entre los sonidos más abiertos (las vocales) la complicada geometría de las realizaciones consonánticas, los movimientos de nuestra lengua y labios son perezosos y los sonidos se contagian unos a otros con facilidad. Los movimientos articulatorios no llegan a completar la configuración del resonador que se corresponde con los timbres vocálicos normales y es bastante normal que se hagan realizaciones híbridas. En una secuencia como *nunca he oído hablar de ellos,* por ejemplo, hay una sucesión de seis vocales, sólo interrumpida por la aproximante [ð]. Aquí es muy poco probable que reproduzcamos la estructura acústica matriz de cada vocal. En las figuras de abajo puede verse la alta intensidad que tiene el tercer formante de las vocales anteriores a la [ð], debido a que probablemente la lengua se adelantó y no se retrajo ni siquiera para pronunciar la "o". El informante trató de diferenciar las vocales mediante movimientos de labios sin apenas mover la lengua. Así, se puede apreciar, por la altura del segundo formante, que la "o" que va entre las dos vocales agudas es una aguda bemolizada, del tipo [ø] o [œ]. En estos contextos, aunque no podemos decir nada que se cumpla con regularidad, aparecen con frecuencia sonidos que normalmente no constan entre los alófonos del español, como en el caso citado. Tampoco es infrecuente la vocal *schwa* en este tipo de contextos (algo palatal en casi todas las muestras que pudimos analizar). Cuando se juntan varias vocales, o cuando lo que media entre ellas son consonantes muy abiertas y de poca intensidad, se observan en los formantes movimientos que buscan los valores característicos de cada vocal, pero sin alcanzarlos. Muchas veces la estructura formántica queda muy alejada de la característica de la vocal, como si se iniciara el movimiento para articularla y sólo se quedara en el inicio.

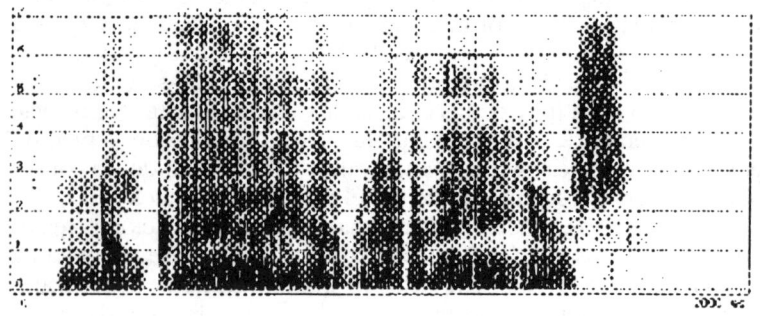

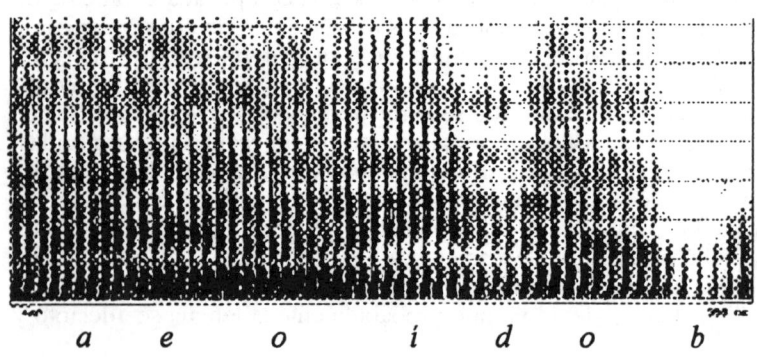

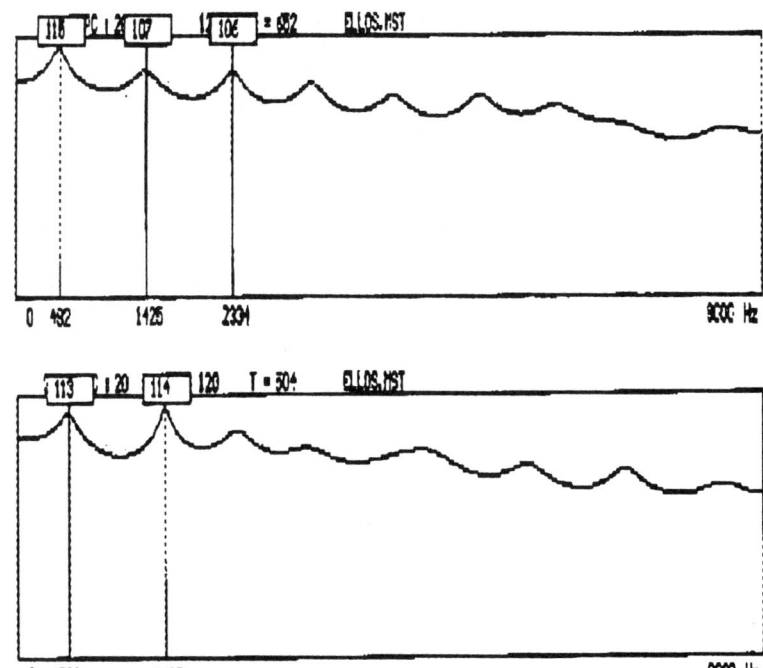

En el sonograma primero de la página anterior aparece la secuencia completa *nunca he oído hablar de ellos*. El segundo es una ampliación del segmento *...a he oído hab...* Al haber tantas vocales consecutivas y al ser muy abiertas las pocas consonantes que hay, se asimilan los sonidos y se modifican los timbres habituales. La alta energía del tercer formante indica que la lengua se mantuvo siempre más o menos adelantada, alterándose así el timbre de las velares. El gráfico de arriba es una sección de la primera *o* de la palabra *oído*. El F1 aparece a una altura media, como corresponde a la /o/, pero el F2 también se acerca a un valor medio, en la zona de la /a/. El timbre, pues, es cercano a la neutra [ə], aunque algo más velar. En el gráfico de abajo aparece la sección de la *a* de *nunca*, que presenta también modificado su timbre. Aunque el F1 está más alto que el de la *o* que acabamos de ver, lo tiene en la zona media, en vez de presentarlo en la zona alta; es, por tanto, más cerrada de lo habitual. El F2 lo tiene en la zona media un poco alto; su articulación es algo más palatal que la vocal antes comentada.

Las dos vocales están más cerca a la vocal neutra de lo normal.

Estas realizaciones en que dejan de ser concurrentes los rasgos grave y bemolizado, por un lado, y agudo sostenido, por otro, y las realizaciones más cercanas a *schwa* se dan muchas veces cuando aparecen contiguas dos vocales y una de ellas desaparece. Concretamente, es bastante regular la desaparición de la segunda vocal si va trabada por consonante continua, especialmente si es átona y entre las dos vocales pasa la frontera de dos palabras. También ocurre si la segunda va seguida por una consonante continua que no la traba pero por hacer sílaba con la vocal inicial de la palabra siguiente. En secuencias como *esto* **e***s un problema, la* **o***scuridad era total, tú no* **e***stás bien* y *o* **i***ncluso que venga él,* pronunciadas a ritmo normal, suele desaparecer la vocal que aparece en negrita. No importa aquí la casuística. Lo interesante es que cuando se produce la eliminación de una vocal por las circunstancias que sean no es infrecuente que lo que se pronuncia sea una vocal en la que aparece alguno de los rasgos de la vocal desaparecida, lo que puede dar lugar a sonidos del tipo de los descritos.

1.6.2.6.2. Hiatos y diptongos

Hiato y diptongo son los términos con que se nombran las sucesiones de dos vocales, según que formen un grupo heterosilábico (hiato) o tautosilábico (diptongo). En el caso de que esas dos vocales formen un diptongo, desde el punto de vista fonético no estaremos en realidad ante dos vocales sino ante una combinación de semiconsonante más vocal o vocal más semivocal. En español, son semiconsonantes la [j] y la [w]. La primera es aguda sostenida y la segunda grave bemolizada. Son semivocales la [i̯] y la [u̯]. Estas realizaciones semiconsonánticas y semivocálicas se diferencian de las realizaciones [i] y [u], respectivamente, por la inestabilidad de sus formantes. En su articulación la constricción llega a ser lo suficientemente estrecha como para que los componentes acústicos pierdan la estabilidad habitual de las vocales. Cuando las vocales forman un hiato, se suelen apreciar bien los dos momentos de estabilidad (aunque depende de la velocidad de elocución) y la transición de uno a otro sonido es más abrupta. En el caso de los diptongos los formantes de los dos sonidos parecen formar un todo en el que sólo hay transiciones suaves. Es bastante habitual, especialmente en el caso de los diptongos crecientes, que se altere el timbre de la segunda vocal hacia la configuración de *schwa* (muchas veces, de hecho, se pronuncia [ə]), o incluso la desaparición[25].

---

[25] Observando los espectrogramas de vocales en diptongo, se comprenden las representaciones que se hacían en los escritos del español antiguo, cuando aún la lengua escrita no tenía suficiente tradición. Eran habituales las grafías que representaban sólo el primer elemento del diptongo y, cuando representaban el segundo, lo hacían de manera sumamente variable, lo que prueba que debía ser un timbre bastante neutro.

TABLA I

ESQUEMA DE LOS ALÓFONOS VOCÁLICOS DEL ESPAÑOL
Criterio articulatorio

Cerrados — Palatales — Velares

	+	Anterioridad	−
−	j i̯ i i̞		w u̯ u u̞
Abertura	e ɛ		o ɔ
+		a ɑ	

Abiertos

Criterio acústico

Difusos — Agudos — Graves

	+	Altura de F2	−
−	j i i̞		w u u̞
Altura de F1	e ɛ		o ɔ
+		a ɑ	

Densos

TABLA II

VOCALES DEL ESPAÑOL Y SUS ALÓFONOS

Vocales	Rasgos articulatorios	Rasgos acústicos	Alófonos	Término	Característica articulatoria	Característica acústica
/a/	Abertura máx., Localización media	Densa, Media en la oposicion grave/agudo	[a]	Palatal	Localización media adelantada	F2 más alto y F1 más bajo
			[ɑ]	Velar	Localización media retrasada	F2 más bajo y F1 más alto
/e/	Abertura media, Localización palatal	Densidad media, Aguda	[e]	Cerrada	Abertura media	F1 y F2 normales
			[ɛ]	Abierta	Mayor abertura	F1 más alto y F2 más bajo
/i/	Abertura mínima. Localización palatal	Difusa, Aguda	[i]	Cerrada	Abertura mínima	F1 y F2 normales
			[ɪ]	Abierta	Mayor abertura	F1 más alto y F2 más bajo
			[j]	Semiconsonante	Menor abertura, abertura creciente y localización más palatal	F1 más alto, F2 más bajo, formantes inestables
			[i̯]	Semivocal	Menor abertura, abertura decreciente y localización más palatal	F1 más alto, F2 más bajo, formantes inestables
/o/	Abertura media, Localización velar	Densidad media, Grave	[o]	Cerrada	Abertura media	F1 y F2 normales
			[ɔ]	Abierta	Mayor abertura	F1 y F2 más altos

Vocales	Rasgos articulatorios	Rasgos acústicos	Alófonos	Término	Característica articulatoria	Característica acústica
/u/	Abertura mínima, Localización velar	Difusa, Grave	[u]	Cerrada	Abertura mínima	F1 y F2 normales
			[ʊ]	Abierta	Mayor abertura	F1 y F2 más altos
			[w]	Semiconsonante	Menor abertura, abertura creciente y localización más velar	F1 y F2 más altos, formantes inestables
			[u̯]	Semivocal	Menor abertura, abertura decreciente y localización más velar	F1 y F2 más altos, formantes inestables

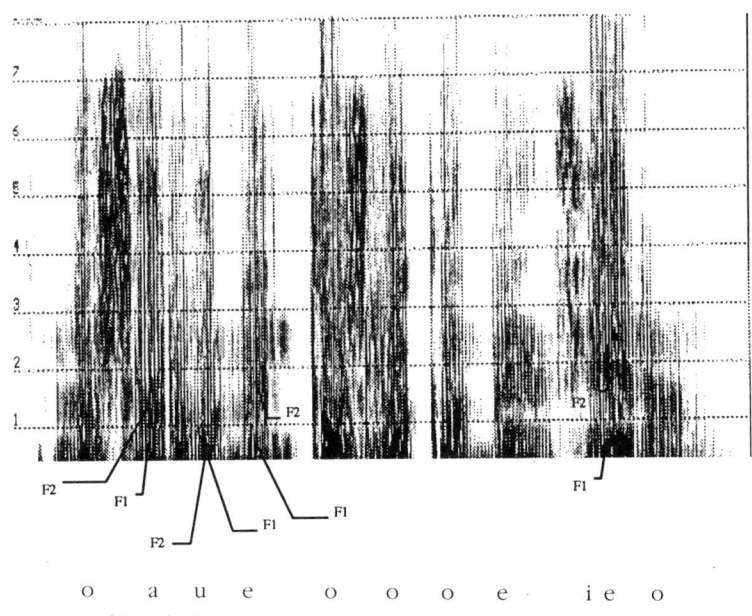

o   a   u   e   o   o   o   e   i e   o

En el espectrograma de la señal *los argumentos lo convencieron* puede verse la estructura formántica de las cinco vocales del español.

1.6.3. *Los sonidos consonánticos del español*

1.6.3.0. En 1.6.1. hicimos ya una caracterización general de los rasgos de los sonidos consonánticos. Expondremos a continuación una descripción sintética de los principales alófonos del español[26]. Para ello definiremos algunas oposiciones de las que resultarán varias clasificaciones que irán describiendo estos alófonos. Como se sabe, en las consonantes las diferencias dialectales en todo el ámbito del español son numerosas y profundas. Aquí describiremos lo que es la fonética estándar en la que se basan las convenciones ortográficas en vigor[27].

1.6.3.1. Las transiciones formánticas

En distintos momentos del trabajo aludimos ya a la importancia que tienen en el reconocimiento de las consonantes las llamadas transiciones formánticas. Cuando un hablante genera una secuencia de habla, no hace saltos articulatorios que vayan directamente de la configuración propia de un sonido a la configuración del siguiente. Su secuencia de movimientos forma un *continuum,* de manera que los sonidos más estables, las vocales, tienen siempre ciertos momentos de inestabilidad. Estas inestabilidades vienen dadas por el paso de la articulación de la consonante a la de la vocal y, por ello, que sean de manera u otra estas transiciones depende de las características de las consonantes; es decir, dependen de cuál sea la configuración del tracto a partir de la cual hay que llegar a la configuración de la vocal que sea. Siendo así, se comprende que sean verdaderos índices de las consonantes.

Las transiciones formánticas se ven en el espectro como pequeñas curvaturas inclinadas que aparecen al principio y al final del cuerpo del formante. Hay tres hechos relevantes en las transiciones:

– *La duración.* Según sea más largo o más corto el período transitorio podrá percibirse un tipo de consonante u otro.

---

[26] Véase para todo lo que sigue sobre la descripción de las consonantes los trabajos ya citados de Navarro Tomás, Quilis y Martínez Celdrán principalmente. Pueden verse también los trabajos citados de Borzone de Manrique, Alarcos Llorach y Jakobson.

[27] Una descripción general de la fonética española con abundantes referencias a sus diferencias dialectales puede verse en A. Quilis, *Tratado de fonología y fonética españolas,* Gredos, 1993.

- *La intensidad.* La energía que tengan las transiciones es otro índice importante. Una transición de baja energía, o incluso inexistente, tiende a hacer que percibamos la consonante contigua como oclusiva sorda, por ejemplo.
- *La dirección.* Es quizá el aspecto más importante. La dirección se refiere a la trayectoria que sigue el formante desde su inicio hasta que alcanza la fase estable. Así, puede ocurrir que el comienzo de la transición esté situado por debajo del cuerpo estable, por encima, o a la misma altura. Ocurre que una misma consonante se asocia con direcciones distintas según la vocal con que se articule. Sin embargo, se comprobó que, si articulamos la misma consonante con cada una de las vocales, hacemos los correspondientes espectrogramas y prolongamos hacia el cuerpo de la consonante las transiciones de un determinado formante, por ejemplo el segundo, las prolongaciones que obtenemos de todas las vocales tenderían a pasar por un mismo punto que se denomina *locus*. El locus de una consonante es algo así como el punto al que apuntan las transiciones de las vocales que articulen con ella. Por ejemplo, sería sencillo darse cuenta de que una consonante tiene como locus característico de F2 1.500 hz, porque ese sería el punto al que apuntaría el segundo formante de cualquier vocal que se articule con ella. Si esa vocal es una [u], este segundo formante deberá apuntar hacia arriba, porque el segundo formante de esta vocal está por debajo de esa frecuencia; si es una [i], el formante apuntará hacia abajo y si es una [a] se mantendrá horizontal. Nosotros podemos ver que, aunque las transiciones de ese segundo formante son distintas para cada vocal, todas parecen buscar el mismo punto. Ese es el locus. Naturalmente, una consonante tendrá su locus específico para cada formante de la vocal. Esto es lo que querremos decir cuando digamos que tal tipo de consonantes tiene un locus de F1 alto o bajo.

1.6.3.2. La fuente de sonido. Consonantes sordas
  y consonantes sonoras

En las vocales la fuente sonora no marca ningún tipo de diferencias porque tienen como característica inherente el generarse en la vibración glótica. En el caso de las consonantes podemos encontrarnos ante tres situaciones. Puede ocurrir que la consonante se articule con la glotis cerrada y tenga, por tanto, fuente armónica, sin que haya más fuentes que esa. Este es el caso de las consonantes más parecidas a las vocales, concretamente el de las laterales. Puede ocurrir que,

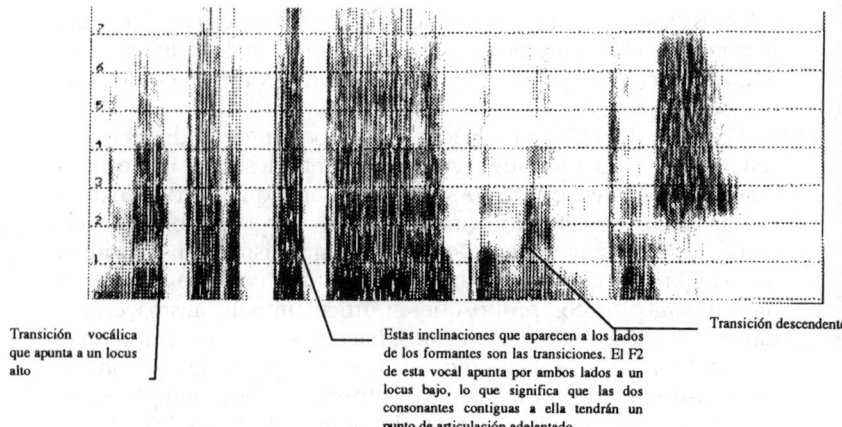

además de la fuente armónica, tenga otra fuente inarmónica generada en las cavidades supraglóticas. Y, finalmente, puede ocurrir que la consonante no tenga más fuente que la inarmónica generada en esas cavidades. En los dos primeros casos, es decir, siempre que haya fuente armónica, se dice que la consonante es sonora. En el último caso se dice que la consonante es sorda. La oposición sorda/sonora marca, entonces, la primera clasificación importante de las consonantes porque las caracteriza por su fuente. Las clasificaciones que haremos después serán siempre clasificaciones basadas en la configuración de los resonadores.

Desde el punto de vista articulatorio está ya claro cuál es la característica de las consonantes sonoras frente a las sordas: la diferencia consiste en que se reciba en la laringe la corriente espiratoria con la glotis cerrada y haya vibración, o que se reciba con la glotis abierta y el aire pase sin obstáculo por este órgano.

Algo más complejo es caracterizar acústicamente esta distinción sorda y sonora, especialmente en el caso de las oclusivas. La vibración glótica de las consonantes sonoras se refleja en el espectrograma como una especie de formante de poca intensidad y de muy baja frecuencia (no más de 250 hz), que se suele llamar barra de sonoridad. En los espectrogramas en banda ancha se perciben a esa altura las pequeñas barras verticales y paralelas que reflejan los golpes glotales que se dan en número constante en el tiempo. Si la consonante es fricativa y tiene además un componente inarmónico que domina sobre este componente armónico, a medida que vamos hacia las frecuencias medias y altas van desapareciendo estas barras verticales.

En el caso de las consonantes oclusivas sonoras, el espectrograma refleja el momento de silencio que corresponde a la detención del aire con un espacio en blanco. En la parte baja de ese espacio se ve muchas veces la barra de sonoridad, aunque no siempre. Lo interesante es que en una [b], por ejemplo, la señal no empieza a ser audible hasta que el hablante despega los labios y deja salir el aire, por lo que cualquier índice de sonoridad de esta consonante ha de ser algo que se oiga después de la oclusión y no antes. La mayoría de los fonetistas parece conceder gran importancia al VOT *(voice onset time,* "tiempo de comienzo de voz") como índice de sonoridad en estas consonantes. El VOT es el tiempo que hay entre la explosión de una consonante oclusiva y el comienzo de la vibración glótica de la vocal siguiente. Evidentemente, en el caso de las oclusivas sonoras, mientras el aire está detenido y hay silencio, las cuerdas vocales no dejaron de vibrar, por lo que, una vez liberado el aire, la vibración glótica que corresponde a la vocal se hace audible rápidamente. Las cuerdas vocales no hacen sino seguir vibrando. En el caso de las sordas, como las cuerdas no estaban vibrando durante el período de silencio y tienen que empezar a vibrar después de la explosión, tarda el doble en empezar a ser audible el tono glotal de la vocal. Parece confirmado que el receptor es sensible a esta variación y que de ella depende la percepción de una oclusiva como sorda o como sonora.

Esta oposición tiene relación también con ciertas cualidades de las transiciones formánticas. En general, hay siempre una relación entre las transiciones del primer formante y el grado de vocalización de una consonante. Cuanto más rápidas y menos intensas sean las transiciones formánticas, especialmente las del primer formante, menos vocalizada estará la consonante. Cuando se pronuncia una sonora, por tanto, las vocales contiguas presentarán unas transiciones más lentas y más intensas que cuando se pronuncia una sorda. Además, parece que el locus del primer formante tiende a ser más alto cuando la consonante está más vocalizada.

Son sonoras en español las realizaciones [b, d, d͡ʝ, ɣ, g, β, ð, ʝ, g, z, z̠, θ̬] y todas las vibrantes, laterales y nasales. Son sordas, por tanto, [p, t, f͡ʃ, c, k, f, θ, s, s̠, χ][28].

---

[28] Al final de esta sección se expondrán todos los alófonos del español estándar de una forma ordenada.

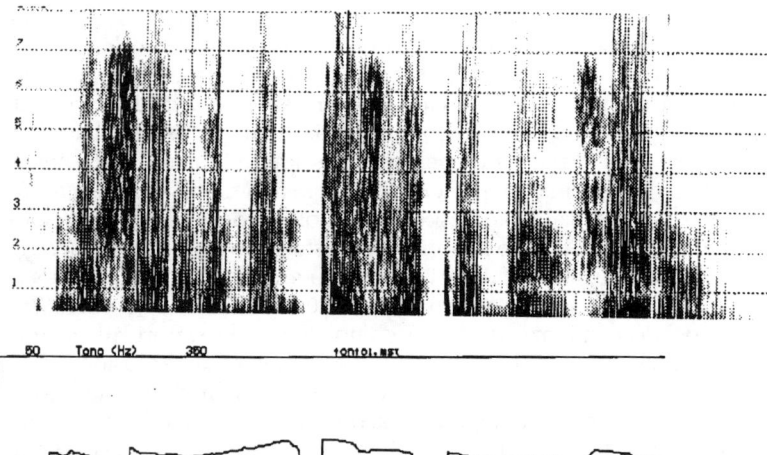

La imagen de arriba es el sonograma de *los argumentos lo convencieron* y la de abajo la gráfica de su curva melódica. Donde se interrumpe la línea tonal no hay armonicidad y, por tanto, corresponde a un sonido sordo. En los sonidos sonoros se aprecian las líneas verticales que marcan los golpes glotales. En los sordos, como no hay golpes glotales y no hay ciclos que se repitan regularmente, la mancha que manifiesta la energía tiene aspecto de flecos desordenados que se entremezclan. Las zonas en blanco corresponden al breve momento de silencio de las oclusivas.

1.6.3.3. Modo de articulación

Navarro Tomás clasificó las consonantes siguiendo dos grandes bloques de criterios, que él llamó modo de articulación y punto de articulación. Cuando se clasifican las consonantes por el modo de articulación se está teniendo en cuenta la naturaleza del obstáculo que se pone a la salida del aire. Cuando se clasifican por el punto de articulación, se tiene en cuenta el lugar del tracto en el que se establece el obstáculo y los órganos que lo establecen. Como se ve, el criterio es netamente articulatorio. A continuación iremos comentando los rasgos que sirven para caracterizar las consonantes del español según el doble criterio, acústico y articulatorio. Acudimos a la ordenación inspirada en Navarro Tomás para hacer más sencilla la exposición.

1.6.3.3.1. Interruptas/continuas. Oclusivas, africadas/fricativas

La característica de las consonantes interruptas es que en ellas en algún momento desciende a cero la energía, frente a las consonantes continuas, que mantienen energía positiva en toda su duración.

Las consonantes interruptas, a su vez, pueden ser abruptas o graduales. En las consonantes abruptas hay una variación brusca en los niveles de energía de la consonante; de energía nula se pasa en muy poco tiempo a alta energía, que se da además en todas las frecuencias. En el caso de las graduales, la energía que sigue al silencio se distribuye en más tiempo y no suele afectar a todas las frecuencias. En el caso de las interruptas abruptas lo que ocurre es que durante el período de silencio se crea en algún punto del tracto una sobrepresión que se libera bruscamente. Al desaparecer el obstáculo que da lugar a la sobrepresión, quedan contiguas dos masas de aire de presión muy distinta, la de sobrepresión y la exterior, que está a presión normal. Esto hace que haya un movimiento muy rápido del aire de alta presión hacia el exterior y que modifique su presión en muy poco tiempo para nivelarla con el exterior. Semejante alteración de presión produce una impresión sonora de explosión. Esta explosión se manifiesta en el espectrograma como una barra estrecha e inarmónica, vertical y muy intensa, que se denomina barra de explosión. Suele ser más intensa en el caso de las oclusivas de articulación retrasada, debido a que los órganos que detienen el aire tardan más en separarse y hay un pequeño período de turbulencia. También es más perceptible en el caso de las sordas por su mayor tensión articulatoria.

Por su parte, las interruptas graduales, como su nombre hace ver, liberan más gradualmente la sobrepresión creada. La masa de aire de alta presión nivela su presión con el exterior en más tiempo, por lo que no llega a producirse explosión. En estas consonantes, el período de silencio es seguido por un período de duración parecida de ruido y turbulencia.

Desde el punto de vista articulatorio las interruptas abruptas reciben el nombre de oclusivas, mientras las interruptas graduales reciben el nombre de africadas. En los dos casos ocurre que dos órganos interrumpen totalmente la salida del aire en algún punto del tracto y detienen la corriente espiratoria durante un tiempo. En el caso de las oclusivas los órganos que establecen el obstáculo se despegan con gran rapidez y liberan bruscamente el aire detenido. En el caso de las africadas se despegan más lentamente. En este caso, hay un período en el que los órganos ya se despegaron pero aún están muy próximos, de manera que las partículas del aire pasan con un estado de agitación que es lo que genera la turbulencia.

Las consonantes continuas se caracterizan por no ocurrir ningún momento de silencio en su duración. Acústicamente, hay dos bloques de consonantes continuas. En las que se denominan aproximantes, que Quilis caracteriza como de resonancias bajas, el componente armónico domina sobre el inarmónico. Estas son consonantes que presentan estructura formántica, aunque con formantes inestables, de duración variable según los contextos y que acumulan casi toda su energía en las bandas bajas de frecuencia, más o menos las mismas bandas por las que se mueven los formantes vocálicos. Cuando van entre vocales, es bastante habitual que su duración sea muy corta y que en el espectrograma sólo aparezcan como pequeñas bajadas de intensidad en el continuo que forman los formantes de las vocales que la antecedan y suceden. Estas consonantes son siempre sonoras y las barras que marcan los golpes glotales son visibles en el sonograma en banda ancha en todo el eje de frecuencias. Articulatoriamente, son consonantes que se articulan aproximando dos órganos en algún punto del tracto, de manera que se creen antirresonancias, pero que apenas sea perceptible algún componente de ruido. En las continuas no aproximantes el componente ruidoso domina sobre el armónico. Se articulan con una mayor proximidad entre los órganos que establecen la constricción, hasta el punto de agitar la corriente espiratoria y dar lugar a una turbulencia.

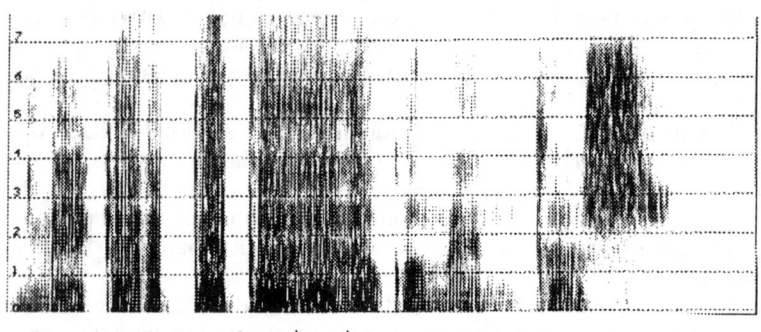

Espectrograma de *mi carpeta de documentos*. Como puede verse, las consonantes interruptas suponen un momento de silencio seguido de una explosión más o menos intensa según el punto de articulación. En las consonantes continuas (fricativas, aproximantes, líquidas y nasales) nunca deja de haber energía. En las dos realizaciones [k] que aparecen puede observarse que la barra de explosión que sigue al silencio está especialmente alejada del comienzo de voz correspondiente a la vocal siguiente. En el caso de la [r] se aprecia también su carácter de interrupta por el breve silencio que precede a la manifestación de sus formantes.

Como en la oposición antes descrita, las consonantes continuas tenderán a asociarse con transiciones formánticas más lentas.

En español tenemos las siguientes realizaciones:

Interruptas abruptas (oclusivas): [p, t, c, k, b, d, g].

Interruptas graduales (africadas): [f͡ʃ, d͡ʒ].

Continuas aproximantes (fricativas): [β, ð, ʝ, γ].

Continuas no aproximantes (fricativas): [f, θ, s, s̬, z, z̬, χ]

1.6.3.3.2. Nasales

La génesis articulatoria de las consonantes nasales y las consonantes orales es la misma que en el caso de las vocales. Una consonante es nasal si se articula con el velo del paladar caído y oral en caso contrario. Muchos autores incluyen a las consonantes nasales entre las interruptas, con razones convincentes (aquí las presentamos aparte por razones de exposición). En la articulación de las consonantes nasales también hay un lapso de tiempo en el que un obstáculo situado en el tracto detiene la salida del aire. Desde el punto de vista acústico, estas consonantes presentan una estructura formántica muy clara, con formantes bastante estables y de poca intensidad y con una energía prácticamente nula en las zonas de frecuencia que no coinciden con los formantes. Esto ocurre porque el aire está detenido mientras dura la nasal y no hay más energía que la simple vibración glótica y las resonancias de esa vibración, que se hacen audibles por la comunicación que el tracto buco-faríngeo tiene con la cavidad nasal, que, obviamente, no puede estar obturada.

Son en español realizaciones nasales las siguientes: [m, n, ɳ, ɲ, ɱ, n̪, ŋ]. Son orales todas las demás.

1.6.3.3.3. Líquidas

Las consonantes líquidas son las más parecidas a las vocales, por su articulación y su estructura acústica. Se articulan con una configuración abierta del tracto, como en el caso de las vocales, y, aunque existe algún obstáculo a la salida del aire, tal obstáculo no impide que salga libremente el aire por espacios del conducto buco-faríngeo que deja libres. Desde el punto de vista acústico, estas consonantes pre-

sentan una estructura formántica muy clara, con formantes intensos, como los de las vocales, pero más inestables por las antirresonancias a que da lugar el obstáculo situado en algún punto del tracto.
  Se suelen clasificar las líquidas en dos grupos: vibrantes y laterales. Las primeras son interruptas. En su duración hay un momento muy breve, o varios momentos muy breves, en que se interrumpe la salida del aire y la energía desciende a cero. Este momento o momentos de silencio van seguidos de un sonido también breve y de estructura formántica.
  Las laterales son consonantes continuas y su estructura acústica es más parecida a la de las vocales. Suelen ser perfectamente visibles sus tres primeros formantes y muchas veces sólo las distingue de una vocal los valores que alcanzan sus dos primeros formantes.
  Tenemos en español las siguientes realizaciones:

Vibrantes: [r, r̄].
Laterales: [l, ļ, ḻ, ʎ].

1.6.3.4. Punto de articulación

1.6.3.4.0. Con la expresión "punto de articulación", Navarro Tomás se refería a la clasificación que podemos hacer de los sonidos según el punto del tracto en el que se establece el obstáculo o la constricción y según los órganos que intervengan en el establecimiento de ese obstáculo. Para diseñar la terminología, se habla de dos tipos de órganos: los activos, que son los órganos móviles a cuya acción se debe el establecimiento del obstáculo; y pasivos, que son las zonas del tracto en que se pueden establecer los obstáculos. Por el órgano activo que intervenga en su producción, las consonantes pueden ser bilabiales, labiodentales, apicales, coronales, predorsales, dorsales (si se hace intervenir el ápice, la corona, el predorso o el dorso de la lengua, respectivamente) y uvulares. Por la zona pasiva en que se establezca el obstáculo, la consonantes podrán ser labiales, interdentales, dentales, alveolares, prepalatales, palatales, postpalatales, velares, faríngeas y glotales. Las consonantes suelen nombrarse con un término compuesto, cuya primera parte alude al órgano activo y cuya segunda parte alude al pasivo. Se habla así de consonantes ápico-prepalatales, predorso-dentales, etc. Como ocurre con frecuencia que en una cierta zona siempre es el mismo el órgano activo que actúa, muchas veces se elimina de la expresión compleja la primera parte. Es bastante habitual hablar sin más de consonantes alveolares o palatales. Veremos a continuación la caracterización acústica de las consonantes que se corresponde con su punto de articulación y las correspondencias articulatorias.

1.6.3.4.1. Difusas/densas

Como en el caso de las vocales, las consonantes difusas son aquellas en las que domina el resonador faríngeo sobre el bucal, mientras en las densas domina el resonador bucal sobre el faríngeo. En una consonante, especialmente en una oclusiva, los términos difuso y denso no tienen una correspondencia tan clara con lo que vemos en el espectrograma como en el caso de las vocales. En estas era evidente la concentración de energía en unos casos y la dispersión en otros. En una oclusiva, por ejemplo, no es tan fácil señalar en qué consiste la compacidad o dispersión de energía. Lo cierto es que en ellas se da la misma relación entre las dos cavidades de resonancia que en las correspondientes vocales. El índice acústico más importante en esta oposición es la transición del segundo formante de la vocal contigua. Cuanto más alto sea el locus de este segundo formante, tanto más densa es la consonante y cuanto más difusa tanto más bajo. Desde el punto de vista articulatorio, que una consonante sea difusa o densa depende de que el obstáculo o zona de constricción esté más adelantado o más retrasado, como en el caso de las vocales. Las consonantes de articulación adelantada serán difusas, mientras las de articulación central y retrasada serán densas. Serán difusas entonces las labiales, dentales y alveolares (aunque estas están en la frontera); serán densas las palatales, las velares y todas las que se articulen por detrás del velo.

1.6.3.4.2. Graves/agudas

El que una consonante sea grave o aguda depende de que sus resonancias o su energía general tienda a situarse en la zona alta o en la zona baja del espectro. Esto depende fundamentalmente, como en el caso de las vocales, del tamaño de la cavidad de resonancia. Cuanto más pequeño sea el resonador, más altas tenderán a ser las resonancias. El carácter grave o agudo de una consonante parece estar asociado con transiciones específicas en el tercer formante de las vocales. Cuanto más grave sea la consonante más bajo tiende a ser el locus del tercer formante y más alto cuanto más aguda. Desde el punto de vista articulatorio, las consonantes graves son aquellas que se articulan con la cavidad bucal indivisa. Las agudas se articulan haciendo intervenir a la lengua para reducir la cavidad de resonancia. Podemos retener que son graves las que se articulan en las zonas más adelantadas y más retrasadas de la cavidad bucal y agudas las que se articulan poniendo el obstáculo en algún punto intermedio de esta cavidad. Serán graves las labiales y velares (y las que se articulen por detrás del velo) y agudas las dentales, alveolares y palatales.

1.6.3.4.3. Clasificación de las realizaciones consonánticas según las oposiciones denso/difuso y grave/agudo

En español podemos clasificar las consonantes cruzando estas dos oposiciones.

Difusas graves (labiales): [p, b, β, f, m, ɱ]

Difusas agudas (dentales y alveolares): [t, d, ð, θ, θ̬, n, n̪, l, l̪, r, r̄]

Densas graves (velares): [k, c, g, γ, χ, ŋ]

Densas agudas (palatales y alveolares): [ʧ, ʤ, ʝ, s, z, s̠, z̠, n̠, ɲ, l̠, ʎ]

Las consonantes alveolares, como se ve, se incluyen unas veces entre las difusas y otras entre las densas. Entre lo difuso y lo denso, como entre cualquier otra oposición acústica que se quiera hacer, hay una gradación y no una discontinuidad. La [s] del español estándar es más retrasada que la de la mayoría de sus dialectos y debemos caracterizarla oponiéndola a la [θ] de la misma variedad del español. Con respecto a ella es densa y por eso figura entre ese tipo de consonantes.

1.6.3.4.4. Estridentes/mates

Esta clasificación afecta normalmente a consonantes continuas inarmónicas. Las consonantes mates, dentro de su inarmonicidad, suelen presentar su energía repartida en bandas de frecuencias que contrastan con otras bandas con poca energía. No se trata de una estructura formántica por el predominio del componente inarmónico de estas consonantes, pero al menos hay una cierta distribución frecuencial de la energía. También se suelen considerar mates este mismo tipo de consonante si presenta una cierta distribución de la energía en el tiempo, como las vibrantes (aunque siempre dentro de la inarmonicidad). Las estridentes se caracterizan por su total inarmonicidad y por no presentar una mínima distribución de la energía en el espectro de frecuencia ni en el tiempo.

En español son estridentes todas las variantes de la /s/ y mates los sonidos [f, χ, θ, θ̬].

1.6.3.4.5. Tensas/flojas

Las consonantes tensas se caracterizan por presentar una mayor duración y energía general que las consonantes flojas. Esto se debe a que es mayor la actividad muscular de la boca y lengua en el caso de las consonantes tensas, en cuya articulación los órganos articulatorios deben apartarse más de su posición neutra que en el caso de las consonantes flojas. En español son tensas las consonantes sordas y flojas las sonoras. En posición implosiva, sin embargo, existen realizaciones interruptas sordas flojas. El grado de tensión es también lo que puede distinguir la [r] de la [r̄] cuando esta última no tiene más que una interrupción de energía.

TABLA III
ESQUEMA DE LOS ALÓFONOS CONSONÁNTICOS DEL ESPAÑOL
Criterio articulatorio

	Bilabiales		Labio-dentales		Inter-dentales		Dentales		Alveolares		Palatales		Post-palatales		Velares	
	Sordas	Sonoras	Sordas	Sonoras	Sordas	Sonoras	Sordas	Sonoras	Sordas	Sonoras	Sordas	Sonoras	Sordas	Sonoras	Sordas	Sonoras
Oclusivas	p	b					t	d					c	g⁺	k	g
Africadas											f͡ʃ	d͡ʒ				
Fricativas			f		θ	θ̞	s̪	z̪	s	z					χ	γ
Aproximantes		β				ð						ʝ				
Nasales		m		ɱ				n̪		n		ɲ, ɲ̟				ŋ
Vibrantes								r r̄								
Laterales								l̪		l		ʎ, ʎ̟				

118

ESQUEMA DE LOS ALÓFONOS CONSONÁNTICOS DEL ESPAÑOL

Criterio acústico

	Difusas				Densas			
	Graves		Agudas		Graves		Agudas	
	Sordas	Sonoras	Sordas	Sonoras	Sordas	Sonoras	Sordas	Sonoras
Interruptas (abruptas)	p	b	t	d	k c	g	t͡ʃ	d͡ʒ
Interruptas (graduales)								
Continuas (frecuencias altas)	f		θ s̺	θ̬ z̺	χ		s	z
Continuas aproximantes (frecuencias bajas)		β		ð		ɣ		ʝ
Nasales		m ɱ	n n̺	n n̺		ŋ		n̺, ɲ
Vibrantes			r r̄	r r̄				
Laterales			l l̺	l l̺				ḻ, ʎ

TABLA IV
CONSONANTES DEL ESPAÑOL Y SUS ALÓFONOS

Las consonantes que aparecen con mayúscula entre barras representan a los llamados archifonemas. Estas son unidades fonológicas que resultan de la neutralización de dos o más fonemas. Por ejemplo, en español las nasales 'm', 'n', 'ñ' pueden distinguir palabras *(cama, cana, caña)* cuando aparecen en la sílaba delante de la vocal, pero no cuando aparecen detrás. Se dice entonces que se neutralizan y que en esos contextos no se dan los fonemas nasales, sino sólo uno que no es ni 'm', ni 'n', ni 'ñ', sino una unidad que representa su indiferenciación. A esta unidad es a lo que se llama archifonema. Las cuestiones de fonología se explicarán con más detenimiento en futuras secciones.

/p/: [p]: siempre oclusiva
/b/: [b]: oclusiva (tras nasal o pausa)
[β]: aproximante
/B/: [β]: aproximante (en posición silábica implosiva); puede también pronunciarse como oclusiva sorda, oclusiva sonora o desaparecer
/t/: [t]: siempre oclusiva
/d/: [d]: oclusiva (tras nasal, pausa o 'l')
[ð]: aproximante
/D/: [ð]: aproximante (en posición silábica implosiva); puede también pronunciarse como oclusiva sorda, oclusiva sonora o desaparecer
/k/: [k]: velar
[c]: postpalatal (ante vocal palatal)
/g/: [g]: oclusiva velar (tras nasal o pausa)
[γ]: aproximante velar
/G/: [γ]: aproximante (en posición silábica implosiva); puede también pronunciarse como oclusiva sorda, oclusiva sonora o desaparecer
/f/: [f]: siempre fricativa
/θ/: [θ]: sorda
[θ̬]: sonora (ante consonante sonora)
/χ/: [χ]: siempre fricativa
/f͡ʃ/: [f͡ʃ]: siempre africada
/J/: [d͡ʝ]: africada (tras nasal o pausa)
[j]: aproximante
/s/: [s]: alveolar sorda
[z]: alveolar sonora (ante consonante sonora no dental)

	[s̪]: dental sorda (ante consonante dental sorda)
	[z̪]: dental sonora (ante consonante dental sonora)
	[ɹ]: aproximante vibrante (ante [r̄] cuando se pronuncia; lo más habitual es la asimilación total)
/m/:	[m]: siempre bilabial
/n/:	[n]: siempre alveolar
/ɲ/:	[ɲ]: siempre palatal
/N/:	[m]: bilabial (ante consonante bilabial)
	[ɱ]: labiodental (ante consonante labiodental)
	[n̪]: dental (ante consonante dental)
	[n]: alveolar (ante consonante alveolar)
	[n̠]: linguopalatal (ante consonante palatal); se diferencia de [ɲ], porque en esta el contacto con el paladar se realiza con el dorso de la lengua, mientras que en [n̠] se realiza con el ápice.
	[ŋ]: velar (ante consonante velar)
/r/:	[r]: interrupta vibrante
/r̄/:	[r̄]: interrupta vibrante tensa
/l/:	[l]: alveolar
/ʎ/:	[ʎ]: palatal
/L/:	[l]: alveolar (tras consonante en posición silábica explosiva y ante consonante no dental ni palatal en posición implosiva)
	[l̪]: dental (ante consonante dental)
	[l̠]: linguopalatal (ante consonante palatal); se diferencia de [ʎ], porque en esta el contacto con el paladar se realiza con el dorso de la lengua, mientras que en [l̠] se realiza con el ápice.

1.7. Los rasgos prosódicos

1.7.0. Hasta aquí todos los parámetros acústicos y articulatorios que estudiamos los consideramos como rasgos característicos de unidades fonéticas tratadas como segmentos. Más exactamente, las unidades fonéticas que consideramos hasta ahora son segmentos cuyos componentes acústicos o articulatorios eran componentes simultáneos y no sucesivos en el tiempo. Además, sólo hablamos de los parámetros acústicos y articulatorios en cuanto elementos inherentes a esos segmentos. Si en un momento determinado decíamos que la energía de una vocal podía ser más o menos dispersa o más o menos concentrada en el espectro de frecuencias y que, consiguientemente, unas vocales eran densas y otras difusas, hablábamos de tal rasgo (densidad) como algo que caracteriza a segmentos del tipo [a] o del tipo [ɔ].

Y se dice que estos rasgos son inherentes a estos segmentos porque son constantes y definitorios en ellos. En esos segmentos que son los sonidos aislados se manifiestan, sin embargo, otros componentes acústicos que son variables. La frecuencia fundamental de la [a], por ejemplo, varía mucho en el habla de un mismo individuo. Un varón adulto puede pronunciarla unas veces con una fundamental de 100 hz y otras veces con una fundamental de 180. Lo mismo ocurre con la intensidad y la duración de los sonidos. Pero la variedad de valores con que se presentan este tipo de parámetros no constituye una variación azarosa carente de sentido. Así, la concatenación de la frecuencia fundamental de cada uno de los sonidos que compone una secuencia lingüística forma una especie de melodía que se mueve en unos patrones constantes y limitados en número. Estos patrones melódicos lógicamente se reconocen como unidades con entidad propia y, por tanto, como unidades fonéticas añadidas a los sonidos segmentables de los que hablamos hasta ahora. La unidad en el marco de la cual estos patrones se revelan como constantes es, aproximadamente, el enunciado, sea cual sea su longitud y sean cuales sean los sonidos concretos que lo integren. Siendo así, es preferible no hablar de la frecuencia fundamental, que estamos poniendo como ejemplo, como algo variable en la composición acústica de las vocales o las consonantes, según hicimos al comienzo de este párrafo. Puesto que la curva melódica formada por la concatenación del tono de cada uno de los sonidos es algo que se percibe como una unidad en sí misma, debemos hablar de ella como tal unidad y decir mejor que son las secuencias concretas de vocales y consonantes las que resultan variables con respecto a los patrones melódicos constantes. Consideraciones semejantes cabe hacer en el caso de la intensidad y duración de los sonidos segmentales, aunque en estos casos no sea el enunciado la unidad caracterizada.

Debe retenerse que los índices acústicos y articulatorios de estas nuevas unidades que estamos considerando no aparecen en la cadena hablada en un lugar específico para ellos, sino que concurren con los índices que definían los rasgos inherentes. La necesidad de expresar gráficamente que estamos ante unidades distintas de los sonidos segmentales lleva a representar los rasgos prosódicos mediante curvas que se superponen al enunciado, tildes escritas sobre una vocal o antecediendo a una sílaba, flechas ascendentes o descendentes interpuestas entre dos palabras y procedimientos similares. Tales representaciones gráficas inducen el uso de expresiones metafóricas, de manera que se puede hablar de rasgos "suprasegmentales" o de inflexiones tonales que "van entre" el sujeto y el predicado, por ejemplo. Tales expresiones son adecuadas, mientras se advierta ese carácter metafórico. En las cadenas sonoras reales no hay nada que se pueda superponer sobre los sonidos ni nada que pueda ir entre dos sonidos (salvo, obviamente, un silencio). Las cadenas sonoras se componen sólo de sonidos y en los sonidos que segmentamos está todo lo que hay en esa cadena. En los mismos segmentos en que buscamos la mayor o menor proximidad de dos formantes están los índices de tonicidad y los rasgos que configuran la curva melódica; y las inflexiones tonales que "se interponen" entre dos palabras consistirán en hechos acústicos que se manifiestan en los últimos segmentos de una palabra y los primeros de otra. La segregación metodológica que hace la fonética y fonología de los rasgos prosódicos y los sonidos segmentales no debe inducir en los que se inician en este tipo de estudios una imagen irreal de lo que son las cadenas de sonidos con las que nos comunicamos.

1.7.1. *Los hechos fónicos de dimensión contrastiva. Función distintiva y función culminativa.*

1.7.1.1. Carácter contrastivo de los rasgos prosódicos

Lo que distingue los rasgos prosódicos, como conjunto, de los rasgos fónicos inherentes de los segmentos es lo que en términos estructuralistas podemos llamar *dimensión contrastiva* de los primeros, frente a la *dimensión opositiva* de los segundos. Cualquier hecho fónico se reconoce en la medida en que se distinga de otro hecho fónico. Los rasgos de los que hablamos en los epígrafes de 1.6. se reconocen por su diferencia con otros que resultan excluyentes con ellos y que habrían dado lugar a un sonido distinto si se hubieran manifestado. El carácter sonoro que tienen consonantes como [b] excluye que esa misma consonante pueda tener un carácter sordo y, si hubiera sido este el rasgo manifestado, el sonido resultante hubiera sido otro distinto (una [p]). La diferencia entre dos rasgos fónicos de este tipo siempre es la diferencia entre una presencia y una ausencia, entre algo manifestado y algo que no se manifestó pero podría haberse manifestado; y la diferencia entre dos alófonos siempre consistirá en que sean unos u otros los rasgos fónicos manifestados o ausentes. Aunque la manifestación de uno u otro alófono depende muchas veces del contexto fonético, podemos hablar de los rasgos fónicos de manera absoluta. Así, podemos decir que una 'd' aproximante, [ð], dejando a un lado los requisitos de contexto para que se manifieste tal sonido en español, es un sonido sonoro, porque en caso contrario no sería una [ð].

Los rasgos prosódicos son contrastivos porque su diferenciación mutua no es la distinción entre elementos alternantes, sino la diferencia que se puede percibir entre hechos concurrentes y sucesivos en el tiempo. La cualidad acústica de un determinado segmento que manifiesta un rasgo prosódico consiste en el valor peculiar que alcanza un cierto parámetro con respecto a los valores con que se presenta ese mismo parámetro en otros segmentos de la misma secuencia. El carácter tónico de una sílaba, por ejemplo, no se percibe porque un determinado parámetro (tono, intensidad o duración) alcance un valor determinado, sino porque alcanza un valor más alto que las otras sílabas de la misma palabra. Así como una consonante puede ser percibida por sí misma como sorda o sonora, una sílaba no puede ser percibida como tónica o átona más que por contraste con las otras sílabas de la misma palabra. Una sílaba en la que se alcance una fundamental de 180 hz puede marcar una inflexión tonal ascendente e indicar que el enunciado es interrogativo, si el hablante es un varón adulto; pero puede marcar una inflexión tonal descendente y suponer el final de un enunciado asertivo si quien habla es una mujer. En un caso esa sílaba puede ser más alta que las precedentes y en otro más baja, debido a que el tono medio del habla de un varón es de 125 hz, mientras que el de una mujer es de 220 hz. Lo importante es aquí el contraste con los elementos vecinos. Los rasgos prosódicos y los segmentos caracterizados por ellos no forman, por tanto, un inventario, como lo forman los rasgos inherentes y los sonidos. Podemos hacer una lista de las consonantes sordas, pero no podemos hacer una lista de sílabas tónicas o de enunciados interrogativos.

1.7.1.2. Función distintiva y función culminativa

Como venimos diciendo, los rasgos prosódicos consisten en el peculiar valor que alcanza un cierto parámetro acústico en un segmento determinado. Ese valor peculiar, precisamente por ser peculiar, sólo puede alcanzarlo una unidad de cuantas manifiestan ese parámetro en un segmento determinado. Y puede ocurrir además que sea obligatorio que al menos una de esas unidades de cada segmento alcancen ese valor. En español, por ejemplo, tenemos unos segmentos, las palabras, que se componen de ciertas unidades, las sílabas, caracterizadas por el parámetro que manifiesta la unidad prosódica que llamamos acento; el hecho acústico que percibimos como fuerza acentual se manifiesta una vez en cada sílaba. El peculiar valor que alcanza ese hecho acústico en la sílaba tónica sólo puede ser alcanzado por una sílaba en cada palabra[29]; y además es obligatorio que en cada palabra haya una sílaba tónica. En estos casos se dice que el rasgo prosódico cumple una función *culminativa*. Los rasgos que cumplen esta función ayudan a segmentar la cadena hablada porque son como hitos en torno a los cuales se agrupan segmentos característicos. La tonicidad, por ejemplo, al ser algo que debe ocurrir una vez por palabra, ayuda a percibir el enunciado como concatenación de palabras y ayuda a recibir la señal continua del habla como sucesiones de sonidos agrupados en bloques.

Los rasgos prosódicos pueden, además, cumplir una función *distintiva* similar a la que cumplen los rasgos fónicos inherentes. Cumplen esta función cuando la manifestación de un rasgo prosódico es relevante para que se entienda un mensaje u otro. Esto sólo puede ocurrir si la manifestación o no del rasgo prosódico en un punto determinado es algo que pueda elegir el hablante precisamente para transmitir un mensaje u otro. En otros términos, un rasgo prosódico tiene función distintiva si su manifestación no es, en una lengua determinada, una repercusión mecánica del contexto fónico o de la manera de darse otros hechos fónicos. Así, en español sabemos que el acento tónico cumple esta función porque no tiene estas restricciones contextuales y puede ser, por tanto, lo único que diferencie dos significantes compuestos por los mismos fonemas *(ánimo, animo, animó)*. El aporte de la entonación al mensaje es, como veremos, algo más complejo que en el caso del acento.

1.7.2. *Los rasgos prosódicos del español: el acento y la sílaba*

1.7.2.0. En español hay dos hechos fónicos que pueden considerarse rasgos prosódicos y que, por tanto, cumplen las condiciones que explicamos en los párrafos precedentes. Estos son el acento y la entonación. Puesto que en toda esta sección sólo estamos tratando de sentar el marco fonético en el que se mueve el análisis fonológico, daremos prioridad en lo que sigue al comentario de las bases articulatorias y acústicas de estos dos rasgos prosódicos, sin profundizar en su interpretación fonológica[30].

---

[29] Estamos simplificando algo por razones de exposición. En realidad, el grupo acentual del español es el sintagma, que normalmente engloba más de una palabra gráfica (preposición, artículo y sustantivo, por ejemplo). Además, los adverbios formados sobre un adjetivo en uso y terminados en -*mente* tienen dos acentos, aun siendo una sola palabra gráfica.
[30] Sobre la fonología de la sílaba y el acento en español, véase E. Alarcos Llorach,

1.7.2.1. El acento

El acento consiste en el distinto relieve que tienen las sílabas que componen una cadena. Una sílaba es tónica cuando tiene una especial prominencia sonora sobre las sílabas vecinas. Es fácil para cualquier hablante saber cuál es la sílaba tónica y cuáles las átonas y es también fácil ver que la tonicidad consiste en un realce de algo, pero no es tan evidente cuál es la base fonética del acento, es decir, qué es exactamente lo que tiene esa prominencia que percibimos. Se suelen citar cuatro índices como responsables del contraste entre sílabas tónicas y átonas. Haremos un breve comentario de cada uno y de la desigual importancia que tienen en el hecho de que una sílaba se perciba como tónica o átona.

1.7.2.1.1. Timbre y acento

El primer elemento que podemos citar es el **timbre.** En general, las sílabas átonas se articulan con menor energía espiratoria y menor tensión articulatoria. Esto quiere decir que, normalmente, tendrán menos intensidad y que los movimientos articulatorios sacarán de su posición de reposo a los órganos en menor medida que en el caso de las tónicas, como si los movimientos fueran más perezosos. Por esta razón, las vocales se diferenciarán unas de otras menos de lo normal y serán más frecuentes las asimilaciones articulatorias. Como ya vimos en su momento, el triángulo vocálico que podría representar las realizaciones de los alófonos vocálicos átonos del español quedaría en una carta de formantes dentro del triángulo correspondiente de las vocales tónicas. Cada vocal modifica su timbre siempre en dirección a la vocal [ə]. En español la diferencia entre el timbre de las vocales átonas y el de las tónicas no es espectacular, pero hay muchas lenguas en las que las sílabas átonas son contextos de abundantes neutralizaciones en los que aparecen alófonos muy característicos que no se dan en posición tónica. Puede pensarse, por ejemplo, en el caso del inglés con la vocal [ə], que sólo aparece en posición átona y que representa la realización de un buen número de vocales neutralizadas en esa posición. En cualquier caso, con diferencias más o menos marcadas, es difícil que la menor energía y relajación general de las vocales átonas no vaya acompañada, efectivamente, de una modificación del timbre de las vocales.

---

op. cit. Sobre los aspectos fonéticos, véase E. Martínez Celdrán, *op. cit.*, A. Quilis, *op. cit.* y T. Navarro Tomás, *op. cit.*

De todas formas, es quizá excesivo interpretar que las variaciones en el timbre de las vocales son un índice de tonicidad o atonicidad. La diferencia de timbres con que se presentan las vocales en posición átona y posición tónica es una consecuencia de que generalmente las tónicas tengan una energía mayor, pero no es en el timbre en lo que consiste esa mayor energía. En inglés hay variaciones muy importantes en los timbres de las vocales según sean tónicas o átonas y no hay duda de que esto ayuda a enfatizar el contraste entre tónicas y átonas. Pero timbres diferenciados y acento son sólo hechos concomitantes y no es uno la manifestación sustancial del otro.

1.7.2.1.2. La intensidad

Durante mucho tiempo se sostuvo que la intensidad era la sustancia del acento en español. Se suponía que en español el contraste entre sílabas tónicas y átonas consistía en contrastes de intensidad, en contraste con otras lenguas en las que el acento era de naturaleza tonal. Hace tiempo, sin embargo, que se sabe que no es este el factor responsable del contraste tónico/átono. Tal vez el último gran fonetista que supuso que el acento del español era intensivo fuera Navarro Tomás. Los análisis electroacústicos demuestran claramente que los picos de intensidad no coinciden necesariamente con las sílabas que se perciben como tónicas. Como es lógico, las sílabas tónicas suelen ser sílabas de alta energía, pero es habitual que también presenten alta energía algunas sílabas átonas y también puede ocurrir que presente menos energía una sílaba tónica que una átona contigua. Además, la intensidad total de la sílaba no está enteramente determinada por sus cualidades prosódicas. Hay que tener en cuenta que la alta o baja energía es una característica inherente de algunos sonidos. Así, el sonido [s] tiene intrínsecamente una energía muy superior a la del sonido [ð], por lo que la sílaba [sa] tenderá a presentar una intensidad mayor que la sílaba [ða] con independencia de su carácter tónico o átono.

1.7.2.1.3. La frecuencia fundamental

La frecuencia fundamental parece ser el principal índice acústico de la tonicidad. No hay pleno acuerdo entre los fonetistas a la hora de determinar si es este índice o el de la duración la principal manifestación del acento, pero no parece haber duda de la importancia de este parámetro. El análisis espectrográfico revela que las sílabas tónicas son más altas que sus vecinas átonas de manera regular. En contra de lo que se sostuvo durante mucho tiempo, el acento español es tonal, más que intensivo. Puede ser conveniente, en cualquier caso, hacer dos precisiones.

Las sílabas tónicas se distinguen, efectivamente, de las átonas por su tono, pero esto no quiere decir que las sílabas tónicas marquen los valores máximos tonales en un enunciado. El contraste tonal del que hablamos se refiere sólo a sílabas vecinas pertenecientes a un mismo grupo acentual (por ejemplo, a una misma palabra). Así, la última sílaba átona de un sujeto compuesto por varias palabras normalmente será más alta que una sílaba tónica que esté al principio de ese grupo de sujeto. Lo que ocurre es que cada sílaba tónica será más alta que las átonas de su grupo acentual, sin perjuicio de que puedan estar en un punto de la curva melódica de tono bajo. Si esto no fuera así, la sucesión de sílabas tónicas y átonas sería lo que dibujaría la curva melódica. Si estamos en un período melódico descendente compuesto por varias palabras, el hecho de que aparezca una sílaba tónica no quiere decir que el período deje de ser descendente para marcar la tonicidad; el tono alto de esa sílaba aparecerá como una especie de diente de sierra en una línea que sigue siendo descendente. Por eso las sílabas átonas que aparecen en períodos melódicos ascendentes serán más altas que las tónicas que aparecen en períodos melódicos descendentes, aunque serán más bajas que las tónicas vecinas. Así por ejemplo, en la secuencia *a los niños no los he visto en todo el día,* las sílabas tónicas *vis*(to) y *to*(do) serán más bajas que la átona *ños,* y más altas que (vis)*to* y (to)*do,* respectivamente. El final del complemento dislocado y comienzo del predicado es el punto más alto de la curva de entonación y desde el adverbio *no* hasta el final la entonación es descendente. Las sílabas tónicas serán en esa curva descendente simples repuntes locales del tono que nunca llegan a la altura del momento de anticadencia que corresponde a las sílabas ...*ños no*...

Una segunda precisión que cabe hacer es que la afirmación de que las sílabas tónicas contrastan con las átonas por tener una fundamental más alta es una afirmación general que no se cumple en algunos casos particulares. Existen ciertos períodos que, en español, tienen que terminar en anticadencia, es decir, tienen que experimentar una inflexión ascendente en el tono a partir, más o menos, de la última sílaba acentuada. Así, la última sílaba del grupo de sujeto, de un inciso o de una interrogación no focalizada, por ejemplo, tiene que ser más alta que las precedentes. Si la última palabra de grupos de este tipo es llana, y por tanto, la sílaba tónica es la penúltima, evidentemente ocurrirá que la sílaba átona será más alta que la tónica. En el ejemplo anterior de *a los niños no los he visto en todo el día,* como ya dijimos, el complemento dislocado tiene que terminar en anticadencia, por lo que la sílaba *ños* será más alta que la sílaba *ni* y, sin embargo, sigue percibiéndose con claridad que *ni* es tónica y *ños* átona. Estos contraejemplos no invalidan la afirmación general de que el tono es el principal índice del acento. Simplemente demuestran que la percepción del acento puede depender de varios factores combinados y que existen contextos en que el tono puede no ser el más importante. En estos casos que estamos considerando parece que la duración es un factor más determinante. La sílaba tónica es claramente más larga que la átona y eso puede bastar para que se perciba ese segmento como más realzado. Quilis y Contreras sugieren además que los análisis espectrográficos revelan que las sílabas tónicas en estos casos se revelan muchas veces inusualmente bajas de tono, por lo que apuntan que tal vez la percepción del acento pueda depender de que la sílaba tónica rompa la línea tonal, generalmente en sentido ascendente, pero también en sentido descendente.

1.7.2.1.4. La cantidad

La cantidad es, junto con el tono, el índice más importante del acento en español. Como dijimos al principio del párrafo anterior, no acuerdo total entre los fonetistas sobre si es la cantidad o el tono el índice más importante del acento, pero ninguno deja de reconocer que la combinación de estos dos hechos acústicos es la materia del realce acentual en español. Las sílabas tónicas son regularmente más largas que las breves, por lo que la energía total tiende a ser mayor. Como en el caso del tono, la cantidad silábica es un parámetro que varía mucho según contextos. La longitud de los enunciados y la rapidez de elocución hacen muy variable la duración de las vocales y las sílabas, pero lo que se mantiene más o menos constante es la proporción que se da entre la duración de las tónicas y la duración de las átonas.

1.7.2.2. La sílaba

La sílaba es el segmento sonoro caracterizado por el acento. Como ya dijimos, el acento tiene una dimensión exclusivamente contrastiva y sólo se puede percibir que un segmento es tónico por su contraste con los segmentos átonos. El segmento en el que ese contraste tiene lugar es el grupo acentual (palabras, sintagmas, ...) y el segmento susceptible de contrastar con otro por su carácter tónico o átono es la sílaba. Son las sílabas las cadenas sonoras susceptibles de ser tónicas o átonas y por eso decimos que son los segmentos caracterizados por el acento.

No es fácil decir qué es exactamente una sílaba en términos articulatorios o acústicos. Se trata de una unidad claramente percibida por los hablantes. Todos aprendimos sin estudios fonéticos experimentales a cortar las palabras a final de línea sólo por los límites silábicos y hace mucho tiempo que los poetas saben contar este tipo de unidades para hacer versos. Para emitir las secuencias de habla es necesaria una serie de impulsos musculares que provocarán una sucesión de tensiones articulatorias. Los estudios miográficos y los análisis mediante rayos X demuestran que las cadenas de habla consisten en ciclos de tensiones y distensiones articulatorias. Cada uno de estos ciclos es precisamente una sílaba, que es lo que corresponde a un solo impulso muscular. Cada ciclo consistirá en un momento de tensión creciente, un segundo momento de tensión máxima y un tercer momento de distensión. La frontera que separa cada distensión de cada tensión será la frontera entre dos sílabas fonéticas.

La caracterización acústica de la sílaba y los índices de las fronteras silábicas se conocen peor. Hace tiempo Malmberg demostró mediante síntesis de voz que el hecho de que una vocal no presente las transiciones formánticas propias de una consonante contigua es suficiente para que se perciba entre ellas un corte silábico. Los espectrogramas de señales de habla reales demuestran que esto no lo explica todo, porque lo habitual es que una vocal presente las transiciones correspondientes a las consonantes contiguas, aun cuando pertenezcan a grupos heterosilábicos. Lo que sí demuestra es que ese índice es uno de los que puede determinar un corte silábico.

En español pueden aparecer consonantes y semiconsonantes en la parte explosiva o tensiva de la sílaba, sólo vocales como centro silábico y consonantes y semivocales en la parte implosiva o distensiva de la sílaba. Debido a la distensión articulatoria, el inventario de fonemas consonánticos se reduce mucho en esta parte de la sílaba. Las consonantes que aparezcan en esta zona van seguidas de consonantes que aparecen en la parte tensiva de la sílaba siguiente, por lo que su articulación suele ser condicionada y asimilada a las características de la consonante siguiente. Por eso es el contexto donde se dan más neutralizaciones.

1.7.3. *La entonación*

1.7.3.1. Naturaleza fonética de la curva melódica

Básicamente, la curva de entonación consiste en la evolución de la frecuencia fundamental de una secuencia. Desde el punto de vista articulatorio, por tanto, la modulación de la entonación tiene lugar durante la fonación. Remitimos a lo dicho en 1.5.2. para los detalles de la modulación del tono en la laringe. Para todo lo que tiene que ver con su naturaleza acústica, remitimos a lo dicho en 1.3.1.2. y 1.3.3.2. [31].

En cualquier caso, debe retenerse que no todas las inflexiones tonales son propias del patrón melódico que se esté realizando. Algunas inflexiones tienen que ver con otros factores ajenos a la entonación. Recordemos algunos de ellos.

En primer lugar, y según apuntamos en 1.5.2., aunque las vocales son básicamente timbres diferenciados, parece que una cierta cualidad tonal es parte de sus características inherentes. Cuanto más cerradas son las vocales más alta presentan la fundamental, con independencia del patrón entonativo que se esté realizando. Debemos recordar que lo que provoca la vibración glótica es la diferencia de la presión que se establece bajo la glotis y la que hay en las cavidades supraglóticas. Desde el momento en que los movimientos de abertura y cierre de las vocales modifican el punto de máxima constricción de estas cavidades y la presión del aire contenido en ellas, se modifica la relación que se da entre las presiones subglótica y supraglótica, lo que afecta a la frecuencia de vibración de las cuerdas vocales. Estas variaciones tonales, evidentemente, no deben considerarse a la hora de estudiar el patrón melódico de un enunciado.

Y en segundo lugar, como dijimos en 1.7.2.1.3., las sílabas tónicas suponen siempre un ascenso en el tono que tampoco debemos considerar parte de la curva de entonación.

En cualquier caso, y prescindiendo de estos hechos puntuales, la imagen de la curva de entonación es básicamente la evolución de la frecuencia fundamental de la secuencia que se considere. El programa PcVox permite obtener una imagen de esta frecuencia fundamen-

---

[31] Sobre la entonación española hay abundantes datos acústicos y dialectales en A. Quilis, *Tratado de fonética y fonología españolas* y *Fonética acústica de la lengua española*. Puede verse también, Martínez Celdrán, *op. cit.*

tal, superpuesta o no sobre la imagen del espectrograma, y leer la cantidad de hz en cada punto de esa imagen. El espectrógrafo digital no tiene una función directa para este parámetro, de manera que hay que recurrir a los espectrogramas en banda estrecha. En estos, como ya se comentó en su momento, aparecen los armónicos uno a uno y, como todos son múltiplos de la fundamental, cualquiera de ellos es la imagen de la curva melódica.

1.7.3.2. Significado y usos de la curva de entonación

En la curva de entonación cabe distinguir tres momentos relevantes: el inicio, aproximadamente hasta la primera sílaba acentuada; el desarrollo, que es el cuerpo de la curva melódica; y el final, que corresponde a la inflexión que sufre la curva de entonación más o menos a partir de la última sílaba acentuada. Si tenemos en cuenta que la frecuencia fundamental está en relación con la tensión que alcancen las cuerdas vocales y también con el valor de la presión subglótica y la mayor o menor energía espiratoria, lo más normal es que, por razones fisiológicas, los enunciados empiecen en tono bajo, porque aún están distendidas las cuerdas vocales, y terminen también en tono bajo; al bajar la energía espiratoria porque termina la secuencia es lógico que la curva de entonación se haga descendente. La curva de entonación sólo puede terminar en inflexión ascendente si el emisor hace un esfuerzo especial de tensión de sus cuerdas vocales, de manera que esa tensión evite la caída del tono que tendría que producirse por la disminución de la energía y por la bajada en la presión subglótica. La inflexión ascendente del tono en estos casos, como sólo puede responder a un acto deliberado del hablante, se percibe fácilmente como una señal de algo. Por eso es esta parte final de la curva de entonación la más importante desde el punto de vista del significado del mensaje caracterizado. En el cuerpo medio de la curva de entonación se producen una serie de oscilaciones que reproducen modelos más o menos limitados. Las inflexiones del cuerpo medio de la curva melódica no están asociadas a contenidos concretos, como las inflexiones finales, pero sí son muy característicos de las diferentes zonas dialectales. En realidad, también en las inflexiones finales hay importantes y características variaciones dialectales, no del todo descritas, pero aquí sólo nos detendremos en el hecho básico de que la parte final sea ascendente o descendente, sin entrar en el pormenor de cómo son estos ascensos o descensos según zonas.

Por lo que llevamos dicho, podemos deducir que los finales descendentes son los más neutros desde el punto de vista del contenido, porque son los que parecen fisiológicamente más naturales. Son los finales habituales en las oraciones asertivas, por ejemplo. Las inflexiones ascendentes en la cadena hablada, más marcadas como señal informativa, suelen encarecer la importancia del contraste entre lo que precede a la inflexión y lo que la sucede, por razones que pueden ser muy variadas. Podemos examinar algunos casos generales.

1.– En la estructura oracional canónica de sujeto y predicado, la frontera entre uno y otro grupo sintáctico se marca mediante un inflexión ascendente. En esta estructura el sujeto expresa la presuposición, es decir, la parte del enunciado que se asume como verdadera sin estar afectada por el modo oracional y, por tanto, la parte del enunciado que no es parte de lo que se afirma, niega o pregunta. Normalmente, la presuposición alude a una experiencia que se supone compartida por los interlocutores a la que se hace referencia para actualizar el estado de cosas sobre el cual se va a enunciar una novedad o se va a expresar alguna demanda de información. El predicado es precisamente la parte que expresa esa novedad y la que justifica la acción de emitir una secuencia para otro. El punto en el que se considera acabada la alusión al escenario sobre el que se va a decir algo y empieza la secuencia que expresa lo que se quiere decir sobre ese estado de cosas se marca melódicamente con un ascenso en el tono. De hecho, en una oración simple lo normal es que el tono vaya subiendo desde el inicio hasta este punto y que a partir de aquí la línea sea ya descendente.

2.– La estructura de sujeto y predicado es, desde el punto de vista semántico, un caso concreto de la oposición más general entre tema y rema. No podemos asociar sistemáticamente las secuencias que hacen de tema y las que hace de rema en un enunciado con patrones melódicos constantes, porque la frontera entre tema y rema depende de delicados factores contextuales y pragmáticos que no se expresan mediante la entonación. Pero sí podemos generalizar que, cuando algún complemento del verbo se expresa como tema anteponiéndose al verbo y muchas veces al sujeto, la frontera entre este complemento y el resto del enunciado se marca con un tono ascendente. Es el caso en oraciones como *los libros, ponlos donde quieras* o *al amanecer nos iremos de viaje*. Las oraciones subordinadas que van antepuestas a la principal terminan también en inflexión ascendente, como los complementos.

Inversamente, cuando el sujeto se pospone al verbo se entona como si fuera un complemento más y formará, por tanto, parte de la línea descendente que debe acabar en cadencia.

3.– Cuando el emisor produce una inflexión tonal ascendente, encareciendo en principio que la secuencia no está concluida y que debe haber algo relevante a continuación, pero concluye con ese tono ascendente, la interpretación más obvia es que se está demandando una intervención al receptor vinculada al enunciado del emisor. Esta es la forma de hacer interrogaciones no focalizadas, es decir, interrogaciones en las que no hay ninguna partícula interrogativa y que admiten ser contestadas con *sí* o *no*. En este caso se entiende que la incertidumbre del emisor afecta a todo el rema y que sólo tiene certeza de lo que haya expresado como tema o presuposición. Es el caso de una secuencia como *¿llegó tu hermano de Madrid?*, donde sólo se expresa certeza de que el receptor tiene un hermano y que este hermano había viajado a Madrid y donde el emisor sólo desconoce lo que expresa como rema, en este caso, el hecho de si llegó o no.

4.– Cuando la incertidumbre del emisor afecta sólo a una parte de la presuposición o del rema, se recurre a la interrogación focalizada. En este caso aparece un elemento interrogativo que recoge el complemento sobre el que se demanda información, mientras se expresa certeza de todo lo demás. En este caso el final del enunciado es descendente, como en las oraciones enunciativas, aunque se suele comenzar con un tono más alto. Un final ascendente sería redundante con el signo interrogativo y además insinuaría una incertidumbre en el emisor que abarcaría a elementos sobre los que tiene certeza.

5.– La entonación de una interrogativa se hace idéntica a la de una enunciativa cuando la interrogación es en realidad una fórmula para expresar una orden o un ruego de forma más atenuada: *¿Quiere sentarse?, ¿pasamos a la cocina?*

6.– Los incisos terminan en inflexión ascendente y suelen empezar en inflexión descendente u horizontal, a menos que en el segmento anterior concurra alguna razón para que acabe en tono alto. Estamos llamando, de manera general, inciso a cualquier segmento que se pronuncie entre pausas que se interponga entre dos segmentos entre los que haya que hacer algún vínculo sintáctico o semántico directo, de manera que hasta cierto punto pueda percibirse el segmento interpuesto como una interrupción. Hablamos, por tanto, de las secuencias que solemos escribir entre paréntesis o guiones, de las aposiciones explicativas, relativas explicativas, construcciones incidentales, etc.: *los árboles, que ya estaban viejos, fueron podados; las niñas, bulliciosas y despreocupadas, aparecieron a las 12; los libros —ya habíamos hablado de esto— es preferible situarlos en la sala de abajo.* En estos casos, el final del

inciso acaba en tono alto para facilitar el enlace del segmento siguiente con el que resultó interrumpido por el inciso.
7.– Cuando aparece ante pausa algún elemento átono que no pueda ser en español final de enunciado (preposiciones, conjunciones, artículos, ...) se produce invariablemente una inflexión ascendente. Son casos como *lo vi con, al menos, doce libros; y, dadas las circunstancias, preferí que se fuera; Juan, que, según dijo, no se había enterado, tardó tres días en volver*. Evidentemente, cuando va ante pausa una partícula que no puede ser final de enunciado, la inflexión tonal es la propia de secuencias inconclusas.
8.– Las coordinaciones copulativas establecidas entre sintagmas o grupos sintagmáticos se entonan de manera diferente, según sean polisindéticas o asindéticas. En las series más habituales, sólo aparece la conjunción entre el penúltimo y el último miembro. Los miembros de estas series coordinadas que no vayan separados por la conjunción, sino sólo por una pausa, acaban en inflexión descendente, mientras que el miembro que antecede a la conjunción termina en inflexión ascendente. Obviamente, en los casos de polisíndeton todos los miembros acaban en tono alto, mientras que en los casos de asíndeton sólo hay finales en tono bajo.

TABLA V

ARTICULACIONES DE LOS SONIDOS DEL ESPAÑOL

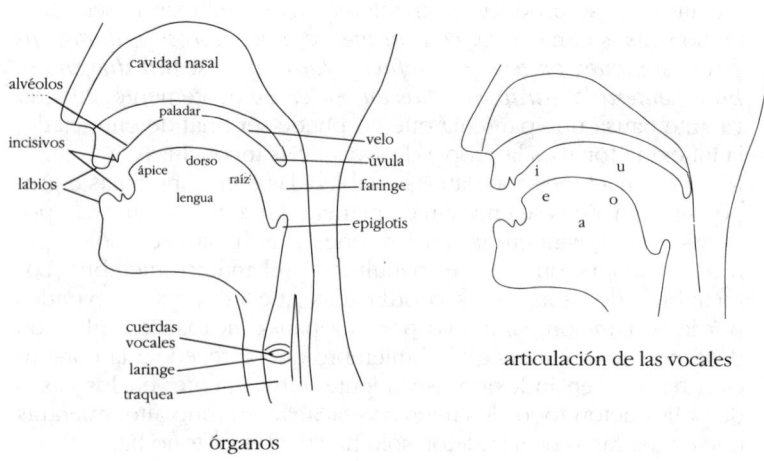

órganos

articulación de las vocales

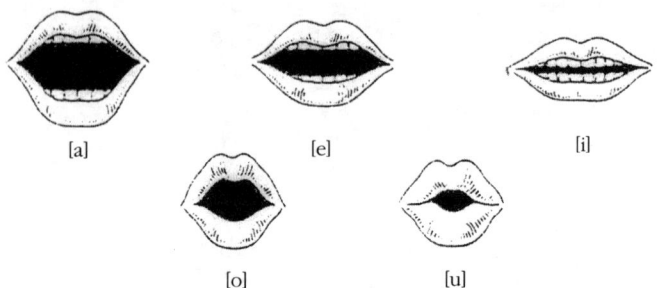

abertura de la boca en la articulación de las vocales

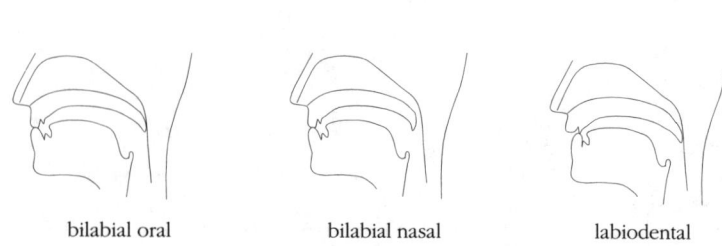

bilabial oral bilabial nasal labiodental

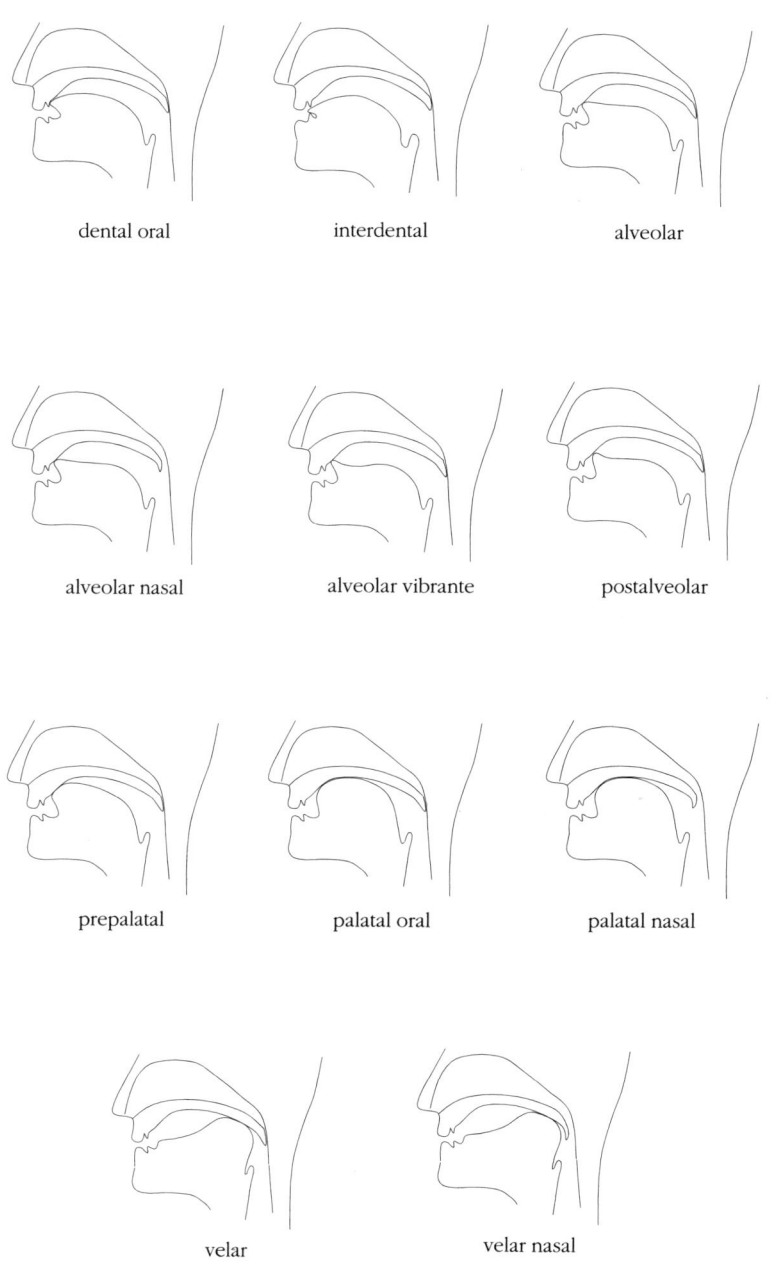

Capítulo II

Fonemas y alófonos del español

2.1. Los fonemas

La oposición semántica que hay entre la expresión *un [p]eso* y la expresión *un [b]eso* es posible gracias a la diferencia entre el sonido sordo [p] que aparece en la primera expresión, y el sonido sonoro [b] que aparece en la segunda. Esta diferencia fonética es distintiva: permite distinguir dos elementos significativos, en este caso las palabras *peso* y *beso*.

La diferencia fonética que hay entre *un [b]eso* y *mi [β]eso* no es distintiva. Los hablantes del español perciben estas dos realizaciones fonéticas de la palabra *beso* como si fueran la misma, "oyen la misma palabra", por así decir, y generalmente no se percatan de que se pronuncian de manera distinta. La diferencia entre el sonido oclusivo [b] y el sonido fricativo [β] no permite distinguir palabras en español, por ello los hablantes de esta lengua tienen dificultad en reconocer que hay una diferencia entre [b] y [β]: para ellos [b] y [β] son realizaciones de una misma *realidad o representación mental* que llamamos **fonema**. Lo que los hablantes "oyen" no es lo que sus oidos perciben, es decir los **sonidos** del habla o **fonos,** sino las representaciones mentales a las que los fonos remiten, los fonemas, que sí son distintivos. Los fonos de un mismo fonema, en este ejemplo [b] y [β], se llaman los **alófonos** de dicho fonema, en este ejemplo /b/[1]. Los alófo-

---

[1] Nótese que los fonos se representan entre corchetes, por ejemplo [b], mientras que los fonemas se representan entre barras, por ejemplo /b/.

nos de un fonema no tienen caracter distintivo, y para los hablantes no es fácil reconocer en qué se diferencian.

Otro ejemplo de este fenómeno es el siguiente. Como veremos más tarde, la "n" de una palabra como *sin* se pronuncia en castellano y otros dialectos, de varias maneras, dependiendo del sonido que le sigue. Si le sigue una palabra que empieza por vocal, *sin* se pronuncia *si[n]*, con una nasal alveolar, como por ejemplo en *si[n] amigos*. En este caso la "n" puede también pronunciarse como si formara parte de la sílaba siguiente, así que se puede oir *si-[n]a-mi-gos*. En vista de ello, podemos asumir que el sonido [n] de *sin* es un alófono del fonema /n/; de manera que la palabra *sin* termina con el fonema /n/: *si/n/*. Ahora bien, si la palabra *sin* va seguida de otra palabra que empieza por consonante, /n/ no se pronuncia [n] sino que se pronuncia con el mismo punto de articulación que la consonante siguiente, es decir como una nasal bilabial [m] si le sigue una consonante bilabial, por ejemplo en *si[m] padre*, como una nasal labiodental [ɱ] si le sigue una consonante labiodental, por ejemplo en *si[ɱ] falta*, como una nasal interdental [n̪] si le sigue una interdental, por ejemplo en *si[n̪] cerezas*, etc. Por supuesto si le sigue una consonante alveolar, digamos [s], la /n/ se pronuncia alveolar, es decir [n], como en *sin saber*[2].

A pesar de estas diferencias, el hablante cree que percibe o que pronuncia siempre la misma palabra *sin* y normalmente no nota la diferencia que hay entre una pronunciación y otra. La razón de ello es, una vez más, que [n], [m], [ɱ], [n̪], etc., son alófonos del mismo fonema /n/ de la palabra *si/n/*. Sin embargo el hablante no pensará lo mismo si se le dice *ca[n]a* y *ca[m]a*, aquí el hablante notará una diferencia fonética distintiva: aquí [n] y [m] son realizaciones de dos fonemas distintos, que representamos como /n/ y /m/, respectivamente.

Es más, el mismo hablante no reconocerá como idénticos los fonos nasales de *si[m] padre* y *ca[m]a* precisamente porque para él estos dos fonos corresponden a fonemas distintos, /n/ y /m/ respectivamente. En otras palabras, un mismo sonido, o fono, en este caso [m], se percibe como si fuera dos cosas distintas en *si[m] padre* y en *ca[m]a*, porque en estos dos ejemplos corresponde a dos representaciones mentales distintas, es decir a dos fonemas distintos: en el primer caso [m] es un alófono de /n/ y en el segundo caso es un alófono

---

[2] Las pronunciaciones de /n/ como [m], [ɱ], [n̪], etc. se deben a un proceso de asimilación de la /n/ a la consonante siguiente, proceso, que como el mismo término indica, consiste en que la /n/ se hace símil a la consonante siguiente. La asimilación no se da en algunos dialectos (en asturiano y otros dialectos la /n/ a final de palabra no se asimila, se velariza), ni se da en castellano cuando hay pausa, aunque mínima, entre la /n/ y la consonante siguiente, en cuyo caso la pronunciación es con [n].

de /m/. Pero, como vimos antes, dos sonidos distintos, por ejemplo [n] y [m], se perciben como una misma y única realidad si son alófonos de un mismo fonema, como en *si[n] saber* y *si[m] padre*, precisamente porque son realizaciones fonéticas del mismo fonema /n/ en la palabra en cuestión[3].

Un ejemplo más lo ofrecen los sonidos [s], sordo, y [z], sonoro. Estos dos sonidos en español son realizaciones de un mismo fonema que se representa con /s/: una palabra con el fonema /s/ puede pronunciarse con [s] o con [z], dependiendo del contexto lingüístico, en particular dependiendo del sonido que le sigue a la /s/. Si le sigue una consonante sonora, el fonema /s/ se realiza como [z], en los otros casos como [s]. Esto se puede observar claramente en la pronunciación de una palabra que termine en /s/, como la palabra *los*, cuya /s/ se pronuncia [s] en por ejemplo *lo[s] amigos* y [z] en *lo[z] duendes*. Pero hay lenguas, por ejemplo el inglés y el francés, donde la diferencia entre [s] y [z] es distintiva (véase la diferencia en inglés entre *rice* "arroz", con [s], y *rise* "subida", con [z]): en estas lenguas los sonidos [s] y [z] pertenecen a dos fonemas distintos, /s/ y /z/, respectivamente. Este ejemplo también muestra que, a pesar de que haya sonidos idénticos o similares en dos lenguas, su "realidad" (mental) dependerá de si pertenecen o no a fonemas distintos en cada una de las lenguas. El ejemplo también sirve para ilustrar que lo que cuenta desde el punto de vista de la comunicación es el inventario de fonemas, que es propio de cada lengua. De allí que el hablante nativo del español, acostumbrado a un solo fonema /s/ con dos variantes, [s] y [z], tenga dificultad en percibir y reproducir la diferencia en inglés o en francés entre palabras que se oponen por [s] y [z], como en el ejemplo de *rice* y *rise* citado arriba, o en el ejemplo *poisson* "pescado" y *poison* "veneno", en francés.

Otro ejemplo más que queremos señalar sobre la pertinencia fonológica de ciertas características de los fonemas de una lengua, tiene que ver con las vocales. En inglés, alemán, latín y otras lenguas la

---

[3] Es importante distinguir las letras de los fonos y los fonemas. El símbolo gráfico "b" que se usa en la ortografía en la palabra *beso* es una letra. A menudo se confunde una letra con un fonema porque por un lado los hablantes alfabetizados están familiarizados con las letras, y por otro lado porque *grosso modo* en la ortografía española las letras corresponden a fonemas. De allí que a veces los estudiantes de fonología analicen fonológicamente las palabras en términos de letras. Sin embargo no hay que confundirse, sobre todo porque a veces no hay correspondencia: un fonema se puede representar ortográficamente de varias maneras o inclusive con dos letras (por ejemplo el fonema /k/ se representa con las letras "c" y "k" pero también "qu"), o hay letras que no representan nigún fonema, como la letra "h" (sola y no en "ch") no representa nigún fonema, por ejemplo *haber* es fonológicamente /aber/.

longitud o duración de una vocal es distintiva. En inglés por ejemplo la diferencia entre la vocal de *feet* "pie" y la vocal de *fit* "ajustar" es distintiva y está basada sobre varias características, de las cuales la duración es una. Pero tal diferencia no existe en ningún par de palabras del español: no existe un par mínimo en español que se oponga por la longitud de las vocales. Esto no quiere decir que fonéticamente las vocales no puedan ser largas en español, pues las vocales acentuadas son un poco más largas que las inacentuadas, y en una pronunciación enfática la vocal acentuada tiende a hacerse más larga (y más abierta), como por ejemplo cuando una persona grita "¡Fueeego!". Pero la diferencia entre una vocal larga y una breve no es distintiva en español: no existe una palabra *fu[é:]go*[4] con una "e" larga que sea semánticamente distinta de la palabra *fu[é]go* con una "e" breve[5]. Inclusive hay dialectos (por ejemplo algunos dialectos andaluces) en los que la "s" final de palabra se elide, y la elisión va acompañada de una compensación de la longitud y abertura de la vocal precedente. Así que en estos dialectos la palabra *mes* pronunciada sin la "s" final, contiene una "e" más larga y abierta que en la pronunciación con "s". Gracias a esta compensación, en estos dialectos la palabra *cas[a:]* se interpreta plural, mientras que la palabra *cas[a]* se interpreta singular. Lo que acabamos de decir sobre la longitud de las vocales también es cierto para la abertura y la nasalidad. En efecto, en español hay cinco fonemas vocálicos orales, mientras que en francés, inglés, portugués, italiano, etc., hay más vocales orales porque por ejemplo las vocales [e] y [o] se oponen a vocales similares pero un poco más abiertas, es decir [ɛ] y [ɔ], respectivamente. Por ejemplo en italiano se puede diferenciar entre la palabra [ɛ] "es" y la palabra [e] "y".

En cuanto a nasalización, se puede decir que una vocal seguida de una nasal está parcialmente nasalizada. De manera que la "a" de *Juan* es una vocal parcialmente nasalizada[6]. Pero en portugués, las vocales pueden ser fonológicamente orales o nasales, así que una palabra como *l[a]*, "la" nota musical, se opone a una palabra como *l[ã]* "lana". En español no existe un par mínimo que se oponga por la nasalización de la vocal, de manera que la nasalización no es distintiva,

---

[4] Los dos puntos después de una vocal indican que tal vocal es larga.
[5] Nótese que en inglés también las vocales acentuadas son más largas (y abiertas) que las vocales inacentuadas y tienden a hacerse aún más largas y abiertas si aparecen en una palabra pronunciada enfáticamente.
[6] El grado de nasalización de una vocal española en el contexto seguida de consonante nasal varía de dialecto a dialecto. En algunos dialectos es mínima, en otros es casi total. En este último caso la articulación nasal de la consonante, por ejemplo de la [n] de la palabra *Juan*, que corresponde a la bajada de la úvula —de manera que el aire pase por la cavidad nasal—, se anticipa y coincide con la articulación de la vocal.

es simplemente un rasgo fonético determinado por el contexto fonético.

En conclusión, cada lengua tiene un inventario de fonemas. Las realizaciones fonéticas, o alófonos, de estos fonemas pueden variar de un contexto a otro: la nasal de la palabra *sin* varía de acuerdo con el sonido que sigue, la "a" de *paz* es oral y la de *pan* es parcialmente nasalizada, pero ambas corresponden al fonema /a/, etc. De manera que cada fonema tiene un inventario de alófonos, cuya distribución, *v.gr.* su aparición en tal o cual contexto, es bastante sistemática y por ende bastante predecible porque depende casi exlusivamente del sonido que sigue al fonema y/o del sonido que precede al fonema. Ahora bien, el objetivo fundamental de este capítulo es precisamente el de establecer el inventario y distribución de los alófonos de cada fonema del español, definiendo las reglas por las que cada fonema se convierte en sus alófonos, reglas que justamente expresan el aporte que cada contexto tiene en la realización de los alófonos.

Volvamos ahora a algunas observaciones que hacíamos al comienzo de este apartado, con el fin de aclarar algunos conceptos. Hemos dicho que la diferencia entre *un [p]eso* y *un [b]eso* es distintiva. Así que *[p]eso* y *[b]eso* constituyen un **par mínimo,** es decir dos palabras que se distinguen únicamente por la presencia de [p] en una y de [b] en la otra. A través de este par mínimo se manifiesta la oposición distintiva entre [p] y [b], que consiste en la sordez de [p] frente a la sonoridad de [b], y nos permite concluir que [p] y [b] pertenecen a dos fonemas, /p/ y /b/, respectivamente. La oposición fonética entre *[b]* y *[β]*, por su lado, no es distintiva y no hay dos palabras, una con *[b]* y otra con *[β]* que constituyan un par mínimo. En efecto la diferencia anotada anteriormente entre *[b]eso* y *[β]eso* (como en *un [b]eso* y *mi [β]eso)* no es significativa: en los dos casos se trata de la misma palabra *beso* .

Sin embargo la distribución de [b] y [β] es **complementaria:** allí donde aparece un alófono no aparece el otro. Por ejemplo [b] se da detrás de una nasal, mientras que [β] se da en otros contextos, por ejemplo detrás de una vocal. Hay también casos de alófonos de un mismo fonema que pueden aparecer en el mismo contexto y no tienen distribución complementaria. Por ejemplo el fonema /s/ tiene en algunos dialectos, por ejemplo en algunos dialectos hispanoamericanos, además de los alófonos [s] y [z], un alófono aspirado [h]. Ahora bien, [h] puede aparecer en los mismos contextos en los que aparecen [s] o [z], en particular a final de palabra. Por ejemplo la palabra *las* se puede pronunciar con [s] si le sigue una consonante sorda, como en *la[s] tiendas,* y con [z] si le sigue una consonante sonora, como en *la[z] deudas,* y con la variante aspirada [h] en los dos ejemplos citados, de manera que el primero se pronunciará *la[s]* o *la[h]*, y el segundo *la[z]* o *la[h]*[7]. En este caso se dice que hay distribución **libre** entre [s] y [h], o entre [z] y [h].

El inventario de los fonemas del español (es decir del castellano y otros dialectos) que asumiremos aquí es el que se da a continuación, y está basado en un inventario que implícitamente presupone Tomás Navarro Tomás en su *Manual de pronunciación del español* (1980, 20ª ed.). Al mismo tiempo asumiremos que los fonemas y fonos del español tienen las características o rasgos articulatorios que Tomás Navarro Tomás (en adelante TNT) propone en su *Manual de pronunciación del español* (en adelante *Manual*) para los fonos del español.

2.1.1. *Fonemas vocálicos*

TNT clasifica las vocales desde el punto de vista articulatorio de acuerdo con la *altura* y la *posición* de la lengua. Empleando los mismos parámetros de clasificación tenemos:

2.1.1.1. **Altura**. Por la altura de la lengua, que corresponde a la altura de la mandíbula, los fonemas vocálicos pueden ser:

a) **Bajos**: /a/
b) **Medios**: /e/, /o/
c) **Altos**: /i/, /u/

2.1.1.2. **Posición**. Por la posición de la lengua, que a veces llamaremos punto de articulación, los fonemas vocálicos pueden ser:

a) **Anteriores**, o **palatales**: /i/, /e/
b) **Posteriores**, o **velares**: /o/, /u/
c) **Centrales**: /a/

2.1.2. *Fonemas consonánticos*

TNT clasifica las consonantes desde el punto de vista articulatorio y de acuerdo con el **punto de articulación**, que se refiere al lugar

---

[7] Generalmente en los dialectos que tienen [h], la sonora [z] no se da, en su lugar se da la sorda [s] o una [s^z], es decir una [s] parcialmente sonorizada: *la[s^z] deudas*.

de la cavidad bucal donde los articuladores que intervienen en la articulación producen la obstrucción articulatoria, el **modo de articulación** que es la manera cómo se hace la obstrucción, y la **sonoridad,** que se refiere a la participación de la cuerdas vocales durante la fonación, o **sordez,** que se refiere a la falta de articulación de la cuerdas vocales durante la fonación.

Además de una clasificación de acuerdo con estos parámetros, vamos a diferenciar los fonemas consonánticos entre **obstruyentes** e **inobstruyentes**. Los primeros se articulan sin sonoridad (o vibración) espontánea de las cuerdas vocales, los inobtruyentes se articulan con sonoridad espontánea. Los inobstruyentes incluyen a las **nasales** y a las **líquidas**, que a su vez incluyen a las **laterales** y **vibrantes**.

2.1.2.1. **Punto de articulación.** Por el punto de articulación las consonantes pueden ser[8]:

a) **bilabiales**: /p/, /b/, /m/
b) **labiodental**: /f/
c) **interdental**: /θ/
d) **dentales**: /t/ y /d/
e) **alveolares**: /s/, /r/, /r̃/[9], /l/, /λ/[10], /n/
f) **prepalatales** (o **postalveolares**): /č/[11]
g) **palatales**: /y/[12], /ɲ/
h) **velares**: /k/, /g/, /χ/
i) **glotal**: /h/

2.1.2.2. **Modo de articulación.** Por el modo de articulación las consonantes pueden ser[13]:

a) **oclusivas**: /p/, /b/, /t/, /d/, /k/, /g/
b) **fricativas**[14]: /f/, /θ/, /s/, /h/

---

[8] Para una clasificación de los fonemas y fonos del español desde el punto de vista acústico véase el primer capítulo.
[9] En el primer capítulo representamos este fonema como /rr/.
[10] En el primer capítulo representamos este fonema como /¥/.
[11] En el primer capítulo este fonema (como también sus alófonos) se clasifica con las palatales y se representa con [tʃ].
[12] En el primer capítulo este fonema se representa con [ĵ].
[13] Aquí las nasales y vibrantes no están catalogadas como oclusivas a pesar de que en su articulación hay obstrucción en la cavidad bucal.
[14] Las fricativas son continuas y en su producción hay una turbulencia o fricción del aire que acompaña a la articulación y que se produce en el punto de la obstrucción. En

c) **africadas**: /č/, /y/
d) **nasales**: /n/, /m/, /ɲ/
e) **laterales**: /l/, /λ/
f) **vibrantes**: /r/, /r̃/

2.1.2.3. **Sonoridad**

a) **sonoras**: /b/, /d/, /g/, /y/, /n/, /m/, /ɲ/, /l/, /λ/, /r/, /r̃/
b) **sordas**: /p/, /t/, /k/, /f/, /θ/, /s/, /č/, /h/

2.1.2.4. **Sonoridad espontánea**

a) **Inobstruyentes**:
    líquidas: laterales: /l/, /λ/, y vibrantes: /r/, /r̃/
    nasales: /n/, /m/, /ɲ/
b) **Obstruyentes**: /b/, /d/, /g/, /y/, /p/, /t/, /k/, /f/, /θ/, /s/, /č/

2.2. Hacia una interpretación fonológica de TNT

En su *Manual* TNT describe la pronunciación del castellano desde el punto de vista de la fonética articulatoria y a menudo ofrece algunas observaciones sobre otros dialectos del español. La intención de TNT es de caracter pedagógico, por lo que su estudio se centra sobre las articulaciones de los sonidos existentes en español, contrastándolas a menudo con las articulaciones de sonidos similares existentes en otras lenguas europeas. TNT no pretende dar una explicación fonológica de los sonidos del español, de manera que a menudo sus observaciones e instrucciones sobre las varias realizaciones fonéticas de un fonema aparecen en distintas secciones del *Manual*. En realidad TNT ni siquiera hace referencia a los fonemas del español, pero presupone implícitamente un inventario de fonemas y desarrolla un análisis fonético articulatorio de gran valor descriptivo. Por esta razón lo hemos tomado como base para esta aproximación al análisis fonológico del español. En algunas ocasiones comparamos el análisis fonético de TNT o nuestro análisis fonológico con el de Alarcos Llorach (1981).

En las secciones siguientes de este capítulo vamos a desarrollar un estudio fonológico del español para resumir las observaciones fonéti-

---

el primer capítulo distinguimos las fricativas de las aproximantes que son continuas sin fricción. Sin embargo aquí vamos a seguir la tendencia de TNT de llamar fricativo a todo sonido (o fonema) que sea continuo, con o sin fricción.

cas de TNT, incluyendo las que TNT hace sobre realizaciones "incorrectas" desde el punto de vista pedagógico, por no ser propias del castellano "culto" o por ser propias de otros dialectos. Nuestro análisis se ciñe a los datos de TNT, pero al tratar de las consonantes a veces acudimos a datos provenientes de otros dialectos, sin pretender ser exhaustivos (un análisis bastante completo de este tipo se puede encontrar en Quilis [1993]).

El objetivo fundamental de este capítulo es el de describir la relación entre cada fonema de español y sus alófonos, relación que será vista como una regla de articulación que convierte al fonema en sus alófonos. Para ello, al tratar de un fonema y sus alófonos, haremos un estudio de los datos más importantes y ejemplares de TNT, organizándolos de una manera que ponga de manifiesto la relevancia del contexto para la realización de cada alófono, y luego convertiremos esta información en una regla que transforma al fonema en un determinado alófono en el contexto apropiado. A menudo esta estrategia será presentada como un problema que merece una respuesta: se presentarán algunos datos relevantes, que se organizarán y resumirán en contextos más generales, y luego se tratará de describir la regla de articulación más adecuada para dichos contextos, tratando siempre de seleccionar la solución más adecuada entre varias soluciones posibles. Dicha solución consistirá en la regla que exprese de la manera más simple y general la relación entre fonema y alófonos.

Es importante entender que las reglas a que nos referimos no son de caracter normativo, puesto que pretenden expresar la relación entre un fonema y sus alófonos, independientemente de las ideas preceptivas de TNT o de las gramáticas normativas. Así que son un mecanismo descriptivo que trata de captar la "transformación" de un fonema en sus alófonos. Por ser un mecanismo descriptivo, es necesario que las reglas tengan un caracter definido, de acuerdo con ciertas pautas que señalaremos más abajo.

Las reglas que propondremos no son la respuesta definitiva a los problemas que señalaremos, pues para ello hace falta elaborar toda una teoría fonológica, tema que será tratado en el próximo capítulo. Las reglas son una primera aproximación sistematizadora a dichos problemas y nos ayudan a cumplir con ciertos objetivos importantes. En primer lugar, nos ayudan a expresar adecuadamente ciertas generalizaciones sobre los datos: nos obligan a simplificar la descripción y a generalizar el análisis. En segundo lugar, al elaborar las reglas de acuerdo con ciertos parámetros mínimos de formalidad, se nos hace posible la tarea de "medir" el alcance de cada regla, en cuanto a su poder descriptivo, su generalidad, poder predictivo, etc. Por ejemplo, asumiendo como de costumbre que el análisis más adecuado para un conjunto de datos es el análisis más simple, es decir el más económico y general, podemos tomar las reglas como la medida práctica de análisis competitivos: el análisis con el menor número de reglas o con las reglas más generales es el más adecuado. En tercer lugar, la elaboración de las reglas nos permitirá introducir un tipo de argumentación y una serie de nociones que van a ser relevantes en el capítulo siguiente.

En este capítulo, como señalábamos, no presentaremos una teoría fonológica ni trataremos de elaborar una teoría fonológica, lo que pretendemos realizar es un análisis descriptivo cuyos resultados expresaremos con reglas. Esto puede lograrse usándose otro mecanismo distinto de las reglas, pero preferimos expresar nuestras observaciones y generalizaciones por medio de reglas porque de hecho éstas son un recurso heurístico simple y en nuestra opinión efectivo para lograr los objetivos que nos hemos propuesto en este capítulo. En el fondo lo que nos interesa aquí no es la elaboración de reglas, ni siquiera la adecuación empírica y descriptiva de las mismas, sino el resumen y el análisis explícitos que podamos ofrecer para las observaciones y datos de TNT, la presentación de temas esenciales en la fonología española y la introducción de nociones imprescindibles en fonología contemporánea. Por ello, varios de los temas estudiados y analizados aquí serán luego retomados en el capítulo siguiente y serán reanalizados desde la perspectiva de las corrientes fonológicas actuales.

2.3. Regla fonológica

Preguntémonos ahora qué entendemos por regla fonológica y qué forma tiene una regla fonológica. La respuesta a la primera parte de esta pregunta es fundamentalmente la siguiente: una regla fonológica es, desde el punto de vista sicológico, una instrucción articulatoria (o si se prefiere un conjunto de instrucciones articulatorias) con la que el hablante convierte un fonema en uno de sus alófonos, o, desde el punto de vista neuro-sicológico, una instrucción que el cerebro envía al aparato muscular articulatorio para que realice un fonema. Desde el punta de vista lingüístico una regla fonológica es una operación de sustitución de un fonema por uno de sus alófonos.

La respuesta a la segunda parte de la pregunta es que, puesto que un alófono es la realización particular de un fonema de acuerdo con el contexto que precede y/o sigue al fonema, una regla fonológica puede expresarse con una fórmula en la que aparece el fonema, el alófono y el contexto. El esquema reglar siguiente contiene estas características y es el que adoptaremos:

1. A → B / X ___ Y

La fórmula (1) expresa que A, es decir un fonema, se convierte en B, es decir un alófono, si A aparece "en el contexto" (la barra / se lee "en el contexto") en que va precedida de X (X es una variable que se refiere a lo que precede a A, mientras que la raya horizontal ___ representa el lugar ocupado por A) y seguida de Y (Y es una variable que se refiere a lo que sigue a A). De manera que (1) equivale a (2):

2. XAY → XBY

Sin embargo (1) es la fórmula estándar que se ha adoptado en fonología y es la que usaremos aquí.

Dada esta formulación, la regla que convierte al fonema /b/ en la fricativa [β] en posición intervocálica puede expresarse como en (3) donde V es el símbolo de vocal:

3. /b/ → [β] / V ___ V

Esta regla se lee : el fonema /b/ se realiza fonéticamente como [β] si aparece en el contexto en que está precedido de vocal y seguido de vocal. Por ejemplo la regla en cuestión se aplicará a la palabra *había,* que fonológicamente es /abia/, para transformarla en [aβia].

Notemos ahora que el cambio de un fonema consonántico oclusivo intervocálico por un alófono fricativo no afecta solamente a la /b/ sino también a otras consonantes, por ejemplo a la /d/. Supongamos entonces que queramos generalizar la regla de manera que cubra el caso de /b/ como también el de /d/, ¿qué podemos hacer?

El primer paso en nuestra respuesta consiste en notar que un fonema puede definirse como un conjunto específico de características articulatorias llamadas **rasgos articulatorios** o simplemente **rasgos**. Desde este punto de vista /b/ es la representación abreviada de los rasgos [Consonántico, Oral, Bilabial, Oclusivo, Sonoro] y lo que la regla (3) realmente expresa es que el rasgo [Oclusivo] de /b/ se convierte en el rasgo [Fricativo] de [β] si el fonema aparece entre vocales. Esta idea puede explicitarse reformulando la regla (3) de la manera siguiente:

4. [Oclusivo] → [Fricativo] / V ___ V

En esta interpretación de la noción de regla, una regla no se aplica a un fonema sino a un rasgo. Si esto fuera una exigencia aplicable a toda regla, podría estipularse una convención que exigiera que las reglas se formularan únicamente en términos de rasgos y que en la formulación de una regla, las partes A y B del esquema (1) se refirieran cada una a un rasgo. Si así se hiciera, símbolos como /b/ y [β] no aparecerían en las reglas. Por el momento no adoptaremos esta convención al pie de la letra, nos bastará con la idea de que un fonema es un conjunto de rasgos y que las reglas se aplican sobre rasgos, por lo que recurriremos al uso de símbolos como /b/ o [β] cuando sea necesario por razones expositivas, a sabiendas de que en realidad estos símbolos son abreviaturas para conjuntos de rasgos.

Volvamos a la regla (4). Hemos dicho que la regla (3) no puede aplicarse a ningún otro fonema que no sea /b/, por lo que no puede aplicarse a /d/. Sin embargo este fonema se hace fricativo entre vocales. Podemos resolver este problema reformulando la regla (3) como (4): la regla (4) puede aplicarse a /b/ como también a /d/ y a cualquier otro fonema oclusivo. Pero precisamente por esta razón ahora tenemos otro problema, la regla es ahora demasiado general: puesto que se limita a decir que un fonema oclusivo se convierte en fricativo, podría erróneamente aplicarse a /t/, /p/, etc. intervocálicas, como en las palabras *mata, mapa,* etc. Sin embargo las consonantes sordas no se fricatizan.

¿Cómo podemos reformular (4) para evitar este inconveniente? La solución consiste en identificar más específicamente el tipo de consonante a la que la regla se aplica. Esto puede hacerse indicando debajo de la posición ocupada por el fonema afectado y señalada por la raya horizontal ____ del contexto, los rasgos que permitan identificar inequívocamete al fonema. Si la regla que nos interesa es la que afecta al fonema /b/, los rasgos serán [Consonántico, Oral, Bilabial, Sonoro] como se indica en (5a):

5a. [Oclusivo] ⟶ [Fricativo] / V ____ V
$$\begin{bmatrix} \text{Conson} \\ \text{Oral} \\ \text{Bilabial} \\ \text{Sonoro} \end{bmatrix}$$

5b. [Oclusivo] ⟶ [Fricativo] / V ____ V
$$\begin{bmatrix} \text{Oral} \\ \text{Bilabial} \\ \text{Sonoro} \end{bmatrix}$$

(5b) es una reformulación de (5a) en la que se ha eliminado una redundancia, en particular se ha eliminado un rasgo que se deduce de otro: puesto que un fonema oclusivo no puede ser sino consonántico, este último rasgo es redundante y no hace falta incluirlo en la formulación. Notemos de paso que V es una abreviación: se refiere a todo fonema que tiene el rasgo [Vocálico]. De igual manera, si tuviéramos que referirnos a todo fonema consonántico, podríamos hacerlo con el símbolo C que es una abreviación de [Consonántico].

(6) es a su vez la regla de fricatización de /d/.

6. [Oclusivo] $\longrightarrow$ [Fricativo] / V $\_\_\_\_\_$ V
$$\begin{bmatrix} \text{Oral} \\ \text{Dental} \\ \text{Sonora} \end{bmatrix}$$

(5a) y (6) tienen, por supuesto, mucho en común y sería deseable que las dos fueran sustituidas por una sola regla, cosa que trataremos de hacer más tarde, por el momento pasemos a otro proceso, el de la elisión de /d/.

Como se sabe, en español la /d/ final de palabra puede elidirse. Supongamos que este proceso queda expresado en la regla (7), donde el símbolo ø representa el cero fonético y el símbolo # expresa final de palabra.

7. [Oclusivo] $\longrightarrow$ ø / V $\_\_\_\_\_$ #
$$\begin{bmatrix} \text{Oral} \\ \text{Dental} \\ \text{Sonoro} \end{bmatrix}$$

De ser así, tendríamos dos reglas, (6) y (7), que se aplicarían al fonema /d/ y cuyo aducto[15] sería el mismo rasgo [Oclusivo]. Ahora bien, aun en el caso de que este análisis fuera descriptivamente correcto, el simple hecho de que tenemos dos reglas con las características señaladas, le resta generalidad al análisis, porque trataría a la /d/ intervocálica y a la /d/ final de palabra como si se tratara de dos unidades distintas a las que se aplicarían dos reglas distintas. Naturalmente el análisis adquiriría más generalidad, y simplicidad, si las dos reglas se convirtieran en una sola que expresara que /d/ puede realizarse de dos maneras distintas según el contexto en que aparece. Esto es lo deseable, pero requiere que introduzcamos en la regla un formalismo que permita incluir dentro de la misma regla dos opcio-

---

[15] Una regla se puede interpretar como un algoritmo que toma un aducto, o "input", y lo convierte en un educto, o "output".

nes exclusivas como son las que se señalan en las reglas (6) y (7) a la derecha de la flecha. Este formalismo, que tomamos de la fonología generativa, consiste en el uso de los paréntesis llamados "llaves", es decir { }, que se usan para decir que los elementos incluidos entre ellos (de manera vertical, o de manera horizontal separados por punto y coma) son mútuamente exclusivos: o bien se selecciona uno o bien el otro. Adoptando este formalismo, (6) y (7) se pueden combinar en la regla (8) que expresa que /d/ se realiza como fricativa si va entre vocales y se elide si va al final de palabra (en (8) no hace falta la llave de cierre porque se presume y es innecesaria).

8.
$$[\text{Oclusivo}] \rightarrow \begin{cases} [\text{Fricativo}] & / \text{V} \_\_ \text{V} \begin{bmatrix} \text{Dental} \\ \text{Oral} \\ \text{Sonoro} \end{bmatrix} \\ \emptyset & / \text{V} \_\_ \# \begin{bmatrix} \text{Dental} \\ \text{Oral} \\ \text{Sonoro} \end{bmatrix} \end{cases}$$

Nótese que (8) sigue siendo redundante puesto que en los dos contextos que aparecen en la regla se repiten ciertos elementos, es decir los rasgos que especifican al fonema, por lo que (8) podría reformularse una vez más como lo hacemos en (9), donde la primera realización de /d/ es decir [Fricativo] se da cuando le sigue V, y la segunda, es decir ø, cuando le sigue #.

9.
$$[\text{Oclusivo}] \rightarrow \begin{Bmatrix} [\text{Fricativo}] \\ \emptyset \end{Bmatrix} / \begin{matrix} \text{V} \_\_ \\ \begin{bmatrix} \text{Dental} \\ \text{Oral} \\ \text{Sonoro} \end{bmatrix} \end{matrix} \begin{Bmatrix} \text{V} \\ \# \end{Bmatrix}$$

Pero (9) se presta a cierta confusión: de hecho (9) dice que /d/ se hace fricativo o ø si va precedido de vocal y va seguido de vocal o de final de palabra. Quizás esto sea cierto, pero no era nuestra inteción al formular la regla. Lo que queremos expresar con la regla es que /d/ se hace fricativo si va seguido de vocal, mientras que se elide si va seguido de final de palabra. Lo que nos hace falta es asegurarnos de que al seleccionar la primera opción antes de las llaves, es decir [Fricativo], se escoja también la primera opción después de las llaves, es decir V, y al seleccionar la segunda opción antes de las llaves, es decir ø, se escoja la segunda opción después de las llaves, es decir #. Esto podría hacerse adoptando una estipulación que permitiera asociar la primera expansión (o educto) de la regla, es decir [Fricativo], con el primer contexto después de las llaves, y la segunda expansión, es decir ø, con el segundo contexto después de las llaves. Esto es posible, pero por el momento no introduciremos esta modificación.

Volvamos a las reglas (5b) y (6) que repetimos aquí abajo.

5b. [Oclusivo] ⟶ [Fricativo] / V _____ V
$$\begin{bmatrix} \text{Oral} \\ \text{Bilabial} \\ \text{Sonoro} \end{bmatrix}$$

6. [Oclusivo] ⟶ [Fricativo] / V _____ V
$$\begin{bmatrix} \text{Oral} \\ \text{Dental} \\ \text{Sonoro} \end{bmatrix}$$

Ahora podemos combinar estas dos reglas en una sola, esta es (10), que expresa que un fonema oclusivo se hace fricativo si es oral, sonoro y bilabial o dental.

10. [Oclusivo] ⟶ [Fricativo] / V _____ V
$$\begin{bmatrix} \text{Oral} \\ \text{Sonoro} \\ \begin{Bmatrix} \text{Bilabial} \\ \text{Dental} \end{Bmatrix} \end{bmatrix}$$

¿Podrían (5B) y (6) resumirse en una regla como (11), que expresa que un fonema oclusivo se hace fricativo si es oral y sonoro?

11. [Oclusivo] ⟶ [Fricativo] / V _____ V
$$\begin{bmatrix} \text{Oral} \\ \text{Sonora} \end{bmatrix}$$

Esta es una pregunta de caracter empírico: puesto que la regla afectaría a cualquier fonema oclusivo, oral, sonoro, si de hecho existen otros fonemas, además de /b/ y /d/, con estos rasgos, y todos ellos se hacen fricativos en posición intervocálica, la regla resultaría adecuada. Pero también es importante notar lo siguiente: formulada de la manera indicada en (11) la regla es más general que en su formulación en (10) y tiene cierto poder predictivo que no tiene la regla (10) (ésta última es esencialmente de caracter descriptivo). Así que de ser empíricamente adecuada, la regla (11) no sólo sería preferible por ser más general, sino que lo sería porque estaría prediciendo un patrón, es decir estaría prediciendo que en español toda consonante oral, oclusiva, sonora se convierte en fricativa en el contexto en cuestión. Estaría refiriéndose a un conjunto de fonemas que comparten un conjunto de rasgos, en este caso [Oclusivo] y [Sonoro]. Un conjunto de fonemas así constituye una **clase natural.** ¿Es esto correcto? ¿Es (11) empíricamente adecuada? La respuesta a ambas preguntas es sí: el proceso afecta también al fonema /g/ y por ende es la regla que habrá que seleccionar[16].

El patrón del que da cuenta la regla (11) corresponde al de una variación complementaria: allí donde se da la oclusiva no se da la fricativa, y viceversa. Pero esto es en términos generales, porque puede ser que allí donde en la mayoría de los dialectos se da una variante, en un dialecto particular se da la otra. De hecho, en algunos dialectos suramericanos, en particular de Chile, se da la fricativa inclusive a comienzo absoluto, es decir después de pausa. Es además posible que en algunos casos eso suceda en el habla de una persona que normalmente usa la oclusiva después de pausa. Así que la noción de distribución complementaria es válida en cuanto capta una generalización dentro de un dialecto y un estilo, pero el análisis de los datos muestra que hay cierta variación inclusive en la distribución complementaria.

Por supuesto en el caso de una distribución libre, la variación es la norma. Por ejemplo, la posibilidad de pronunciar el fonema /s/ tanto como [s] como [h] a final de palabra en algunos dialectos del sur de España y en algunos dialectos de América Latina, da lugar a una distribución libre, en principio. En principio ambos alófonos son posibles en los mismos contextos. Pero también en este caso las cosas no son tan claras: en efecto un estudio atento de los contextos, estilos, e inclusive de las características socio-culturales de los hablantes, fácilmente mostraría que la distribución no es libre, sino que depende de los factores mencionados y de otros más. En todo caso, consideraremos este un ejemplo de distribución libre, en el sentido de que allí donde puede aparecer [s] puede, en principio, aparecer también [h].

La noción de distribución complementaria podría captarse con la idea de que la regla que da cuenta de ella, como es el caso de la regla (11), es una regla obligatoria. La noción de distribución libre podría

---

[16] El fonema /y/ también podría ser afectado por la regla si se asumiera que tiene el rasgo [Oclusivo].

captarse con la idea de que la regla que da cuenta de ella es facultativa, como lo podría ser la regla que convierte /s/ en [h]. Esto es lo que haremos, justamente para expresar las generalizaciones que subyacen a la mayoría de los hechos. La realidad es sin embargo más compleja: en todos los casos hay cierta variabilidad que puede depender de factores tantos lingüísticos como extra-lingüísticos. Por ejemplo /b/ puede realizarse como oclusiva detrás de vocal si por ejemplo entre la vocal y la /b/ hay una pequeña pausa, como podría suceder en una pronunciación enfática y silabeada de una palabra como *sa-[b]e*. Así que en términos estrictos, no habría reglas fonológicas obligatorias que dieran cuenta de la distribución complementaria, ni reglas facultativas que dieran cuenta de la distribución libre, sino reglas variables, aplicables de acuerdo con factores lingüísticos, es decir el contexto lingüístico, y de acuerdo con factores extra-lingüísticos, tales como el estilo, que puede ser informal o formal, lento o rápido, de acuerdo con el origen regional o socio-cultural del hablante, y de acuerdo con otros factores que un estudio de la variabilidad podría mostrar. El mismo TNT, que preconiza el uso de formas "cultas", señala la variabilidad de los fenómenos fonológicos al observar que dentro de ciertos estilos y dialectos se dan variantes distintas a las que ocurren en la "norma culta", variantes que TNT a menudo describe muy acertadamente.

2.4. LAS VOCALES

La pronunciación de las vocales en castellano varía poco según TNT, sobre todo en una pronunciación "esmerada y lenta". En una pronunciación más "rápida y familiar" se dan algunas variantes que analizaremos en las próximas secciones, limitándonos a los casos más comunes[17]. Por el momento nos basta con decir que TNT distingue entre dos tipos de variantes vocálicas: las variantes por **timbre** (por ejemplo las vocales medias y altas pueden ser **cerradas** o **abiertas**) y las variantes por **tensión muscular** (las vocales pueden ser **no-rela-**

---

[17] La descripción de TNT, quien analiza la pronunciación del castellano central y alude en algunos casos a otros dialectos, a pesar de su precisión, no es metódica. A veces la descripción de un determinado fenómeno está repartida en varias entradas del *Manual* y en notas al pie de página. Como señalamos en la introducción de este capítulo, parte de nuestra labor consiste en estudiar la descripción que TNT ofrece de cada sonido, cotejarla con los ejemplos que aparecen en el *Manual* para comprobar la validez de la descripción, descartar aquellos detalles que no parecen ser confirmados por los ejemplos, agregar casos y ejemplos que TNT no prevé, para finalmente simplificar y generalizar el análisis, resumiéndolo en una serie de reglas.

jadas o **relajadas**). Las primeras se obtienen gracias a factores tales como el acento, el tipo de sílaba en la que aparece la vocal y/o la consonante con la que vocal está en contacto. Las segundas, que pueden ser relajadas o no-relajadas (éstas últimas podrían llamarse también tensas), se obtienen gracias a factores tales como el acento y la posición de la la vocal dentro de la palabra o el grupo fónico[18]. El timbre y el relajamiento no se excluyen, en el sentido de que una vocal más o menos relajada puede tener cualquiera de los timbres, por ejemplo puede ser abierta o cerrada. Sin embargo, en el análisis que presentaremos más abajo, por razones de simplicidad expositiva (y siguiendo la tendencia de TNT) no especificaremos el timbre de las vocales relajadas. Esto es, las vocales relajadas serán tratadas como si su timbre fuera irrelevante para la descripción de la vocal.

2.4.1. *El acento*

Antes de analizar las vocales, es importante que resumamos la posición de TNT sobre el acento. TNT distingue dos tipos de sílabas: **fuertes** si tienen **acento de intensidad**, **débiles** si no lo tienen (§ 22,157). Por ejemplo en la palabra *canciones* la primera y última sílaba son débiles, la segunda o penúltima es una sílaba fuerte. Hay palabras que no tienen acento, tales como los pronombres clíticos, los artículos y las preposiciones, que generalmente están constituidas de una sílaba débil. Sin embargo en otra entrada (§ 173) TNT habla de acento rítmico y sostiene que éste depende de otros factores, además de la intesidad. En todo caso el acento rítmico hace que podamos distinguir entre las sílabas débiles de una palabra (o de un sintagma) de manera que unas "se destacan" y otras "se oscurecen", en el sentido de que las primeras tienen mayor fuerza (es decir volumen) y un tono más alto que las segundas. De acuerdo con esto, la sílaba fuerte de una palabra tiene acento **primario** o principal (que indicamos con el número 1), la sílabas débiles tienen acento **secundario** (que indicamos con el número 2) o acento **terciario** (éste es el de menor fuerza y lo indicamos con el número 3)[19].

---

[18] Hay otros factores que determinan el timbre de la vocal. Por ejemplo, sobre todo en algunos dialectos como el asturiano, el timbre de la vocal final determina el timbre de la vocal acentuada, así que *perro* puede pronunciarse también *pirru* cerrando la vocal acentuada /e/ por metafonía o harmonía con la vocal final [u] (cf. TNT § 42). De este proceso volveremos a hablar en el último capítulo.

[19] TNT asigna el número 3 al acento primario y el número 1 al acento terciario, probablemente para indicar la intensidad del acento.

2.4.1.1. El acento primario

TNT da muy pocas indicaciones sobre cómo se asigna el acento primario a una palabra, y por demás basa sus pautas de acentuación sobre la escritura. Sin embargo hace notar que hay tres tipos de palabras de acuerdo con la posición del acento:

a) **agudas**, si tienen acento en la última sílaba. Estas palabras terminan generalmente en consonante, como en los ejemplos en (1a).

Pero hay excepciones a esta generalización, por ejemplo palabras como *cadáver* tienen acento en la penúltima sílaba y palabras como *Júpiter* y otras más en la antepenúltima. También son una excepción a esta generalización las formas verbales: *cantas, cantan*, etc.

Las palabras agudas raramente terminan en vocal. Las que aparecen en (b) son ejemplos de este tipo y podemos notar que varias de ellas son adaptaciones de préstamos de otras lenguas, por ejemplo *paté* y *consomé* son de origen francés.

1. a. b.

    kerub   papá
    andaluz   sofá
    salud   paté
    canción   cucú
    anís   frenesí
    Barrabás   paltó
    francés
    mujer
    papel
    albañil
    reloj

Palabras como *baúl, maíz, Seúl,* etc. siguen este patrón. Lo mismo podemos decir de las palabras que terminan en /n/ (con la excepción de por ejemplo *examen* y, por supuesto, de los verbos, por ejemplo *cantan*): *Julián, canción, portón, atún, serafín, amén*[20]*, jenjén*.

En fin, las palabras que terminan en consonante son agudas, pero hay excepciones a esta generalización, y las palabras que terminan en vocal no son agudas, pero también hay excepciones a esta generali-

---

[20] También es posible la pronunciación *ámen*.

zación. Por otra parte los verbos se comportan de una manera un tanto distinta de las otras palabras.

b) **esdrújulas**, con acento en la antepenúltima. Excepto unos cuantos ejemplos, como los de (2b), estas palabras terminan en vocal y, como señala Harris (1987) la penúltima sílaba de estas palabras es una sílaba libre, es decir termina en vocal. No existen palabras del tipo *mómento, *álambra, etc.[21]

2. a. b.

águila   miércoles
gramática   Hércules
sílaba   hipótesis
sábado   parálisis
término   Júpiter
crédito
tímpano

c) **llanas**, si tienen acento en la penúltima sílaba. Estas palabras constituyen la mayoría de las palabras en español y terminan en vocal (a). Pero hay excepciones, como se deduce de los ejemplos en (3b).

3. a. b.

palabra   lápiz
sastre   huésped
momento   álbum
sabana   examen
          lunes
          crisis
          hepatitis
          hipnosis
          revólver

No hay otro tipo de palabras en español, en efecto las que tienen acento en la cuarta sílaba, llamadas **sobresdrújulas**, son palabras compuestas de una palabra y uno o dos pronombres clíticos: *cuéntamelo*, etc. Por ello es de suponer que existe una condición en español, llamémosla la condición de la esdrújula, que permite acentuar hasta la tercera sílaba de una palabra.

Volvamos al tema central que, como decíamos, TNT realmente no

---

[21] Palabras como *háganla*, etc. son palabras compuestas: *hagan+la*.

aborda, y que consite en determinar de qué manera se asigna el acento a una palabra. Pues bien, la pregunta clave aquí es: ¿es la acentuación un proceso dependiente de reglas o no? Si la respuesta a esta pregunta es sí, la hipótesis que debemos desarrollar debe estar basada en reglas que asignan el acento a las palabras tomando en cuenta características fonológicas y/o morfológicas y quizás inclusive sintácticas. Si la respuesta a esta pregunta es no, entonces tenemos que desarrollar una hipótesis en la que el acento es parte de la información léxica de cada palabra.

Revisemos primero, y muy someramente, la hipótesis léxicalista. Observemos que no podemos asumir que cada palabra tiene marcado su acento en el "léxico"[22], porque en este caso en el léxico habría una entrada para cada palabra, por lo que habría una para *silla* y otra para *sillón*. Esto significaría que el léxico es una lista de todas las palabras de la lengua, y, desde un punto de vista sicolingüístico, que un hablante aprende cada palabra ya con su acento, independientemente de las otras palabras de la lengua. Bajo esta presuposición palabras como *silla* y *sillón* constituirían entradas independientes. Pues bien, esta hipótesis es obviamente errónea porque no sólo *silla* y *sillón* están relacionadas, pues tienen el mismo **morfema lexical** (o raíz) *sill-*, sino que también están relacionadas con palabras que tienen el mismo morfema gramatical, en este caso los **sufijos** *-a* y *-ón*, respectivamente, que aparecen también en *mesa* y *mesón*, por ejemplo. Entonces si queremos que esta información se exprese adecuadamente, el léxico debe ser una lista de morfemas lexicales (esto es, para cada morfema lexical debe haber una entrada en el léxico, una para *sill-*, otra para *mes-*, etc.) y para cada morfema lexical se debe expresar con qué sufijos puede combinarse (esto es, *sill-* puede combinarse con *-a*, *-ón*, etc.). En fin el léxico no puede ser más que una lista de morfemas, de modo que si mantenemos la hipótesis lexicalista debemos suponer que los que se marcan con acento no son las palabras sino los morfemas léxicos. Pero eso no va a ser suficiente, tenemos que suponer también que algunos sufijos están marcados con acento, pues en *sill-a* el acento cae sobre el morfema lexical, pero en *sill-ón* el acento cae sobre el sufijo. Pero esto ilustra otro problema: si la raíz *sill-* y el sufijo *-ón* aparecen en el léxico marcados con acento, debe de haber reglas que expresan qué sucede con estos acentos cuando el morfema léxico se combina con el sufijo para formar la pa-

---

[22] Por léxico entendemos el inventario de elementos léxicos de la lengua, tanto el inventario que el hablante posee como parte de su competencia lingüística, tanto el que el lingüista elabora, *v.gr.* el "diccionario". Por elementos léxicos entendemos tanto las palabras como los morfemas.

labra. Por ejemplo haría falta una regla que dijera que al combinar *sill-* con *-ón* el acento del morfema lexical se elimina. Pero una hipótesis de este tipo no sólo sería económicamente muy costosa, sino que requeriría de todas maneras de reglas para resolver casos como los que acabamos de plantear, lo que nos lleva a la conclusión de que una hipótesis estrictamente lexicalista, por tanto sin reglas, no puede ser correcta. Tratemos por ello de desarrollar otro tipo de hipótesis.

Revisemos la hipótesis que sostiene que la acentuación es un proceso determinado por reglas fonológicas. Pues bien, si el proceso fuera sistemático, si por ejemplo todas las palabras terminadas en consonante tuvieran acento sobre la última sílaba, la hipótesis debería ser de caracter fonológico y sería fácil establecer reglas para la acentuación de las palabras. Pero como hemos visto esto no es así.

Podríamos intentar salvar la hipótesis fonológica tratando de determinar la relevancia de factores más específicos. Por ejemplo podríamos pensar que lo relevante para la asignación del acento en palabras que terminan en consonante es la clase a la que pertenece la consonante, por ejemplo alveolar, o sonora, etc. Pero un análisis de las palabras que terminan en consonante muestra que palabras que terminan en la misma consonante, por ejemplo /s/ pueden ser graves, agudas o esdrújulas: *francés, hipnosis* y *Hércules*, todas terminan en /s/. Así que el tipo de consonante al final de palabra no es un factor determinante para el acento. Se podría intentar algo parecido con las vocales. Podríamos suponer que el tipo de vocal que precede a la consonante es determinante para la asignación del acento, o que lo es el tipo de secuencia de las vocales de la palabra o el orden en que aparecen en la palabra, inclusive se podría pensar en una correlación entre tipo de vocal y tipo de consonante, etc. Pero un estudio de estos factores revela que no son fundamentales, cosa que el lector puede fácilmente comprobar analizando algunas palabras.

También podríamos pensar en la relevancia de algún factor morfológico. Por ejemplo, retomando el caso de la /s/, podemos observar que este fonema corresponde en unos casos a un morfema gramatical, por ejemplo al sufijo de plural como en *casa-s*, en otros casos es parte de un morfema gramatical, como lo es la /s/ final de *franc-és* y *paráli-sis*, y en otros casos más es parte de la raíz, como en *anís*, etc. Pero no parece haber una correlación entre la función de la /s/ final y el acento: si decimos que el acento cae sobre la última sílaba si no está trabada por el morfema /s/ de plural, tendríamos dificultad en explicar casos como *sofás*[23]. El problema también surgiría si dijéra-

---

[23] El hecho de que también se pueda decir *sofáses* es irrelevante para esta discusión.

mos que palabras como *francés* son agudas porque la /s/ es parte de un morfema, pues nos encontraríamos sin explicación para casos como *parálisis*. Se podría intentar salvar esta hipótesis diciendo que la /s/ final de *parálisis* es distinta de la de *francés*, en el sentido de que *parálisis* tiene probablemente tres morfemas, es decir *paráli-si-s,* pero no *francés,* hecho que daría cuenta del por qué *parálisis* no cambia en el plural mientras que *francés* sí *(i.e. franceses).* Pero eso no explicaría palabras como *lunes* que no tienen acento en la última sílaba ni se modifican en el plural. Se podría argumentar que la /s/ final de *lunes* es como la de *parálisis*, pero persistiría un problema: a diferencia de *parálisis* que tiene un sufijo (véase *paráli-sis* y *parlítico,* por ejemplo) *lunes* no parece tener un verdadero sufijo. En fin, el intento de desarrollar una hipótesis basada en un análisis morfológico no parece arrojar resultados correctos. Sin embargo más abajo volveremos a tratar algunos de los temas planteados aquí y mostraremos su relevancia dentro de otra hipótesis.

La conclusión a las observaciones hechas es que un análisis puramente léxico, fonológico o morfológico no resuelve el problema planteado. ¿Hay otra posibilidad? La única que nos queda es la de desarrollar una hipótesis en la que se toman en cuenta varios factores. A continuación trataremos de presentar un tanto esquemáticamente esta hipótesis, limitando nuestra presentación a sustantivos y adjetivos. Pero antes de pasar a hacer nuestra presentación, quisiéramos aclarar lo siguiente. Como hemos visto, el español es una lengua en la que el acento puede ocupar varias posiciones en la palabra. A este hecho va ligado el valor fonológico distintivo del acento. En efecto, en lenguas como el francés o el húngaro, en las que el acento ocupa siempre la misma posición (en húngaro el acento aparece siempre en la primera sílaba, en francés en la última), el acento no tiene valor distintivo, no puede distinguir dos palabras segmentalmente idénticas, es decir idénticas en términos de fonemas. Sin embargo esto es posible en español, sirva de ejemplo la diferencia entre *término, termino* y *terminó*. Ahora bien, este hecho juega cierto papel en la determinación del acento en palabras esdrújulas como *término, sábana* (cf. *sabana),* etc. En principio estas palabras podrían o deberían ser llanas, prueba de ello son las palabras *termino, sabana,* etc. Si no hay razón alguna, desde el punto de vista fonológico o morfológico, para que estas palabras sean esdrújulas debemos asumir que están "marcadas" lexicalmente como esdrújulas, y si esto es así, cabe preguntarse qué otras palabras están marcadas lexicalmente con acento y en qué elemento de la palabra está el acento léxico. Para contestar es imprescindible que observemos lo siguiente.

En español un sustantivo o un adjetivo está constituido de un morfema lexical y uno o más sufijos (también puede haber prefijos, pero estos no son relevantes para determinar la posición del acento). Por ejemplo la palabra *silla* como hemos visto está constituida del morfema lexical *sill-* y el sufijo *-a* que es el sufijo de Género. La palabra *can-cion-cit-a-s* tiene los siguientes sufijos: *-ción* que es un morfema derivacional (permite derivar sustantivos a partir de raíces), *-cit* es también un morfema derivacional (permite derivar diminutivos de sustantivos y adjetivos), *-a* es el sufijo inflexional de Género y *-s* es el sufijo inflexional de Número. Como vemos en este ejemplo los sufijos derivacionales preceden a los inflexionales.

Para formar un sustantivo o adjetivo debemos agregar el sufijo inflexional de Género a un morfema lexical o a un morfema lexical junto con los derivacionales. El sufijo inflexional de Número es "optativo": *sillas* y *sillitas* son palabras, y también lo son el singular *silla* y *sillita* sin el sufijo de plural, por supuesto *sill-* o *sillit-* no lo son. Dicho de otra manera, en español la palabra mínima está constituida de un **lexema**[24] y el sufijo de Género, siendo el lexema el morfema lexical solo o, en el caso en que haya sufijos derivacionales, el morfema lexical junto con estos. En consecuencia podemos asumir que la estructura de una palabra mínima es la que aparece en (4a), que en el caso específico de *silla* será la que aparece en (4b) y en el caso de *sillita* la que aparece en (4c). Si la palabra está en plural, entonces además del nivel de palabra mínima representado por Pal, hay un segundo nivel de palabra representado por Pal' que es una proyección de Pal, como se muestra en (4d) para *sillitas:*

4a. [[$_{Lex}$] [$_{Inf}$] $_{Pal}$]
4b. [[[*sill* $_{Mor\ Lex}$] $_{Lex}$] [*a* $_{Inf}$] $_{Pal}$]
4c. [[[*sill* $_{Mor\ Lex}$] [*it* $_{Der}$] $_{Lex}$] [*a* $_{Inf}$] $_{Pal}$]
4d. [[[*sill* $_{Mor\ Lex}$] [*it* $_{Der}$] $_{Lex}$] [*a* $_{Inf}$] $_{Pal}$] [*s* $_{Inf}$] $_{Pal'}$]

Pero, ¿qué pasa con palabras como *papel* que están constituidas únicamente de un morfema lexical? En estos casos, si queremos mantener nuestra posición sobre la formación de palabras tenemos que postular un sufijo inflexional fonológicamente vacío, de modo que la estructura de *papel* será [[*papel* $_{Lex}$] ø $_{Inf}$]. Podemos además suponer que este sufijo vacío es el que se realiza fonéticamente como [e] cuando se agrega el sufijo de Número /s/: *papeles*. Este análisis es válido también para palabras como *canción,* con un sufijo derivacional.

---

[24] Estamos usando el término **lexema** con un significado distinto del que se le ha tradicionalmente asignado en la literatura lingüística.

Volvamos a lo que decíamos sobre palabras como *sábana*. Recordemos que palabras como ésta están marcadas lexicalmente con el acento: una sílaba del morfema lexical lleva acento. Atendiendo al hecho de que las palabras esdrújulas son "excepcionales" en el sentido de que no siguen el patrón más general de la penúltima sílaba, extenderemos la marcación a todas ellas. En otros términos, estamos suponiendo que las palabras con acento sobre la antepenúltima, por ejemplo *Hércules, Júpiter,* etc., tienen una sílaba del morfema lexical marcada con acento.

Observemos sin embargo que en la palabra *hercúleo* el acento se desplaza sobre la /u/. Esto se debe al hecho de que el acento no puede permanecer sobre la sílaba lexicalmente designada porque en *herculeo* ésta es la cuarta sílaba. Esta observación nos induce a proponer una regla que desplaza el acento hacia la derecha, colocándolo sobre la primera sílaba que cumpla con la condición de acentuación en español que prohibe tener acento en la antepenúltima, la condición de la esdrújula. Llamaremos esta regla, regla de **desplazamiento del acento**. Volveremos a tratar de esta regla más tarde.

Tratemos ahora de resolver los otros casos. Empecemos por las palabras que terminan en consonante y son agudas, por ejemplo *papel, andaluz,* etc., que presuponemos tienen un sufijo inflexional vacío. La acentuación aquí puede ser atribuida a una regla que asigna el acento a la última sílaba por estar trabada por una consonante:

5. $V \rightarrow \acute{V} / \underline{} C\#$

Pero esta regla arrojaría los resultados equivocados en el caso del plural, porque obtendríamos **papelés* y **andalucés,* y no *papeles* y *andaluces*. Podemos sin embargo resolver este problema asumiendo que la regla en cuestión se aplica a la palabra mínima, sin el sufijo de plural, es decir a nivel de Pal y no a nivel de Pal'.

Desgraciadamente la regla (5) no puede aplicarse a palabras agudas que terminan en vocal, por ejemplo *sofá, consomé,* etc. y tendremos que asumir que éstas están marcadas lexicalmente con acento.

Pasemos a las otras palabras. Una observación hecha anteriormente es que si la penúltima sílaba está trabada por una consonante, el acento no puede estar en la antepenúltima. Por ejemplo *momento* no puede ser **mómento*. Para dar cuenta de este caso, podríamos proponer una regla similar a la (5) que colocaría el acento en la penúltima sílaba por estar trabada. Pero, puesto que palabras como *momento* no terminan en consonante (si terminaran en consonante serían afectadas por la regla [5]) podemos extender la regla (5) a este caso suponiendo que la regla se aplica primero a la última sílaba, si ésta está trabada, y si no está trabada se aplica a la siguiente. En otros términos en lugar de la regla (5) nos hace falta una regla como la siguiente:

6. Acentúese la última sílaba si está trabada, si no la sílaba siguiente.

Volvamos un momento a las palabras esdrújulas, y notemos que tenemos dos tipos de palabras esdrújulas: las que tienen tres sílabas finales libres (es decir terminadas en vocal), por ejemplo *sílaba* y *sábana*, y las que tienen la tercera sílaba trabada (es decir terminada en consonante) y las otras dos sílabas libres, por ejemplo *tímpano* y *término*[25]. Supongamos que querramos dar cuenta del acento en este último tipo de palabras esdrújulas no de manera léxica sino por medio de una regla, lo que haría falta sería una regla que dijera esencialmente: acentúase la antepenúltima sílaba si está trabada y las otras dos están libres. De esta manera estaríamos reduciendo la carga léxica y estaríamos capturando una generalización que antes se nos había escapado. Es más, realmente no haría falta proponer una regla específica para estos casos, bastaría con extender la regla (6). ¿De qué manera? La idea que hay que captar con esta regla es que se acentúa la última sílaba si está trabada, si no la siguiente si está trabada, si no la siguiente si está trabada. Si esta regla no se aplica porque ninguna de las tres sílabas está trabada, tenemos que suponer que una regla por defecto coloca el acento sobre la segunda sílaba. Al incorporar esta idea en la regla (6) y al asumir que existe una regla por defecto, la tarea de asignar el acento primario se simplifica. En conclusión sugerimos reformular la regla (6) de la manera siguiente:

7. Acentúese la primera sílaba trabada de la palabra mínima procediendo de derecha a izquierda.

(7) se aplica a la última sílaba de *papel,* a la penúltima de *momento* y a la antepenúltima de *tímpano*. Llamaremos esta regla regla de **acentuación de la sílaba trabada**. *Sabana, cometa,* etc. que no son afectados por esta regla, son acentuadas por la **regla por defecto** (8) que se aplica después de la regla (7):

---

[25] Nos referimos únicamente a los sustantivos, porque como ya señalábamos los verbos se comportan de manera distinta, de modo que *termino* y *terminó* son verbos.

8. Acentúese la segunda sílaba.

Pero ¿qué pasa con palabras como *sábana, sílaba,* etc.? De acuerdo con lo que proponíamos anteriormente para las palabras esdrújulas, el morfema lexical de estas palabras está marcado con acento en el léxico. Esta solución podría parecer económicamente poco viable, pero en realidad no es muy costosa si se tiene en cuenta que la marcación se limita a palabras esdrújulas con las tres últimas sílabas libres.

Desgraciadamente ejemplos como *hermano, persona, cartera, calvicie, hermoso,* etc. revelan que esta hipótesis no es empíricamente adecuada porque predice que estas palabras deberían ser esdrújulas, y no lo son. ¿Hay una solución posible para estos casos que no sea la de rechazar la hipótesis propuesta? Trataremos de contestar esta respuesta más abajo, por el momento asumamos que la hipótesis es correcta y resumámosla muy brevemente:

La palabra mínima es la que es afectada por la acentuación. Las agudas terminadas en vocal, por ejemplo *sofá,* las llanas terminadas en consonante, por ejemplo *cadáver,* y las esdrújulas con las tres últimas sílabas libres, por ejemplo *sílaba,* tienen un morfema lexical marcado con acento. Las otras palabras reciben acento por la regla de la sílaba trabada, o en su defecto, por la regla de la segunda sílaba, *v.gr.* la regla por defecto. Esta hipótesis resuelve los casos reseñados y da cuenta de un hecho de cierto interés: el acento no está nunca en los mofemas inflexionales.

Veamos ahora algunos casos que escapan al análisis que hemos propuesto. Notemos en primer lugar que nuestro análisis deja sin explicación el acento en palabras como *metamorfosis, hipnosis, hipótesis, hepatitis, sífilis,* etc. De acuerdo con el análisis que hemos desarrollado, aquí el acento debería estar sobre la última sílaba porque termina en -s. Podemos asumir que la terminación -sis, -tis, -is no es un sufijo derivacional y en particular que la -s final no cuenta (nótese que estas palabras no cambian en el plural), de manera que podríamos dar cuenta de algunos casos con las reglas de acentuación. Por ejemplo *hepatítis, artrítis,* etc., se obtendrían con la regla por defecto. Las otras palabras deberían ser marcadas lexicalmente.

Otro caso problemático para nuestra hipótesis, pero similar al anterior, lo constituyen palabras que terminan en *-es,* como *viernes* y *Hércules.* La /s/ final de *Hércules* no aparece en *herculeo,* de lo que podemos deducir que la /s/ final de estas palabras es un sufijo. No es el sufijo de plural, pero se comporta como un sufijo de Número puesto que estas palabras no varían en el plural. De manera que la palabra mínima será *vierne-* y *Hercule-,* respectivamente, y el acento no podrá estar sobre la última sílaba, sino sobre otra sílaba de acuerdo con las reglas y condiciones establecidas. Por ejemplo en estas dos palabras la acentuación se obtiene por medio de la regla de la sílaba trabada.

Pero la acentuación de la palabra *Júpiter* no puede lograrse por medio de las reglas propuestas y tendrá que ser marcada lexicalmente. Lo interesante de este caso es que *Júpiter* no tiene plural y los hablantes se resisten a ofrecer un plural, digamos *Jupíteres*, lo que apunta hacia el caracter excepcional de esta palabra.

Veamos otros casos un poco más problemáticos. Las palabras *baúl, maíz,* etc. que tienen dos vocales seguidas, una de ellas alta, reciben acento por la regla de la sílaba trabada. ¿Cómo se acentúan palabras como *jaula, Raiza,* etc., en las que hay una semiconsonante, [w] en el primer caso e [j] en el segundo, seguida de una vocal? Si estas palabras tienen en su representación fonológica una semiconsonante, sobre la que no se puede colocar el acento, tendremos que asumir que la acentuación se hace por una de las reglas propuestas. Pero ¿qué pasa si se asume, como en efecto haremos, que las semiconsonantes se derivan de vocales altas en contacto con otra vocal? En este caso la representación fonológica de las palabras en consideración será con /u/ e /i/ respectivamente. Pero en este caso la regla por defecto dará, incorrectamente, la siguiente acentuación: *ja[ú]la, *Ra[í]za,* etc. Pero hay una solución a este problema consistente en presuponer que antes de la aplicación de la regla por defecto se aplica un proceso que llamaremos **Deslizamiento,** proceso por el que una vocal alta en contacto con otra vocal se convierte en una semiconsonante (o semivocal). Volveremos sobre este tema más tarde, por el momento lo que nos interesa es señalar que *jaula* y *Raiza* serán fonológicamente *ja/u/la* y *Ra/i/za* respectivamente. Después de Deslizamiento se convertirán fonéticamente en *ca[w]sa* y *Ra[j]za*. A este punto la regla de acentuación por defecto ya no podrá aplicarse a la semiconsonante sino a la vocal. De esta manera, a pesar de la presuposición de que las semiconsonantes son vocales en la representación fonológica, no lo serán al momento en que se aplica la regla por defecto y los resultados que se obtendrán serán los esperados. Pero persiste un problema, es decir cómo evitar que *baúl* y *maíz* resulten *bá[w]l* y *má[j]z*. La respuesta es relativamente sencilla: hay que asumir que la regla de acentuación de la sílaba trabada es anterior a la de Deslizamiento, y como ya hemos establecido, ésta es anterior a la de la acentuación por defecto.

La hipótesis que hemos desarrollado da cuenta de la acentuación esencialmente en palabras mínimas con un morfema lexical y un sufijo inflexional. ¿Qué pasa en el caso de palabras con algún morfema derivacional? Los pocos casos de este tipo de palabras que hemos revisado contienen el morfema derivacional -*on* o -*cion*, —como en *sillón* y *canción*, respectivamente, o el morfema derivacional -*es* como en *francés*. En estos casos el morfema derivacional y la palabra terminan en consonante por lo que, como hemos propuesto, se aplica la regla de acentuación de la sílaba trabada y se obtiene la acentuación esperada. Lo mismo sucede con las palabras terminadas en -*or*, por ejemplo *traductor*, -*ar*, por ejemplo *popular*, etc.

Veamos los otros casos, es decir aquellos en que la palabra mínima contiene uno o más morfemas derivacionales y termina en vocal. Si la palabra contiene un solo sufijo derivacional, tanto si es de clase —*v.gr.* el sufijo determina la clase gramatical de la palabra (sustantivo o adjetivo)— como si es diminutivo o aumentativo, la palabra recibe el acento de acuerdo con las reglas y condiciones propuestas. Por ejemplo, *zapat-ero*, *cas-ita*, *cas-ota*, y *casona* todas con un solo morfema derivacional (en el primer caso de clase y en los otros diminutivo o aumentativo) el acento se asigna con la regla por defecto.

En los casos en que la palabra contiene un sufijo de clase y otro diminutivo o aumentativo como en *cancioncita*, donde hay dos, *i.e.* -*cion-cit*- el acento aparece sobre el segundo morfema. Ahora bien, si el acento se aplicara aquí de acuerdo con las reglas propuestas el resultado debería ser *cancióncita a causa de la acentuacion de la sílaba trabada. La solución a este problema es en nuestra opinión la siguiente:

9. Si una palabra contiene uno o más morfemas derivacionales las reglas y procesos propuestos se aplican al último morfema derivacional colocando el acento sobre dicho morfema.

Esta condición permite asignar el acento al morfema -*cit* de *cancioncita* independientemente del hecho que haya otro morfema derivacional que además es una sílaba trabada. También permite dar cuenta de la acentuación en casos como *poesía, fantasía*, etc. donde el acento no debería estar sobre la /i/ pues ésta debería haberse deslizado (acuérdese que Deslizamiento es anterior a la regla por defecto). Pero la condición propuesta hace que el acento se coloque sobre la /i/ del sufijo -*si*-. Esto es, a pesar de que la /i/ se encuentra a contacto con una vocal y debería por ello convertirse en una semiconsonante, no puede serlo por la condición arriba mencionada. La misma condición explica la acentuación en *zapat-er-í-a*, donde tenemos dos sufijos derivacionales -*er*- (véase *zapatero*) e -*í*- siendo éste último el mismo sufijo del caso anterior. Notemos incidentalmente que este análisis sugiere que Deslizamiento queda bloqueada o "deshecha" aquí porque existe una condición que requiere aplicación de la acentuación.

En casos de palabras que terminan en -*acia* como *farmacia, burocracia*, etc. donde contrariamente a las apariencias vamos a sostener que hay un solo sufijo y que éste es precisamente -*acia*, la restricción propuesta no obliga a colocar el acento sobre la /i/ de manera que Deslizamiento está libre de operar y en efecto convierte la /i/ en la semiconsonante [j], antes de que la regla por defecto coloque el acento sobre la primera vocal. Este análisis se puede extender a palabras que terminan en -*ancia*, por ejemplo *abundancia, comandancia*, etc., o en -*encia*, por ejemplo *opulencia, querencia*, etc., a las que terminan en -*ario*, por ejemplo *armario, comentario*, etc., y a las que terminan en -*oria*, por ejemplo *memoria, historia*, etc.

Ahora podemos volver a uno de los problemas señalados al hablar de la regla de la sílaba trabada. Como se recordará hicimos notar que en casos como *hermano, persona, cartero, calvicie, hermoso*, etc., el acento no cae sobre la sílaba trabada, que es la antepenúltima, sino sobre la penúltima. Pero ahora tenemos una explicación para estos casos. Si suponemos que estas palabras tienen un morfema derivacional, como está claro para *calvicie* (véase *calvo*), *cartero* (véase *carta*), etc., entonces el acento está sobre la vocal del sufijo derivacional, como exige la condición, y no en la sílaba trabada. De esta manera podemos eliminar estos casos de los problemáticos para nuestra hipótesis, porque en realidad la corroboran.

Preguntémonos por último qué pasa en el caso de morfemas lexicales marcados con acento cuando éstos aperecen en palabras con un sufijo derivacional: lo mismo que en los otros casos, esto es, se acentúa el sufijo. Por ejemlo *lápiz, análisis* y *papá* al combinarse con los sufijos -*ito*, -*itico*, y -*ito* o -*cito*, respectivamente, dan *lapicito, analítico* y *papito* o *papacito*, con acento sobre el sufijo.

Un caso un poco distinto lo ofrecen palabras que terminan en -*tico*, por ejemplo *hipotético, hepático*, etc. Aquí la hipótesis preve que el acento aparezca sobre el sufijo, pero éste no es el caso. No está muy claro por qué y tendremos que asumir que el sufijo -*tico* no admite acentuación. Nótese de paso que no podemos decir que el sufijo es -*ético* porque tenemos también *analítico, fantástico*, etc. Tampoco podemos atribuir este comportamiento al hecho de que estas palabras son a menudo de las que tienen acento léxico, pues también tenemos *simpático* (váse *simpatía*), etc. Notemos finalmente que el sufijo parece contener dos, pues en el caso de *metamórfico, lúdico, típico*, etc., la terminación es simplemente -*ico*. En fin, por el momento no tenemos una explicación adecuada para estos casos y asumiremos, como decíamos, que el sufijo no admite acentuación. Ahora bien, si la palabra contiene un morfema lexical marcado con acento lexicalmente, se aplicará la regla de desplazamiento de acento que colocará el acento sobre la última sílaba antes del sufijo. Por ejemplo *hepático, analítico,* etc., son todas esdrújulas.

Un caso parecido lo ofrece el sufijo *-logo* como en *teólogo, radiólogo, biólogo,* etc. Pero en este caso es posible asumir que el sufijo es *-ólogo* (pues *-ólogo* aparece en todas las palabras) y que el morfema lexical termina en la vocal que precede a *-ólogo.* De todas maneras el acento tendrá que marcarse lexicalmente sobre el sufijo ya que aparece en la antepenúltima.

Resumamos ahora la hipótesis propuesta. El acento primario se asigna a la palabra mínima y si ésta contiene morfemas derivacionales al último de estos. No puede asignarse el acento a una cuarta sílaba desde el final de la palabra. El orden de las reglas es: primero regla de la sílaba trabada, luego Deslizamiento y finalmente regla por defecto, siendo Deslizamiento inaplicable en los casos en que el sufijo derivacional contiene una sola vocal.

2.4.1.2. Acento secundario y acento terciario

Veamos ahora cómo se asigna el acento secundario y terciario. TNT da unas pautas (que llamaremos pautas de acento secundario) para determinar la posición del acento secundario y terciario, pautas, que interpretando las observaciones de TNT, resumiremos de la manera siguiente. Los acentos terciarios y secundarios se asignan a las sílabas que preceden y siguen a la sílaba con acento primario de manera alternativa, empezando por el acento terciario. En otras palabras, viendo el proceso figurativamente, el acento terciario es una primera "ola" que afecta a la sílaba que inmediatamente precede y a la sílaba que inmediatamente sigue a la sílaba con acento primario, obteniéndose así el patrón 3-1-3 (recuérdese que 1 indica acento primario y 3 acento terciario). El acento secundario es la siguiente "ola", que afecta a la sílaba que precede y a la sílaba que sigue a la sílaba con acento terciario, de manera que se obtiene el patrón 2-3-1-3-2. La próxima "ola" es de nuevo un acento terciario, la siguiente es la de un acento secundario, etc. En conclusión, a partir del acento primario se suceden alternativamente y en ambas direcciones (hacia el comienzo y hacia el final de palabra) el acento terciario y el acento secundario. Los siguientes ejemplos, extraídos de TNT (TNT § 173), ilustran lo que acabamos de decir:

10. repetir   rápido   retórica   abadesa   contraproducente
    2   3 1   1 3 2   3 1 3 2   2 3 1   3   2   3   2 3 1 3

Sin embargo, de acuerdo con TNT, hay una excepción: si el acento primario va precedido de tres sílabas éstas tienen la secuencia de acentos 2-3-3, como en la palabra siguiente:

11. emperadores
    2   3 3 1 3

Estas son las reglas para asignar el acento secundario que hemos deducido de las pautas que TNT expone explícitamente. Pero de algunas observaciones en varias entradas del *Manual* se deduce que hay casos que no están previstos por estas reglas. Por ejemplo en (§ 51, a) se habla de /e/ en sílaba con acento secundario y el único ejemplo de /e/ sin acento primario que aparece en ese apartado es el de la palabra *pesar,* que por lo tanto debe tener el patrón 2-1 de acuerdo con lo que TNT dice en este apartado, y no tiene el patrón 3-1 que es el que se deduce de las pautas. En vista de esta observación, tenemos que modificar las pautas para agregar la siguiente:

12. En palabras bisílabas agudas *(v.gr.* con acento sobre la última sílaba), la primera sílaba tiene acento secundario.

En vista de (12), que deducimos de lo que TNT asevera, quisiéramos revisar otro caso que no parece obedecer a las pautas de acento secundario. A pesar de que TNT no dé una indicación explícita específica de la acentuación de palabras trisílabas llanas *(v.gr.* con acento sobre la penúltima), como lo es por ejemplo la palabra *pegadas,* podemos inferir que aquí también la primera sílaba lleva acento secundario, por dos razones. La primera razón es que, como en el caso de *pesar,* también en *pegadas* la primera sílaba aparece inmediatamente antes de la sílaba con acento primario. La segunda razón es que casi todos los ejemplos de este tipo de palabra que aparecen transcritos en el *Manual* tienen en la primera sílaba (si ésta termina en vocal) un tipo de vocal *(v.gr.* cerrada) que no es la vocal que nos esperaríamos si llevara acento terciario. Si nuestra observación es correcta el patrón acentual de *pegadas* y palabras similares es 2-1-3 y no 3-1-3 (este último es el que se deduciría de las pautas). Si esto es así tenemos que modificar una vez más las pautas para agregar la siguiente:

13. En palabras trisílabas llanas la primera sílaba tiene acento secundario.

Observemos ahora que en los ejemplos de (10) y (11) la primera sílaba de toda palabra aguda o llana lleva acento secundario. A partir de esta observación, como de lo estipulado en (12) y (13) y de lo que hemos dicho en los párrafos anteriores, podemos llegar a la siguiente generalización:

14. La primera sílaba de una palabra aguda o llana tiene acento secundario.

Esta generalización da cuenta también del caso excepcional de *emperadores,* en (11), que como hemos visto tiene acento secundario en la primera sílaba. Volveremos sobre esta palabra más abajo.

Ahora cabe la pregunta de si la generalización en (14) puede extenderse aún más. Para ello preguntémonos cuáles son las palabras que no tienen acento secundario sobre la primera sílaba. Estas son las cuadrisílabas esdrújulas, como por ejemplo la palabra *retórica,* para las que TNT explícitamente da el patrón 3-1-3-2. Lo ideal sería que el patrón de estas palabras fuera distinto, en particular que el patrón fuera 2-1-3-2 con acento secundario sobre la primera sílaba, pues de esta manera podríamos generalizar la asignación del acento secundario a la primera sílaba de toda palabra (cuando tal sílaba no tiene acento primario).

¿Hay razones para creer que en palabras como *retórica* la primera sílaba tiene acento secundario a pesar de lo que afirma TNT? Una vez más podemos invocar las razones antes señaladas. La primera es que aquí también, la primera sílaba precede inmediatamente a la sílaba con acento primario. La segunda razón es una vez más que la transcripción de las palabras *hipótesis* (§ 53), *moviéndose* (pág. 291) y *cruzábanse* (pág. 282), que son casi las únicas que claramente pueden mostrar qué pasa en estos casos, es con una vocal cerrada y relajada, que no es lo que nos esperaríamos si la vocal tuviera acento terciario. Asumiendo que estas observaciones son correctas, podemos afirmar que la primera sílaba de *retórica, hipótesis,* etc. tiene acento secundario, en contra de lo que se deduce de las pautas de TNT. En consecuencia, bajo esta presuposición, podemos generalizar la asignación del acento secundario a la primera sílaba:

15. La primera sílaba de una palabra recibe acento secundario, si no tiene acento primario.

De acuerdo con (6), el patrón de la palabra *retórica* no será el 3-1-3-2, como aparece en (10), sino el 2-1-3-2. Al cambiar este patrón, todas las palabras quedan uniformadas, pues todas empiezan con un acento primario o secundario.

Volvamos ahora por un momento al caso de *emperadores* y preguntémonos cómo se obtiene su patrón acentual. Hemos dicho que después de asignar el acento primario se asigna, de acuerdo con (15), acento secundario a la primera sílaba. De esta manera obtenemos (16a).

16a. em(2)-pe-ra-do(1)-res
16b. em(2)-pe(2)-ra(3)-do(1)-res (3)
16c. em(2)-pe(3)-ra(3)-do(1)-res (3)

Supongamos que a este punto se sigan las pautas de acento secundario, de esta manera se obtendrá (16b), donde hay dos acentos secundarios consecutivos. (16b) no es el patrón acentual definitivo de esta palabra, y la pregunta es cómo lograr el patrón acentual definitivo que aparece en (16c). Una respuesta posible es la siguiente. Una vocal con acento terciario es en realidad una vocal "inacentuada" en el sentido técnico de que no hace falta marcar el acento terciario, y en el sentido de que una vocal con acento terciario puede ser afectada por ciertos procesos fonológicos, por ejemplo la reducción y la elisión, que generalmente no afectan las vocales con acento primario y secundario. Asumamos ahora que una secuencia de dos vocales acentuadas, es decir con acento primario o secundario, y con el mismo acento está prohibida por una condición que por el momento llamaremos Condición-C. Pues bien, gracias a esta condición la secuencia de los dos acentos secundarios en (16b) estará prohibida. Supongamos finalmente que existe una "estrategia de reparación" que consiste en eliminar el acento en la segunda sílaba, en este caso dicha sílaba quedará inacentuada, o si se prefiere tendrá acento terciario. De esta manera la secuencia 2-2 de (16b) se convierte en la secuencia 2-3 de (16c), que es la forma acentual definitiva de *emperadores*.

El que acabamos de describir y que resumimos en (17) es el análisis de la acentuación que adoptaremos.

17. Pautas de acentuación:

1º) se asigna el acento primario,
2º) se asigna acento secundario a la primera sílaba inacentuada de la palabra (si la hay),
3º) se asigna el acento a las otras sílabas de acuerdo con las pautas de acento secundario: acento terciario a las sílabas contiguas a la sílaba con acento primario, acento secundario a las sílabas contiguas a las sílabas con acento terciario, acento terciario a las sílabas contiguas a las sílabas con acento secundario, etc.
4º) se cambia la secuencia 2-2 en la secuencia 2-3.

En cuanto a transcripción fonética, el acento primario será señalado con el diacrítico ´, por ejemplo [é] como en cant*[é]*, y el acento secundario con el diacrítico `, por ejemplo [è] como en s*[è]*ñor. El acento terciario se dejará sin marcar, a menos que sea necesario, y en este caso se usará el diacrítico ˘, por ejemplo [ĕ] como en *inac[ĕ]ntuada*. Por otra parte, por razones de simplicidad expositiva, por lo general sólo transcribiremos el acento primario, y llamaremos a la vocal o sílaba que lo lleva vocal o sílaba acentuada.

Una cuestión que aún no hemos planteado es qué pasa con palabras compuestas, por ejemplo sacacorcho, y adverbios en -mente, por ejemplo dulcemente. Aquí el acento primario se asigna antes al primer elemento léxico (sáca, dúlce), luego al segundo (córcho, ménte), lo que hace que el acento del primer elemento léxico se reduzca convirtiéndose en secundario: sàcacórcho, dùlceménte, etc.

2.4.2. *Vocales anteriores*

Volvamos al análisis de la realización fonética de las vocales, empezando por las vocales anteriores llamadas también **palatales,** y recordemos que desde el punto de vista de la fonética acústica las vocales anteriores son orales, agudas y sostenidas (ver Cap. primero sección 6.4.6.4.).

2.4.2.1. La vocal alta /i/

TNT señala que la vocal alta /i/ se pronuncia de tres maneras, todas difusas desde el punto de vista acústico (ver 1.6.4.1.)[26]:

a) cerrada, es decir con un mayor cierre de la cavidad bucal, transcrita fonéticamente [i],

b) abierta, es decir con una mayor abertura, transcrita fonéticamente [i̞],

c) relajada, es decir breve y con menor tensión muscular, transcrita fonéticamente [ı].

Los ejemplos que hemos organizado e incluido en (1), (2) y (3), han sido extraídos del análisis de TNT o de sus transcripciones, e ilus-

---

[26] Como se hace notar en el primer capítulo la distribución de las realizaciones de los fonemas vocálicos que describe TNT no se corresponde siempre a la realidad. Los análisis acústicos realizados parecen mostrar que más que una distribución complementaria entre alófonos de un fonema vocálico, lo que hay es una distribución libre. Pero, a falta de un análisis fonético más detallado, nos limitaremos a asumir el de TNT, más cuando nuestro objetivo no es la descripción fonética del español sino la reformulación del estudio de TNT en términos fonológicos.

tran las tres realizaciones, cerrada, abierta y relajada de /i/, respectivamente. Nótese que para facilitar la lectura hemos transcrito sólo las realizaciones que nos interesan.

1. [i] cerrada

a.	b.	c.	d.
s[í]lla	m[i]serable	precip[i]tación	p[i]sada
b[í]cho	t[i]rador	d[i]ficultad	m[i]llón
v[í]ña			pr[i]sión
conc[í]so			[i]remos
caut[í]vo			h[i]pótesis

2. [i̯] abierta

a.	b.	c.	d.	e.
h[i̯]jo	s[i̯]lba	v[i̯]rtud	as[i̯]gnar	hipótes[i̯]s
r[i̯]co	ob[i̯]spo	d[i̯]ctar		inmóv[i̯]l
m[i̯]rra	br[i̯]zna	d[i̯]cción		
	sent[i̯]r			

3. [ɪ] relajada

a.	b.	c.
púlp[ɪ]to	av[ɪ]sar	prec[ɪ]pitación
retór[ɪ]ca	adm[ɪ]rable	dif[ɪ]cultad
catól[ɪ]co	ed[ɪ]ficio	

La pregunta que ahora tenemos que contestar es qué determina las distintas realizaciones de la /i/. Observemos los ejemplos en (1). En todos ellos la /i/ aparece en sílaba libre, es decir en una sílaba que termina en vocal. Si éste fuera el contexto apropiado para el cierre de /i/ la regla (4), en la que usamos los símbolos /i/ y [i] en lugar de rasgos para simplificar la exposición, daría cuenta adecuadamente del proceso ($ es el símbolo de **linde silábico**, es decir final o comienzo de sílaba):

4. /i/ ⟶ [i] / ____ $

Pero el contexto indicado en (4) no puede ser el correcto porque en (1c) la primera /i/ de *precipitación* y la segunda de *dificultad* aparecen en sílaba libre pero no se realizan cerradas sino relajadas, como se nota en (3c). Lo mismo podemos deducir de los ejemplos en (3b) donde las /i/ están en sílaba libre y sin embargo se realizan relajadas. Pues bien, como lo señala TNT, la condición correcta para el cierre de la /i/ en los ejemplos de (1a) es que la /i/ aparezca en sílaba libre con acento primario. Así que podemos desechar la regla (4) y podemos proponer la regla siguiente para indicar que la /i/ tiene que llevar acento primario:

5. /i/ ⟶ [i] / ____ ´ $

Sin embargo el contexto de la regla (5) no puede dar cuenta del cierre de la /i/ en los otros ejemplos que aparecen en (1) porque en éstos la /i/ no tiene acento primario. Preguntémonos qué determina el cierre de /i/ en los ejemplos (1b). La respuesta es que aquí la /i/ tiene acento secundario. Por ejemplo la /i/ de *miserable* y *tirador* tiene acento secundario de acuerdo con las pautas de acento secundario. Esta observación es comprobada por los ejemplos en (1c). En efecto el patrón acentual de *precipitación* es 2-3-2-3-1 y el de *dificultad* es 2-3-3-1, de manera que también en estos casos la /i/ que se cierra tiene acento secundario[27]. Tomando en cuenta este factor, podemos reformular la regla (5) de manera que exprese que la /i/ se cierra si lleva acento primario, señalado con ´ , o acento secundario, señalado con ` .

6. /i/ ⟶ [i] / { ___ ` $
                  ___ ´ $ }

Pasemos a los ejemplos en (1d). ¿Cuál es el factor que determina el cierre de la /i/ en estos casos? Se podría pensar que aquí la /i/ se cierra por aparecer en la primera sílaba de la palabra. Si esta observa-

---

[27] En las transcipciones de TNT encontramos algunos ejemplos donde la /i/ debería tener acento secundario de acuerdo con las pautas y sin embargo está transcrita con una [!] relajada. Por ejemplo la segunda /i/ de *sensibilidad* (TNT pág. 291) debería tener acento secundario pero está transcrita con [!]. Por otra parte la primera /i/ debería tener acento terciario y sin embargo está transcrita con [i]. Encontramos la misma transcripción con [i] a pesar de que la /i/ tiene acento terciario o aparece en sílaba trabada en palabras como *fácil* (§ 50), *escribano* (§ 50) y *práctico* (§ 54). Excepto casos como estos, que son esporádicos, la transcripción de TNT es fiel a su análisis. ¿A qué se deben estas diferencias entre descripción y transcripción? Algunas se deben a errores tipográficos (por ejemplo TNT da *repicar* (§ 47) como ejemplo de /i/ relajada, sin embargo aparece erróneamente transcrita con [i], y la palabra *fácil* aparece transcrita con [i] en § 50 y con [!] en § 161), pero también es posible que algunas de las discrepancias entre explicación y transcripción se deban a la variación dentro del habla que señalábamos más arriba y que el mismo TNT anota. En efecto debemos considerar las pautas de acento no-primario y las reglas de abertura, cierre y relajamiento de las vocales, de caracter variable, como sugiere TNT, de acuerdo con el dialecto, el sociolecto y el estilo.

ción fuera correcta, tendríamos que reformular la regla (6) para incluir este nuevo contexto, por ejemplo de la manera indicada en (7) aquí abajo, donde el símbolo # expresa límite de palabra, el símbolo C indica consonante, el subíndice o (*v.gr.* cero) expresa que hay un mínimo de cero consonantes, como en *hipótesis* (TNT § 53), y el superíndice 2 expresa que hay un máximo de dos consonantes, como en *brillar* (TNT pág. 293)[28].

7. /i/ ⟶ [i] / $\begin{cases} \underline{}\grave{\ }\ \$ \\ \underline{}\acute{\ }\ \$ \\ \# C_0^2 \underline{}\ \$ \end{cases}$

Sin embargo, al tomar en cuenta el análisis que hemos propuesto para el acento, según el cual la sílaba inicial lleva acento secundario, el tercer contexto de la regla (7) se hace innecesario puesto que la primera sílaba de las palabras en (1d) lleva acento secundario. En otros términos, la regla correcta no es (7) sino la más simple (6).

Pasemos a los casos donde /i/ se realiza abierta. La primera observación que tenemos que hacer es que los ejemplos (2a) muestran que la /i/ en sílaba libre se realiza a veces como abierta y no como cerrada. ¿En qué casos? Como lo señala TNT y como se deduce de los ejemplos en (2a) la /i/ se realiza abierta en sílaba libre si está en contacto con [r̃], es decir la "erre múltiple", o delante de [χ], es decir la velar fricativa sorda. El problema es que la /i/ de las palabras en (2a) aparece en sílaba libre acentuada por lo que que la regla (6) podría aplicarse aquí cerrando, incorrectamente, la /i/. ¿Cómo evitar que la regla (6) se aplique a *rico, hijo,* etc.? Una solución posible consistiría en especificar en la regla (6) las consonantes con las que la /i/ debe estar en contacto para que se cierre. Entre estas consonantes no estarían [r̃] y [χ]. Pero la lista sería larga, por lo que ésta sería una solución muy "costosa" en el sentido de que complicaría enormemente la regla (6).

Otra solución posible sería la de indicar negativamente el contexto de (6), es decir especificando que la /i/ se cierra "si no aparece en contacto con [r̃] o delante de [χ]". Pero esta solución también podría complicar mucho la regla porque exigiría introducir algún nuevo formalismo para indicar negativamente un contexto. Cosa que de todas maneras quisiéramos evitar, exigiendo que los contextos se espi-

---

[28] La falta de acento en el tercer contexto de (6a) indica que éste no es un factor relevante. La razón de ello es que, puesto que los otros dos contextos especifican el acento, el último contexto debe necesariamente cubrir los casos de /i/ con acento terciario.

cifiquen de manera positiva. De hacerlo así, tendremos que rechazar la solución de especificar negativamente el contexto en (6) y tendremos que buscar otra solución. Por el momento dejaremos este problema sin resolver y volveremos a plantearlo un poco más tarde.

Revisemos los otros casos de /i/ abierta. Como podemos deducir de los ejemplos en (2b) y como lo señala TNT, cuando la /i/ se encuentra en sílaba trabada (es decir, una sílaba que termina en consonante), y está acentuada, su pronunciación es abierta. Así que la regla de abertura de la /i/ podría ser en principio la (8), donde C_1^2 significa que /i/ va seguida de una o dos consonantes.

8. /i/ → [į] / ´___ C_1^2\$

Pero a partir de otros ejemplos de TNT, incluidos en (2c), podemos deducir que la /i/ se abre también (aunque con menos frecuencia) cuando aparece en sílaba trabada sin acento primario y seguida de sílaba acentuada, como en *virtud, dictar,* etc. Puesto que en estos ejemplos la /i/ aparece en la primera sílaba de la palabra podríamos pensar que éste es el factor determinante de la abertura de la /i/[29]. Sin embargo TNT da como ejemplo de abertura de /i/ también la palabra *asignar* del grupo (2d), con una /i/ en sílaba trabada en segunda posición. Pero aquí también la sílaba con /i/ es anterior a la sílaba con acento principal. Así que ahora tenemos dos casos de [į]: en sílaba trabada con acento primario o en sílaba anterior a la sílaba con acento primario.

Podríamos pensar que éstos son los factores determinantes para la abertura de la vocal, pero los ejemplos en (2e) no apoyan esta hipótesis, y apuntan hacia la única generalización válida para la abertura de /i/: la vocal debe aparecer en sílaba trabada. Así que la regla será la (9), que reemplaza a la (8)[30].

9. /i/ → [į] / ___ C_1^2\$

Puesto que (9) se aplica a toda /i/ en sílaba trabada, también se aplicará cuando la vocal aparece después de la sílaba con acento pri-

---

[29] La palabra *inmóvil* que empieza con /i/ en sílaba trabada inacentuada está transcrita [į] en algunos casos (TNT § 156, e), pero en otros con [i] (TNT § 110 y pág. 281), posiblemente por error tipográfico, mientras que la primera /i/ de *instrucción* (TNT § 110) y palabras similares están siempre transcritas con [į].

[30] La posibilidad de que haya dos consonantes detrás de la /i/ se da por ejemplo en *instrucción* (TNT § 110). Nótese que la ausencia de acento en el contexto de (8) implica que el acento es irrelevante.

mario, como la segunda /i/ de *hipótesis* (TNT § 53), y la /i/ de *fácil, débil, cáliz* y *áspid* (TNT § 162).

Retomemos los ejemplos en (2a). Aquí la /i/ está en sílaba libre acentuada pero se abre por estar en contacto con [r̃] o delante de [χ], información que hemos decidido no incluir en la regla (6) como condición negativa. Pero ahora podemos incluirla como condición positiva en la regla de abertura de la /i/, es decir como dos contextos más de la regla (9), que por ello reformulamos como (10)[31]:

$$10. \ /i/ \longrightarrow [i̥] \ / \ \begin{cases} \underline{\hspace{1cm}} C_1{}^2\$ \\ [\tilde{r}] \underline{\hspace{1cm}} \$ \\ \underline{\hspace{1cm}} \$ \ [\tilde{r}] \\ \underline{\hspace{1cm}} \$ \ [\chi] \end{cases}$$

(10) es la regla definitiva de abertura de la /i/ y se aplicará tanto a la /i/ en sílaba trabada como a la /i/ en sílaba libre en contacto con [r̃], como por ejemplo en *r[i̥]ma* y *m[i̥]rra,* o delante de [χ] como por ejemplo en *h[i̥]jo*. Recuérdese sin embargo, como anotábamos más arriba, que tenemos que impedir que la regla de cierre, es decir (6), se aplique a estas palabras. Volveremos sobre esto más abajo.

La /i/ se pronuncia, de acuerdo con TNT, breve y relajada en los ejemplos resumidos en (3) que repetimos aquí para mayor claridad:

3. [i̥] relajada
   a.
   púlp[i̥]to
   retór[i̥]ca
   catól[i̥]co

   b.
   av[i̥]sar
   adm[i̥]rable
   ed[i̥]ficio

   c.
   prec[i̥]pitación
   dif[i̥]cultad

En todos estos ejemplos la /i/ aparece en sílaba libre. En los ejemplos en (3a) la /i/ aparece después de una sílaba con acento primario[32], en (3b) aparece inmediatamente delante de una sílaba con acento primario, y en (3c) dos o tres sílabas antes del acento primario. Pero en todos estos casos la sílaba en la que aparece la /i/ no tiene acento (o si se prefiere tiene acento terciario). Esta es la genera-

---

[31] Como lo apuntábamos en la nota anterior, la falta de acento en el contexto indica que éste factor es irrelevante. Así que en los cuatro contextos de la regla (10) puede haber /i/ con o sin acento.

[32] Sin embargo la palabra *práctico,* con una /i/ después de sílaba acentuada, y por lo tanto con acento terciario, aparece transcrita con una [i] cerrada (§ 54 pág. 55), a menos que se trate de un error tipográfico como sugeríamos en la nota 2.

lización necesaria (junto con la de la sílaba libre) para dar cuenta del relajamiento de la /i/, y ésta es la que determina la regla correspondiente, formulada en (11), que aparece aquí abajo junto con las otras reglas que hemos propuesto[33].

6. <u>Cierre</u>

$$/i/ \rightarrow [i] \ / \ \begin{cases} \_\grave{} \ \$ \\ \_\acute{} \ \$ \end{cases}$$

10. <u>Abertura</u>

$$/i/ \rightarrow [į] \ / \ \begin{cases} 1. \_C_1^2\$ \\ 2. [\tilde{r}] \_\$ \\ 3. \_\$ [\tilde{r}] \\ 4. \_\$ [\chi] \end{cases}$$

11. <u>Relajamiento</u>

$$/i/ \rightarrow [ɪ] \ / \ \_\_\_\_\$ $$

Así formuladas las reglas (6), (10) y (11) dan cuenta de las generalizaciones que hemos extraído de las observaciones y ejemplos de TNT. Pero existe un problema. Es imprescindible para un análisis coherente y objetivo que las reglas sean lo más explícitas posible. Deben verse como instrucciones que forman parte de un algoritmo que se aplica objetivamente (es decir, "ciegamente" y no bajo la supervisión de alguien que se asegure de que no se cometan errores) en todos los casos en que sus condiciones de aplicación, explicitadas por los contextos, estén satisfechas. Una regla fonológica es, desde este punto de vista, una operación de cambio que afecta un determinado conjunto de rasgos (que aparecen a la izquierda de la flecha) y tiene un efecto (que aparece a la derecha de la flecha) si y sólo si se cumple cierta condición representada por el contexto.

¿Cumplen nuestras reglas estos requisitos? En la mayoría de los casos sí. Por ejemplo si el aducto es una /i/ en sílaba trabada, sólo la condición especificada como el primer contexto de la regla (10) de relajamiento estará satisfecha, la regla se aplicará y el resultado será, correctamente, una [į]. Si el aducto es una /i/ en sílaba libre inacentuada, sólo podrá ser afectada por la regla (11) de relajamiento y el

---

[33] Hemos colocado un número delante de los contextos de la regla (10) para ayudarnos en la exposición.

resultado una vez más será correcto, es decir una [!]. Si el aducto es una /i/ en sílaba libre y con acento secundario o terciario, hay dos posibilidades. Si la /i/ en cuestión no está en contacto con [r̃] ni delante de [χ], sólo la regla (6) de cierre podrá aplicarse y el resultado será correctamente una [i]. ¿Pero qué pasa si la /i/ está en contacto con [r̃] o delante de [χ]? Como lo señalábamos más arriba hay ambigüedad entre las reglas (6) y (10) en el sentido de que ambas pueden en principio aplicarse en este caso, pues ambas contienen contextos que la /i/ en cuestión sastiface. Sin embargo sólo la regla (10) es la que tiene derecho a aplicarse: si la regla (6) se aplicara obtendríamos una [i] en casos en que sólo una [i̥] es la vocal legítima. Así que el problema que planteábamos anteriormente y que ahora repetimos es cómo evitar que (6) se aplique en estos casos.

Una solución posible es la siguiente. Observemos en primer lugar que los contextos de la regla (6) se refieren a la sílaba libre en general (amén del acento), mientras que los contextos (2, 3, 4) de la regla (10) se refieren a ciertas sílabas libres particulares porque incluyen una información contextual adicional: son más específicos que los contextos de la regla (6). De hecho son casos particulares de los contextos de la regla (6) (*v.gr.* casos particulares de sílabas libres). En vista de ello, lo indicado sería aplicar la regla (10) a los casos de /i/ en contacto con [r̃] o delante de [χ] antes de que éstos puedan ser afectados por la regla más general (6). En otros términos podemos imponer a nuestro algoritmo un orden de aplicación según el cual la regla (10) de relajamiento se aplicará antes de la regla (6) de cierre. Al ordenar la aplicación de (10) antes de (6), una /i/ en sílaba libre y en contacto con [r̃] o delante de [χ] será sometida a la regla (10) y se convertirá en [i̥], después de lo cual la regla (6) no podrá aplicarse (ya no habrá un fonema /i/ que pueda ser afectado por la regla). Por otro lado, una /i/ en sílaba libre que no esté en contacto con [r̃] o delante de [χ] no podrá ser afectada por la regla (10), a pesar de que ésta sea la primera en la "lista de reglas", pero sí podrá ser afectada por la regla siguiente, es decir (6), y correctamente se convertirá en [i].

En conclusión, si asumimos que las reglas constituyen una lista ordenada de manera que cada regla se aplica en el momento que le toca de acuerdo con dicha lista (siempre que el fonema aparezca en el contexto especificado por la regla) entonces, de dos reglas que en principio pueden aplicarse a un mismo fonema, sólo la que aparece primero en la lista se aplicará. Al aplicarse la primera regla, la segunda ya no tendrá posibilidad de aplicarse porque el fonema habrá cambiado. Si adoptamos este principio de aplicación de las reglas resolvemos el problema planteado, ordenando la regla de relajamiento antes de la regla de cierre. Podemos entonces asumir que el orden de aplicacion de las reglas es el siguiente (hemos vuelto a enumerar las reglas para facilitar la lectura):

12. Abertura

/i/ → [i̞] / $\begin{cases} 1. \underline{}C_1{}^2\$ \\ 2. [\tilde{r}]\underline{}\$ \\ 3. \underline{}\$ [\tilde{r}] \\ 4. \underline{}\$ [\chi] \end{cases}$

13. Cierre

/i/ → [i] / $\begin{cases} \underline{}\grave{}\ \$ \\ \underline{}\acute{}\ \$ \end{cases}$

14. Relajamiento

/i/ → [ɪ] / _____ $

Este orden supone que la regla de relajamiento es posterior a las otras dos, pero no hay razón a priori para esta presuposición. Puesto que el contexto para el relajamiento es exclusivo con respecto a los contextos de las otras reglas, de hecho podríamos colocar relajamiento antes de cierre o antes de abertura. Sin embargo podemos elaborar un argumento basado sobre la noción de economía en la representación de las reglas, para decidir cuál es el orden más adecuado.

Notemos que las reglas de abertura y cierre afectan toda /i/, excepto las que aparecen en sílaba libre inacentuada y no están en contacto con [r̃] o delante de [χ]. Por ello podríamos ver la regla de relajamiento como la que se encarga de modificar toda /i/ que no haya sido afectada por las otras dos reglas. Desde este punto de vista, no sólo deberíamos mantener la regla de relajamiento al final de la lista, sino que además deberíamos simplificarla, puesto que no haría falta estipular ningún contexto en la regla: la regla afectará toda /i/ que no haya sido modificada por las otras reglas (independientemente del contexto). De manera que podemos dejar la regla de relajamiento al final de la lista y la podemos reformular de la manera siguiente:

15. Relajamiento (modificada)

/i/ → [ɪ]

Veamos ahora si existe otra posibilidad de resolver la cuestión del orden de aplicación de las reglas apelando a la noción de economía. La regla de abertura, (12), hace referencia a tres contextos particulares de /i/ en sílaba libre, los contextos enumerados 2, 3 y 4. La regla de relajamiento en su formulación original (14) hace referencia a otro contexto particular de /i/ en sílaba libre *(v.gr.* cuando el acento es terciario, esto es cuando la sílaba es inacentuada). Si estas dos reglas se ordenaran antes de la regla de cierre, ésta podría verse como una regla que afecta toda /i/ en sílaba libre que no haya sido previamente afectada por las primeras dos reglas. Desde este punto de vista, la regla de cierre podría formularse sin especificar ningún contexto, puesto que su labor consistirá en cambiar toda /i/ aún en forma fonológica:

16. <u>Cierre</u> (modificada)

/i/ ⟶ [i]

En conclusión, la regla de abertura tiene que preceder la regla de cierre. Pero relajamiento, formulada como (15), tiene que ser posterior a las otras dos reglas, éste es el caso (17a), que se lee "abertura antes de cierre, cierre antes de relajamiento". Si relajamiento se formula como (14) puede ser anterior a las otras dos reglas, caso (17b), o anterior sólo a cierre, caso (17c). En estas dos últimas soluciones la regla de cierre queda formulada como en (16).

17a. abertura > cierre > relajamiento.
17b. relajamiento > abertura > cierre
17c. abertura > relajamiento > cierre

¿Cuál de las tres alternativas en (17) es preferible desde el punto de vista de la economía? Notemos en primer lugar que las últimas dos soluciones son en principio equivalentes, pues ambas tienen las mismas reglas con el mismo número de símbolos. Así que la pregunta es si hay diferencia entre estas dos soluciones y la primera. Observemos que en la solución (17a) se simplifica la regla de relajamiento que en su formulación original tiene un solo contexto. En las otras dos soluciones, (17b) y (17c), se simplifica la regla de cierre que en su formulación original tiene dos contextos. En vista de esto, las soluciones (17b) y (17c) son mejores que la (17a) porque son más "cortas", en el sentido de que hacen uso de un menor número de contextos que la solución (17a). Por ello, las últimas dos soluciones son preferibles en cuanto a economía. Así que, tomando en cuenta este hecho, el orden de las reglas será el (17b) o el (17c), que como hemos dicho son equivalentes. ¿Es esto cierto? ¿Es cierto que estas dos soluciones son más económicas? Tomemos la solución (17b) que aparece aquí abajo con una nueva enumeración de las reglas, y preguntémonos qué sucede con la /i/ de palabras como *arrimar, derribar,* etc. que es una /i/ que aparece en sílaba inacentuada en contacto con [r̃].

18. <u>Relajamiento</u>

   /i/ ⟶ [!] / _____ $

19. <u>Abertura</u>

   /i/ ⟶ [i̹] /   { 1. __C₁²$
                    2. [r̃] _____ $
                    3. _____ $ [r̃]
                    4. _____ $ [χ]

20. <u>Cierre</u> (modificada)

   /i/ ⟶ [i]

TNT no da ninguna indicación sobre este caso y no hemos encontrado ejemplos transcritos que puedan ayudar a dilucidar su posición. Sin embargo, si tomamos en cuenta el hecho de que en su descripción de la [i̹] abierta da como ejemplo también /i/ inacentuada, como por ejemplo en la palabra *asignar*, podemos concluir que la /i/ se abre en los contextos apropiados independientemente del acento. De ser así la /i/ de *arrimar, derribar*, etc., será una [i̹] abierta: *arr[i̹]mar, derr[i̹]bar,* etc. Ahora bien, si las reglas están ordenadas con relajamiento, es decir (18), antes de abertura, es decir (19), relajamiento podrá aplicarse a la /i/ de *arrimar, derribar,* etc. porque la /i/ aquí es inacentuada, y el resultado será una [!], por ejemplo *arr[!]mar*. Pero éste es un resultado equivocado, pues la representación fonética debe ser con [i̹], es decir *arr[i̹]mar*. En conclusión, el orden propuesto en (17b) y expresado en (18-20) no es el correcto: el orden correcto es con relajamiento después de abertura, como se indica a continuación con la nueva enumeración, orden que correctamente permitirá abrir las /i/ de *arrimar, derribar,* etc.

21. Abertura

$$/i/ \rightarrow [i̞] \quad / \quad \begin{cases} 1. \underline{}C_1^2\$ \\ 2. [\tilde{r}] \underline{} \$ \\ 3. \underline{} \$ [\tilde{r}] \\ 4. \underline{} \$ [\chi] \end{cases}$$

22. Relajamiento

$$/i/ \rightarrow [ɪ] / \underline{} \$$$

23. Cierre (modificada)

$$/i/ \rightarrow [i]$$

Esta es la solución definitiva y es válida bajo la presuposición crucial de que nuestro análisis de la acentuación es correcto, porque si se asumiera el análisis del acento de TNT, del cual se deduce que la primera sílaba de la palabra *p/i/sada* tiene acento terciario, esta solución arrojaría resultados equivocados. En efecto, si la /i/ tuviera acento terciario se le aplicaría la regla de relajamiento y se obtendría, incorrectamente, *p[ɪ]sada,* cuando la transcripción de TNT es *p[i]sada*. En nuestro análisis la /i/ de *pisada* tiene acento secundario por lo que la regla de relajamiento no podrá afectarla, pero sí la regla de cierre, obteniéndose así el resultado deseado.

Sin embargo vale la pena agregar que aún en el caso de que se asumiera el análisis de la acentuación de TNT, podrían obtenerse los resultados correctos ordenando la regla de cierre antes de la regla de relajamiento, es decir adoptando la solución (17a).

Para ejemplificar la validez de nuestro análisis ofrecemos en (24) la **derivación** de las /i/ en las palabras *dificultad* e *hipótesis,* entendiendo por derivación la secuencia de pasos que seguimos partiendo de la **representación fonológica** hasta obtener la **representación fonética,** y comprobando a cada paso si una de las reglas de la lista ordenada aquí arriba, *v.gr.* (21-23), es, de acuerdo con el contexto, aplicable (en este caso se da el cambio estipulado en la regla) o no (en este caso el cambio no se da). Nótese que en (24) estamos asumiendo que hay dos reglas de acentuación anteriores a las reglas de abertura, relajamiento y cierre.

24.

reglas	repre. fonol.:	d/i/f/i/cultad		h/i/pótes/i/s	
acento principal			/á/	/ó/	
acento secundario		/ì/	no	/ì/	/ì/
abertura		no	no	no	[i̦]
relajamiento		no	[!]	no	no
cierre		[i]	no	[i]	no
	repre. fonét.:	d[i]f[!]cultad		h[i]pótes[i̦]s	

Una última cuestión antes de pasar al análisis de las otras vocales. Hemos logrado una hipótesis bastante explícita y coherente sobre la realizaciones de la /i/, ahora quisiéramos simplificarla un poco más. Lo primero que podemos hacer es simplificar la regla de abertura que es la que tiene varios contextos. Observemos que el segundo contexto de la regla, repetida aquí abajo, excluye la posibilidad de abrir una /i/ precedida de [r̃] en sílaba trabada, como por ejemplo en la palabra *rincón*.

21. Abertura

$$/i/ \longrightarrow [i̦] \quad / \quad \begin{cases} 1. \_\_C_1{}^2\$ \\ 2. [r̃] \_\_\_ \$ \\ 3. \_\_\_ \$ [r̃] \\ 4. \_\_\_ \$ [\chi] \end{cases}$$

Pero toda /i/ en sílaba trabada, incluyendo la /i/ de *rincón*, se abre porque satisface la primera condición contextual. Supongamos entonces que adoptamos la convención de que el primer contexto de una regla tiene prioridad sobre el segundo, en el sentido de que debe satisfacerse antes del segundo, que el segundo contexto tiene prioridad sobre el tercero, en el sentido que acabamos de dilucidar, etc. Pues bien, bajo esta presuposición, toda /i/ en sílaba trabada, incluyendo la /i/ de *rincón,* sastisfará el primer contexto. Las únicas /i/ que podrán ser afectadas por el segundo contexto, o por cualquier otro contexto de las tres reglas, no podrán ser otras que /i/ en sílaba libre. Si una de estas /i/ va precedida de [r̃] satisfará el segundo contexto de la regla de abertura y se abrirá. Esto implica que el símbolo $ de final de sílaba que hemos usado para identificar a las sílabas libres es totalmente redundante y podrá eliminarse del segundo contexto de la regla de abertura, como también del contexto de la regla de relajamiento, como se indica en las reglas repetidas aquí abajo (hemos eliminado los números de los contextos por ser innecesarios).

21. <u>Abertura</u>

$$/i/ \rightarrow [\mathring{i}] \quad / \quad \begin{cases} \underline{\quad} C_1^2\$ \\ [\tilde{r}]\underline{\quad} \\ \underline{\quad}[\tilde{r}] \\ \underline{\quad}[\chi] \end{cases}$$

22. <u>Relajamiento</u>

$$/i/ \rightarrow [\text{I}] / \underline{\quad}$$

23. <u>Cierre</u> (modificada)

$$/i/ \rightarrow [i]$$

El segundo paso en la simplificación consiste en reducir las tres reglas a una sola, como lo hacemos en (25), que es la regla definitiva de realización fonética de la /i/, respetando la convención de prioridad de los contextos.

25.

$$/i/ \rightarrow \begin{cases} [\mathring{i}] \quad / \quad \begin{cases} \underline{\quad} C_1^2\$ \\ [\tilde{r}]\underline{\quad} \\ \underline{\quad}[\tilde{r}] \\ \underline{\quad}[\chi] \end{cases} \\ [\text{I}] \quad / \quad \underline{\quad} \\ [i] \end{cases}$$

2.4.2.2. La vocal media /e/

Al igual que la vocal alta, la vocal media tiene tres realizaciones posibles, cerrada, abierta y relajada, que aparecen ejemplificadas en (26), (27) y (28), respectivamente.

26. [e] cerrada
a.
p[é]cho
saqu[é]
cab[é]za

b.
p[e]sar
V[e]lázquez

c.
p[é]sca
s[é]d
compad[é]zco
v[é]ngo
t[é]mplo
p[é]z
[e]xplicar[34]
[e]xt[é]nso
d[e]sd[é]n
c[é]sp[e]d

d.
r[e]sto
r[e]nta

27. [ɛ] abierta[35]
a.
gu[ɛ]rr[ɛ]ro
t[ɛ]ja

b.
v[ɛ]rde
b[ɛ]lga
conc[ɛ]pto
af[ɛ]cto
[ɛ]ximio[36]

c.
p[ɛ]ine
l[ɛ]y
s[ɛ]is

28. [ə] relajada[37]
a.
húm[ə]do
hipót[ə]sis
tóm[ə]la
noch[ə]

b.
mec[ə]dor
rep[ə]tir

c.
juev[ə]s
Lóp[ə]z
Carm[ə]n

Como en el caso de la [i], la variante cerrada [e] se da en sílaba libre con acento primario, ejemplos en (26a), o secundario, ejemplos en (26b). Esta información está recogida en la regla (29).

29. /e/ ⟶ [e]   /   { ´__$
                        ` __$

---

[34] TNT transcribe con [s] los ejemplos con la letra "x" seguida de otra consonante, por ejemplo e[sp]licar, e[st]enso, así que se trata de casos de /e/ trabada por /s/.
[35] La representación de la "e" abierta en TNT es [ɛ], pero en la representación de la IPA (International Phonetic Association) se usa [ɛ] que es la representación que hemos usado en el primer capítulo.
[36] Las palabras eximio y exhalar están transcritas e[gs]imio y e[gs]balar.
[37] La "e" relajada se representa en TNT con [ə], que en la transcripcieon de la IPA representa otra vocal, la schwa, que es más cerrada y más central que la "e" relajada.

Pero a diferencia de la [i] la [e] se da también en otros contextos ejemplificados en (26c) y (26d). ¿Cuáles son esos contextos? Los primeros nueve ejemplos de (26c) muestran que la /e/ se cierra cuando aparece en sílaba trabada y lleva acento primario o secundario: en todos estos ejemplos se trata de una [é] con acento primario o una [e] en la primera sílaba de la palabra que, de acuerdo con nuestro análisis, es una [è]. Pero en vista de los últimos ejemplos de (26c), c[é]sp[e]d y hu[é]sp[e]d, cuya segunda [e] aparece en sílaba trabada pero con acento terciario, el condicionamiento correcto para el cierre de la /e/ no puede ser el acento, sino simplemente el hecho de que la vocal se encuentra en sílaba trabada, es decir en el contexto ___ C$.

¿Es esta generalización correcta? Si tomamos en cuenta el hecho de que la /e/ de v[ę]rde y otros ejemplos de (27b) se abre a pesar de que aparece en sílaba trabada, la conclusión es que ésta no es la generalización correcta para el cierre de la /e/ y que debe haber otro factor que determina el cierre de la vocal en (26c). ¿Cuál es ese factor? La respuesta se deduce de una comparación entre los ejemplos en (26c) y (27b): las consonantes que traban a la [e] cerrada no traban a la [ę] abierta, y viceversa. Hay pues una distribución complementaria entre [e] y [ę] en sílabas trabadas, y esa complementariedad depende de la consonante que sigue a la vocal.

Veamos entonces cuáles son las consonantes que traban a la [e] cerrada. Estas son: /s/, /d/, /θ/ y las nasales /n/ y /m/. Esta información puede resumirse diciendo que la /e/ se cierra en el contexto ___ C$ si la consonante es una /s/, una [Dental] (v.gr. las dentales /d/ y /t/ o la interdental /θ/) o una [Nasal] (v.gr. /n/ o /m/). Podemos incorporar esta información en la regla (29), reformulándola como (30), donde el último contexto se interpreta de la manera siguiente: si está trabada por una consonante /s/, una [Dental] o una [Nasal][38].

30. /e/ ⟶ [e] / $\left\{ \begin{array}{l} \underline{}\acute{}\$ \\ \underline{}\grave{}\$ \\ \underline{} \text{ C } \$ \left\{ \begin{array}{l} /s/ \\ [\text{Dental}] \\ [\text{Nasal}] \end{array} \right\} \end{array} \right.$

---

[38] Otro contexto en el que la /e/ parece cerrarse es cuando va seguida de una semivocal posterior como en *gente humilde* pronunciada *gent[ew]milde* (TNT § 69) donde la vocal /u/ se convierte en semivocal. No incluiremos en nuestro análisis este caso porque no tenemos suficientes ejemplos que comprueben esta hipótesis. Notemos que el símbolo de la semivocal es [w], el mismo que usamos para la semiconsonante.

El último caso de [e] cerrada que nos falta por analizar es el de (26d) en palabras como *r[é]sto* y *r[é]nta* pero antes revisemos los casos de abertura de /e/ que aparecen en (27a). En estos casos, como en el caso de la /i/, la vocal se abre por estar en sílaba libre y en contacto con [r̃] o delante de [χ]. Así que podríamos formular una regla parecida a la de la /i/ para dar cuenta de este proceso:

31. /e/ ⟶ [ę]/ $\begin{cases} [r̃] \_\_\_ \$ \\ \_\_\_ \$ [r̃] \\ \_\_\_ \$ [χ] \end{cases}$

Ahora podemos volver a los casos de cierre de /e/ que aparecen en (26d), es decir *r[é]sto*, *r[é]nta*, etc. y observemos que a pesar de tener una /e/ precedida de [r̃], estos ejemplos no son afectados por la regla (31) porque la /e/ aparece en sílaba trabada y no en sílaba libre, como lo exige la formulación de (31). Así que son correctamente convertidos en [e] por la regla (30).

Pasemos a los ejemplos en (27b), en los que la /e/ se abre por estar en sílaba trabada por una líquida (es decir /r/ o /l/), una velar (es decir /k/ o /g/) o una labial oral (es decir /p/, /b/ o /f/). Esta información debería agregarse a la regla de abertura (31), pero si asumimos que esta regla se aplica después de la regla de cierre, ya no hace falta especificar la consonante, y basta con incluir en la regla el contexto ___ C $:

32. /e/ ⟶ [ę]/ $\begin{cases} \_\_\_ C \$ \\ [r̃] \_\_\_ \$ \\ \_\_\_ \$ [r̃] \\ \_\_\_ \$ [χ] \end{cases}$

En cuanto a los ejemplos en (27c), éstos muestran que la /e/ se abre también cuando le sigue la semivocal [j][39]. Podríamos incluir esta información en la regla (32), pero es suficiente con sustituir en el primer contexto el símbolo C de consonante, por el símbolo S de segmento[40], como lo hacemos en la reformulación (33) aquí abajo. Así reformulada la regla dice que en el contexto en que /i/ aparece en una sílaba trabada por un segmento, sea éste una consonante o una semivocal, la vocal se abre. Esto es suficiente, ya que la regla de cierre es anterior a la regla de abertura.

---

[39] La /e/ se abre también en casos como *nombr[ę] [j]lustre* (TNT § 69) en los que la vocal /i/ se convierte en semivocal. Este caso queda cubierto por la regla (33).
[40] Por segmento entendemos un fonema o un fono.

33. /e/ ⟶ [ẹ]   / $\begin{cases} \underline{\hspace{1em}} \text{ S \$} \\ [\tilde{r}] \underline{\hspace{1em}} \text{ \$} \\ \underline{\hspace{1em}} \text{ \$ } [\tilde{r}] \\ \underline{\hspace{1em}} \text{ \$ } [\chi] \end{cases}$

La variante que nos queda por analizar es la relajada, que como los ejemplos en (28a) y (28b) muestran se da en sílaba libre inacentuada, por lo que la regla de relajamiento para estos casos puede formularse de la manera siguiente:

34. /e/ ⟶ [ə]   /   ____ $

Los ejemplos en (28c) muestran que la /e/ se relaja también en sílaba trabada inacentuada, así que deberíamos cambiar la regla (34) reformulándola como (35) para decir que toda /e/ inacentuada se relaja.

35. /e/ ⟶ [ə]   /   ____

Pero esto nos crea un problema. Si suponemos que relajamiento se aplica antes de cierre, incorrectamente se relajaría la segunda /e/ de los ejemplos *huésped* y *césped* en (26c) que como hemos visto no se relaja sino que se cierra. Si suponemos que cierre se aplica antes de relajamiento, incorrectamente se cerraría la /e/ de la última sílaba de los ejemplos *jueves*, *López* y *Carmen* de (28c) que como vemos se relaja. El problema no se resolvería reformulando la regla (35) de la manera indicada en (36), donde hemos agregado el contexto para la /e/ en sílaba trabada.

36. /e/ ⟶ [ə]   / $\begin{cases} \underline{\hspace{1em}} \text{ \$} \\ \underline{\hspace{1em}} \text{ C \$} \end{cases}$

¿Cómo resolver este problema? La respuesta merece un estudio más atento de los ejemplos en TNT. En los casos en que la /e/ inacentuada y trabada (por las consonantes /s/, Dental o Nasal) aparece en interior de palabra, la transcripción es casi sistemáticamente con [e], como por ejemplo en *corr[e]spondí* (§ 52,a), *des[e]mpedrando* (página 277), *des[e]sperada* y *bien[e]star* (pág. 303). Cuando aparece en la última sílaba de la palabra y está trabada por /d/, como en *huésped* y *césped*, TNT la transcribe con [e] cerrada. Ahora bien éstos dos son los únicos ejemplos de /e/ inacentuada y trabada que TNT ofrece en su descripción de la [e] cerrada. Puesto que las palabras que terminan en

/ed/ con /e/ inacentuada son raras, el hecho de que TNT haya escogido esas dos palabras para ilustrar el cierre de la /e/ en sílaba inacentuada trabada, nos hace pensar que éste es un caso excepcional, en el sentido de que la /e/ en sílaba inacentuada trabada a final de la palabra se cierra si le sigue una /d/.

¿Es esta conclusión confirmada por las transcripciones en los textos fonéticos de TNT? Hasta cierto punto sí, pues a pesar de que no hayamos podido confirmar nuestra predicción sobre las palabras terminantes en /ed/, las palabras que terminan en otras consonantes (sobre todo /s/ y /n/) aparecen transcritas casi sistemáticamente con [ə]. Hay algunas "excepciones" que parecen corresponder a palabras en el medio de un grupo fónico (es decir, no al final de grupo fónico ni a final de oración). TNT preve estas "excepciones" al constatar la variabilidad del relajamiento de las vocales según el estilo de habla, variabilidad que se revela en la transcripción fonética. Ahora bien, si dejamos de lado estos casos "excepcionales", podemos decir que la /e/ se relaja en sílaba inacentuada a final de palabra si está trabada por /s/, /θ/ o Nasal, de manera que podemos reformular la regla de relajamiento de la manera siguiente[41]:

37. /e/ → [ə]   / $\left\{ \begin{array}{l} \underline{} \ \$ \\ \underline{} \ C \ \# \\ \left\{ \begin{array}{l} /s/ \\ \text{Interdental} \\ \text{Nasal} \end{array} \right\} \end{array} \right.$

Agreguemos que para que los resultados sean correctos, relajamiento tiene que aplicarse antes de cierre, de otra manera la /e/ de *López, Carmen,* etc. incorrectamente se cerraría. Así que el orden de las reglas sobre la /e/ es el que aparece a continuación con una nueva enumeración:

38. <u>Relajamiento</u>

/e/ → [ə]   / $\left\{ \begin{array}{l} \underline{} \ \$ \\ \underline{} \ C \ \# \\ \left\{ \begin{array}{l} /s/ \\ \text{Interdental} \\ \text{Nasal} \end{array} \right\} \end{array} \right.$

---

[41] Interdental en (37) resume los rasgos [Dental] y [Fricativo], entre otros, que caracterizan a [θ] frente a las dentales [t] y [d].

39. Cierre

$$/e/ \rightarrow [e] \quad / \quad \begin{cases} \underline{}\acute{\ }\ \$ \\ \underline{}\grave{\ }\ \$ \\ \underline{}\ C\ \$ \\ \begin{Bmatrix} /s/ \\ [Dental] \\ [Nasal] \end{Bmatrix} \end{cases}$$

40. Abertura

$$/e/ \rightarrow [ę] \quad / \quad \begin{cases} \underline{}\ S\ \$ \\ [\tilde{r}]\ \underline{}\ \$ \\ \underline{}\ \$\ [\tilde{r}] \\ \underline{}\ \$\ [\chi] \end{cases}$$

Estas reglas pueden por supuesto reducirse a la regla en (41), donde hemos eliminado los contextos de la última regla por ser ésta el caso de "en cualquier otro lugar".

41.

$$/e/ \rightarrow \begin{cases} [ə] \quad / \quad \begin{cases} \underline{}\ \$ \\ \underline{}\ C\ \# \\ \begin{Bmatrix} /s/ \\ \text{Interdental} \\ \text{Nasal} \end{Bmatrix} \end{cases} \\ [e] \quad / \quad \begin{cases} \underline{}\acute{\ }\ \$ \\ \underline{}\grave{\ }\ \$ \\ \underline{}\ C\ \$ \\ \begin{Bmatrix} /s/ \\ [Dental] \\ [Nasal] \end{Bmatrix} \end{cases} \\ [ę] \end{cases}$$

La regla (41) es descriptivamente adecuada, pero es "compleja" y poco elegante. Además es muy distinta de la regla sobre /i/, es decir la regla (25). Lo ideal sería que la regla sobre /e/ se pareciera a la regla sobre /i/, de esta manera podríamos combinar las dos reglas en una sola. En fin, la regla (41) es poco satisfactoria. A pesar de ello, por el momento la adoptaremos, junto con (25), como parte de nuestro análisis de las vocales.

2.4.3. Vocales posteriores

En esta sección vamos a analizar las vocales posteriores, también llamadas **velares**. Desde el punto de vista de la fonética acústica las vocales posteriores son orales, graves y bemolizadas (ver Cap. primero sección 6.4).

2.4.3.1. La vocal media /o/

Las realizaciones cerrada, abierta y relajada de la /o/ están ejemplificadas en (42), (43) y (44) respectivamente.

42. [o] cerrada
    a.
    llam[ó]
    m[ó]da

    b.
    s[o]ñar
    b[o]dega
    símbol[o]

43. [ǫ] abierta[42]
    a.
    r[ǫ]ca
    g[ǫ]rra
    h[ǫ]ja

    b.
    s[ǫ]rdo
    g[ǫ]lpe
    ad[ǫ]ptar
    c[ǫ]sta
    c[ǫ]nde
    c[ǫ]mpro
    d[ǫ]gma
    b[ǫ]j

    c.
    s[ǫ]y
    her[ǫ]ico[43]

    d.
    ah[ǫ]ra
    batah[ǫ]la

---

[42] TNT usa el símbolo [ǫ] para la "o" abierta. En la representación de la IPA se usa el símbolo [ɔ] que es el que usamos en el primer capítulo.

[43] La /o/ final de *heroico* y *estoico*, en las que la primera /o/ forma parte de un diptongo, tienen acento terciario y deberían realizarse como [ŏ] relajada —véase (44a)—, sin embargo aparecen transcritas con [o] cerrada (TNT § 59,c). A menos que la silabificación, por lo menos inicial, sea *he-ro-i-co* y *es-to-i-co*, en cuyo caso la /o/ final tiene acento secundario y se realiza como [o]. Pero quizás ésta no sea la razón. Observemos que la /o/ final de *castigo* y *amargo* aparece transcrita con [ŏ] (TNT § 60), por ello se podría pensar que la razón para el cierre de /o/ en *heroico* y *estoico* es que va precedida de una velar oclusiva sorda. Pero una revisión de los textos transcritos muestra que esto no es así: *poco* (pág. 293), *céntrico* (pág. 277) y *rico* (pág. 303) están transcri-

44. [o] relajada[44]
    a.
    castig[ŏ]
    símb[ŏ]lo

    b.
    ad[ŏ]rar
    temp[ŏ]ral
    col[ŏ]ró

Los ejemplos en (42) muestran que la /o/ se cierra si aparece en sílaba libre y lleva acento primario o secundario, por lo que la regla de cierre es la siguiente:

45. /o/ ⟶ [o]   / $\left\{ \begin{array}{l} \underline{\quad}\grave{\ }\ \$ \\ \underline{\quad}\acute{\ }\ \$ \end{array} \right.$

Los ejemplos en (43a) muestran que la /o/ se abre en sílaba libre en contacto con [r̃] o delante de [χ]. Los ejemplos en (43b) y (43c) revelan que la /o/ se abre también en sílaba trabada por una consonante o una semivocal anterior[45], independientemente del acento. La regla para la abertura de /o/ puede formularse de la manera siguiente:

46.
/o/ ⟶ [ǫ]   / $\left\{ \begin{array}{l} \underline{\quad} C_1^2 \$ \\ \underline{\quad} [j]\ \$ \\ [\tilde{r}]\ \underline{\quad}\ \$ \\ \underline{\quad}\ \$\ [\tilde{r}] \\ \underline{\quad}\ \$\ [\chi] \end{array} \right.$

Los ejemplos en (43d) muestran que una /o/ acentuada precedida de /a/ y seguida de una líquida se abre. No se abre si la vocal que la precede y/o la vocal que le sigue es otra. Este es un contexto bastante

---

tos con [ŏ] relajada, como es de esperarse, y no con [o] como parece deducirse de los ejemplos del tipo *heroico*. Por otra parte *tengo* (págs. 297 y 303), *digo* (pág. 299), *contigo* (pág. 295) y *largo* (289) están transcritas con [o] cerrada cuando nos esperaríamos una [ŏ] relajada. Pero *contigo* sí aparece en otro lugar (pág. 277) con [ŏ], al igual que *fango* (pág. 289), *amigo* (pág. 291), *hago* (pág. 297), *enemigo* (pág. 283) y *algo* (página 285). ¿Qué conclusiones podemos sacar de estos datos? Quizás las siguientes: (1a) las transcripciones adolecen de algunos errores tipográficos (a veces fácilmente detectables) por lo que algunos casos de [o] en realidad son [ǫ] u [ŏ], (2a) aquí como en el caso de las otras vocales hay variabilidad entre vocal relajada y las otras vocales por estilo y posición de la palabra en el grupo fónico (amén de otros factores que pueden influir, como son el dialecto hablado y probablemente la entonación).

[44] TNT usa otro símbolo para la "o" relajada.
[45] La /o/ no se abre si la semivocal es posterior, así que *bou* aparece transcrita con [o] (TNT § 66).

distinto de los casos estudiados previamente, puesto que está constituido del contexto que precede a la /o/, más el que le sigue y el acento. Por esta razón es un tanto dudoso. Pero TNT es muy explícito sobre este particular, así que a pesar de que la primera /o/ de *ahogo* aparezca transcrita con [o] (TNT § 56,b), a pesar de que le siga una velar, y a pesar de que *ahora* aparezca también transcrita con [o] (página 285) o inclusive con [°] (TNT § 147), nos vemos en la necesidad de incluir esta información en la regla (46), reformulada como (47), en la que L se refiere a líquida.

47.

$$/o/ \rightarrow [ǫ] \quad / \quad \begin{cases} 1. \underline{\quad} C_1{}^2 \$ \\ 2. \underline{\quad} [j] \$ \\ 3. [\tilde{r}] \underline{\quad} \$ \\ 4. \underline{\quad} \$ [\tilde{r}] \\ 5. \underline{\quad} \$ [\chi] \\ 6. /a/ \$ \underline{\acute{\quad}} \$ L \end{cases}$$

En cuanto a la vocal relajada, ésta aparece en sílaba libre inacentuada, y la regla que la genera es la (48).

48. $/o/ \rightarrow [ŏ] \quad / \quad \underline{\quad} \$$

Para concluir el análisis sobre la /o/ vamos a resumir las tres reglas en una sola. Pero primero veamos cómo deberían ordenarse las reglas. Lo deseable sería que la regla de abertura, (47), quedara de última porque de esta manera su contexto, que es el más complejo, podría eliminarse, cosa que simplificaría mucho el análisis. Pero no podemos aplicarla de último porque no podría aplicarse a una /o/ acentuada precedida de /a/ y seguida de líquida, ya que esta /o/ habría sido previamente afectada por la regla de cierre, (46). Lo mismo sucedería con una /o/ acentuada en contacto con [r̃] o delante de [χ]. En fin, la regla de abertura tiene que ser anterior a la regla de cierre. En cuanto a la regla de relajamiento, podemos ordenarla antes de la regla de cierre y podemos simplificar su contexto eliminando la referencia al límite de sílaba. La regla de abertura será última y no hará falta especificar su contexto. Ahora podemos incluir las tres reglas en una sola, la (49), que a pesar de su poca elegancia, es la que por el momento adoptaremos.

49.

$$/o/ \rightarrow \begin{cases} [\mathring{o}] & / \begin{cases} \underline{} C_1^2\$ \\ \underline{} [j]\,\$ \\ [\tilde{r}] \underline{} \$ \\ \underline{} \$\, [\tilde{r}] \\ \underline{} \$\, [\chi] \\ /a/\,\$\, \underline{\acute{}}\, \$\, L \end{cases} \\ [\ddot{o}] & / \quad \underline{} \$ \\ [o] & / \end{cases}$$

Así formulada la regla se interpreta de la manera siguiente: /o/ se realiza abierta cuando está en sílaba trabada por consonante o por [j] y en contacto con [r̃] o delante de [χ], o cuando está acentuada y va precedida de /a/ y seguida de líquida; relajada cuando está inacentuada; cerrada en todo otro caso.

2.4.3.2. La vocal alta /u/

Las variantes de la /u/, que desde el punto de vista acústico son difusas, se dividen en cerrada, abierta y relajada, y están ejemplificadas en (50), (51) y (52), respectivamente.

50. [u] cerrada
    a.
    c[ú]ra
    ning[ú]no
    abert[ú]ra

    b.
    p[u]reza
    m[u]danza
    c[u]ñado

51. [ṷ] abierta
    a.
    arr[ṷ]ga
    disc[ṷ]rre
    emp[ṷ]jar

    b.
    t[ṷ]rco
    instr[ṷ]ctor
    s[ṷ]bterráneo

52. [ü] relajada
    a.
    capít[ü]llo
    brúj[ü]la

    b.
    fab[ü]loso
    cint[ü]rón

(50a) muestra que la vocal alta /u/ se pronuncia cerrada cuando aparece en sílaba libre con acento primario, o en sílaba libre con acento secundario, como podemos deducir de algunos ejemplos de TNT que tenemos en (50b). Se abre en contacto con [r̃] o delante de [χ], ejemplos en (51a), o en sílaba trabada, ejemplos en (51b). Se cierra en sílaba inacentuada, ejemplos en (52). Para las realizaciones de /u/ podemos por lo tanto proponer una regla, *v.gr.* (53), prácticamente idéntica a la regla de la /i/, *v.gr.* (25), que repetimos aquí abajo.

25.

$$/i/ \rightarrow \begin{cases} [ɪ] \ / \ \begin{cases} \underline{} C_1{}^2\$ \\ [\tilde{r}]\underline{} \\ \underline{}[\tilde{r}] \\ \underline{}[\chi] \end{cases} \\ [ĭ] \ / \ \underline{} \\ [i] \end{cases}$$

53.

$$/u/ \rightarrow \begin{cases} [ʊ] \ / \ \begin{cases} \underline{} C_1{}^2\$ \\ [\tilde{r}]\underline{} \\ \underline{}[\tilde{r}] \\ \underline{}[\chi] \end{cases} \\ [ŭ] \ / \ \underline{} \\ [i] \end{cases}$$

El hecho de que estas dos reglas generen los mismos tipos de variantes y en los mismos contextos, nos permite unificarlas en una sola regla que formularemos de la manera indicada en (54), que dice que una vocal alta *(v.gr.* /i/ o /u/) se hace abierta si aparece en sílaba trabada o en contacto con [r̃] o delante de [χ], relajada si aparece en sílaba inacentuada, y cerrada en todo otro contexto.

54.

$$\begin{matrix} V \rightarrow \\ [Alta] \end{matrix} \begin{cases} [Abierta] \ / \ \begin{cases} \underline{} C_1{}^2\$ \\ [\tilde{r}]\underline{} \\ \underline{}[\tilde{r}] \\ \underline{}[\chi] \end{cases} \\ [Relajada] \ / \ \underline{} \\ [Cerrada] \end{cases}$$

Señalemos que la regla (54) es descriptivamente adecuada y económicamente efectiva. Junto con la regla (41) sobre la /e/ y la regla (49) sobre la /o/ da cuenta de todas las realizaciones de las vocales anteriores y posteriores.

2.4.4. *La vocal central /a/*

La vocal central /a/ tiene una variante central [a], una variante "palatalizada" ligeramente anterior a la media que TNT representa con [a] igual que la central, una variante "velarizada" posterior a la central, que representaremos con [a][46], y una variante relajada que representaremos con [ɒ]. Las realizaciones de /a/ son desde el punto de vista acústico densas.

La variante central se da cuando la /a/ lleva acento primario o secundario y va seguida de una consonante anterior no (pre)palatal (*v.gr.* labial, dental o alveolar) o de [k][47]:

55.

a.	b.	c.	d.
c[á]ma	rec[á]do	git[á]no	cont[á]cto
c[á]pa	ped[á]zo	comp[á]s	pr[á]ctico
s[a]ber	resc[á]te	cort[á]r	s[a]cando
		s[a]lir	
		p[a]rtido	

La variante palatizada se da cuando /a/ lleva acento primario o secundario y va seguida de la consonante prepalatal [c], de una palatal, es decir [λ], [ɲ] o [y], o de la semivocal anterior [j], como se deduce de los ejemplos en (56). Como advierte TNT no hay una gran diferencia entre la realización media y la realización palatalizada de la /a/, por lo que representa la palatizada con [a] de la misma manera que la media. Nosotros seguiremos esta práctica y formularemos más abajo una sola regla para dar cuenta de las dos realizaciones.

---

[46] Esta es esencialmente la representación que usa TNT, pero en la transcripción del primer capítulo hemos usado [ɑ].

[47] La transcripción de TNT para las dos palabras en (d) es *cont[ákt]o* y *pr[ákt]ico*. En los textos fonéticos hay ejemplos como *s[a]c[á]ndo* que confirman que la /a/ es media delante de [k].

56.

a.	b.	c.	d.	e.
m[á]cho	c[á]lle	reb[á]ño	m[á]yo	b[á]ile
p[a]chón	c[a]lleja	[a]ñejo	s[a]yón	p[a]isano

La variante velarizada [a̠] se da cuando /a/ va seguida de la semivocal [w][48], la vocal [o], o la consonante velar [χ][49], o cuando aparece en sílaba trabada por /l/:

57.

a.	b.	c.	d.
c[a̠]usa	Bilb[a̠]o	b[a̠]jo	m[a̠]lva
l[a̠]urel	[a̠]hora	c[a̠]jón	s[a̠]lvador
apl[a̠]udía			

La variante relajada de la /a/, representada [ɐ], se da cuando aparece en sílaba inacentuada y en ninguno de los contextos anteriores:

58.

a.	b.	c.	d.
cab[ɐ]llero	ordenanz[ɐ]	tímp[ɐ]no	pec[ɐ]dor[ɐ]
	dur[ɐ]s	cruzáb[ɐ]nse	

Ahora podemos formular las reglas, ordenando la regla de relajamiento en (60) antes de las otras reglas. Asumiendo que la primera regla es la de velarización podemos formularla como en (59). Como hemos dicho la realización central y palatalizada de la /a/ son muy parecidas y las podemos incluir en una sola regla, que por ser la última podemos dejar sin contexto, como hacemos en (61).

59. /a/ ⟶ [a̠]   /   ___

60. /a/ ⟶ [ɐ]   / $\begin{cases} \_\_\_ [w] \\ \_\_\_ [o] \\ \_\_\_ [\chi] \\ \_\_\_ [l] \$ \end{cases}$

61. /a/ ⟶ [a]

---

[48] La semivocal [w] es en la grafía "u", como en la palabra *causa* de (57a).

[49] La /a/ seguida de [k] no velariza. TNT sostiene que la velarización de /a/ seguida de /g/, como por ejemplo en *hago,* no es tan fuerte como en los otros casos. En efecto en los textos fonéticos /a/ seguida de /g/ aparece casi siempre como [a] y no como [a̠]. Por esta razón no hemos incluido esta consonante en los ejemplos y en la regla.

Como en el caso de las otras vocales podríamos combinar las tres reglas aquí arriba en una sola, pero como veremos esto no es posible. La razón fundamental por la que no podemos combinar las tres reglas en una es que las explicaciones y generalizaciones que hemos resumido en las reglas (59-61) no están confirmadas plenamente en los textos fonéticos de TNT , donde encontramos una variabilidad en la transcripción de /a/ mayor de la que encontramos en el caso de las otras vocales. La /a/ velarizada aparece casi sistemáticamente como [ḁ], pero la /a/ que en principio debería ser [a], central o palatal, aparece a menudo como [ɒ], y la /a/ que debería ser relajada aparece a veces como [a]. Si bien la mayoría de estas diferencias con respecto a las reglas pueden atribuirse a aspectos tales como el estilo, hay dos casos que creemos más uniformes e importantes de reseñar.

El primero es de /a/ inicial de palabra. Por el análisis que hemos desarrollado, nos esperaríamos ver esta /a/ transcrita como [a], sin embargo aparece muy a menudo como [ɒ]. Está transcrita como [ɒ] sobre todo si va precedida de vocal (coincidiendo ésta con la vocal final de la palabra precedente, que en muchos casos es una vocal relajada) y no va precedida de pausa. El contexto es por lo tanto V # [ɒ], que, de acuerdo con TNT ($ 140), es propicio al relajamiento de las vocales. Para dar cuenta de ello podemos modificar el contexto de la regla de relajamiento, agregando el contexto V ˋ ___.

El segundo tipo de transcripción que queremos reseñar es el de una /a/ velarizada y relajada, que transcribiremos [ɒ̥], que encontramos por ejemplo en *quiso [ɒ̥]lcanzarle* (pág. 289). Esto muestra que el relajamiento es un proceso que se sobrepone a los otros procesos que afectan a las vocales: como lo señala a menudo TNT y como lo decíamos al comienzo de este capítulo, una vocal puede ser tensa o relajada (proceso que depende de la tensión muscular) independientemente de su timbre. Por ejemplo puede ser relajada y abierta (como en efecto parece ser en la mayoría de los casos). Sin embargo en TNT las vocales relajadas no están transcritas con un determinado timbre, excepto la vocal relajada y velarizada [ɒ̥]. Esto hace pensar que en los otros casos el timbre no es relevante o, como afirma a veces TNT, poco claro. En fin, puesto que el caso de la [ɒ̥] parece destacarse de los otros, tenemos que dar cuenta de ello. ¿Cómo hacerlo? En primer lugar, supongamos que las vocales anteriores y posteriores al hacerse relajadas mantienen un timbre mediano entre cerrado y abierto, de manera que [ɪ], [ə], [ŏ] y [ŭ] no son ni propiamente cerradas ni propiamente abiertas. En segundo lugar supongamos que este timbre es concomitante con el relajamiento en el sentido de que al relajarse estas vocales adquieren dicho timbre "impreciso". Pues bien, si asumimos esto, entonces el relajamiento de las vocales anteriores y posteriores conlleva cierto timbre. Desde este punto de vista el relajamiento puede ser parte de la regla general de cada una de estas vocales: si una vocal no se abre o cierra, entonces se relaja y adquiere el timbre "impreciso" correspondiente. En tercer lugar, supongamos que en el caso de la vocal /a/ el relajamiento no conlleva un timbre determinado, sino que éste es determinado por los otros procesos. Esto es, una /a/ que se relaja puede ser centro-palatal o velar. La centro-palatal es la que representamos con [ɐ], y la velar es la que representamos con [ɒ]. Asumiendo esto, no podemos incluir en una misma regla el relajamiento y los otros procesos, *v.gr.* el que produce la centro-palatal y el que produce la velar. Deben de mantenerse aparte, porque el relajamiento se debe poder aplicar a una /a/ al mismo tiempo que uno de los otros dos procesos. En otras palabras, el relajamiento y los otros dos procesos no son exclusivos. En conclusión, no podemos convertir el relajamiento en un contexto a incluirse en una única regla para la vocal /a/. Lo que podemos hacer es poner en una regla los procesos que convierten /a/ en una centro-palatal o una velar, como lo hacemos en (63), y debemos mantener la regla de relajamiento aparte, con la formulación en (62).

62. /a/ ⟶ [Relajada] / { ___ V ___ }

63. /a/ ⟶ { [Posterior] / { ___ [w], ___ [o] }, [Centro-Palatal] / { ___ [χ], ___ [l] $ } }

En cuanto a orden, asumiremos que relajamiento se aplica antes de la regla (63), relajando la vocal que, por efecto de la siguiente regla, obtendrá un timbre particular. Si la vocal se hace velar el resultado será una [ɒ], si la vocal se hace centro-palatal el resultado será [ɐ]. Esto no quiere decir que todas las vocales se relajarán, pues sólo las que aparecen en los contextos definidos en el regla (62) se someterán al relajamiento. Por ejemplo una /a/ con acento primario precedida de consonante y seguida de /d/, como en *recado,* no será afectada por el relajamiento pero sí por la regla (63, segundo contexto) y se convertirá en [a].

Una observación que podemos deducir de este último aspecto

del análisis es que un segmento puede ser afectado por más de una regla. Lo cual quiere decir que en la derivación de un segmento se aplicará toda regla cuya condición contextual esté satisfecha por el segmento en el momento en que a dicha regla le toque aplicarse.

2.4.5. *Adecuación del análisis*

El análisis de las vocales que hemos desarrollado nos ha llevado a formular cinco reglas, resumidas aquí abajo con una nueva enumeración. Dichas reglas permiten dar cuenta de las observaciones y datos de TNT, al derivar cada alófono del fonema correspondiente, como se ejemplifica en (69) y (70). En la lista que sigue las reglas aparecen en un determinado orden, pero éste puede cambiarse puesto que las reglas se excluyen mútuamente.

2.4.5.1. Reglas

2.4.5.1.1. Vocal anterior media

64.

$$/e/ \longrightarrow \begin{cases} [\partial] \quad / \quad \begin{cases} \underline{\quad} \$ \\ \underline{\quad} C\ \# \\ \underline{\quad} \begin{Bmatrix} /s/ \\ \text{Interdental} \\ \text{Nasal} \end{Bmatrix} \end{cases} \\ [e] \quad / \quad \begin{cases} \underline{\quad}' \$ \\ \underline{\quad}` \$ \\ \underline{\quad} C \quad \$ \\ \underline{\quad} \begin{Bmatrix} /s/ \\ [\text{Dental}] \\ [\text{Nasal}] \end{Bmatrix} \end{cases} \\ [\d{e}] \end{cases}$$

2.4.5.1.2. Vocal posterior media

65.
$$/o/ \rightarrow \begin{cases} [\text{\r{o}}] & / \begin{cases} \underline{\quad} C_1^2\$ \\ \underline{\quad} [j]\$ \\ [\tilde{r}] \underline{\quad} \$ \\ \underline{\quad} \$ [\tilde{r}] \\ \underline{\quad} \$ [\chi] \\ /a/\$ \underline{\quad}' \$ L \end{cases} \\ [\breve{o}] & / \underline{\quad} \$ \\ [o] & / \end{cases}$$

2.4.5.1.3. Vocales altas

66.
$$V \rightarrow [\text{Alta}] \begin{cases} [\text{Abierta}] & / \begin{cases} \underline{\quad} C_1^2\$ \\ [\tilde{r}] \underline{\quad} \\ \underline{\quad} [\tilde{r}] \\ \underline{\quad} [\chi] \end{cases} \\ [\text{Relajada}] & / \underline{\quad} \\ [\text{Cerrada}] \end{cases}$$

2.4.5.1.4. Vocal central

67. $/a/ \rightarrow [\text{Relajada}] \quad / \begin{cases} \underline{\quad} \\ V \underline{\quad} \end{cases}$

68. $/a/ \rightarrow \begin{cases} [\text{Posterior}] & / \begin{cases} \underline{\quad} [w] \\ \underline{\quad} [o] \\ \underline{\quad} [\chi] \\ \underline{\quad} [l]\$ \end{cases} \\ [\text{Centro-Palatal}] \end{cases}$

2.4.5.2. Derivaciones

Aquí abajo ofrecemos algunas derivaciones señalando para cada regla, referida con el número correspondiente, el resultado que se obtiene cuando la regla se aplica.

69.

reglas	rep. fonol.:	/tumba/	/silbando/	/temporal/	/preθipita/
acento 1rio		ú	á	á	í
acento 2rio			ì	è	è
64				e	e
65				ŏ	ŏ
66		ṷ	i̭		! i
67		ɒ	a	ḁ	ɒ
68					
	rep. fonét.:	[tṹmbɒ]	[si̭βándŏ]	[tempŏrḁ́l]	[preθ! pítɒ]

70.

reglas	rep. fonol.:	/discur̃e/	/subter̃áneo/	/gitano/	/lo alθo/
acento 1rio		ú	á	á	ó
acento 2rio		ì	ù ò	ì	à
64		ə	ə ə		
65			o	ŏ	ŏ ó
66		i̭ ṷ	ṷ	i	
67					ɒ
68			á	á	ɒ̣
	rep. fonét.:	[di̭scṹr̃ə]	[sṷβtər̃ánəo]	[χitánŏ]	[lŏɒlθóó]

¿Es un análisis como éste adecuado? La respuesta a esta pregunta depende de los objetivos que uno se fije al emprender el análisis y de la misma noción de adecuación. Tratemos de aclarar estas ideas.

En primer lugar digamos que hay dos tipos de adecuación que se pueden exigir de un análisis: una adecuación teórica y una adecuación empírica. Un análisis es teóricamente adecuado si se realiza dentro de los principios y postulados de una teoría. Hasta ahora no hemos definido o presentado una teoría por lo que no podemos decir si el análisis que hemos desarrollado es teóricamente adecuado. Un análisis es empíricamente adecuado si da cuenta de los hechos observados. El análisis que hemos desarrollado permite dar cuenta de los hechos fonéticos del español registrados por TNT relacionando cada alófono con un fonema por medio de una regla. Desde este punto de vista nuestro análisis puede considerarse un análisis fonológico empíricamente adecuado.

Además de dos tipos fundamentales de adecuación, podemos establecer tres niveles de adecuación, dependiente en parte del tipo de teoría que se adopte al realizar el análisis. Un primer nivel de adecuación, el menos exigente, es el nivel de la adecuación observacional. Un análisis es observacionalmente adecuado si sus observaciones son fidedignas a los datos de acuerdo con ciertos postulados metodológicos establecidos en una teoría. El objetivo de tal análisis es la observación, reconocimiento y clasificación de los datos. El análisis fonético de TNT puede considerarse un análisis observacionalmente adecuado porque parte de una teoría fonética articulatoria y registra, describe y hasta cierto punto organiza correctamente los datos (es decir las varias ocurrencias de los fonos en los distintos contextos).

Otro nivel de adecuación, superior al anterior, es el de la adecuación descriptiva. Un análisis es descriptivamente adecuado si describe fielmente las observaciones hechas sobre un conjunto de datos. La teoría dentro de la que se enmarca dicho análisis debe (además de lograr la adecuación observacional de los datos) ofrecer un sistema de elementos y principios para formular explícitamente generalizaciones, o las "reglas", que den cuenta de las observaciones. Es más, la teoría con adecuación descriptiva debe permitir medir los análisis que se deriven de ella. Si de la misma teoría se deducen dos análisis posibles para un mismo conjunto de datos, la teoría en cuestión debe permitir seleccionar el análisis más adecuado. Si la teoría así lo establece, la selección puede recaer, como hemos sugerido, sobre el análisis con el menor número de elementos y reglas, es decir sobre el análisis más "simple".

Un nivel de adecuación aún superior, es el de la adecuación explicativa, que se enmarca dentro de una teoría que no sólo alcanza los otros dos niveles de adecuación sino que además ofrece un conjunto de principios y postulados que por una parte reducen drásticamente los tipos de análisis, los elementos y las reglas posibles, y por otra parte predicen hasta cierto punto los hechos observables. Esta teoría es una teoría que tiende a una explicación universal: reduce la mayoría de los procesos a los efectos de ciertos principios universales, que hacen que las cosas ocurran de una determinada manera porque la naturaleza propia del lenguaje humano así lo exige.

¿Es nuestro análisis descriptiva y explicativamente adecuado? No puede ser explicativamente adecuado porque ni siquiera hemos elaborado una teoría fonológica explícita en la que dicho análisis pueda enmarcarse. Por la misma razón tampoco podemos decir que es descriptivamente adecuado. Sin embargo, a pesar de no tener un marco teórico de referencia, el análisis que hemos desarrollado permite dar cuenta de los hechos fonéticos del español relacionando cada alófono con un fonema por medio de una o más reglas. Además, en varias ocasiones hemos eliminado reglas o contextos a favor de otras reglas o contextos más generales, generalizando y simplificando así el análisis. Desde este punto de vista nuestro análisis puede considerarse un análisis fonológico empíricamente adecuado que podría alcanzar el nivel de adecuación descriptiva si estuviera enmarcado dentro de una teoría explícita que nos permitiera medir su adecuación descriptiva. Eso es lo que intentaremos hacer en el próximo capítulo. Por el momento podemos considerar nuestro análisis un primer paso hacia una descripción y explicación coherente de la fonología del español. En este espíritu, podríamos tratar de simplificar aún más las reglas. Por ejemplo podríamos tratar de combinar las reglas sobre las vocales medias, para luego unificarlas con la de las vocales altas. O podríamos elaborar una regla para las realizaciones cerradas de las vocales medias y altas, otra para las vocales abiertas, etc. Pero esta tarea resultaría inútil porque nos falta una teoría que nos indique qué mecanismos y recursos emplear. Eso es lo que intentaremos hacer en el próximo capítulo.

2.5. DESLIZADAS Y DIPTONGOS

2.5.1. *Semivocales y semiconsonantes*

TNT distingue entre **semivocales,** *v.gr.* la anterior o palatal que representaremos con [i̯], y la posterior o velar que representaremos con [u̯], que aparecen después de vocal, por ejemplo en *ba[i̯]le* y *ca[u̯]sa*, y **semiconsonantes,** *v.gr.* la anterior [j] y la posterior [w], que aparecen delante de la vocal, por ejemplo en *p[j]ano* y *c[w]ando*. La diferencia fonética entre una semivocal y su correspondiente semiconsonante se debe a la posición que cada una ocupa dentro del diptongo y es de poca relevancia para un análisis fonológico. Por ello, a menos que sea necesario distinguirlas, nos referiremos a las dos como **deslizadas** (en inglés "glides") y las representaremos con el mismo símbolo que se usa para la semiconsonante: [j] para la deslizada anterior, [w] para la deslizada posterior.

2.5.2. Diptongos y triptongos

Un **diptongo** consiste en la combinación dentro de una misma sílaba de una deslizada y una vocal, o una vocal y una deslizada: *hay* pronunciada *[áj]*, *causa* pronunciada *c[áw]sa*, *aciago* pronunciada *ac[já]go*, *cuando* pronunciada *c[wá]ndo*, etc.

No existen en castellano los diptongos [uj] y [iw], donde la deslizada es el segundo elemento del diptongo. Esto es, si dos segmentos no-consonánticos altos aparecen en la misma sílaba, de acuerdo con TNT el primero es una deslizada, de manera que la pronunciación de palabras como *cuida* y *ciudad* es con los diptongos [wi] y [ju], respectivamente (*v.gr. c[wí]da* y *c[ju]dad)*, y la palabra *muy* se pronuncia *m[wí]*. Pero en otros dialectos puede ser al revés: la deslizada puede ser el segundo elemento, de manera que la pronunciación de las mencionadas palabras puede ser *c[új]da*, *c[íw]dad* y *m[új]* [50].

Por otra parte en nigún dialecto del español existen diptongos en los que la vocal y la deslizada son idénticas en abertura y punto de articulación, es decir no existen por ejemplo [wu] y [ji]. En principio no hay razón para que esto sea así, por lo que por el momento atribuiremos esta imposibilidad a una condición que excluye una secuencia de deslizada y vocal idénticas en abertura y punto.

Un **triptongo** consiste en la combinación dentro de una misma sílaba de una vocal y dos deslizadas, una prenuclear, antes de la vocal, y otra posnuclear, después de la vocal: *despreciáis* pronunciada *desprec[jáj]s*, *despreciéis* pronunciada *desprec[jẹj]s*, *averguáis*, pronunciada *averig[wáj]s*, *buey* pronunciada *b[wẹj]*, etc.

No existen en español triptongos con vocal alta. Podemos atribuir la inexistencia de [jij] y [wuj] a la misma condición mencionada más arriba que excluye una secuencia de dos segmentos idénticos en abertura y punto. En cuanto a la inexistencia de triptongos del tipo [juj] podemos atribuirla al mismo proceso que hace que en la secuencia de dos segmentos altos, el primero (en castellano, pero en otros dialectos puede ser el segundo) debe ser una deslizada. Esto es, la se-

---

[50] Según Alarcos Llorach (1971), esta variación puede darse también en un mismo hablante. De TNT parece deducirse que hay otro patrón posible (TNT nota 1, pág. 65) en el norte de España: en una secuencia de dos segmentos altos el segmento posterior, es decir /u/, es la vocal. Si esta interpretación de TNT es correcta, en estos dialectos tendríamos [uj] y [ju] y la pronunciación de *cuida* y *ciudad* sería *c[új]da* y *c[ju]dad*. Desgraciadamente TNT no da ejemplos de palabras como *ciudad* y no podemos confirmar nuestra interpretación.

cuencia [juj] está mal-formada por la misma razón que la secuencia [uj] está mal-formada.

En español tampoco hay triptongos en los que la vocal es /o/. Por ejemplo no existe un triptongo del tipo [wǫj]. Eso sucede dentro de palabra, pero si a una palabra que termina en [wǫ] le sigue una palabra que empieza con /i/ se produce un triptongo de este tipo, como sucede en *perpetuo imperio,* que TNT (pág. 72) transcribe *perpet[wǫ j]mperio*. Otro caso es el del triptongo [jow] que sólo se da entre palabras, como en *sitio umbroso,* transcrito por TNT (pág. 72) *sit[jo w]mbroso*. En fin, los triptongos con la vocal /o/ no se dan en interior de palabra por un "accidente" morfo-fonemático, pero sí pueden darse en la unión entre palabras, por un proceso de reducción de varias vocales a una sola sílaba, proceso que, según TNT, puede afectar hasta cinco vocales (TNT § 69). Volveremos sobre esto más abajo.

Un tema que aún no hemos abordado es cuáles son los fonemas que subyacen a las deslizadas. La respuesta a esta pregunta puede ser que las deslizadas se deriven de fonemas deslizados subyacentes, es decir /j , w/, o bien que las deslizadas se deriven de los fonemas vocálicos altos /i, u/. Podemos inclusive pensar que en algunos casos se derivan de fonemas deslizados y en otros casos de fonemas vocálicos. ¿Cuál de estas posibilidades es la correcta? Trataremos de resolver este dilema más abajo, después de hablar de otros procesos que afectan a las vocales.

2.5.3. *Hiato y sinéresis*

En una palabra puede haber dos vocales contiguas pertenecientes a dos sílabas distintas desde el punto de vista fonémico. Los ejemplos en (1a) son de vocales idénticas de las cuales una lleva acento fonético (que hemos marcado). Los ejemplos en (1b) son de vocales idénticas sin acento. Por usar una trascripción fonémica de las vocales, no hemos incluido la letra "h" de *albahaca, alcohol zahareño* y *nihilista*[51].

1.   a.   b.
         ?   n/i$i/lista
         cr/e$é/r   acr/e$e/dor
         alb/a$á/ca   z/aa/reño
         alc/o$ó/l   z/oo/logía
         ?   ?

---

[51] ? indica que no hay o no hemos encontrado un ejemplo de este tipo, por ejemplo no hemos encontrado una palabra con dos /u/.

En una articulación lenta y cuidadosa, las dos vocales pueden pronunciarse ambas como tales, esto es, como núcleos de sílabas distintas. Este proceso, que se llama **hiato,** es más frecuente cuando una de las vocales está acentuada, como en (1a) (ver TNT § 68,137,138). Por ejemplo *albahaca* puede pronunciarse *alb[aá]ca*[52].

Pero en una pronunciación normal, menos atenta y más rápida, las dos vocales se pronuncian en una sola sílaba, sobre todo si niguna de las dos vocales lleva acento. El fenómeno de la reducción de dos sílabas a una sola, dentro de palabra, se llama **sinéresis**[53] y, en el caso de vocales iguales, consiste en la elisión de una de las vocales y la consiguiente resilabificación. La pronunciación de *albahaca* con sinéresis es *alb[á]ca*. Cabe ahora preguntarse cuál de las dos vocales se elide y cuál es la silabificación resultante.

En lo que respecta a la elisión, en los casos en que una de las dos vocales lleva acento es lógico asumir que la vocal que se elide es la inacentuada. Por dos razones. La primera es que en general las vocales inacentuadas se relajan y se debilitan, y a veces se eliden aun cuando no son contiguas a otras vocales (por ejemplo en final absoluta), mientras que las vocales acentuadas no se debilitan o eliden. La segunda razón es que al asumir que la vocal que se elide es la vocal inacentuada, el acento permanece donde está, sobre la vocal acentuada, y no hay que cambiarlo de lugar. Ahora bien, en los casos de (1a) la vocal inacentuada es la primera. Asumiendo que ésta es la que se elide, *alb/aa/ca* pasa a ser por acentuación *alb[aá]ca* y por reducción, es decir elisión de la primera vocal, *alb[á]ca*. En cuanto a la división silábica de la palabra, después de elidir la vocal, el límite silábico aparecerá entre la consonante precedente y la vocal siguiente, posición que, como veremos, no se ajusta a las pautas de silabificación, por lo que es lógico pensar que se elide. Así que la derivación de *albahaca* en la pronunciación con sinéresis sería esencialmente la siguiente: *alb/aa/ca* pasa a ser *al$b[a$á]$ca* por acentuación, luego *al$b[$á]$ca* por elisión de la primera vocal, y finalmente *al$b[á]$ca* por elisión de límite silábico.

---

[52] El efecto auditivo de este tipo de pronunciación es a veces el de una vocal larga con cierto cambio de entonación, que podemos representar *alb[á:]ca*.

[53] TNT parece distinguir tres tipos de secuencias de segmentos no consonánticos, (1)Vocal a veces un tanto relajada + Vocal (o al revés), (2) Vocal relajada + Vocal (o al revés), (3) Deslizada + Vocal (o al revés). TNT además sostiene que muchas veces en secuencias del tipo (2) los dos segmentos forman parte de una misma sílaba. Nosotros seguimos la transcripción fonética de TNT excepto en lo que concierne a división silábica. En particular nos alejamos de su interpretación de la secuencia del tipo (2), simplemente porque por definición dos vocales no pueden aparecer en una misma sílaba. Para nosotros sólo la secuencia (3) constituye una sílaba. En la secuencia (2) las dos vocales forman parte de dos sílabas y no de una.

¿Qué pasa en los casos en los que las dos vocales son inacentuadas, como por ejemplo en *acreedores?* La solución más sencilla aquí es la que hemos sugerido para el caso anterior: elisión de la primera vocal y del límite silábico[54]. De manera que podemos generalizar los dos procesos de elisión y podemos expresarlos por medio de las reglas (2) y (3). En la regla (2) la igualdad de las vocales en Abertura y Punto está expresada por medio de igualdad de índices alfabéticos.

2. $V \rightarrow \emptyset \ / \ \underline{\begin{bmatrix} \alpha \text{ Abertura} \\ \beta \text{ Punto} \end{bmatrix}} \quad \begin{bmatrix} \alpha \text{ Abertura} \\ \beta \text{ Punto} \end{bmatrix}$

3. $\$ \rightarrow \emptyset \ / \ C \underline{\ \ } V$

Pasemos a los casos de segmentos no-consonánticos distintos en Abertura y Punto. Los ejemplos en (4) son de palabras con dos segmentos contiguos de los cuales uno es Alto y lleva acento fonético, que hemos marcado a pesar de no usar una transcripción fonémica, mientras que el otro es no-Alto, es decir Bajo o Medio, y no lleva acento.

4.

a.	b.	c.	d.
Baja-Alta	Media-Alta	Alta-Baja	Alta-Media
maíz	(reír)[55]	vía	ría
baúl	Seúl	(acentúa)	(acentúe)
	boína		río
	(oú)?		búho

En estos ejemplos los dos segmentos se realizan como vocales y no se reducen a una sola sílaba.

En los ejemplos en (5a) y (5b) uno de los segmentos es Medio y lleva acento, mientras que el otro es un segmento Bajo.

---

[54] La regla de elisión de límite silábico trata de captar el proceso de resilabificación y no debe interpretarse estrictamente como una regla. Lo mismo podemos decir de una regla de inserción de límite silábico que presentaremos más adelante.

[55] Hemos colocado algunas palabras entre paréntesis por tratarse de verbos. Por lo general no hemos incluido verbos en nuestro análisis.

5.
 a.   b.
 Media-Baja   Baja-Media

 (véan)   saéta
 Róa[56]   ahóra

En este caso, como en el anterior, los segmentos se realizan como vocales de sílabas distintas. Por ello podemos establecer la generalización en (6).

 6. Si en una secuencia de dos segmentos no-consonánticos de distinta altura el más cerrado lleva acento, los dos segmentos se realizan como vocales.

En los ejemplos en (7) uno de los segmentos es Alto y no lleva acento, y el otro es Bajo o Medio y lleva acento.

7.
a.	b.	c.	d.
Baja-Alta	Media-Alta	Alta-Baja	Alta-Media
Sáinz	réina	viáje	diéta
jáula	néutro	suáve	cruél
	heróico		embrión
	bóu		fastuóso

En este caso la pronunciación en un estilo familiar, no "enfático" o lento, es con el segmento acentuado como vocal y el segmento Alto inacentuado como deslizada. Sin embargo, la mayoría de las palabras de los grupos (7c) y (7d), en las que el segmento Alto precede al segmento Medio o Bajo, pueden pronunciarse, en un estilo más esmerado, con dos vocales. Por ejemplo *suave* puede pronunciarse s[wá]ve pero también s[ṹ$á]ve (TNT § 144). Lo mismo sucede con *piano* que puede pronunciarse p[j]ano o p[i]ano. Ahora bien, si el mismo segmento puede pronunciarse como deslizada y como vocal, es evidente que una de las realizaciones tendrá que derivarse de la otra. Más exactamente, a nivel fonémico o bien tenemos una deslizada, en cuyo caso la representación fonémica de *suave* será s/w/ave, o bien una vocal, en cuyo caso la representación de *suave*

---

[56] Apellido.

será s/u/ave. Si el fonema en cuestión es una deslizada, ésta podrá permanecer tal cual (esto es, aparecerá fonéticamente como una deslizada) o se convertirá en una vocal por medio de un proceso de **vocalización**. Si en la estructura fonémica tenemos una vocal, el proceso será el inverso: la vocal podrá aparecer superficialmente como tal, pero también podrá convertirse en una deslizada, proceso para el que hace falta una regla de **deslizamiento**.

¿Cuál de estas dos hipótesis es la correcta? Hay por lo menos dos argumentos que desfavorecen la primera hipótesis, la de vocalización. El primer argumento está basado sobre la presuposición de que la regla (3) de elisión de límite silábico (o un proceso similar a esta regla) forma parte de la fonología del español. En este caso, si adoptamos la primera hipótesis propuesta, la de la vocalización, necesitamos dos reglas más para derivar las vocales: una regla de vocalización y otra de inserción de límite silábico. Por ejemplo, si quisiéramos derivar de acuerdo con esta hipótesis la pronunciación con dos vocales para la palabra *suave*, tendríamos que partir de la representación fonémica s/wá/ve (a la que hemos agregado el acento), y luego tendríamos que vocalizar la deslizada, s/uá/ve, y finalmente deberíamos insertar un límite silábico entre las vocales: s/u$á]ve. Pero esto significaría agregar una regla a la fonología del español que además tendría el efecto opuesto al de la regla de elisión de límite silábico.

¿Qué pasa si, bajo la presuposición de que la regla (3) forma parte de la fonología del español, adoptamos la segunda hipótesis, la del deslizamiento? ¿Cómo derivaríamos la pronunciación de *suave* con deslizada? Para derivar esta pronunciación se requeriría la aplicación de elisión de límite silábico y se obtendría s/uá]ve, a la que se aplicaría una regla de deslizamiento y se obtendría s/wá]ve (este análisis será modificado más abajo). Pues bien, en esta hipótesis no se necesita agregar a la fonología del español una nueva regla sobre el límite silábico, basta con la regla (3) ligeramente modificada. Por ende, desde el punto de vista de la economía, la segunda hipótesis, la del deslizamiento, es superior a la hipótesis de la vocalización porque hace uso de una regla ya existente en la fonología del español. La primera hipótesis, la de la vocalización, por el contrario agrega una regla a la fonología del español, regla que por demás tiene el efecto opuesto al de una regla ya existente en la fonología del español (esto es, opuesto al de la regla de elisión de límite silábico). Esta solución es muy poco plausible.

Un segundo argumento a favor de la hipótesis de que las deslizadas se derivan de vocales es el siguiente. En palabras como *cantáis* la última sílaba contiene una vocal acentuada y una deslizada. La regla general del acento primario en español hace que éste se coloque en la penúltima sílaba. Si suponemos que la estructura fonológica de *cantáis* es /kan$ta$is/, la regla de acentuación se aplicará como de costumbre a la penúltima sílaba, es decir *ta*, después de lo cual actuará el deslizamiento y se obtendrá el resultado deseado. Si la estructura fonológica no fuera la que proponemos, sino una con deslizada, la regla de acentuación actuaría de manera distinta, complicando el análisis.

El tercer argumento a favor de la hipótesis del deslizamiento, es el siguiente. El segmento final de palabras como *tribu* y *casi* se realiza como vocal relajada, es decir [ŭ] e [ĭ] respectivamente, por ejemplo cuando va seguido de pausa. Indudablemente, estas vocales se derivan de los fonemas /u/ e /i/, respectivamente. Pero si *tribu* y *casi* van seguidas inmediatamente de una palabra que empieza por vocal, como en *tribu ingrata* y *casi apagado,* /u/ e /i/ se realizan como las deslizadas [w] e [j] respectivamente, formando sílaba con la vocal siguiente (TNT pág. 71). Ahora bien, puesto que los fonemas de los que estas deslizadas se derivan son, como hemos dicho, /u/ e /i/ respectivamente, estos fonemas deberán convertirse en deslizadas y deberán resilabearse con la vocal siguiente *(v.gr.* el límite silábico que les sigue tendrá que elidirse). Para ello hacen falta dos reglas: una de deslizamiento de la vocal Alta, y otra de elisión del límite silábico. Estas son precisamente las dos reglas que están previstas en la hipótesis del deslizamiento. De manera que la reglas de Deslizamiento, formulada en (8) y la de Elisión de límite silábico, reformulada en (9), deben formar parte de la fonología del español porque se aplican en *tribu ingrata* y *casi apagado*. De allí que la hipótesis del deslizamiento constituida de estas mismas reglas es la solución correcta: no agrega a la fonología del español ninguna regla particular, sólo hace uso de reglas que de todas maneras deben formar parte de dicha fonología.

8.

$$V \rightarrow D \quad / \quad \left\{ \begin{array}{l} \underline{\quad} V \\ {[\text{Alta}]} \\ \\ V \quad \underline{\quad} \\ \quad [\text{Alta}] \end{array} \right.$$

9.

$$\$ \rightarrow \emptyset \quad / \quad \left\{ \begin{array}{l} \left\{ \begin{array}{l} C \\ D \end{array} \right\} \underline{\quad} V \\ \\ V \underline{\quad} D \end{array} \right.$$

En conclusión, las dos pronunciaciones de *suave* se derivan de la representación fonémica s/u$a/ve: s[ŭ$á]ve por relajamiento de la vocal inacentuada, y s[wá]ve por Deslizamiento y Elisión del límite silábico. Este argumento es corroborado por lo siguiente. Algunas palabras, por ejemplo *maíz* y *país* a nivel fonémico tienen una vocal /i/. Pero palabras derivadas como *paisano* y *maicero* tienen una deslizada, por ejemplo ma[j]cero, hecho que puede explicarse acudiendo a una regla de delizamiento de la vocal alta.

Volvamos a las reglas (8) y (9). (8) expresa que una vocal se hace deslizada (D indica una Deslizada) si es Alta y va seguida o precedida de una vocal. Obsérvese que así formulada la regla no tiene en cuenta el límite silábico o el límite de palabra, que como hemos visto aparecen entre las dos vocales en interior de palabra y entre palabras, respectivamente. La regla (9) expresa que el límite silábico se elide si aparece entre una consonante o una deslizada y una vocal, o entre una vocal y una deslizada. Esto implica que la regla (8) se aplica antes de la regla (9). Pero esta presuposición no es necesaria si se toma en cuenta el hecho de que las dos reglas están íntimamente ligadas: si se aplica una, la otra también tiene que aplicarse. En otras palabras es como si las dos reglas constituyeran una sola regla. Pero por el momento las mantendremos separadas, a pesar de que a veces nos referiremos a las dos con el término de Deslizamiento.

Una cuestión que todavía merece una explicación es por qué la pronunciación de los ejemplos en (7a) y (7b), no puede ser con dos vocales, como señalábamos más arriba, o por lo menos no se da con la misma frecuencia que en los ejemplos en (7c) y (7d), que repetimos aquí abajo.

7.

a.	b.	c.	d.
Baja-Alta	Media-Alta	Alta-Baja	Alta-Media
láico	réina	viáje	diéta
jáula	néutro	suáve	cruél
	heróico		embrión
	bóu		fastuóso

Podríamos dar cuenta de este fenómeno asumiendo que las palabras en (7a) y (7b) no tienen en la estructura fonémica dos vocales, una no-Alta seguida de una Alta, sino una vocal seguida de una deslizada. Esto explicaría automáticamente el que estas palabras no se pronuncien con dos vocales. Sin embargo esta solución tiene dos inconvenientes. El primero es que esta solución implica que una deslizada se puede derivar de dos maneras distintas: o bien a partir de una vocal si aparece delante del núcleo del diptongo, como sería el caso de la deslizada [w] de s[wa]ve, o bien a partir de una deslizada si aparece detrás del núcleo del diptongo, como sería el caso de [w] de j[áw]la. Pero esta solución no le daría una derivación uniforme a las deslizadas, por lo que no sería económica ni sería explicativamente adecuada. El otro inconveniente con esta solución es que así como hay casos de vocales altas finales de palabra que se deslizan en contacto con una vocal siguiente, así mismo hay vocales altas a comienzo de palabra que se deslizan si van precedidas de una vocal. Por ejemplo la /u/ de *humilde* y la /i/ de *injusta* se deslizan en ejemplos como *casa humilde* y *oferta injusta* (TNT pág. 71), lo cual quiere decir que existe una regla de deslizamiento que afecta vocales altas que aparecen detrás de otra vocal. Esta regla es simplemente la primera expansión de la regla (8) y es lógico asumir, por varias razones, empezando por razones de economía descriptiva, que la misma regla, o la misma expansión de la regla (8), es la que afecta tanto a los ejemplos del tipo *casa humilde* como a los ejemplos del tipo *jáula,* con la diferencia de que la regla es obligatoria dentro de una palabra y facultativa entre palabras.

La conclusión es por lo tanto que las palabras en (7a) y (7b) tienen en el nivel fonémico dos vocales y la segunda se desliza. Por supuesto esto no contesta a la pregunta de por qué estas palabras no se pronuncian con dos vocales. La respuesta que hemos ofrecido es que la regla de deslizamiento se aplica obligatoriamente cuando su dominio es la palabra y la segunda vocal es una vocal Alta. Otra solución, quizás más adecuada, consiste en asumir una regla de deslizamiento obligatorio en el contexto interior de palabra con la segunda vocal Alta, aplicable después de la regla de acentuación de la sílaba trabada y antes de la regla de acentuación por defecto y la regla (8), que sería facultativa: *maíz* por acentuación de sílaba trabada, *jáula* por deslizamiento obligatorio y regla por defecto, *viaje* por regla por defecto y (8), etc. Esta es la solución que adoptaremos.

De acuerdo con el análisis que hemos desarrollado, palabras tales como *baúl* y *maíz* no pueden pronunciarse con una deslizada. Sin embargo estas palabras tienen en estilos menos formales y en varios dialectos la pronunciación m[áj]z y b[áw]l, en la que el acento se ha desplazado dando lugar a un contexto favorable al deslizamiento de la vocal Alta. La regla de cambio de acento afecta también a la secuencia de una vocal Alta acentuada seguida de una vocal no-Alta inacentuada, como por ejemplo en *día, había,* etc. (TNT § 152), que pueden pronunciarse con deslizada, *d[já], hab[já].* La condición para el cambio de acento es la abertura de las vocales, además de otros factores como la posición de la palabra dentro del grupo fónico, ya que la posición final dentro del grupo fónico parece desfavorecer el proceso (TNT § 151). Para que haya cambio de acento debe haber una secuencia de dos (o más) vocales de distinta abertura con el acento principal sobre la más cerrada. En este contexto, el acento puede desplazarse sobre la vocal más abierta. Eso es lo que sucede en los casos señalados aquí arriba. Pues bien, al desplazar el acento sobre la vocal más abierta, la vocal más cerrada, una vocal Alta en los ejemplos reseñados, satisface el contexto de la regla (8) y se desliza. De acuerdo con esto, nos hace falta una regla de cambio de acento. El problema es que una regla que cambie por ejemplo la secuencia /aú/ en la secuencia /áu/ no puede formularse como una regla de sustitución, es decir como una regla del tipo que hemos estado usando hasta ahora, a menos que el cambio se exprese por medio de dos o tres reglas. Las reglas podrían ser la siguientes: una regla de elisión de acento que afectaría a la vocal más cerrada y que convertiría por ejemplo /aú/ en /au/; una regla de inserción de acento terciario que convertiría /au/ en /aŭ/; y una regla de inserción de acento que afectaría a la vocal más abierta y que convertiría /aŭ/ en /áŭ/. Los resultados serían los mismos si las dos primeras reglas se combinaran en una sola regla de sustitución de acento primario por acento secundario. Pero el problema es que no podríamos resolverlo todo con una regla y además estaríamos introduciendo nuevas reglas de acentuación. En fin, se nos presentan algunos problemas técnicos al momento de formular la regla de cambio de acento. Por el momento no trataremos de resolver estos problemas ni de formular la regla; nos limitaremos a decir que su efecto es el de desplazar el acento de una vocal a otra contigua si ésta última es más abierta.

Así como lo hemos planteado y como lo sugiere TNT, el cambio de acento y la reducción silábica afectarían a cualquier secuencia de dos vocales distintas en abertura. Esto es en parte cierto. Si la secuencia de vocales es con una Baja inacentuada delante de una Media acentuada, como en las palabras *ahora* e *Israel,* puede haber un cambio de acento que da lugar a la pronunciación *[áo]ra* e *Isr[áę]l* (TNT pág. 69)[57]. Pero si el orden es con vocal Media acentuada delante de vocal Baja inacentuada, como en *vean* y *Roa,* el cambio no se da o se da con muy poca frecuencia, de manera que la pronunciación normal de estas palabras es esencialmente *v[éɒ]n* y *R[óɒ].* Si esto es así, habría

---

[57] Como en casos similares, TNT considera la secuencia de las dos vocales en *[áo]ra* e *Isr[áę]l* perteneciente a una misma sílaba (se trataría de una sinéresis). Pero, como explicamos en la nota 4, para nosotros una secuencia de este tipo, con dos vocales, no constituye una sílaba. Nótese también que en la transcripción de TNT la [o] y la [ę] de estas palabras no son ni siquiera relajadas.

que estipular una condición que impidiera el cambio en este caso. Pero el problema se complica al observar que generalmente el cambio de acento tampoco se da si una Media va seguida de una Alta acentuada. Por ejemplo *reír* y *Seúl* no se pronuncian *r[éj]r* y *S[éw]l*[58]. Ni hay cambio de acento cuando las dos vocales son Medias, por ejemplo *veo* no se pronuncia *v[əó]*. En fin, hay variabilidad en el cambio de acento, que aparentemente es favorecido cuando las dos vocales se diferencian tanto en abertura como en punto (y la más cerrada tiene acento), por ejemplo cuando la vocal acentuada es Alta y la vocal inacentuada es Baja.

Por otra parte el cambio de acento puede darse cuando la palabra contiene una secuencia de vocales Altas y la primera está acentuada, como en la palabra *muy*, que asumiremos que es *m/úi/* antes de pasar a realizarse como *m[wí]* (TNT nota 1, pág. 65). Esta pronunciación parece seguir un patrón en castellano, como se deduce de las observaciones de TNT[59], por lo que quizás debería estipularse una condición que requeriría el desplazamiento del acento sobre la segunda vocal en este caso. Esta idea, como la que planteábamos en el párrafo anterior, no están expuestas en TNT y valdría la pena investigarlas con detenimiento sobre datos de un dialecto particular. Nosotros por el momento las adoptaremos sin tratar de justificarlas.

Hasta ahora hemos revisado secuencias de segmentos no-consonánticos que incluyen o bien uno Alto o bien uno Medio acentuado. Veamos qué pasa en los casos de secuencias con un segmento Medio inacentuado y otro segmento no-Alto acentuado. Las posibilidades están ejemplificadas en (10) (hemos colocado el acento fonético para ayudarnos en la exposición).

10.

a.	b.	c.	d.
Med.-Baja	Baja-Med.	Med.-Med.	Med.-Med.
reál	cáen	peór	véo
toálla	Bilbáo	poéta	róe

Estas secuencias tienen tres realizaciones posibles. La más común es con dos vocales, de las cuales la inacentudada es relajada. Por ejemplo *real, caen, peor* y *veo* se realizan como *r[ə]al, ca[ə]n, p[ə]or* y *ve[ó]*. Otra realización posible, que deducimos de la descripción

---

[58] Sin embargo *boina* se puede pronunciar *b[ój]na*.
[59] TNT hace notar que en dialectos del Norte de España el acento se desplaza sobre la primera vocal, de manera que *muy* y *cuida* se pronuncian *m[új]* y *c[új]da* (TNT, nota 1, pág. 65).

de TNT, es con una vocal inacentuada relajada un poco más cerrada. Lo que sugiere que las vocales Medias relajadas tienden a cerrarse, manteniendo su punto y llegando a convertirse la [ə] en [ɪ̈] y la [ö] en [ü]. En este caso *real, caen, peor* y *veo* se realizan como *r[ɪ̈]al, ca[ɪ̈]n, p[ɪ̈]or* y *ve[ü]*. Una tercera realización posible es con la vocal Media inacentuada convertida en una deslizada con el mismo punto que la vocal, de manera que *real, caen, peor* y *veo* se pronuncian *r[j]al, ca[j]n, p[j]or* y *ve[w]*[60].

Tratemos de derivar estas tres pronunciaciones. La primera se obtiene por la regla de Relajamiento de vocales inacentuadas. La segunda realización podemos derivarla por medio de una regla que cambia una vocal Media inacentuada en una vocal Alta si la vocal media está en contacto con una vocal acentuada. La regla es esencialmente la siguiente y la llamaremos **Elevación o Cierre de Vocal** (o simplemente Elevación):

11. [Medio] ⟶ [Alto] / $\left\{ \begin{array}{l} \_\_\_ \ \$ \ \acute{V} \\ \acute{V} \ \$ \ \_\_\_ \end{array} \right.$

En principio la regla (11) podría aplicarse a una vocal Media relajada, en cuyo caso [ə] se convertiría en [ɪ̈] y la [ö] en [ü], o directamente a los fonemas /e/ y /o/ obteniéndose una vocal Alta, que luego se relajaría por medio de la regla de Relajamiento y se obtendrían [ɪ̈] y [ü]. Sin embargo asumiremos que la primera posibilidad es la correcta porque al derivar la Alta relajada de la Media relajada estaríamos reflejando más directamente el análisis de TNT. Esto quiere decir que Elevación está ordenada después de Relajamiento.

La tercera pronunciación, con una deslizada, se obtiene aplicando primero la regla de Relajamiento, luego la regla de Elevación y finalmente la regla de Deslizamiento. De esta manera las vocales Medias pasan a ser relajadas, luego Altas relajadas, y finalmente deslizadas, obteniéndose para las palabras *real, caen, peor* y *veo* la pronunciación *r[j]al, ca[j]n, p[j]or* y *ve[w]*, respectivamente.

El análisis que acabamos de proponer para las dos últimas realizaciones nos crea sin embargo un problema. Por ejemplo, la /e/ final de *quiere* y la /a/ inicial de *agua* en *quiere agua*, satisfacen la condición para la aplicación de las reglas de Relajamiento y Elevación, de

---

[60] La pronunciación de palabras con la secuencia /óe/ como en *roe* posiblemente no se dé con deslizada, pero es probable que esto se deba a la poca frecuencia de estas palabras o al uso reducido de este tipo de palabras en un estilo más informal que es el que propicia el deslizamiento en estas palabras.

manera que la /e/ de *quiere* podría convertirse en una Alta relajada, dando *quier[ı̞] agua,* y luego en una deslizada, dando *quier[j] agua.* Pero estas pronunciaciones, sobre todo la segunda, no se dan[61]. Para que estas realizaciones no se den, tenemos que evitar que la regla de Elevación se aplique a una /e/ inacentuada final de palabra seguida de una vocal acentuada, o en términos más generales tenemos que evitar que la regla de Elevación afecte a una vocal Media inacentuada a final de palabra (seguida de una vocal acentuada) o a comienzo de palabra (precedida de una vocal acentuada). ¿Cómo lograr esto? Podríamos pensar que al especificar el símbolo $ en la regla de Elevación, como lo hacemos en (11), sería suficiente para excluir final de palabra, pero no es así: final de palabra coincide con final de sílaba, de manera que al usar el símbolo $ estaríamos incluyendo final de palabra. Tampoco serviría asumir que el símbolo $ debe excluir final de palabra (en cuyo caso final de palabra se representaría con ambos símbolos: $ #). Esta solución no es adecuada porque, como veremos en otras ocasiones, resulta a veces necesario y útil referirse a final de sílaba y final de palabra al mismo tiempo, cosa que podemos hacer usando únicamente el símbolo $. Otra solución, que es la que escogeremos, consiste en adoptar la convención de que al colocar un contexto entre dos símbolos #, uno al comienzo y otro al final, dicho contexto debe consistir de una palabra. Con esta convención podemos reformular la regla (11) como (12), en la que hemos incluido las variables X e Y para expresar que además de la dos vocales puede haber otros segmentos delante y detrás de ellas (pero dentro de la misma palabra):

12. [Medio] → [Alto] / $\begin{cases} \# X \ \acute{V} \ \$ \ \_\_\_\_ \ Y\# \\ \# X \ \_\_\_\_ \ \$ \ \acute{V} \ Y\# \end{cases}$

Las reglas que dan cuenta de las varias realizaciones de las palabras en (10) son (además de Acentuación): Relajamiento, Elevación y Deslizamiento, aplicadas en este orden. Para lograr este orden hemos decidido ordenar Elevación después de Relajamiento. Este es un ordenamiento **extrínseco,** es decir un ordenamiento que no se deduce de las condiciones mismas fijadas en las reglas (esto es, los contextos), sino que es un ordenamiento establecido "desde afuera", es decir fijado por nosotros. Pero no hace falta establecer que Desliza-

---

[61] En ninguna de las transcripciones de TNT hay secuencias como ésta. Esto no quiere decir que esta pronunciación no sea posible en otros dialectos. En el castellano que TNT analiza, sólo las vocales altas finales de palabra se deslizan (TNT pág. 71), las medias no se convierten en deslizadas. Pero esto es posible en otros dialectos.

miento se aplica después de Elevación, puesto que Deslizamiento sólo puede aplicarse a una vocal Alta. Si no fijamos un orden específico de las reglas, tenemos un ordenamiento **intrínseco:** las reglas se aplican cuando su condición contextual está satisfecha. Un ordenamiento intrínseco es obviamente preferible a un ordenamiento extrínseco (éste debe ser estipulado, el otro no), y es el que adoptaremos en este caso.

En (13) resumimos el análisis desarrollado, ejemplificándolo con la derivación de las palabras *real* y *poeta* (no hemos incluido Elisión de límite silábico por razones de simplicidad)[62].

13.

reglas	repre. fonol.: r/e/al	p/o/eta
Acentuación	á	é
Relajamiento	ə	ŏ
Elevación de Vocal	ı	ŭ
Deslizamiento	j	w

Hagamos dos observaciones sobre esta derivación. La primera es que no hemos incluido la representación fonética final porque cada uno de los pasos de la derivación, después de Acentuación, es una posible representación fonética, por ejemplo *r[ə]al*, *r[ı]al* y *r[j]al* son todas representaciones posibles de la palabra *real*. La segunda observación es que, como se notará, varias de las reglas no se aplican sobre el fonema sino sobre el resultado, o educto, de otra regla: Elevación se aplica al educto de Relajamiento, y Deslizamiento se aplica al educto de Elevación. Lo cual muestra una vez más que para obtener ciertas realizaciones hay que pasar por varias etapas intermedias, cada una correspondiente a la aplicación de una regla.

El último caso de una secuencia de segmentos no-consonánticos con acento que nos queda por revisar es el de segmentos Altos, que se ejemplifican en (15), donde señalamos el acento fonético por razones expositivas.

15.

a.
huír
viúda

b.
múy
Ríu[63]

---

[62] Para que [ə] pase a [ı] en la palabra *real*, hace falta que pierda su acento secundario. Para ello podemos asumir que una secuencia de acento secundario + acento primario se convierte en la secuencia: acento terciario + acento primario, gracias a la condición, ahora modificada, que exige que la secuencia acento secundario + acento secundario se convierta en acento secundario + acento terciario.

[63] Apellido.

La realización de la secuencia en estos casos es con el segmento inacentuado como deslizada, aunque la pronunciación con dos vocales también es posible, lo que se explica al tener en la estructura fonémica dos vocales y al aplicar, en el estilo familiar, las reglas de Deslizamiento y Elisión de límite silábico.

Recuérdese que, como sugiere una observación de TNT (TNT, pág. 65, nota 1), en castellano no hay un diptongo [uj]. Además, puesto que el apellido R̲í̲u̲ (que es una de las contadas palabras con esta secuencia) tiende a pronunciarse con hiato, podemos afirmar que tampoco hay (como parte sistemática del castellano) un diptongo [iw]. Tratemos de dar cuenta de este hecho. Supongamos, como en efecto parece ser el caso, que en castellano la pronunciación de *muy* puede ser m*[ú!]* o m*[úí]* con dos vocales o m*[wí]* con diptongo, pero no m*[új]*, y que toda secuencia /iu/ se realiza como [iũ], [!ú] o [jú] pero no [íw] (dejando de lado el caso excepcional de R*[íw]*). Pues bien, si éste es el caso, tenemos que asegurarnos de que una secuencia de Alto-Alto con acento sobre la primera vocal se convierta en una secuencia con acento sobre la segunda vocal, y que los únicos diptongos posibles sean [wí] y [jú]. Esto se puede lograr con una regla que cambia la posición del acento, de la primera vocal a la segunda vocal, en las secuencias /úi/ e /íu/. El resultado de este cambio hará que estas secuencias sean idénticas a las que originalmente tienen acento sobre la segunda vocal, es decir /uí/ e /iú/, y estas secuencias, gracias al Deslizamiento, darán como resultado los diptongos [wí] y [jú]. Para obtener el resultado requerido tenemos sin embargo que asegurarnos de que este cambio de acento se dé antes del Deslizamiento. Probablemente ésta es la solución correcta, pero no vamos a tratar de comprobarla ni de formalizarla. Nos basta con haberla sugerido.

Pasemos ahora a las secuencias en las que ninguno de los dos segmentos tiene acento. Los ejemplos en (16) donde uno de los segmentos es Alto y el otro es Bajo o Medio, la pronunciación corriente es con diptongo, aunque la pronunciación con dos vocales es posible en la mayoría de los casos[64], hecho que podemos explicar de la ma-

---

[64] Según TNT (TNT § 144) la pronunciación con hiato es posible por "analogía", es decir por existir otra palabra con la misma raíz y con acento sobre el segmento Alto. Por ejemplo *fiar* puede pronunciarse con hiato porque existe *fían*. Intuitivamente esto es correcto, porque capta la idea de que las dos palabras en cuestión, al tener la misma raíz, deben tener la misma representación fonémica. Si en una hay una vocal Alta, también deberá haberla en la otra. Esta idea está incorporada en nuetro análisis de la derivación de las deslizadas a partir de fonemas vocálicos. Sin embargo la "analogía" no puede invocarse en todos los casos, por existir palabras que pueden pronunciarse con o sin hiato y para las cuales no existe una palabra emparentada con vocal Alta acentuada. La analogía es por lo tanto un indicio, pero lo que tenemos que hacer, y lo que

221

nera acostumbrada, es decir asumiendo que fonémicamente se trata de dos vocales, y que la Alta se hace deslizada por las reglas de Deslizamiento y Elisión de límite silábico.

16.

a.	b.	c.	d.
Alta-Baja	Alta-Media	Baja-Alta	Media-Alta
viajero	arriesgar	sainete	peinado
suavizar	crueldad	causante	reumatismo
	piojoso		boicoteo
	ambiguo		Loureiro[65]

Lo mismo sucede en el caso de dos segmentos Altos, ejemplificados en (17), en los que el primero se hace deslizada, aunque, en una pronunciación "enfática", puede pronunciarse como vocal relajada.

17.
    Alta-Alta

    cuidar
    enviudar

Nótese que en en estas secuencias es el primer segmento el que se desliza, y no el segundo. Este hecho está indudablemente relacionado con lo que hemos dicho aquí arriba sobre diptongación en secuencias de segmentos Altos (con acento), pero en todo caso podemos dar cuenta de él tomando en cuenta la regla de Deslizamiento (8) repetida aquí con el número (18).

18.
$$V \rightarrow D \ / \ \begin{cases} \underline{\quad} \ V \\ [\text{Alta}] \\ V \ \underline{\quad} \\ [\text{Alta}] \end{cases}$$

Ahora bien, como se recordará, hemos establecido una convención que dice que el primer contexto de una regla tiene prevalencia sobre el segundo en el sentido de que la regla trata de satisfacer el

---

en efecto hemos hecho, es generalizar el análisis, asumiendo que toda deslizada se deriva de una vocal.
  [65] Apellido.

primer contexto antes de tratar de hacerlo con el segundo. De ser así, dada una secuencia de vocales Altas, el primer contexto de la regla (18) es satisfecho, y la regla se aplica cambiando la primera vocal en deslizada. Después de lo cual, la segunda vocal no puede convertirse en deslizada porque el segundo contexto ya no está presente y la regla no puede aplicarse. En conclusión, lo que la regla trata de expresar es que si los dos segmentos tienen en principio "derecho" a convertirse en deslizada y el primer segmento es Alto, entonces sólo éste se cambiará porque satisface la primera expansión de la regla. De esta manera (18) define (en una secuencia de vocales de igual altura) una preferencia hacia la primera vocal, cosa que es confirmada por los hechos.

El último caso que vamos a analizar es el de vocal Media con vocal Baja o Media, ambas inacentuadas, ejemplificado en (19).

19.
a.	b.	c.
Media-Baja	Baja-Media	Media-Media
peatón	traerá	leonés
soasar	laosiano	poetizar

Aquí, como es de esperar por el análisis que hemos desarrollado sobre las mismas secuencias con acento, los dos segmentos se realizan como vocales, siendo la primera generalmente una relajada. La realización de esta vocal no puede ser como deslizada porque como vimos antes, para que esto suceda hace falta que la vocal Media relajada se convierta primero en una vocal Alta relajada, proceso que tiene lugar si la vocal está en contacto con una vocal acentuada[66].

Con esto concluimos nuestro análisis del hiato y la sinéresis y para resumirlo damos una lista de las reglas, reenumeradas, explicando brevemente sus efectos y condiciones.

20. *Elisión de Vocal:* elide una vocal si va seguida de una vocal con la misma abertura y punto de articulación.

---

[66] Es posible que en algunas palabras de este tipo se dé el deslizamiento, por lo menos en algunos dialectos, lo que nos induciría a cambiar el contexto de la regla de Elevación de Vocal (11), eliminando el requisito del acento de la vocal que precede o sigue. Pero esto no sería suficiente, pues habría que evitar que la regla se aplicara por ejemplo a una vocal final de palabra, como en *le oyó,* así que habría que especificar el contexto de manera que la regla se aplique dentro de una palabra.

$$V \rightarrow \emptyset \quad / \quad \underline{} \quad \begin{matrix} V \\ \begin{bmatrix} \alpha \text{ Abertura} \\ \beta \text{ Punto} \end{bmatrix} \end{matrix}$$

$$\begin{bmatrix} \alpha \text{ Abertura} \\ \beta \text{ Punto} \end{bmatrix}$$

21. *Elisión de límite silábico:* elimina $ entre una consonante y una vocal, o entre una deslizada o una vocal, y viceversa.

$$\$ \rightarrow \emptyset \quad / \quad \left\{ \begin{matrix} \begin{Bmatrix} C \\ D \end{Bmatrix} \underline{} V \\ V \underline{} D \end{matrix} \right.$$

22. *Deslizamiento:* convierte una vocal Alta en una deslizada si va seguida o precedida de otra vocal.

$$V \rightarrow D \quad / \quad \left\{ \begin{matrix} \underline{} \;^{V}_{[\text{Alta}]} \\ V \; \underline{}_{[\text{Alta}]} \end{matrix} \right.$$

23. *Elevación de Vocal:* convierte una vocal Media relajada en Vocal Alta relajada a contacto de una vocal acentuada dentro de la misma palabra.

$$[\text{Medio}] \rightarrow [\text{Alto}] \quad / \quad \left\{ \begin{matrix} \# X \; \acute{V} \; \underline{} \begin{bmatrix} \text{Vocal} \\ \text{Relajado} \end{bmatrix} Y\# \\ \# X \; \underline{} \begin{bmatrix} \text{Vocal} \\ \text{Relajado} \end{bmatrix} \acute{V} \; Y\# \end{matrix} \right.$$

2.5.4. Sinalefa

Como ya hemos señalado en varias circunstancias, los procesos de Elisión de Vocal, Elisión de límite silábico y Deslizamiento afectan a secuencias de vocales entre palabras, de manera que dos (o tres) vocales de sílabas y palabras distintas pueden (si no hay pausa entre ellas) pasar a formar parte de la misma sílaba, proceso que se llama **sinalefa**. Por ejemplo puede haber elisión entre vocales idénticas de distintas palabras, como en *la amiga* y *mi hijo*, que se pueden pronunciar *l[a]$miga* y *m[i]$jo*. La elisión es más frecuente cuando una de las vocales pertenece a un clítico, es decir una palabra monosilábica sin acento, como lo son los determinantes *la* y *mi*, las preposiciones, por ejemplo *a*, los pronombres *me, te*, etc., ciertos otros pronombres, como el relativo *que*, la conjunción *que*, etc.

En sinalefa es también posible elidir la vocal de un clítico seguida de una vocal distinta, cosa que no sucede en sinéresis. Por ejemplo en algunos estilos *lo envidio* puede realizarse como *l[e]n$vidio, lo amo* o *le amo* como *l[a]$mo*, etc.[67]. La elisión sin embargo es posible si ciertos factores de carácter sintáctico-semánticos, además de los fonológicos, son satisfechos. Este tipo de contracción vocálica implica modificar la regla de Elisión de Vocal puesto que su condicionamiento no es únicamente de tipo fonológico, pero por el momento no la modificaremos.

En cuanto a deslizamiento y resilabeo, por los ejemplos que ofrece TNT (TNT págs. 71-72) se deduce que toda vocal Alta en contacto con una vocal distinta puede deslizarse y resilaberase con dicha vocal. Así que *su amigo* puede realizarse como *s[wa]$migo, mi amigo* como *m[ja]migo*, etc. El Deslizamiento de una vocal Media no se da entre palabras, por lo que hemos dicho más arriba acerca de la regla de Elevación de Vocal: esta regla afecta sólo a vocales internas en una palabra. Puesto que esta regla está formulada de manera que no puede aplicarse a vocales entre palabras, mientras que las otras sí, no hace falta hacer ninguna distinción entre sinéresis y sinalefa, se trata de los mismos procesos y las mismas reglas.

Vale la pena señalar que según TNT es posible combinar dentro de una sílaba dos o más vocales. Como ya lo hemos expresado esto es imposible: en una sílaba no puede haber más de una vocal por más breves y relajadas que sean las vocales. ¿Qué trata de decir entonces TNT? En nuestra opinión, lo que TNT trata de decir es que dos o más vocales en contacto se hacen muy breves y relajadas, excepto la más "perceptible" y/o la más abierta, y eso provoca el "efecto auditivo" de que las varias vocales forman parte de una misma sílaba.

2.5.5. *Elevación y Diptongación morfo-fonológicas*

En español encontramos varias alternancias entre vocales de distinta abertura o entre una vocal y un diptongo. En esta sección nos vamos a interesar de dos de las alternancias más comunes. La primera es la alternancia entre vocal media y vocal alta que se da en algunos

---

[67] La vocal que permanece parece ser la vocal más perceptible, por ejemplo la vocal anterior en el primer caso, y la vocal más abierta en el segundo caso. De ser así, el proceso no obedece a un principio de orden sino de perceptibilidad.

verbos irregulares. (24) ejemplifica esta alternancia para el infinitivo, primera persona singular y plural del presente indicativo y primera, tercera singular y primera plural del pretérito indicativo (como en casos anteriores marcaremos el acento fonético para facilitar la exposición).

24.

	a.	b	c.	d.
1.	pedír	mentír	podér	ponér
2.	pído	(miénto)	(puédo)	póngo
3.	pedímos	mentímos	podémos	ponémos
4.	pedí	mentí	púde	púse
5.			púdo	púso
6.	pedímos	mentímos		
7.	pidió	mintió	pudímos	pusímos

Aparte la alternancia entre vocal y diptongo en las formas entre paréntesis (de las cuales hablaremos más abajo), estos ejemplos muestran que la vocal media anterior [e] del morfema lexical alterna con la vocal alta anterior [i], y la vocal media posterior [o] del morfema lexical alterna con la vocal alta posterior [u]. ¿En qué casos aparece la vocal alta? Los ejemplos en (24.a) desde el 1 hasta 4, más el ejemplo (6), indican que en algunos verbos la vocal alta se da si está acentuada. El ejemplo (7) muestra que la vocal alta también se da en algunas formas inacentuadas del pretérito. Los ejemplos en (24d) siguen el primer patrón, pero hay casos de vocal acentuada que no son altas.

¿Qué generalizaciones podemos sacar de estas observaciones? La primera es que la alternancia es fonológica, pues se da entre una vocal Media y una vocal Alta con el mismo punto de articulación, pero también podemos deducir que su condicionamiento no es fonológico, pues afecta a algunos verbos y algunas formas verbales (a menudo sin el factor fonológico del acento). Así que si queremos dar una explicación fonológica a esta alternancia, derivando por ejemplo la vocal Alta de la vocal Media, tenemos que indicar de alguna manera a qué verbos y formas verbales se aplica. Esta información, de caracter idiosincrásico, debe formar parte de cada morfema al que la regla se aplica. En otros términos, tenemos que asumir que el léxico del español especifica con qué verbos y en qué formas verbales se da la alternancia. Esto es, los morfemas que se someten a la regla tienen una marca, digamos en forma de rasgo, que expresa estas condiciones morfo-fonológicas. Llamemos a este rasgo [M]. Este rasgo será parte del aducto de la regla de cambio de vocal Media a vocal Alta en morfemas como los de (23). Una regla como esta, obviamente distinta de la regla de Elevación que hemos visto anteriormente, no es una regla estrictamente fonológica, sino una regla "morfo-fonológica" que toma en cuenta características morfo-léxicas y fonológicas para efectuar un cambio fonológico. Por el momento no vamos a tratar de especificar en qué consiste el rasgo M o cuáles son los verbos que se someten a la regla en cuestión, nos basta con decir que esta regla morfo-fonológica de Elevación es esencialmente la que señalamos en (25), donde X representa una secuencia de segmentos, inclusive nula, y]M quiere decir que se trata de un morfema marcado con M.

    25. [Media] → [Alta] / _____ X]M

Otras dos alternancias existentes en español son las que se ejemplifican en (26), la primera, en (26a-b), entre la vocal inacentuada media anterior [e] y el diptongo [jé], y la segunda, en (26c-d), entre la vocal inacentuada media posterior [o] y el diptongo [wé]. Es importante notar que los diptongos [jé] y [wé] de los que tratamos en la sección 3.3.3. no entran en este tipo de alternancia.

26.

a.	b.	c.	d.
m[e]ntír	p[e]dalár	p[o]dér	r[o]dár
m[e]ntíra	p[e]dál	p[o]téncia	r[o]dája
m[jé]nto	p[jé]	p[wé]do	r[wé]da

Estas alternancias, que son más frecuentes y hasta cierto punto más productivas que las anteriores, también son de caracter morfo-fonológico porque por ejemplo muchas vocales medias inacentuadas no alternan con un diptongo (por ejemplo *pegár - pégo,* pero no **piégo),* y algunos diptongos [jé] y [wé] no alternan con vocal (por ejemplo los diptongos en (7d): *diéta* y *dietético* pero no **detético, cruél* y *crueldád* pero no **croldád)*[68]. Así que de formular una regla que dé cuenta de la alternancia, dicha regla incluirá una información

---

[68] Vale la pena anotar que la diptongación se ha lexicalizado en algunos casos y ya no depende del acento. Por ejemplo algunos hablantes prefieren una conjugación de *amoblar* con diptongación, es decir *amueblar, amueblamos,* etc. La lexicalización del diptongo se ha generalizado en chicano, donde lo normal es *cuentar, cuento, cuentamos,* y no *contar, cuento* y *contamos.* Otra observación que vale la pena hacer es que la diptongación afecta también algunos morfemas gramaticales, pero de manera menos sistemática. Por ejemplo los sufijos *-ente* y *-mento* diptongan en algunos casos, por ejemplo *teniente* y *arrepentimiento,* y en otros no, por ejemplo *presidente* y *apartamento* (aunque algunos hablantes dicen *apartamiento).*

morfológica (de los morfemas que diptongan), que representaremos con la letra A, como lo hemos hecho con la regla (25) de Elevación en la que hemos usado M.

La pregunta ahora es cuál es la representación fonológica de [e] y [jé] para los ejemplos en (26a-b) tales como *mentir* y *miento*, y de [o] y [wé] para los ejemplos en (26c-d) tales como *poder* y *puedo*. Asumiremos que la representación fonológica es con /e/ y /o/, respectivamente, de modo que el diptongo se deriva de la vocal cuando está acentuada. Esta hipótesis se justifica al tomar en cuenta el hecho de que a veces la vocal media [e] alterna también con la vocal alta [i], por ejemplo en *sentir* y *sintió*, y la vocal media [o] alterna también con la vocal alta [u], por ejemplo en *poder* y *pudo*. Hemos dado cuenta de estas últimas alternancias al derivar las vocales altas de las vocales medias, por lo que la representación fonológica de *sentir* y *poder* es s/e/ntir y p/o/der, respectivamente. Por ende el diptongo se derivará, al igual que la vocal alta, de un fonema vocálico medio. Trataremos ahora de explicitar lo que en nuestra opinión sucede cuando las vocales /e/ y /o/ se convierten en los diptongos [jé] y [wé], respectivamente.

En primer lugar observemos que el diptongo se da cuando hay acento. En segundo lugar, la vocal que aparece en la posición de núcleo en ambos diptongos, [jé] y [wé], es la vocal media anterior [e]. La [e] es la vocal "por defecto" del español, en el sentido de que es la vocal que se inserta en la posición de núcleo silábico (es la así llamada "e epentética") cuando éste está vacío, fundamentalmente para completar la sílaba precisamente cuando ésta contiene otro segmento novocálico. La [e] se introduce por ejemplo al comienzo de una palabra que empieza por /s/ seguida de consonante, como sucede con préstamos del tipo *stress* que pasa al español como *estrés*. En *stress* la /s/ inicial no puede formar parte de la sílaba siguiente en español (no hay sílaba en español que empiece por /s/ más consonante), por lo tanto debe de crearse otra sílaba con esta /s/: s$tress. El núcleo de dicha sílaba no está especificado y es por lo tanto ocupado por [e]: es$tres. Lo mismo sucede con préstamos que terminan en una consonante o secuencia de consonantes que no se da a final en español, como es el caso de *restaurant* que pasa al español como *restaurante:* la /t/ no puede formar parte de la sílaba anterior (no hay en español una sílaba que termine en /nt/) por lo que debe formar su propia sílaba. Una vez más el núcleo está vacío y es rellenado por [e]. Algo similar sucede en la formación del plural de palabras que terminan en consonante distinta de /s/, como en el caso de *caracol,* cuyo plural es *caraco$les,* con una /e/ epentética. En fin, existe un proceso en español que consiste en rellenar con la vocal [e] el núcleo vacío de una sílaba. Supongamos entonces que la [e] que aparece en los diptongos [jé] y [wé] es la misma [e] epentética que se inserta por defecto. De ser así, la deslizada que aparece en el diptongo se deriva del fonema vocálico subyacente: [j] del diptongo [jé] se deriva de /e/, y [w] del diptongo [wé] se deriva de /o/. En otras palabras *s[jé]nto* se derivaría de *s/é/nto* aproximadamente de la manera siguiente: el fonema vocálico /e/ pierde el acento, que se desplaza a la derecha, y se convierte en la deslizada [j], y se inserta una [e] epentética en la posición del nuevo núcleo silábico que es donde está el acento.

Asumiendo que esta hipótesis es esencialmente correcta, ¿qué reglas necesitamos para derivar los diptongos de las vocales medias? En primer lugar necesitamos una regla de inserción de [e] en la posición del núcleo vacío de la nueva sílaba. Esta regla, que se necesita independientemente de la diptongación que estamos estudiando, puede ser esencialmente la (26), que expresa que una vocal sin rasgos adquiere los rasgos de [Anterior, Media][69].

26. ø → $\begin{bmatrix} \text{Anterior} \\ \text{Media} \end{bmatrix}$ / _____ [Vocal]

En segundo lugar necesitamos una o más reglas que sustituyan las vocales medias /e/ y /o/ con las deslizadas [j] y [w], respectivamente. Este cambio es el que ya hemos analizado al tratar de las vocales medias seguidas de vocal acentuada como en *real* y *poeta* y del cual hemos dado cuenta por medio de las reglas de Relajamiento, Elevación y Deslizamiento. Aquí podemos hacer uso de estas mismas reglas, añadiendo que en este caso las reglas deben aplicarse obligatoriamente. De manera que tampoco para este proceso necesitamos reglas particulares, simplemente hacemos uso de reglas ya existentes. De manera que la única particularidad en la diptongación de /e/ y /o/ la constituye el proceso de cambio del acento de la vocal media a la posición de núcleo, que como hemos visto es una posición vacía de rasgos. Asumiendo que la representación de *siento* y *puedo,* por ejemplo, es después de la acentuación *s/é/nto* y *p/ó/do,* ¿cómo desplazamos el acento? Recordemos que existe una regla que cambia el acento en casos como *día* que se convierte por esta regla en *d[já].* Pues bien, podríamos suponer que esta misma regla es la que necesitamos en la dipontgación de /é/ y /ó/ con la particularidad de que

---

[69] Estamos asumiendo que [Vocal] es un rasgo redundante: se deduce de la posición del segmento, que en este caso es la posición de núcleo. Por ello está presente en la representación, a pesar de que los otros rasgos no estén presentes.

aquí la regla es de caracter morfológico y consecuentemente se aplica obligatoriamente. Técnicamente, esto se resuelve al asumir que los morfemas que diptongan tienen una marca morfológica, que hemos llamado A, que especifica que en determinadas formas de dichos morfemas, si el acento recae sobre la vocal media, el acento debe desplazarse a la derecha de la vocal, creando simultáneamente un núcleo silábico. Esta regla puede formularse aproximadamente de la manera siguiente:

27. $\acute{V} \rightarrow V\acute{\ } \quad / \quad \underline{\quad} X]_A$
    $[Media]$

La interpretación de esta regla es que dado un morfema marcado con A y dada una vocal media acentuada, el acento se desplaza a la derecha de la vocal, creando simultáneamente un nuevo núcleo silábico. Este será rellenado por [e] por medio de Inserción de [e], mientras que la vocal media será afectada por Relajamiento, Elevación y Deslizamiento, obteniéndose así los dipotongos [jé] y [wé].

En (28) resumimos el análisis de la diptongación en casos como *siento* y *puedo*[70].

28.

reglas	repre. fonol.:	s/e/nto	p/o/do
Acentuación		é	ó
Cambio de acento		e ´	o ´
Inserción de [e]		eé	oé
Relajamiento		ə	ŏ
Elevación de Vocal		!	ŭ
Deslizamiento		j	w
	repre. fonét.:	s[jé]nto	p[wé]do

Antes de concluir este análisis sobre la diptongación quisiéramos agregar que como hemos señalado antes, este proceso puede afectar también la vocal media de algunos sufijos. Por ejemplo el sufijo de gerundio de la segunda y tercera conjugación es *-[jé]ndo*. Puesto que de acuerdo con el análisis que hemos propuesto no hay deslizadas

---

[70] La interpretación y ordenamiento de las primeras tres reglas no son necesariamente los que ofrecemos. Por ejemplo podríamos pensar que Inserción de [e] es anterior a Cambio de acento. Notemos que palabras como *leer* no diptongan, probablemente porque las dos /e/ están separadas por un límite morfológico, pero también es posible que Inserción de [e] sea una regla muy tardía, quizás la última de una derivación.

a nivel fonológico, el diptongo de este sufijo debe derivarse de una vocal (o, en un análisis alternativo, de dos vocales). Nuestra propuesta es que el diptongo se deriva de la diptongación de la vocal /é/ del sufijo, de la manera indicada más arriba. Así que la /e/ de por ejemplo *com-/é/ndo* y *viv-/é/ndo* diptonga y se obtiene *com[jé]ndo* y *viv[jé]ndo*, respectivamente[71].

2.5.6. Aspectos de la estructura silábica

En esta sección vamos a presentar brevemente una hipótesis sobre la estructura de la sílaba en español, para volver sobre este tema en el próximo capítulo. La sílaba, a pesar de lo difícil que resulta definirla en fonética acústica, es uno de los elementos más importantes en fonología, puesto que es la estructura que subyace a la "sintaxis" de las expresiones fonéticas. Esto es, la sílaba define en gran medida las combinaciones y realizaciones posibles de los segmentos fonéticos de la cadena hablada: éstos están concatenados en secuencias estructuradas silábicamente, y esta estructuración determina en gran parte sus pronunciaciones.

Hay sílabas en todas las lenguas, pero las características particulares de las sílabas varían de una lengua a otra. De manera que todo hablante es capaz de silabear, esto es de dividir en sílabas la cadena hablada, pero este proceso natural debe ser matizado por las características silábicas de cada lengua. Por esta razón a menudo los hablantes de una lengua no saben silabear "correctamente" en otra lengua muy parecida a su lengua nativa, como sucede por ejemplo con los hablantes de italiano cuando tratan de silabear en español, o al revés, cuando los hablantes de español tratan de silabear en italiano.

Podemos hablar de sílaba a nivel fonológico o a nivel fonético. Puesto que las reglas fonológicas realizan cambios sobre los elementos fonológicos, algunos de estos cambios pueden afectar a la estructura silábica de los mismos. Un ejemplo de ello es el proceso de deslizamiento, que como hemos visto convierte una vocal —que es el núcleo de la sílaba— en una deslizada. Otros ejemplos de cambio drástico del punto de vista silábico son la diptongación y la elisión de vocal. En fin, la estructura silábica de los segmentos fonológicos puede modificarse y reestructurarse a nivel fonético. Nuestro interés es determinar la estructura de la sílaba a nivel fonológico y a nivel fo-

---

[71] Otro análisis alternativo consistiría en derivar el diptongo de la vocal temática, /e/ para la segunda e /i/ para la tercera, análisis que se justificaría en vista de que la vocal temática aparece en la terminación del gerundio de primera conjugación (por ejemplo *cant-ando)*, pero por el momento mantendremos el análisis sugerido.

nético, tratando de establecer los cambios que se dan al pasar de una a la otra.

Veamos primero cuáles son las sílabas posibles en español a nivel "superficial", es decir a nivel fonético. Observemos en primer lugar que en español toda sílaba tiene una vocal, que llamaremos **núcleo silábico**. La vocal puede estar precedida y seguida de otros segmentos, de manera que el núcleo silábico puede tener dos márgenes: izquierda o **prenuclear** y derecha o **posnuclear**.

Los siguientes ejemplos, en cursiva, ilustran las posibles sílabas en español:

Con margen prenuclear:
Sin margen: una vocal: *e*-sa
a. una consonante y una vocal: *pe*-sa
b. dos consonantes y una vocal : *ple*-no
c. una deslizada y una vocal: *hue*-so
d. dos consonantes, una deslizada y una vocal: *true*-no
Con margen posnuclear:
a. una vocal y una consonante: *an*-cho
b. una vocal y una deslizada: *au*-la
c. una vocal, una deslizada y una consonante: *aus*-pi-ciar
d. una vocal y dos consonantes: *abs*-tra-er
Con ambas márgenes:
a. una consonante, una vocal y una consonante: *con*-ten-to
a. una consonante, una vocal y una deslizada: *cau*-sa
b. una consonante, una deslizada, una vocal y una deslizada: *buey*
c. una consonante, una deslizada, una vocal, una deslizada y una consonante: des-pre-*ciáis*
d. una consonante, una vocal y dos consonantes: *cons*-ter-nado
e. una consonante, una vocal, una deslizada y dos consonantes: *Sainz* [72]
f. dos consonantes, una vocal y una consonante: cons-*truc*-ción [73]
g. dos consonantes, una vocal y dos consonantes: *trans*-for-mar
h. dos consonantes, una deslizada, una vocal y una consonante: *cruel* [74]
i. dos consonantes una deslizada, una vocal, una deslizada y una consonante: *criáis* [75]

---

[72] Este es un apellido que en América Latina a veces se pronuncia con [s] final.
[73] La letra *c* a final de la sílaba es fonéticamente una velar, generalmente sonora [ɣ].
[74] En algunas pronunciaciones esta palabra tiene dos sílabas.
[75] En algunas pronunciaciones esta palabra tiene dos sílabas. En la pronunciación con una sílaba es una "excepción" porque la sílaba en cuestión contiene seis elementos.

Estas son las sílabas posibles, las sílabas imposibles en español son esencialmente las siguientes:

  a. sílaba sin vocal
  b. sílaba que empiece por /s/ seguida de consonante, por ejemplo *strés, *slovaco.
  c. sílaba con la segunda de dos consonantes prenucleares distinta de una líquida, por ejemplo *[ps]icología.
  d. sílaba con la segunda de dos consonantes posnucleares distinta de /s/, por ejemplo *comp-rar.

De los ejemplos señalados podemos deducir que hay un número determinado de elementos que pueden aparecer en una sílaba y que el orden en que dichos elementos aparecen es fijo:

  a. en posición prenuclear puede haber un máximo de dos consonantes y una deslizada, en este orden, como en la primera sílaba de true-no. Si hay dos consonantes la segunda es una líquida.
  b. en posición posnuclear puede haber un máximo de una deslizada y dos consonantes, en este orden, como en la palabra Sáinz (con la excepción de un par de palabras como ésta no puede haber más de dos segmentos en posición posnuclear)[76]. Si hay dos consonantes la segunda es /s/.
  c. No puede haber más de un total de cinco segmentos en una sílaba[77].

Estas estipulaciones constituyen las **pautas de silabificación** en español.

¿Depende el orden de los elementos de una sílaba de las características fonológicas de los mismos? La respuesta es sí: el orden corresponde a la clasificación de los sonidos en consonantes obstruyentes, consonantes inobstruyentes, deslizadas y vocales. En efecto este es el orden de los fonos presentes en la primera sílaba de true-no. Además si tomamos en cuenta los fonos que aparecen en posición posnuclear, notamos que el orden es el inverso, como en la palabra Sáinz: la vocal precede a la deslizada, y ésta a la consonante inobstruyente[78] y ésta última a la consonante obstruyente. La clasificación de los fo-

---

[76] Hemos notado que en palabras como Sáinz y Heinz (marca de producto) la pronunciación normal es sin la última consonante.
[77] De acuerdo con esta estipulación una palabra como *criáis* es bisílaba. Sin embargo nos parece que una pronunciación monosilábica es posible.
[78] Esto no es totalmente cierto: en *cons-trucción, pers-pectiva*, etc., la primera consonante posnuclear es una inobstruyente, pero en *abs-tracción, ex-presión,* etc., no lo es.

nos es por lo tanto un primer parámetro para la estructuración de la sílaba: determina el orden en que se combinan linealmente los segmentos de la sílaba. ¿En qué consiste más exactamente este parámetro? Consiste en una escala de **perceptibilidad/sonoridad** de los fonos. Si como es natural consideramos las vocales como el nivel máximo de este parámetro y las consonantes obstruyentes como el nivel mínimo[79], obtenemos la siguiente escala, que fielmente reproduce la secuencia posible de los segmentos dentro de la sílaba (recuérdese que D representa Deslizada y V vocal):

- ←————————————— + —————————————→ -
  Obstruyente Inobstruyente D V D Inobstruyente Obstruyente

Observemos sin embargo que, por una parte, como lo señalábamos en una nota anterior, hay algunos casos en que una obstruyente aparece en lugar de la inobstruyente posnuclear, y, por otra parte, que hay restricciones sobre las inobstruyentes: las que pueden aparecer en posición prenuclear son las líquidas[80], y las que pueden aparecer en posición posnuclear son las nasales y las vibrantes.

En conclusión la escala de perceptibilidad/sonoridad, más las condiciones señaladas, determinan la selección y combinación de los segmentos en la sílaba. La perceptibilidad/sonoridad es el parámetro que define la "relación sintagmática"[81] de los segmentos de una sílaba[82]. Pero si la única manera de combinar los segmentos de una sílaba dependiera de este parámetro, no habría más estructura interna en la sílaba: todo dependería de esta relación. Pero esto dejaría sin explicación el hecho de que la vocal es la parte constante e independiente de la sílaba. Cosa que de por sí implica no sólo una escala sino también una estructura jerarquizada con tres "constituyentes": el núcleo y las dos márgenes. Además, puesto que las deslizadas no aparecen en la representación fonológica, se "agregan" a la sílaba formando, como sostendremos, un constituyente dentro de las márgenes, independiente de la vocal. Otra razón que justifica una estructura jerarquizada de la sílaba, con un núcleo y dos márgenes, es que éstas últimas son afectadas por procesos fonológicos como los siguientes. En algunos dialectos la nasal final de sílaba se velariza, esto es, se

---

[79] Esta idea aparece en TNT.
[80] Inclusive aquí hay restricciones. Por ejemplo normalmente la secuencia /tl/ no está permitida (se da sólo en algunos dialectos, por ejemplo en mexicano).
[81] Este término se usa en sintaxis para expresar la relación de compatibilidad y combinación de los elementos significativos, p. ej. las palabras, dentro de una oración.
[82] Este parámetro es válido tanto a nivel fonológico como a nivel fonético, con la diferencia de que a nivel fonológico no hay deslizadas, según nuestro análisis.

pronuncia como una nasal velar, [ŋ]. Este proceso afecta también a una nasal posnuclear seguida de una /s/, como en *cons-trucción*. La razón de ello es que la velarización tiene lugar en el constituyente posnuclear, independientemente del hecho de que la nasal sea final o no, lo que claramente muestra la existencia de un "constituyente" posnuclear en el que la nasal puede ser velarizada. Un proceso que revela la existencia de un constituyente prenuclear, porque afecta a este constituyente independientemente de la vocal, es el de la consonantización de una deslizada prenuclear. Por ejemplo la palabra *huevo* se pronuncia en algunos dialectos con una velar inicial, por consonantización de la deslizada [w]: *[gw]evo*. Ahora bien, este proceso afecta al "constituyente" prenuclear porque, como veremos más tarde, el tipo de consonantización depende del tipo de la deslizada presente. En otros términos la deslizada da origen a una consonante que comparte ciertas características con la deslizada, de modo que ambos, deslizada y consonante, forman parte de un constituyente prenuclear.

En resumen, los segmentos de una sílaba, además de estar combinados secuencialmente según una escala de perceptibilidad/sonoridad (con ciertas condiciones ya señaladas), están organizados en tres constituyentes: un núcleo y dos márgenes.

Pasemos ahora a definir la estructura "sintáctica" de la sílaba. Como ya hemos dicho, la estructura mínima consiste de una vocal, de manera que una sílaba mínima (S) tiene la estructura (29), con sólo el Núcleo (N) Vocálico (V).

29.

A la estructura mínima (29) pueden agregarse las dos márgenes, llamadas el **Ataque,** en posición prenuclear, y la **Rima,** en posición posnuclear. Asumiremos que el Ataque (A) forma un constituyente S' (esto es, una "proyección" de S) junto con el Núcleo, como en los casos de sílabas del tipo CV, por ejemplo en *ca-sa.* Este tipo de sílaba está representada en (30a). Asumiremos también que si la sílaba contiene una Rima (R), ésta está adjunta al constituyente S', formando un constituyente S" (esto es, una segunda proyección de S), tanto si hay

Ataque (estructura 30b), en cuyo caso la sílaba es del tipo CVC como en las sílabas de *can-tan,* como si no lo hay (estructura 30c), en cuyo caso la sílaba es del tipo VC, como en la palabra *en*.

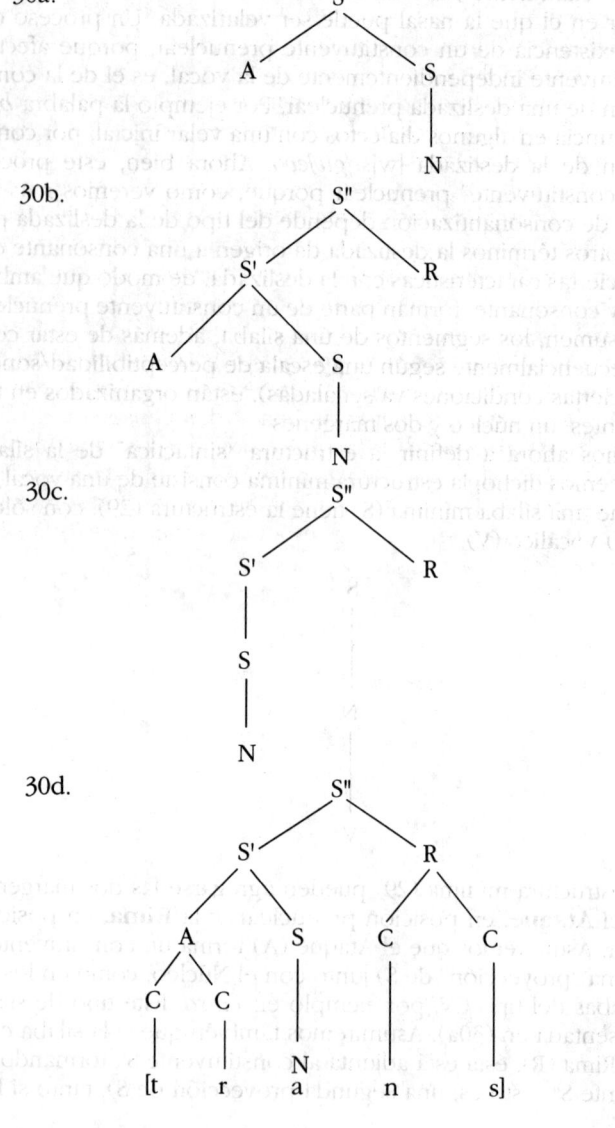

30a.

30b.

30c.

30d.

236

Como hemos visto, en el Ataque y la Rima puede haber una o dos consonantes. Si hay dos consonantes, éstas son dominadas por el mismo símbolo A o R, como se muestra en (30d) para la primera sílaba de *trans-porte*. Las deslizadas no aparecen en la estructura fonológica de las sílabas, puesto que se forman por diptongación o por deslizamiento de una vocal. Así que las estructuras en (30) son las únicas posibles a nivel fonológico (con el entendido de que (30d) resume tres casos posibles).

Preguntémonos ahora qué pasa cuando la estructura fonológica se modifica, por ejemplo por deslizamiento de una vocal adyacente. Más exactamente la pregunta que queremos hacer es "cuando una vocal se desliza ¿a qué parte o a qué constituyente de la nueva estructura silábica se adjunta?" Fundamentalmente hay dos posibilidades: o bien se adjunta al N (en este caso entra a formar parte de S junto con el Núcleo) o bien se adjunta a S, si es prenuclear (en este caso se convierte en un Ataque) o a S' si es posnuclear (en este caso se convierte en una Rima). Nuestra hipótesis es que la deslizada no se adjunta al Núcleo, de manera que podemos obtener (31a), como en la primera sílaba de *hue-vo*, o (31b), como en *hay*. Notemos que la deslizada prenuclear puede estar precedida de una o dos consonantes (en la primera sílaba de *true-no* [w] está precedida de dos consonantes), como también la deslizada posnuclear (en *Sainz* [j] está seguida de dos consonantes). Estas dos últimas posibilidades están resumidas en la estructura (31c) que es la que corresponde por ejemplo a la sílaba *ciáis* de *despre-ciáis*.

31a.

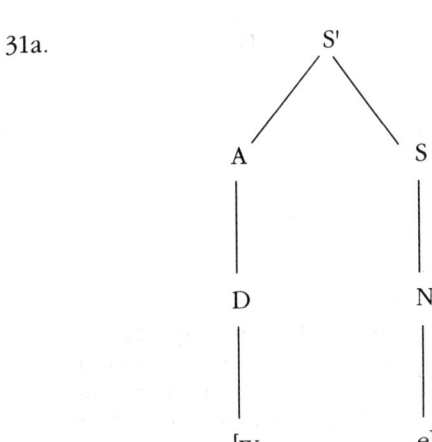

31b.

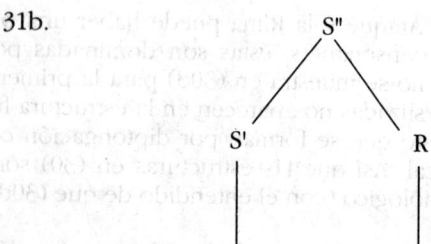

31c.

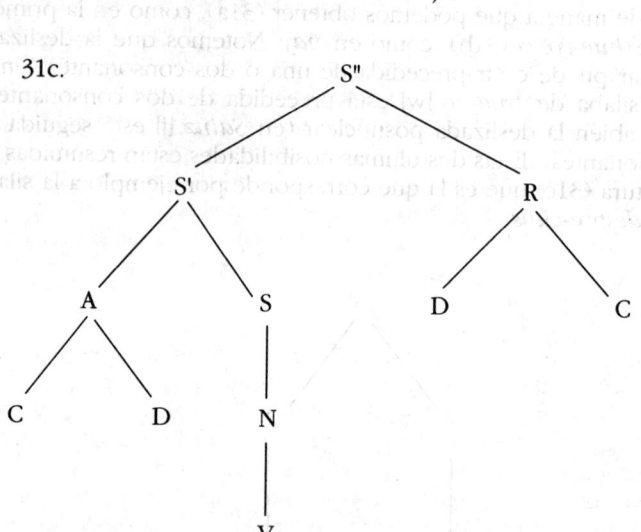

¿Hay razones para creer que las deslizadas aparecen fuera de S y no se adjuntan al Núcleo vocálico? Podemos pensar en tres razones que justifican la posición de la deslizada prenuclear dentro del Ataque. La primera razón es que existe un proceso de "consonantización" que puede afectar a una deslizada prenuclear: la deslizada "crea" una consonante. Como veremos más abajo, este proceso se justifica si la deslizada y la consonante resultante forman parte de un mismo constituyente, y no tendría explicación satisfactoria si la deslizada se adjuntara al Núcleo silábico, debajo de S.

Una segunda razón es que la deslizada es originalmente una vocal que "resilabea" con la sílaba siguiente precisamente cuando esta sílaba tiene un Ataque vacío. En otros términos, el deslizamiento hace que una vocal se convierta en un Ataque (que no es vocálico). Ahora bien, el resilabeo es un proceso general que afecta toda secuencia que puede "resilabearse" como Ataque de acuerdo con las pautas de silabeo, de manera que puede afectar una deslizada, una consonante, una deslizada precedida de consonante, etc. Si sostuviéramos que una deslizada prenuclear se resilabea juntándose al Núcleo, mientras que una consonante, por ejemplo, se resilabea formando un Ataque, los dos tipos de resilabeo se interpretarían de manera distinta, pues se atribuirían a procesos distintos con resultados distintos, cosa que no nos parece convincente.

Una tercera razón es la siguiente. Como hemos visto, si una sílaba constituida de consonante y vocal alta, como por ejemplo la palabra *mi,* va seguida de una vocal no alta, la sílaba en cuestión puede resilabearse (y la vocal alta se convierte en una deslizada): *m[j].* Puesto que la sílaba /mi/ es un constituyente, en nuestra nomenclatura S', lo lógico es que los miembros de este constituyente se mantengan unidos después del resilabeo. Esto es posible sólo si la sílaba se convierte en un Ataque, es decir [$_A$ mj], sin dividirse. Si la consonante pasara a formar parte del Ataque y la deslizada se agregara al Núcleo debajo de S, la unidad del constituyente se perdería, cosa que sería muy difícil de defender y explicar.

En conclusión, podemos justificar las estructuras silábicas en (31) en lo que a deslizada prenuclear se refiere. En cuanto a la deslizada posnuclear, no podemos esgrimir a favor de las estructuras propuestas el argumento de la consonantización puesto que la deslizada posnuclear no se consonantiza. Pero sí podemos defender nuestra propuesta basándonos en la interpretación del resilabeo de una sílaba: si la deslizada posnuclear forma originalmente parte de una sílaba constituida de una vocal alta y una consonante, como por ejemplo *in* de *in$fierno,* y la vocal se resilabea con la sílaba precedente, la consonante también se resilabea, junto con la deslizada, como por ejemplo en *negr[oj]n$fierno* (TNT pág. 71). Lo que en nuestra opinión muestra que la deslizada y la consonante que originalmente forman una sílaba siguen formando un constituyente después del resilabeo, esto es una Rima. Este argumento nos permite concluir que la deslizada posnuclear no se adjunta al Núcleo vocálico sino a una proyección de S.

Las estructuras silábicas en (30) son las estructuras fonológicas. Las que aparecen en (31) son estructuras derivadas por diptongación y resilabeo. Hay cuatro casos de resilabeo:

a) resilabeo de vocal. Este el caso de vocales Altas que se incorporan como deslizadas a la sílaba siguiente cuando ésta empieza por vocal o a la sílaba precedente cuando ésta termina en vocal: por ejemplo /u/ $ otra que pasa a *[wó]tra, mu$/i/ $ alto* que pasa a *mu$[já]lto, né$/u/tro* que pasa a *n[éw]tro*, y *casa $ hu$milde* que pasa a *cas[aw]$milde*.

b) resilabeo de CV. Es idéntico al primer caso de (a) pero con una consonante delante de la deslizada: por ejemplo *$mi $ amigo* que pasa a *$m[ja]$migo*.

c) resilabeo de VC. Es idéntico al segundo caso de (a) pero con una consonante después de la deslizada. El ejemplo que hemos visto es *negro $ in$fierno* que pasa a *negr[oj]n$fierno*.

d) resilabeo de consonante. Este es el caso de una consonante final de palabra (que es una Rima) que se convierte en el Ataque de la sílaba siguiente que empieza por vocal: por ejemplo *los$amigos* que pasa a *lo$[sa]migos*.

En (a-c) se resilabea una sílaba, en (d) se resilabea una Rima. No hay resilabeo de:

a. un Ataque, esto es, no hay casos donde por ejemplo una /s/ a comienzo de palabra se resilabea con la sílaba anterior si ésta termina en vocal, por ejemplo *la sopa* no resilabea **las$opa*. Esto indica que la tendencia natural no es a formar sílabas del tipo CVC.

b. una sílaba con Ataque y Rima. Por ejemplo no resilabea la sílaba *las* en *las amigas* de manera a obtener **$lasa$migas*. La razón obvia de ello es que la sílaba resultante no se ajusta a las pautas de silabificación.

c. dos consonantes de un Ataque o de una Rima. Si están en una Ataque no resilabean por las razones indicadas en (a) ([tr] en *la tropa* no resilabea **$latr$opa*). Si están en una Rima y van seguidas de vocal, deberían estar a final de palabra, cosa prácticamente imposible, como ya hemos visto. En todo caso, si se tratara de una secuencia del tipo /ns/, al pasar al Ataque resultaría incompatible con las pautas de silabeo.

Podemos resumir estas observaciones de la manera siguiente:

32. Una secuencia de segmentos X de una sílaba S, pasa a ocupar la posición del Ataque de la sílaba siguiente S² (resilabeo a la derecha), o la posición de la Rima de la sílaba precedente S¹ (resilabeo a la izquierda) si y sólo si:
a) X es un constituyente de S
b) el Ataque de S² o la Rima de S¹, respectivamente, están vacíos,
c) si la sílaba resultante es una sílaba bien formada de acuerdo con las pautas de silabeo.

(32b) hace imposible el resilabeo de X si el Ataque de S (en el caso de resilabeo a la derecha) o la Rima de S (en el caso de resilabeo a la izquierda) contiene algún segmento[83]. (32c) hace imposible los otros casos de resilabeo ilegal.

2.5.7. *Consonantización de las deslizadas*

2.5.7.1. La deslizada [j]

Como hemos visto una vocal Alta inacentuada a final de palabra puede convertirse en deslizada si le sigue otra vocal. Por ejemplo en las secuencias *tribu ingrata* y *casi apagado* la /u/ de *tribu* y la /i/ de *casi* pueden pronunciarse como [w] e [j] respectivamente (TNT página 71), por medio de Deslizamiento. En términos de silabificación el resultado es *tri$bwin$grata* y *casjapagado*, de manera que aquí la deslizada no aparece a comienzo de sílaba.

En palabras como *voy, muy,* etc., tenemos una deslizada anterior a final de palabra[84], que de acuerdo con el análisis que hemos propuesto se deriva de una vocal. Así que estas palabras son fonológicamente *vo$/i/* y *mu$/i/* y se convierten en las pronunciaciones con deslizada por medio de Deslizamiento.

¿Qué pasa si estas palabras van seguidas de vocal, como en *voy a morir* y *muy alto?* De acuerdo con el análisis de TNT y Alarcos, las tres pronunciaciones siguientes son posibles:

---

[83] Esta condición implica que si asumimos que la silabificación por ejemplo de *átlas* (pronunciada *[áðlas]*) es *at-las,* no puede haber resilabeo y no puede silabearse *a-tlas.* Esto es confirmado por el hecho de que la palabra *ritmo* se pronuncia también con [ð] y obviamente la silabificación no es *ri-tmo.* Si en embargo para algunos hablantes la silabificación es *a-tlas,* lo que quiere decir, de acuerdo con nuestra condición, que para estos hablantes la silabificación es *a-tlas,* sin resilabeo.
[84] Como ya vimos *muy* puede pronunciarse de otra manera.

33.
   Represent. fonológ: vo$/i/$ a $ morir   mu$/i/$ al$to
   Represent. fonétic: a. vo[j]$ a $ morir   a. mu[j]$ al$to
                         b. vo$[j] a $ morir   b. mu$[j] al$to
                         c. vo$[y] a $ morir   c. mu$[y] al$to

La realización (33a) se da cuando las palabras *voy* y *muy* se pronuncian enfáticamente o van seguidas de pausa, sin enlace con la palabra siguiente. De manera que aquí se realizan como cuando están solas, aplicando Deslizamiento y Elisión del límite silábico que precede a la /i/. En esta realización la deslizada no está a comienzo de sílaba.

La realización (33b) se da cuando *voy* y *muy* se pronuncian sin énfasis y sin pausa, con enlace con la palabra siguiente. Aquí se aplican Deslizamiento y Elisión del límite silábico, pero no a nivel de la palabra sino a nivel de la frase. Esto es, Deslizamiento no se aplicará por ejemplo en *voy*, sino después, cuando *voy* y *a morir* se combinan en la frase. En esta realización la deslizada aparece a comienzo de sílaba.

Pasemos a la realización (33c), que ofrecen TNT (§136) y Alarcos (pág. 153). Aquí la vocal Alta se ha "consonantizado" convirtiéndose en la palatal fricativa [y]. La única explicación plausible para este fenómeno es que la vocal Alta después de deslizarse se convierte en una consonante. Pero ¿cuál es la condición necesaria y suficiente para que la deslizada se consonantice? Simplemente que la deslizada aparezca a comienzo de sílaba. En casos como *si escucho* o *Gili escribió*, puede haber deslizamiento y resilabeo con deslizada, pero no puede haber [y], pues la deslizada va precedida de una consonante en el Ataque: *s[j]es$cucho* y *Gi$l[j]es$cribió*.

Pero, ¿por qué es ésta la condición necesaria? Nuestra respuesta es la siguiente. Asumamos, contrariamente a lo que decíamos antes, que la sílaba mínima consiste de un Núcleo vocálico y un Ataque adjunto a S, y no simplemente de un Núcleo vocálico. Entonces la estructura silábica básica será (34a) y no (29). En esta nueva hipótesis, el Ataque es un constituyente constante de la sílaba, al igual que el Núcleo vocálico, y a nivel fonológico contiene C que llamaremos "Núcleo consonántico". De acuerdo con esta hipótesis la sílaba por "excelencia" es la sílaba constituida de una consonante y una vocal, es decir la sílaba CV. Toda otra sílaba resultará de una adjunción de una Rima a nivel fonológico, o de la adjunción de algún otro segmento por resilabeo. Un caso de resilabeo será el de la deslizada prenuclear que asumiremos que se adjunta al constituyente A creando un nódulo A', como se muestra en (34b) para el ejemplo de *mu[jal]to* de (33b).

34a.

34b.

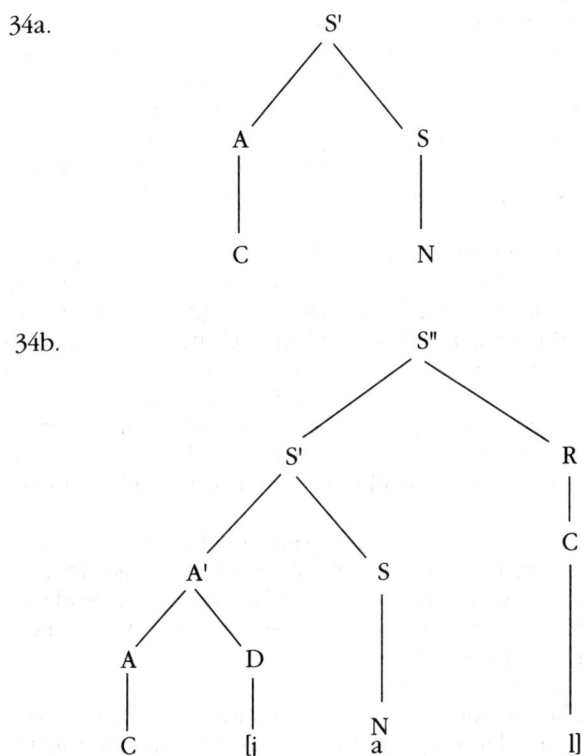

Al adoptar esta hipótesis, que nos parece mejor que la anterior, se nos plantea el siguiente dilema: si aceptamos la hipótesis de que en toda sílaba hay un Ataque consonántico ¿cómo damos cuenta del hecho de que existen sílabas sin Ataque consonántico? La siguiente es la solución que proponemos. En primer lugar quisiéramos definir una relación que llamaremos de "régimen-X" entre los segmentos[85] de una sílaba:

Régimen-X:
un segmento α rige-X a un segmento β si,

---

[85] Por segmento aquí entendemos también los símbolos C y V que refieren a los rasgos [+Consonántico] y [+Silábico], respectivamente.

a) α y β son dominados[86] por la misma proyección de una categoría X (por ejemplo, S' domina a la consonante del Ataque y a la vocal; S" domina a la consonante del Ataque, a la vocal y a los segmentos dentro de la Rima)
b) una de las proyecciones de X domina a α pero no a β (por ejemplo, S domina a la vocal pero no a los segmentos del Ataque y de la Rima; S' domina a la vocal y a la consonante del Ataque pero no a los segmentos de la Rima).

De acuerdo con esta definición la vocal no es regida pero rige-S a los segmentos del Ataque y de la Rima, la consonante del Ataque rige-S a los segmentos de la Rima, pero los segmentos de la Rima no rigen-S a ningún segmento. Por la misma definición si en un Ataque tenemos una consonante y una deslizada, como se muestra en (34b), la consonante rige-A a la deslizada pero no viceversa.

Para asegurarnos de que la vocal esté fonéticamente presente pero no necesariamente los otros segmentos de la sílaba, asumiremos que existe una condición a nivel fonético que estipula lo siguiente[87]:

a) si α rige-X a β y no es regido-X, α debe estar especificada a nivel fonético (por ejemplo V debe tener rasgos fonéticos).
b) si α es regido-S por V, α no debe estar especificada a nivel fonético (por ejemplo, la consonante del Ataque no debe tener rasgos fonéticos).

Esta condición exige que V esté fonéticamente lleno, y permite que la consonante del Ataque permanezca fonéticamente vacía (si no hay deslizada dentro del Ataque). De manera que si por alguna razón tenemos una sílaba cuyo Núcleo silábico está vacío, a nivel fonético dicho núcleo se llenará con la vocal "por defecto", que en español es la vocal [e]. Pero si la sílaba contiene una vocal, C puede permanecer fonéticamente vacío.

¿Qué pasa en el caso de un Ataque que contiene una deslizada y una C vacía? En este caso, C rige-A a la deslizada y no es regida-A por ésta. Pues bien, al no estar regida-A, de acuerdo con la condición antes estipulada, C debe estar fonéticamente llena: la posición C deberá

---

[86] Un nódulo *m* domina otro nódulo *n* si *m* aparece "encima" de *n* en la estructura. Por ejemplo S' y S" aparecen encima de C y V en la estructura (34a). S por su parte domina V pero no domina C.

[87] Esta condición puede ser de carácter universal si se le introduce un parámetro para distinguir entre lenguas que requieren que la consonante del Ataque esté llena, y lenguas como el español que no tienen este requisito.

ser llenada de rasgos. Sin embargo, a diferencia de la vocal, no existe en español una consonante por defecto cuyos rasgos podrían insertarse debajo de C[88]. ¿Cómo satisfacer la condición que exige que un elemento regido-X esté fonéticamente lleno? Nuestra hipótesis es que en este caso la posición de C se llena de rasgos gracias a un proceso de "expansión" de los rasgos de la deslizada. Esto es, los rasgos de la deslizada, en nuestro ejemplo [j], se asignan también a la posición consonántica C, de modo que los rasgos especifican simultáneamente a la deslizada y a la consonante:

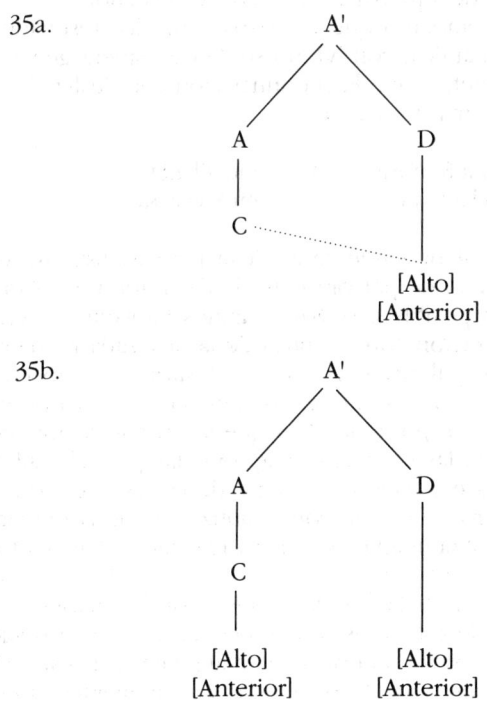

35a.

35b.

---

[88] Aparentemente esta solución existe en algunas lenguas. Por ejemplo nos parece que en inglés la consonante por defecto es la oclusión glotal [ʔ]. Este segmento sin embargo aparece en muchos casos cuando no hay deslizada, por ejemplo cuando la sílaba precedente termina en vocal y la siguiente empieza en vocal como en la pronunciación *a [ʔ]apple* de algunos hablantes americanos. La [ʔ] es la consonante por defecto en algunas otras lenguas. Lo mismo sucede con la [t] en francés y la [d] en un dialecto del sur de Italia.

Esto da lugar a una pronunciación que perceptualmente no se distingue de la pronunciación [j], como notamos en (33b), repetido más abajo. En cuanto a la pronunciación con [y], es decir una consonante palatal anterior alta que encontramos en (33c), se obtiene "independizando" la consonante de la deslizada, como se nota en (35b). En esta pronuciación el efecto fonético de la deslizada queda "neutralizado" por [y].

En conclusión la posición de C se rellena en ambos casos, pero en los dos el efecto perceptual es el de un solo sonido, [j] y [y] respectivamente, pronunciación que en nuestra opinión se debe al hecho de que una secuencia del tipo [yj] es imposible en español[89].

Observemos sin embargo que en casos como los reseñados la pronunciación consonántica, con [y], no se da de manera general ni es muy frecuente, mientras que la pronunciación con deslizada, con [j], es general y mucho más frecuente:

33. b.　　vo$[j] a $ morir　　b.　mu$[j] al$to
　　c.　　vo$[y] a $ morir　　c.　mu$[y] al$to

Creemos que esto puede depender tanto de factores estilísticos, como de la presencia de límite de palabra entre la deslizada y la vocal siguiente. En efecto es posible que para algunos hablantes, o en algunos estilos, la realización consonántica de la deslizada requiera la ausencia de límite de palabra detrás de la deslizada, como en los ejemplos analizados. Entonces para estos hablantes la única pronunciación sería con [j]. Otra posibilidad es que la pronunciación (33b) realmente no se da: en las condiciones apropiadas para el resilabeo de la deslizada, habrá expansión de rasgos de la deslizada a la posición de C, lo que producirá una consonantización de la deslizada, es decir [y], independientemente de que el resultado final sea (35a) o (35b).

La consonantización de la deslizada al interior de palabra parece favorecer la primera de estas dos soluciones, en la que se sostiene que la pronunciación con [y] será posible en algunos estilos si no hay límite de palabra después de la deslizada. El argumento es el siguiente: una palabra como *rey*, generalmente se pronuncia *re[j]*, pero (de acuerdo con Alarcos) también se puede pronunciar *re[y]* si va seguida de vocal como en *re[y] absoluto*. Ahora bien, el plural es *re[y]es*,

---

[89] Tampoco existen la secuencias [jj], [yi] y [ji] aunque sí existe la secuencia [yi] como en *allí*. Este hecho es comprobable también en otras lenguas. Por ejemplo en italiano la secuencia [jj] no se da (las palabras escritas con las letras "gi" seguidas de vocal, fonéticamente se pronuncian [J] seguida de vocal (por ejemplo *Giovanni* es *[J]ovanni*)).

y nunca *re[j]es. Lo mismo sucede con *ley*, cuyo plural es *le[y]es* y no *le[j]es*, etc., y con el sufijo de gerundio *iendo* que se pronuncia [y]endo si aparece a comienzo de sílaba, por lo tanto precedido de vocal, como en *le[y]endo* (cf. *com[j]endo)*. Si la realización *re[j]* absoluto es la normal, pero *re[y]* absoluto es posible, y si la realización *re[y]es* es la normal y la realización *re[j]es* imposible, entonces la consonantización de la deslizada en el contexto $\_\_$ será obligatoria si aparece en el interior de palabra, donde no va seguida del símbolo #, pero "opcional" si va seguida de # [90].

Esta conclusión es confirmada por lo siguiente. Las palabras *hierro, hielo, hierba*, etc. se realizan con una [y] al comienzo de palabra (o con [j] si aparecen por ejemplo después de pausa). ¿Se deriva este segmento de la deslizada [j]? La respuesta es sí, por las razones siguientes. No existe en español una palabra que empiece con la deslizada [j], hecho que de por sí merece una explicación. Además el lexema de las palabras *hierro, hielo, hierba*, etc., alterna con *herr-amienta, hel-ado, herb-ívoro*, respectivamente, que como notamos tiene una vocal [e]. Esta alternancia está relacionada con el acento: en *hierro*, por ejemplo, el acento recae sobre la vocal del lexema, en *herramienta* sobre el sufijo. La única explicación plausible para esta alternancia es que el lexema de estas palabras tiene a nivel fonológico una vocal /e/. Si la /e/ lleva acento, diptonga en [jé] gracias a Diptongación, dando por ejemplo *hierro*. Después de lo cual, la deslizada, al encontrarse a comienzo de sílaba y al no estar seguida de límite de palabra, se convierte (obligatoriamente) en [y]. Este análisis de la pronunciación de palabras que empiezan por "hi", que recurre a reglas y condiciones ya implementadas para la realización la vocal /i/ cuando aparece a final de palabra, explica de una vez la inexistencia de palabras que empiecen por ejemplo en [jé], da cuenta de la alternancia entre [j] y [y] en los casos señalados y automáticamente rinde cuenta de la pronunciación con [yé] de *hierro, hielo, hierba*, etc.

Esto no quiere decir que toda [y] a comienzo de palabra se derive de una deslizada. En muchos casos se trata de la realización de una /y/. Por ejemplo no hay razón para creer que la [y] de *yacimento, yugo, yogurt, Yolanda, yegua*, etc., se derive de una deslizada. Primero porque no hay diptongación en estos casos, y segundo porque una pronunciación con [j] en estas palabras queda excluida. Esta pronunciación parece sin embargo posible en las palabras que hemos analizado anteriormente por medio de Diptongación, por lo menos

---

[90] El contexto en cuestión es $ ___ # V, que muestra la relevancia del símbolo # y la necesidad de no confundir este símbolo con el de límite silábico.

en una pronunciación "esmerada". Esto es lo que sostiene TNT (§ 50), quien también sugiere que eso sucede con palabras como *hiena,* y en términos generales, con toda palabra que se escribe con "hi". De ser así, palabras como *hiena* y *hiato* serían fonológicamente /i/$ena y /i/$ato y se convertirían en *[j]ena* y *[j]ato* por Deslizamiento y luego en *[y]ena* y *[y]ato* por consonantización.

El análisis que hemos propuesto para palabras como *hielo,* nos crea un problema a la hora de analizar la pronunciación de *deshielo,* que es *des[y]elo.* Si la representación fonológica de esta palabra es *des/e/lo,* que luego por acentuación y diptongación pasa a *des[jé]lo,* aquí la /s/ debería formar parte de la sílaba *s[jé]* y debería impedir la consonantización de la deslizada, así que la pronunciación definitiva debería resultar *des[jé]lo.* Pero esto no sucede. La razón de ello es que de hecho la /s/ no forma parte de esta sílaba, pues la silabificación de *deshielo* es *des$[yé]$lo*[91]. Pero ahora cabe preguntarse por qué la /s/ no forma parte del Ataque de la sílaba siguiente, junto con la deslizada.

La palabra *deshielo* está constituida de la "palabra" *hielo* y el prefijo *des-,* de manera que la estructura morfo-fonológica de *deshielo* es esencialmente la que damos en (36a), representada gráficamente en (36b).

36a. [_Pal_ des [_Pal_ hiel + o]]

36b.

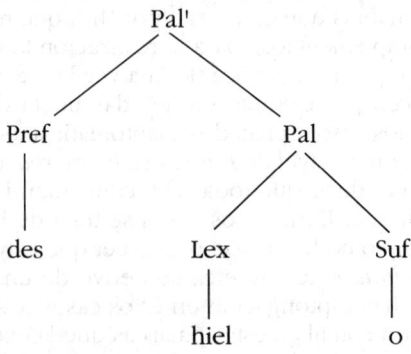

---

[91] Nótese que la silabificación de *deshacer,* por ejemplo, *es de-sha-cer.* Es interesante observar que en los dialectos hispanoamericanos donde no existe la interdental, se hace diferencia entre *los hielos,* sin resilabeo, y *los cielos.* Los mismo sucede con *los huecos,* sin resilabeo, y *los suecos.* Alarcos (pág. 156) da varios ejemplos de este tipo.

(36) expresa que el lexema *hiel* unido al morfema *o* (el límite morfémico está representado en (36a) por +), constituye una palabra (en lugar del símbolo # de límite de palabra, en (36a) hemos usado corchetes rotulados para mejor expresar la estructura) que junto con el Prefijo *des-* constituye una palabra "derivada". De manera que entre *des-* y *hielo* hay límite de palabra. Puesto que a nivel fonológico, a todo límite de palabra corresponde un linde silábico, es lógico asumir que hay un límite silábico también entre el prefijo *des* y la palabra *hielo*. Si ahora asumimos que la diptongación de /e/ y la consonantización de la deslizada tienen lugar antes del resilabeo de consonante final de palabra, al momento de aplicar el resilabeo tendremos *des$[yé]lo*, y no será posible resilabear la /s/ (recuérdese que el resilabeo es posible sólo si el Ataque está vacío).

Este análisis explicaría la pronunciación de *deshielo*, pero nos obligaría a imponer un orden de aplicación entre Diptongación y consonantización (esto es, expansión de los rasgos de la deslizada) antes de resilabeo de consonante. Para obviar este problema podemos proponer un análisis alternativo en el que las reglas y procesos fonológicos se aplican primero a las palabras, efectuando los cambios correspondientes, y luego a las palabras derivadas y a la secuencia de palabras de una oración. De esta manera las mismas reglas fonológicas actuarían primero en el nivel léxico mínimo, el de la palabra no derivada, luego en el nivel superior de la palabra derivada, luego en el nivel del sintagma que llamaremos nivel post-léxico, y así sucesivamente, hasta completar la oración. Esta hipótesis puede explicar la realización fonética de *hielo* sin recurrir al orden extrínseco antes mencionado: al aplicar las reglas al nivel de la palabra *hielo* obtendríamos *[yé]lo*. Al pasar al nivel superior ya no sería posible resilabear la /s/ de *des-*, obteniéndose así el resultado deseado. Volveremos sobre esto al final de la sección.

2.5.7.2. La conjunción "y"

En esta sección vamos a desarrollar un analisis de los datos que TNT ofrece sobre la realización de la conjunción "y". Pero antes es necesario aclarar que la consonante palatal fricativa [y] puede ser africada, [ĵ], si aparece a comienzo absoluto o precedida de /n/ o /l/ (que en este contexto se realizan africadas, es decir [ɲ] y [λ] respectivamente). Por ejemplo la palabra *yeso*, que asumiremos que es fonológicamente /y/eso, se pronuncia con [ĵ] en inicial absoluta y en *con yeso* (la [ĵ] aparece también en *enyesar*). ¿Qué pasa con palabras como *hierro*, *hielo*, etc., y en general con palabras en que la [y] se deriva de una deslizada y puede ir precedida de consonante? Lo mismo. Es decir, la palatal se realiza africada si está en posición inicial absoluta o precedida de /n/ o /l/, como en la frase *con [ɟ]erro*. Alarcos (pág. 156) incluso da esta pronunciación para los casos en que la consonante precedente es /b/ o /s/[92]: *estos [ɟ]esos,* y también *des[ɟ]elo.*

Pasemos a la conjunción "y". TNT (§ 50 y pág. 136) transcribe la conjunción "y" de la manera siguiente:

37. con [!] relajada :
    a. pan y vino   pan [!] vino
    b. sol y sombra   sol [!] sombra

38. con deslizada [j]:
    a. hablan y escriben   hablan [j]escriben
    b. sol y agua   sol [j]agua
    c. padre y madre   padre[j] madre

39. con la palatal [y]:
    a. ama y odia   ama [y]odia
    b. come y habla   come [y]abla
    c. callas y espera   callas [y]esperas
    d. Madrid y España   Madrid [y]España
    e. amor y odio   amor [y]odio

Por otra parte Alarcos (pág. 154) señala que en todos estos casos es posible la pronunciación de la conjunción con la vocal [i]. Estas transcripciones y la observación de Alarcos claramente muestran, por una parte, que la conjunción es en la representación fonológica una /i/, y, por otra parte, que nuestro análisis sobre el deslizamiento de /i/ y consecuente consonantización es correcto. Sin embargo las transcripciones de TNT presentan algunos problemas para nuestro análisis. Veamos.

Nuestro análisis predice que en (37) se dé una vocal, como en la transcripción de TNT, y que en (40a-b) se den las realizaciones siguientes:

40.   I.   II.
    a. hablan y escriben   habla$ n[j]escriben   hablan [j]escriben
    b. sol y agua   so$ l[j]agua   sol [j]agua

---

[92] Aparentemente para Alarcos la realización [j] es posible detrás de toda consonante.

Es decir, siguiendo el análisis que hemos presentado, la conjunción puede realizarse como una deslizada o como una consonante palatal. Si se da la deslizada, la consonante final de la palabra anterior, que en este caso es /n/ y /l/, se resilabea junto con la deslizada, colocándose en el Ataque de la sílaba siguiente (realización 40 I). Aparentemente en TNT no hay tal resilabeo de la consonante. Si se da la palatal, ésta debe ser una africada porque va precedida de /n/ y /l/ (realización 40 II). Pero TNT claramente descarta la pronunciación con palatal aquí, por lo que ésta última realización deberá eliminarse como posibilidad. Podemos lograr este resultado diciendo que cuando las reglas y procesos fonológicos se aplican en el nivel post-léxico, lo hacen yendo de izquierda a derecha. De esta manera, resilabeo tendrá precedencia sobre deslizamiento y consonantización, por lo tanto ésta última no podrá aplicarse. Volveremos sobre este tema más tarde, por el momento nos basta con resolver el problema planteado.

Pero esto no lo resuelve todo, puesto que de acuerdo con lo que acabamos de decir el resultado será (40 I) y no (38a-b), donde no parece haber resilabeo de la consonante. ¿Cuál es la transcripción correcta? Una respuesta parcial nos viene dada por Alarcos (pág. 156) quien transcribe *éstos y ésos* como *esto$s[j]ésos,* con resilabeo. Esta transcripción confirma nuestro análisis por lo que tenemos que concluir que TNT no marcó el resilabeo de la consonante en su transcripción[93]. Pero veamos cómo se obtendría esta pronunciación revisando la derivación de *esto$s[j]ésos*. Primero las reglas afectarían los segmentos a nivel de las palabras. A este nivel la /s/ final de *éstos* y la conjunción /i/ permanecerían como tales. Luego a nivel post-léxico y según lo que acabamos de decir sobre la aplicación de izquierda a derecha de las reglas, habría resilabeo de la /s/ con la /i/ y se obtendría *esto$s[i]ésos*. En la próxima etapa, la /i/ a contacto con la /e/ siguiente sería sometida a deslizamiento, con el consecuente resilabeo y el resultado final será *esto$s[j]ésos*.

El ejemplo (38c) es conforme a nuestro análisis. Lo mismo sucede con los ejemplos (39a-b). Pero los ejemplos (39c-e) no son compatibles con nuestro análisis. Aquí debería haber una deslizada, y no una palatal. Es más, debería haber resilabeo de la consonante anterior. En fin, estos ejemplos deberían ser idénticos a los de (40 II). El ejemplo de Alarcos, mencionado aquí arriba, nos da la razón, sobre todo tomando en cuenta el hecho de que se trata de un ejemplo

---

[93] No nos ha sido posible encontrar en otros apartados o en los textos fonéticos de TNT ejemplos similares a los que estamos discutiendo que pudieran confirmar o no esta conclusión.

donde la consonante final es /s/. Por ello, tenemos que suponer que la afirmación de TNT (pág. 50) de que aquí "la conjunción se pronuncia con un sonido análogo al de la consonante y" no quiere decir que el fono en cuestión sea [y].

Nuestra suposición se basa también en la observación siguiente. Si la conjunción se realizara en los ejemplos (39c-e) como [y], debería pronunciarse con la africada [ĵ] en los ejemplos (38a-b), puesto que aquí va precedida de /n/ y /l/, que como hemos visto propician la realización africada. Puesto que el mismo TNT excluye de estos últimos contextos toda consonante palatal, la conclusión a la que hemos llegado, de que tampoco hay consonante palatal en los ejemplos (39c-e), nos parece del todo justificada.

A propósito de ciertas diferencias entre TNT y Alarcos es interesante observar que no siempre coinciden es sus transcripciones de las palatales. Por ejemplo hemos visto que Alarcos da una africada incluso después de consonantes distintas de /n/ y /l/. También da de manera sistemática una africada a comienzo absoluto, y uno de los ejemplos es precisamente con la conjunción "y" que transcribe con [ĵ] (pág. 154). Pero TNT transcribe la palatal después de consonante distinta de /n/ y /l/ con [y], y a comienzo absoluto a veces tiene una fricativa en lugar de una africada. En cuanto a la conjunción "y" inicial absoluta (seguida de vocal) su transcripción es con [y] (página 287). Obviamente esto muestra cierta variabilidad posiblemente dialectal, pero bastante sistemática que seguramente persiste y valdría la pena investigar más a fondo. En todo caso no creemos que sea la razón de las diferencias en la transcripción de los ejemplos antes analizados.

Para resumir, derivaremos las pronunciaciones de la frase *deshielos y avances* que se indican en (41), con palatal en *deshielo* y [i] o [j] para la conjunción (pero no [y], a menos que haya pausa antes de la conjunción).

41. deshielos y avances
      *i   i
      *j   j
      y   *y

La representación fonológica y la estructura morfológica son esencialmente las siguientes (éstas estarían incluidas en la estructura sintáctica que sería la de un sintagma nominal coordinado):

42.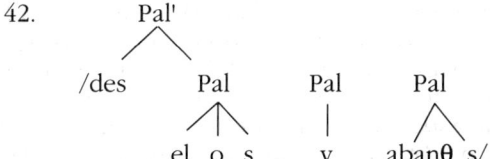

A esta representación se aplicarán silabificación y las reglas fonológicas, empezando por el nivel de la palabra simple. Después de la silabificación el resultado será (42):

43.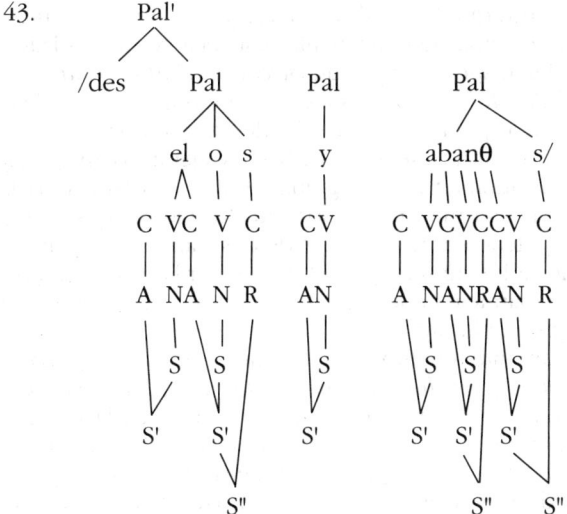

La silabificación se obtiene asignando a cada vocal una posición de núcleo silábico, al que se anexa un Ataque que es llenado con una consonante si tal consonante precede a la vocal; al resultado se anexa una Rima si hay una consonante en posición post-nuclear, siempre de acuerdo con las pautas de silabificación.

Después de la silabificación se aplican otras reglas fonológicas, entre ellas la de acentuación, la de inserción de [e] en *abanθ__s,* las de diptongación de la /e/ de */êlo/,* que posteriormente se desliza y consonantiza llenando la posición consonántica del Ataque con los rasgos de la deslizada.

Luego se pasa al nivel léxico superior, el de la palabra derivada o compuesta, y se silabea el prefijo *des.* Finalmente se pasa al nivel post-léxico, empezando por silabificación (que en este nivel llamamos resilabeo), que procede de izquierda a derecha. Pues bien, la [s] de *des* no resilabea porque la posición consonántica del Ataque siguiente está ocupada por los rasgos de la palatal, pero la [s] final de *deshielos* puede resilabear con el Ataque vacío de la sílaba siguiente. La sílaba así formada, si, puede ahora resilabear con el Ataque siguiente que está vacío, obteniéndose así sja, llegándose a las dos pronunciaciones en (41).

2.5.7.3. Consonantización de [w]

Ya hemos visto que la vocal Alta inacentuada posterior /u/ a final de palabra y precedida de consonante resilabea como deslizada con la palabra siguiente si ésta empieza por vocal: *tribu ingrata* se realiza como *tri$bwin$grata*. Lo que nos induce a pensar que el análisis que hemos desarrollado para dar cuenta del deslizamiento y la consonantización de la /i/ es aplicable a la /u/. No hay ejemplos en español de palabras que terminen en vocal seguida de [w] o [u] (excepto palabras como *bóu* de un uso muy reducido), por lo que no nos es posible confirmar la hipótesis sobre ejemplos de deslizamiento y consonantización paralelos a los de *muy* y *voy* (cf. 33). Por la misma razón, tampoco hay casos paralelos a los de *rey*, con deslizada, y *reyes* con [y], que ayuden a probar la hipótesis.

Afortunadamente tenemos casos de deslizada a comienzo de palabra, como por ejemplo *huevo, huerta, huérfano, huésped*, etc., que, de manera paralela a *hierro, hielo*, etc., se derivan de la vocal media que diptonga, en este caso /o/. Prueba de ello es la alternancia con [o] en *ovario, hortelano, horfanato* y *hospedar*, respectivamente. En estos casos la deslizada puede consonantizarse. Pero a diferencia de lo que sucedía en el caso de la deslizada anterior, aquí podemos distinguir dos grados de consonantización, uno "parcial" y otro "total". La consonantización parcial, que representaremos con [wˠ] consiste de un solo segmento, pero la consonantización total consiste de una consonante velar fricativa[94] seguida de la deslizada, es decir [ɣw]. Por ejemplo *huevo* puede pronunciarse de las siguientes maneras:

44. [w]evo, [wˠ]evo, [ɣw]evo

Tratemos de dar una explicación para estos dos tipos de consonantización. Recordemos que la consonantización de la deslizada

---

[94] TNT hace notar que en ciertos dialectos y en los contextos apropiados esta consonante es oclusiva (pág. 64, nota 1).

consiste en asignar los rasgos de la deslizada a la posición consonántica vacía del Ataque. El resultado de este proceso es un conjunto de rasgos compartidos por la consonante y la deslizada. Gráficamente esto puede verse de la manera siguiente para la deslizada posterior[95]:

45.

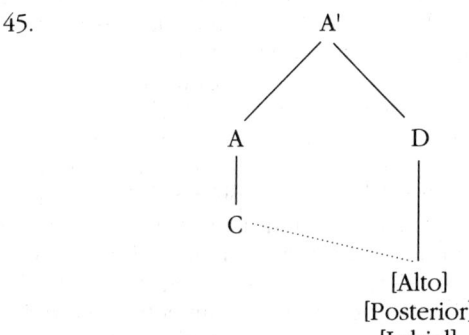

(45) resulta en la pronunciación [wʸ], puesto que esta realización es, según la descripción de TNT (pág. 64), casi-consonántica. Para dar cuenta de la segunda realización, asumiremos que después de la asignación de los rasgos de la deslizada a la posición de consonante, se da un proceso de disociación que rescinde la unión entre la consonante y la deslizada, pero el rasgo [Posterior] se mantiene debajo de C. Gráficamente el resultado de este proceso puede representarse de la manera siguiente.

46.

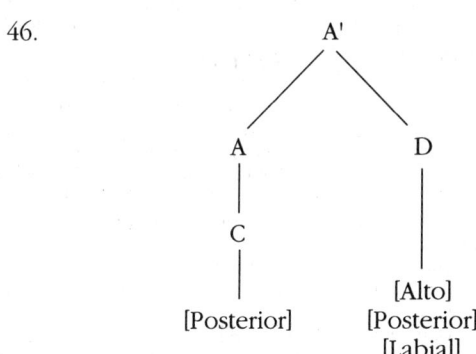

---

[95] El rasgo Labial en (42) corresponde al rasgo Redondeado.

(46) da origen a la realización [ɣw]. Este análisis da cuenta también de la consonantización de la deslizada posterior en casos donde no ha habido diptongación, como en varias palabras de los dialectos del Caribe que se derivan de palabras inglesas con deslizada[96] (por ejemplo en venezolano *guachimán,* del inglés "watchman", "guardia") o indígenas (por ejemplo *guajiro,* del arawak "wayú", "gente"). Nuestro análisis también da cuenta de la consonantización de deslizada interior de palabra, como en *ahuecar* pronunciada a[ɣw]ecar.

Un caso interesante que confirma nuestro análisis y muestra una vez más el paralelismo entre deslizada anterior y posterior (cf. el análisis de *deshielo),* es el de palabras como *deshuesar* que fonológicamente es *des$#u$esar*[97]. Pues bien, como predice nuestro análisis, la vocal Alta se desliza y puede consonantizarse a nivel léxico, en cuyo caso a nivel post-léxico no puede haber resilabeo de la /s/. En efecto las pronunciaciones más comunes son *des$wesar* y *des$wʲesar,* y aunque con menos frecuencia *des$ɣwesar,* raramente *de$swesar*[98].

La consonantización de la deslizada posterior que acabamos de analizar es una "velarización" de la deslizada. Existe otro proceso de consonantización que afecta a la deslizada posterior, la "labialización", que da origen a las realizaciones [wβ] y [βw]. Así que al lado de las velarizadas *[wˠ]evo* y *[ɣw]evo,* por ejemplo, se dan, aunque con menos frecuencia, las realizaciones labializadas *[wβ]evo, [βw]evo.* El proceso de labialización es idéntico al de la velarización: primero se asignan los rasgos de la deslizada a la posición de la consonante, como en (45), obteniéndose la pronunciación con [wβ][99], luego se rescinde la unión y el rasgo [Labial] (en la velarización se trataba del rasgo [Posterior]) permanece debajo de la posición de la consonante dando lugar a la pronunciación con [βw][100].

En español también se da un proceso en cierta medida inverso al

---

[96] Una palabra que hemos constatado que tiene pronunciación con deslizada o con consonante es la palabra *wawa* (en cubano significa "autobús") que generalmente se pronuncia [gwáɣwa].

[97] El diptongo en *hueso* y *deshuesar,* que alterna con /o/ en palabras como *óseo* y *osario,* se ha lexicalizado y ya no depende del acento.

[98] Para poder apreciar la diferencia entre una pronunciación con resilabeo de la /s/ y otra sin resilabeo, hay que comparar palabras como *desusar* (con resilabeo) y *deshuesar* (generalmente sin resilabeo).

[99] Esto implica que las pronunciaciones [wˠ] y [wβ] son prácticamente idénticas, como parece ser el caso.

[100] Recordemos que la deslizada anterior sólo da origen a una consonante, la palatal [y]. ¿Por qué? La razón es que la deslizada posterior tiene en cierto sentido doble punto de articulación, representados por los rasgos [Posterior] y [Labial], que pueden colocarse debajo de C. La deslizada anterior sólo tiene el rasgo de punto de articulación [Anterior] y sólo puede originar una consonante.

de la consonantización: desvelarización y deslabialización de la consonante que precede a una deslizada posterior. Por ejemplo la palabra *agua* se puede pronunciar *[áw$^\gamma$a]* por asociación de los rasgos de la consonante velar con los de la deslizada, siendo el resultado el que se indica en (45). Por otro lado la palabra *abuelo*, por ejemplo, puede pronunciarse *[au$^\beta$élo]*, por el mismo proceso de asociación de rasgos entre la consonante y la deslizada, con el mismo resultado indicado en (45). Nótese también que al darse la asociación de rasgos entre consonante y deslizada, la realización puede ser en los dos casos señalados, tanto [w$^\gamma$] como [w$^\beta$], que de todas maneras son muy parecidas. Así que *agua* puede pronunciarse *[áu$^\beta$a]*, y *abuelo* puede pronunciarse *[aw$^\gamma$élo]*.

Después de la asociación se puede revertir el proceso, y se puede disociar la consonante de la deslizada, guardando ésta el rasgo [Posterior] o [Labial], como ya indicamos arriba. Pero esto permite obtener una tercera pronunciación para *agua*, es decir *[áβwa]*, y, en el caso de *abuelo*, *[aɣwélo]* [101]. En (47) se resumen las varias pronunciaciones posibles para estas dos palabras con los procesos más importantes que las generan.

47.
Representación Fonológica:	/água/	/abuélo/
a. Deslizamiento	w	w
b. Asociación de rasgos	w$^\gamma$	w$^\beta$
	w$^\beta$	w$^\gamma$
c. Disociación de rasgos	βw	ɣw

2.5.7.4. La conjunción "u"

TNT (§ 65) sostiene que la conjunción /u/ (seguida necesariamente de /o/) se pronuncia como deslizada, *v.gr.* [w], y pasa a formar parte de la sílaba siguiente. TNT transcribe *desdén u orgullo* como *desdén [w]orgullo*, y *una u otra* como *una [w]otra*. Ahora bien nuestro análisis predice que en casos como estos, donde la deslizada va a comienzo de sílaba (y de palabra) también debe ser posible la velarización y la labialización de [w]. Sin embargo TNT excluye categóricamente estas posibilidades. ¿Por qué? Veamos.

---

[101] Este análisis permite reproducir, de manera redundante, las pronunciaciones [áɣwa] y [aβwélo] que pueden obtenerse por deslizamiento y fricativización de las consonantes. Este análisis será retomado en el próximo capítulo.

En español no hay palabras que empiecen por [wa], [wo] o [wi], pero sí con [we], como *huerta*. Tampoco hay palabras que empiecen por [gwo], pero sí hay palabras que empiezan con [gwa], por ejemplo *guardar*, y unas cuantas que empiezan con [gwe], por ejemplo *güelfo*, y [gwi], por ejemplo la hispanoamericana *güiro*. Este patrón parece indicar que las palabras que empezaban o empiezan por [wa] o [wi] pasan a [gwa] y [gwi], respectivamente, por consonantización. Lo mismo sucede con algunas de las palabras que empezaban por [we], como *güelfo*. La inexistencia de palabras que empiecen por [wo] se debe probablemente a una condición mencionada anteriormente que prohíbe una secuencia de dos vocales o de una deslizada y una vocal idénticas en cuanto a rasgos de punto de articulación (/u/ y /o/ comparten los rasgos [Posterior] y [Labial])[102]. Esto explicaría también la inexistencia de palabras que empiecen por [gwo]. Naturalmente también explicaría la inexistencia de palabras que empiecen por [wu] o [gwu].

Supongamos que esta condición es esencialmente la siguiente:

48. Un morfema no puede tener dos segmentos contiguos inacentuados idénticos en punto de articulación.

Para dar cuenta de la imposibilidad de la consonantización de la conjunción "u", vamos a sugerir las siguientes condiciones:

49. Dos segmentos contiguos en una sílaba se asocian en los rasgos articulatorios que comparten.

50. Dos segmentos asociados por medio de rasgos de punto de articulación, no pueden asociarse a otro segmento.

Ahora bien, de acuerdo con la condición (49), cuando la conjunción /u/ en ejemplos como *una u otra* pasa a ser *una [w]otra*, los rasgos [Posterior] y [Labial] de la deslizada se asocian con los de la vocal [o]. A este punto la deslizada no puede consonantizarse porque eso significaría asociarse con otro segmento, proceso que queda excluido por la condición (50). Este análisis resuelve el problema planteado, pero abre una serie de interrogativas que serán replanteadas en el capítulo siguiente.

---

[102] Esta condición también prohibiría la secuencia [je] de dos segmentos anteriores, sin embargo como veremos más abajo esta secuencia se "salva" si la vocal está acentuada. Otra razón por la que esta secuencia se salva es que la [e] no aparece en la representación fonológica (véase el análisis de la diptongación).

2.6. Las consonantes

2.6.1. *Introducción*

En esta sección revisaremos el análisis fonético de las consonantes españolas que ofrece TNT y para los casos más relevantes propondremos las reglas que puedan dar cuenta de las varias realizaciones de los fonemas consonánticos de los cuales se derivan. En nuestro análisis seguiremos de cerca TNT en lo que a descripción fonética se refiere, por lo que en algunos casos nos alejaremos del estudio fonético de las consonantes presentado en el primer capítulo (hablaremos de fonos que no aparecen en el primer capítulo y no hablaremos de otros que sí aparecen). En todo caso nuestra descripción fonética será bastante somera. Empezaremos nuestra presentación resumiendo algunos aspectos de las características articulatorias de las consonantes que TNT propone.

2.6.1.1. Explosión e implosión

Según TNT, en la articulación de un sonido pueden distinguirse tres fases: **intensión, tensión** y **distensión.** La intensión es la parte inicial de la articulación de un sonido en la que los órganos pasan de una posición neutral de reposo a la posición de la articulación del sonido. La tensión es la parte central de la articulación durante la cual se realiza el sonido. La distensión es la parte final del sonido durante la cual los órganos vuelven a su posición de reposo. La tensión es más larga que las otras dos partes.

Cuando se pasa de la tensión a la distensión los sonidos consonánticos oclusivos pueden producirse con cierta explosión de aire. Esto es, al "distenderse", los órganos provocan una breve explosión de aire. La explosión puede desaparecer, sobre todo en español, cuando las consonantes aparecen a final de sílaba, posición que por esta razón se llama "implosiva".

2.6.1.2. Tensión muscular

La fuerza o tensión muscular que los órganos ejercen durante la articulación de un sonido se llama **tensión articulatoria.** Esta puede variar de sonido a sonido (las consonantes sordas son más tensas que las sonoras) o para un mismo sonido puede variar de acuerdo con el contexto. Por ejemplo, la tensión articulatoria de una consonante puede variar de acuerdo con el acento de la sílaba en la que aparece o de acuerdo con la posición de la consonante dentro de la sílaba: la consonante es más tensa en una sílaba acentuada que en una sílaba inacentuada, y es más tensa a comienzo de sílaba, palabra o grupo fónico, que a final de sílaba, palabra o grupo fónico, respectivamente.

2.6.1.3. Sonoridad e intensidad

La **sonoridad** de un sonido depende del tiempo de vibración (o comienzo de vibración, en inglés "voicing onset") de las cuerdas vocales durante la articulación del sonido. En español, la articulación de las vocales coincide con la vibración de las cuerdas vocales (articulación y vibración empiezan esencialmente al mismo tiempo). En el caso de las consonantes sonoras, la vibración de las cuerdas vocales empieza unas seis o siete milésimas de segundo antes de la explosión. En las consonantes sordas la vibración de las cuerdas vocales empieza un poco más tarde.

La **tensión** de las cuerdas vocales durante la articulación de los sonidos también tiene influencia sobre la sonoridad de los mismos. Por ejemplo las consonantes resultan más sonorizadas si hay más tensión y menos sonorizadas si hay menos tensión.

La **intensidad** de un sonido depende de la menor o mayor fuerza espiratoria con la que se pronuncia el sonido. Esto es, depende de la presión de aire ejercida por los pulmones en la espiración. La intensidad se manifiesta en la amplitud de las ondas sonoras y corresponde al volumen. A final de sílaba, palabra y sobre todo a final de grupo fónico, la intensidad, al igual que la tensión, disminuyen.

2.6.2. *Las oclusivas sordas*

Una consonante se define de acuerdo a su punto y modo de articulación, pero también de acuerdo a su explosión, tensión, sonoridad o sordez e intensidad, que tienden a disminuir a final de sílaba, de palabra o de grupo fónico, y tienden a aumentar en los otros casos. Esta variación también depende del estilo de habla. Por ejemplo, en términos generales, en un estilo más informal hay menor explosión, tensión e intensidad. Este, junto con otros factores, hace que un mismo fonema tenga varias realizaciones posibles. En esta sección vamos a revisar las realizaciones de los fonemas oclusivos sordos /p, t, k/, prestando mayor atención a las realizaciones que se dan a final de sílaba, donde hay más variabilidad, pues a comienzo de sílaba las realizaciones son esencialmente [p], [t] y [k], respectivamente.

2.6.2.1. Realizaciones de /p/

En un estilo informal, la /p/ implosiva delante de la consonante /t/, /θ/ o /s/, puede relajarse y sonorizarse parcialmente o totalmente, o puede elidirse, lo que da lugar a tres realizaciones que representaremos con [p^β], [β] y ø, respectivamente. Los ejemplos siguientes ilustran estas realizaciones.

1a. se/p/tiembre → se[p^β]tiembre, seøtiembre
1b. ecli/p/sar → ecli[β]sar, ecliøsar
1c. conce/p/ción → conce[β]ción, conceøción

El proceso de relajamiento y sonorización de la /p/ es más frecuente en sílaba inacentuada que en sílaba acentuada (en (1) la /p/ aparece en sílaba inacentuada), y como se deduce de la diferencia entre (1a), por una parte, y (1b) y (1c), por otra parte, la /p/ delante de /s/ o /θ/ tiende a sonorizarse más y a hacerse más continua que delante de /t/. Sin embargo, prescindiendo de estos detalles, podemos formular la siguiente regla para las realizaciones de la /p/.

2. /p/ → $\begin{Bmatrix} [p^β] \\ [β] \\ ø \\ [p] \end{Bmatrix}$ / __ \$ $\begin{Bmatrix} [Dental] \\ /s/ \end{Bmatrix}$

La regla (2), en la que hemos usado los símbolos de segmentos fonémicos y fonéticos en lugar de rasgos para simplificar la exposición, expresa que /p/ se realiza como [p^β], [β] o ø delante de una /t/, una /θ/ o una /s/, y como [p] en todo otro caso, por ejemplo a comienzo de palabra. Para completar la información en (2) habría que agregar que las tres primeras realizaciones son más frecuentes cuando /p/ traba una sílaba inacentuada.

Otra información que no está expresada en la regla (2) concierne a los factores extralingüísticos, puesto que las tres primeras pronunciaciones se dan con más frecuencia en un estilo informal. Desgraciadamente la variabilidad de las reglas fonológicas, tanto por factores lingüísticos como por factores extralingüísticos, no puede incluirse en la formalización de las reglas[103].

Veamos ahora si podemos simplificar la regla (2). TNT no lo menciona pero hay casos donde la /p/ va seguida de otra consonante, en particular /n/, como por ejemplo en *apnea, hipnosis,* etc. ¿Qué pasa en estos casos? Aparentemente se dan las mismas realizaciones. Esto es, en un estilo informal la /p/ tiende a relajarse y sonorizarse o a elidirse. De ser así el contexto de la regla debería ampliarse para incluir esta información.

Observemos además que en todos los casos que se mencionan la /p/ aparece a final de sílaba. El hecho de que vaya seguida de consonante es secundario, pues la /p/ a final de sílaba sólo puede ser seguida de una consonante (y en particular de las consonantes /t/, /θ/, /s/ y /n/), o de pausa si aparece a final de palabra y no resilabea (si resilabea está a comienzo de sílaba). Ahora bien, la /p/ no aparece a final de palabra excepto en algunos vocablos extranjeros, por ejemplo *estop,* donde la pronunciación más común es con elisión de /p/, aunque a veces es posible percibir la variante relajada y parcialmente sonorizada [p$^\beta$][104].

En conclusión, el contexto relevante es el final de sílaba, donde encontramos las tres realizaciones señaladas, de manera que la regla (2) debe reformularse como sigue:

3. /p/ $\rightarrow$ $\left\{ \begin{array}{c} [p^\beta] \\ [\beta] \\ \emptyset \\ [p] \end{array} \right\}$ / __ $

Otra realización posible de la /p/ (TNT no hace referencia explícita a esta realización) a final de sílaba y seguida de consonante es la asimilación total de la /p/ a la consonante siguiente. Por ejemplo existen pronunciaciones del tipo *se[t]tiembre, hi[n]nosis,* etc. Este grupo **homorgánico** de una **consonante geminada** (es decir con dos consonantes iguales) es infrecuente en español y tiende a reducirse a una sola consonante, pero independientemente de eso, se da, por lo que proponemos la regla (4)[105], que expresa que /p/ se asimila

---

[103] Esta variabililidad sí queda incorporada a la fórmula de una regla sociolingüística, llamada regla variable.

[104] Otra posibillidad en este caso es una pronunciación con una vocal /e/ detrás de la /p/, por ejemplo *estop[e]*. Esta pronunciación se obtiene al formar /p/ una nueva sílaba y al insertarse en el núcleo de dicha sílaba la vocal por defecto [e].

[105] La geminación no se da a final de palabra por lo que el contexto debería ser "seguida de consonante pero no de límite de palabra".

totalmente a la consonante siguiente C, convirtiéndose en una consonante idéntica a C, copiando todos los rasgos de C[106].

4. /p/ → C / ___ C
          [α Rasgos]   [α Rasgos]

Como ya hemos mencionado, también existe un proceso de reducción de dos consonantes a una sola, o en términos generales de dos segmentos idénticos a uno solo. Este proceso puede formularse de la manera siguiente.

5. X → ø / ___ Y
         [α Rasgos] [α Rasgos]

Si tomamos en cuenta estas reglas, podemos reanalizar la realización ø de la /p/ como un proceso que tiene lugar en dos etapas: en la primera habría geminación, por ejemplo [tt] como en se[tt]iembre, por aplicación de la regla (4); y en la segunda etapa habría reducción de la geminada a una sola, en este ejemplo [t], por aplicación de la regla (5). Volveremos sobre este tema más adelante.

Una última realización posible de la /p/ seguida de consonante, aunque muy esporádica (TNT no hace referencia a ella), es una oclusión glotal, representada por [ʔ]. Por ser ésta una realización muy poco frecuente no la incluiremos en el análisis que sigue.

2.6.2.2. Realizaciones de /t/

La /t/ puede aparecer a comienzo de sílaba o a final de sílaba. En este último caso va seguida de las consonantes /m/, /n/ y /l/. La /t/ no aparece a final de palabra excepto en palabras extranjeras como por ejemplo *restaurant*, donde generalmente se elimina[107].

En un estilo informal la /t/ implosiva se realiza relajada y sonora, es decir [ð]. Otras posibilidades (que TNT no menciona) son el cero fonético ø y la asimilación total a la consonante siguiente sobre todo si dicha consonante es una nasal:

---

[106] La idea de que todos los rasgos de la consonante siguiente reemplazan a los de la /p/ realmente no puede expresarse de una manera sencilla y elegante en la formulación de las reglas. En el modelo de la geometría de los rasgos que plantearemos en el capítulo siguiente este problema tendrá una solución más adecuada.

[107] Otra pronunciación posible es *restaurant[e]*, que se obtiene por medio del mismo proceso de formación de nueva sílaba señalado en la nota 104.

6a. atmósfera → a[ð]mósfera, aømósfera, a[m]mósfera
6b. étnico   → é[ð]nico, éønico, é[n]nico
6c. atlántico → a[ð]lántico

El contexto relevante para las realizaciones [ð] y ø es final de sílaba, (la falta de acento en la misma sílaba coadyuva pero no es imprescindible). La geminada por el contrario se da en el contexto seguida de nasal. Las reglas para la /t/ pueden por lo tanto ser las siguientes:

7. /t/ → $\begin{Bmatrix} [ð] \\ ø \\ [t] \end{Bmatrix}$ / ___ $

8. /t/ → C / ___ C
     [Nasal]   [Nasal]
     [α Rasgos] [α Rasgos]

TNT observa también que a comienzo de sílaba y precedida (dentro de la misma palabra) por /θ/, la /t/ se hace interdental. Por ejemplo para *házte* la transcripción es *ha[θt̪]e* con una [t] interdental que representamos con [t̪].

La /t/ seguida de consonante también se realiza, aunque muy esporádicamente, como [ʔ], que como en el caso anterior de la /p/ TNT no menciona en el *Manual*.

2.6.2.3. Realizaciones de /k/

La /k/ puede aparecer a final de sílaba seguida de /t/, /θ/, /n/ y /s/. En este contexto se relaja y sonoriza. En algunos dialectos también se elide y más raramente se asimila (TNT no hace referencia a esta pronunciación)[108]. Así que tenemos:

---

[108] Otra realización dialectal, bastante común en Asturias por ejemplo, es [θ], de manera que *actor* se pronuncia *a[θ]tor*. Esta realización también es posible para la /p/ y la /t/. Una realización más, que se menciona en el primer capítulo, es una postpalatal representada con [c]. Este alófono se da cuando la /k/ va seguida de la vocal anterior [i], como en *Kilo*. Lo que sucede en este contexto es que la velar se palataliza. Lo mismo sucede con el fonema /g/ y en general con toda velar. No analizamos este alófono aquí por no aparecer descrito en TNT, y también por no ser tan relevante en español como lo son los alófonos palatalizados de otras lenguas o de algunos dialectos del sur de Italia.

9a. actor → a[kᵞ]tor, a[ɣ]tor, a[t]tor, y aøtor
9b. dirección → dire[kᵞ]ción, dire[ɣ]ción, dire[θ]ción, direøción
9c. técnica → té[kᵞ]nica, té[ɣ]nica, té[n]nica, téønica
9d. examen → e[kᵞs]amen, e[ɣs]amen, eø[s]amen

La realización de /k/ a final de palabra es relajada y sonorizada, *v.gr.* [kᵞ] como en *frak* que se realiza *fra[kᵞ]*; o se elide, como en *cinc* que se realiza *ci[n]* o *ci[ŋ]*.

Como en el caso de las otras oclusivas sordas, la /k/ se realiza a veces como una oclusión glotal, *v.gr.* [ʔ], cuando va seguida de consonante.

2.6.2.4. Una hipótesis más general

El análisis desarrollado en las secciones anteriores para las realizaciones de /p, t, k/ podría considerarse descriptivamente adecuado, pero trata los tres fonemas en cuestión de manera independiente. Lo ideal sería que desarrolláramos un análisis más general, que permitiera por ejemplo unificar las reglas que hemos propuesto. Intentémoslo.

Si dejamos de lado algunos detalles, notamos que las consonantes /p,t,k/ tienen realizaciones muy similares, tanto cuando aparecen a comienzo de sílaba (aquí tienen un alófono oclusivo sordo) como cuando aparecen a final de sílaba. En este segundo contexto los alófonos son:

10a. una consonante parcialmente sonorizada y relajada
10b. una consonante fricativa sonora
10c. una consonante asimilada a la consonante siguiente
10d. el ø fonético

Este hecho nos permite desarrollar una análisis general para los tres fonemas formulando reglas como la (11) que daría cuenta de las realizaciones fricativas sonoras:

11. $C \rightarrow \begin{bmatrix} \text{Fricativa} \\ \text{Sonora} \end{bmatrix} / \underline{\quad} \begin{bmatrix} \text{Oclusiva} \\ \text{Sorda} \end{bmatrix} \$$

Si procedemos a elaborar un análisis único para los tres fonemas, surge sin embargo la siguiente pregunta: ¿Hay que formular cuatro reglas, una para cada tipo de alófono en (10) (la regla (11) sería una de ellas), o una sola regla que incluya los cuatro tipos de alófono? Naturalmente la segunda opción, llamémosla H-1, sería mejor porque es la más simple. Si tuviéramos cuatro reglas, la hipótesis (que llamaremos H-4) sería más compleja y más larga. Pero la simplicidad sería un solo argumento, habría que tomar en cuenta otros aspectos del análisis. Por ejemplo H-4 se justificaría si permitiera explicar algo que la hipótesis H-1 no podría explicar. Este sería el caso si cada una de las realizaciones fuera dependiente de otra, en el sentido de que para obtener una determinada realización R_2 sería necesario primero obtener otra, digamos R_1. ¿Hay razones para creer que las varias realizaciones de /p,t,k/ son dependientes las unas de las otras? Trataremos de mostrar que la respuesta es afirmativa si la justificamos de la manera siguiente.

La variante oclusiva sorda de los fonemas /p, t, k/ es la más fuerte en el sentido de que es la de mayor tensión articulatoria, la de mayor perceptibilidad y de mayor sordez. Esta variante es la que se da a comienzo de sílaba, y en una pronunciación enfática, a final de sílaba. La variante parcialmente sonorizada y relajada es menos fuerte. La variante fricativa sonora es aún menos fuerte. Naturalmente la variante ø es la menos fuerte, por así decir, mientras que la asimilada puede verse como el caso inmediatamente anterior a la variante nula ø. Desde este punto de vista las cinco realizaciones de las oclusivas sordas corresponden a grados distintos de una escala de debilitamiento y si queremos reflejar esta idea en nuestro análisis, es necesario derivar cada realización, a excepción de la oclusiva sorda, de la realización que la precede en dicha escala. Para dar un ejemplo concreto tomemos el caso de la /p/. La escala aquí sería la siguiente (C en (13) representa la consonante asimilada)[109]:

13. + ⎯⎯⎯⎯⎯⎯⎯⎯⎯⎯⎯⎯⎯⎯⎯⎯⎯⎯⎯⎯⎯⎯⎯⎯⎯⟶ -
    [p]   [p$^\beta$]   [β]   C   ø

Pues bien, de acuerdo con esta escala las realizaciones de /p/ son casos particulares de un progresivo debilitamiento que va desde la variante más fuerte, la oclusiva sorda [p], a la más débil, que coincide con la ausencia de segmento para /p/, es decir ø, pasando por las relajadas [p$^\beta$] y [β] y la consonante asimilada. Esta última, que resulta en una geminada, precedería al ø fonético porque, como tratamos de demostrar más arriba, ø se interpreta como el resultado de la reducción de la geminada.

Supongamos que esta idea es correcta. Si queremos formalizarla

---

[109] En realidad (13) corresponde a dos escalas, como lo veremos más abajo.

tenemos que formular cuatro reglas, ordenadas y dependientes una de otra en el sentido de que cada realización, a excepción de [p], [t] y [k], se obtiene de la realización que la precede en la escala. Tratemos entonces de formular las reglas necesarias para explicitar esta hipótesis. La primera regla que se aplicará de acuerdo con esta hipótesis es la regla que permite obtener la variante oclusiva.

14. /C/ $\longrightarrow$ [C] / $\underline{\qquad}$ $\begin{bmatrix} \text{Oclusiva} \\ \text{Sorda} \end{bmatrix}$

La regla (14) expresa que un fonema [Oclusiva, Sorda] se convierte en un segmento no-fonémico con los mismos rasgos que el fonema. Si el segmento resultante aparece en el contexto de la próxima regla será modificado, si no aparecerá en la representación fonética como el alófono [p], [t], o [k].

La próxima regla convierte el segmento no-fonémico obtenido por la regla anterior en un segmento parcialmente relajado y sonorizado, si dicho segmento aparece a final de sílaba. Si asumimos que los rasgos del segmento resultante son [Oclusiva, Sonora], la regla será la siguiente.

15. [C] $\longrightarrow$ [C] / $\underline{\qquad}$ $
[Sonora] $\begin{bmatrix} \text{Oclusiva} \\ \text{Sorda} \end{bmatrix}$

El segmento que se obtiene con esta regla podrá realizarse fonéticamente como [pᵝ], [tᵈ] y [kᵞ] (dependiendo del rasgo de punto de articulación), o podrá ser afectado por la regla sucesiva, que convierte el rasgo [Oclusiva] en [Fricativa].

16. [C] $\longrightarrow$ [C] / $\underline{\qquad}$ $
[Fricativa] $\begin{bmatrix} \text{Oclusiva} \\ \text{Sonora} \end{bmatrix}$

Si el segmento resultante de esta regla no es afectado por la próxima regla aparecerá en la representación fonética como [β], [ð] o [ɣ], respectivamente, si no se asimilará a la consonante siguiente, resultando en una geminada. La regla de la asimilación es la siguiente, que como vemos se aplica a un segmento [Fricativa, Sonora] producido por la regla (16).

17. [C] → [C] / ___ $ C
    [α Rasgos] ⎡Fricativa⎤   [α Rasgos]
                ⎣Sonora ⎦

La geminada podrá aparecer como tal en la superficie o podrá reducirse con la regla siguiente que produce ø.

18. [C] → ø / ___ C
         [α Rasgos] [α Rasgos]

Las reglas (14-18) dan cuenta de las variantes de /p, t, k/ de una manera distinta de la de las reglas que habíamos señalado en las secciones anteriores y reflejan la hipótesis de la escala del debilitamiento. Para ejemplificar los efectos de estas reglas veamos cómo permiten generar las varias pronunciaciones de la palabra *actor*.

19.
Represen.
Fonológ.:   a/kt/or   a/kt/or   a/kt/or   a/kt/or   a/kt/or
Reglas
(14)   sí   sí   sí   sí   sí
(15)   no   sí   sí   sí   sí
(16)   no   no   sí   sí   sí
(17)   no   no   no   sí   sí
(18)   no   no   no   no   sí

Represen.   a[kt]or   a[kʰt]or a[γt]or   a[tt]or   aø[t]or
Fonética

Este análisis da cuenta de los cinco alófonos más importantes de los fonemas /p, t, k/ y al mismo tiempo refleja la hipótesis del debilitamiento de los rasgos de las oclusivas sordas, hasta su total pérdida. Por otra parte este análisis postula que si una lengua tiene una de las variantes más debilitadas, también tendrá las que las preceden en la escala. De esta hipótesis también se puede inferir que en el proceso de evolución histórica de una lengua o en el proceso de aprendizaje de una lengua la aparición de las variantes más débiles implica la aparición anterior de las variantes más fuertes.

Notemos sin embargo que los rasgos afectados son esencialmente dos, [Oclusiva] y [Sorda], por lo que podríamos pensar que existen dos procesos de debilitamiento determinados por dos parámetros: la tensión, reflejada en el rasgo [Oclusiva] y la sordez, reflejada en el rasgo [Sorda]. Sería por lo tanto más apropiado hablar de dos escalas concomitantes de debilitamiento, una de la tensión y otra de la sordez. Estas están combinadas en la escala (13). Si las separáramos podríamos representarlas en un gráfico de doble entrada como el siguiente para el caso de /k/ (en este gráfico C representa un segmento sin su propia tensión y sordez/sonoridad):

20.

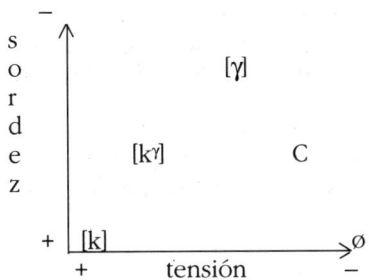

Aparte el hecho de que la hipótesis planteada da cuenta de la escala de debilitamiento, hay un aspecto teórico positivo de esta hipótesis que queremos resaltar. Si revisamos las reglas (14-18) vemos que éstas se aplican si satisfacen la condición del contexto, que es siempre distinto y, que en el caso de las reglas (15-18), es determinado por la regla anterior. Esto es, la regla (14) "crea" el contexto de la regla (15), que a su vez crea el contexto de la regla (16), y así sucesivamente. Gracias a estas características, las reglas podrán aplicarse de acuerdo a un orden que nosotros no fijamos, sino que la mismas reglas determinan, es decir un orden intrínseco (y no extrínseco). En el fondo es una hipótesis sin ordenamiento de reglas, por ende mejor que una hipótesis en la que nosotros tenemos que establecer el orden de aplicación de las reglas.

Esto no asegura que la hipótesis sea correcta, pues hay que preguntarse si la escala de debilitamiento es una noción teórica y empíricamente relevante, y si de hecho debe formar parte de la teoría fonológica. Más abajo volveremos sobre la noción de escala de debilitamiento para tratar de contestar a esta pregunta.

2.6.2.5. Rasgos binarios y rasgos graduales

Antes de volver al tema de la escala de debilitamiento, hagamos un breve paréntesis para aclarar un aspecto de los rasgos que hemos venido empleando.

La mayoría de los rasgos que hemos usado, tales como [Sordo] y [Sonora], son exclusivos, pues un segmento puede ser sordo o sonoro pero no las dos cosas al mismo tiempo, y binarios, pues la "sordez" (o alternativamente la "sonoridad") tiene dos opciones: presencia (en cuyo caso el segmento es sordo) o ausencia (en cuyo caso el segmento es sonoro). Debido a ello, en lugar de usar dos rasgos, por ejemplo [Sorda] y [Sonora], podemos usar uno solo, digamos [Sonora], precedido del signo "-" para indicar falta de sonoridad, o el signo "+" para indicar la presencia de sonoridad. De manera que [p] será [-Sonora] y [β] será [+Sonora]. Otro ejemplo es el de los rasgos [Oclusiva] y [Fricativa] que ahora podemos llamar [+Oclusiva] y [-Oclusiva], respectivamente.

Al adoptar este recurso, que hace explícito el caracter exclusivo de los rasgos binarios, tenemos que reformular las reglas anteriores. Por ejemplo las reglas (15) y (16) deben reformularse como (21) y (22) respectivamente:

21. [C] → [C] / _____ $
[+Sonora] [+Oclusiva
-Sonora]

22. [C] → [C] / _____ $
[-Oclusiva] [+Oclusiva
+Sonora]

Volvamos a la cuestión de la escala de debilitamiento. Si hiciéramos un estudio espectrográfico y acústico muy atento y detallado de un corpus determinado analizando las realizaciones de /p/, por ejemplo, descubriríamos que ninguna realización es idéntica a otra y que hay quizás tantos alófonos de /p/ como casos en los que el fonema aparece. Si además tomáramos en cuenta uno de los rasgos que caracterizan a la /p/, digamos la sordez, descubriríamos que no hay tres tipos de alófonos, uno plenamente sordo, otro parcialmente sordo y otro más sin sordez, sino que todos los alófonos encontrados se podrían colocar sobre un continuo de la sordez que va desde la plenitud hasta la falta. Sin embargo, por razones obvias propias a una clasificación fonética y a un análisis fonológico no podemos hablar de una graduación infinita de la sordez, por lo que recurrimos a la estratagema de dividir ese continuo en tres categorías que llamamos sorda, parcialmente sonora y sonora. Los casos que caen aproximadamente dentro de la primera categoría se llaman alófonos sordos, los que caen dentro de la segunda categoría se llaman alófonos parcialmente sonoros y los que caen dentro de la tercera categoría se llaman alófonos sonoros. Si nuestro estudio exigiera un mayor detalle analítico y un mayor número de categorías, tendríamos cuatro o más categorías de sordez. Ahora bien, una hipótesis en la que cada alófono se deriva directamente del "fonema" no capta la continuidad de los rasgos, dividida en categorías dependientes (dependientes porque cada una se define a partir de los límites de la otra). Dicha hipótesis no captaría la idea de que un alófono puede ser sordo o sonoro con respecto a los otros alófonos del continuo de la sordez. En otros términos no daría cuenta de la relación de dependencia y de relativa sordez o sonoridad de los varios alófonos. Por otro lado, una hipótesis que deriva un segmento sonoro de uno parcialmente sonoro, y no directamente del segmento sordo, refleja la depenca y relación entre los varios segmentos. Desde este punto de vista la hipótesis de una escala de debilitamiento es mejor que la hipótesis sin escala de debilitamiento.

Muy bien, pero ¿podemos formalizar adecuadamente esta hipótesis? La respuesta parece ser no, por un problema relacionado al tipo de rasgos que estamos usando. Estos son binarios y exclusivos, por lo que no permiten expresar varios grados de una misma característica. Por ejemplo cuando tratamos de derivar el segmento parcialmente relajado y sonorizado, propusimos la regla (15) que hemos reformulado como (21) y que repetimos aquí abajo.

21. [C] ⟶   [C]   / _____ $
               [+Sonora] $\begin{bmatrix} +\text{Oclusiva} \\ -\text{Sonora} \end{bmatrix}$

Esta regla dice que el segmento oclusivo sordo se hace sonoro. Pero en realidad eso no es lo que sucede, pues [pβ] no es oclusivo sonoro. Podríamos reformular la regla para decir que es el rasgo oclusivo el que cambia, dejando el rasgo sordo intacto. Pero eso tampoco es lo que sucede, pues [pβ] no es fricativo sordo. El problema es en efecto irresoluble por el simple hecho de que tenemos dos rasgos, [Oclusiva] y [Sonora], y sólo podemos cambiar uno (si cambiáramos los dos obtendríamos equivocadamente el segmento [β]), lo que nos impide expresar la "gradación" de ambos rasgos. ¿Qué solución podemos ofrecer a este problema?

Se nos ocurren tres soluciones posibles. La primera es que los rasgos opuestos, tales como [Sonora] y [Sorda], se usen ambos y no, de manera exclusiva, uno solo. Si adoptamos esta idea y asumimos que un segmento debe especificarse para ambos rasgos, y además debe ser marcado positivamente por lo menos para uno de ellos, las posibilidades son, para el ejemplo en cuestión, las que aparecen en (23), donde [pβ] se interpreta como un segmento en parte sordo y en parte sonoro.

23a. [+Sorda - Sonora] = [p]
23b. [-Sorda + Sonora] = [β]
23c. [+Sorda +Sonora] = [pᵝ]

Otra solución posible consiste en analizar segmentos "complejos" del tipo [pᵝ], [kᵞ], etc., como segmentos con doble articulación, o si se prefiere con una articulación básica y una **coarticulación,** siendo la coarticulación un gesto articulatorio de sonoridad, punto o modo, sobrepuesto a la articulación básica. En el caso de [pᵝ] y [kᵞ] la coarticulación es de sonoridad. Un ejemplo de coarticulación de punto es el siguiente. De la descripción que ofrece TNT para la pronunciación de /p/ seguida de /t/ "mientras los labios están cerrados, forma la lengua la oclusión de dicha t" (§ 79), se deduce que el sonido en cuestión es una [p] con la coarticulación del punto de la [t], sonido que podemos representar con [pᵗ]. Un ejemplo de coarticulación de modo es quizás el siguiente: /p/ en palabras como *hipnosis* se pronuncia con cierta nasalización. El resultado es un sonido con cierta coarticulación nasal que puede representarse con [pᵐ].

Esta solución implica que la articulación se subdivide en sub-articulaciones relativamente independientes: la de las cuerdas vocales, la de los labios, la de la lengua y la de la cavidad nasal. Durante la articulación de un sonido las sub-articulaciones participantes pueden tener lugar más o menos al mismo tiempo o no, de manera que puede haber adelanto o retraso de una sub-articulación con respecto a las otras. En el caso de [pᵝ] y [kᵞ] la vibración de las cuerdas vocales tiene lugar un poco más tarde que en el caso de [β] y [ɣ]. Otra posibilidad es que una sub-articulación (es decir la sonoridad, el punto o el modo) o toda la articulación de un sonido contiguo, en el caso que nos interesa la del sonido siguiente, se adelante sobreponiéndose a la articulación del sonido precedente. Este parece ser el caso de [pᵗ] y [pᵐ], que son, cada uno, un segmento con la coarticulación del segmento siguiente. Esto es lo que se deduce de la descripción de TNT del segmento que representamos con [pᵗ][110]: con dos articulaciones, una labial y otra linguo-dental.

Si se adoptara esta solución los segmentos "complejos", que serían a nivel fonémico uno o dos segmentos dependiendo del caso, serían a nivel fonético un segmento de doble sub-articulación. Por

---

[110] Una condición necesaria para este tipo de coarticulación es que los órganos articulatorios, específicamente el órgano activo, que participan en la coarticulación no participen en la articulación. Por ejemplo en [pᵗ] la coarticulación linguo-dental correspondiente a la [ᵗ] es posible durante la articulación de la [p] porque la lengua y los dientes están "libres" durante la articulación labial.

ejemplo [pᵝ] correspondería a un fonema, mientras que [pᵗ] podría corresponder a dos fonemas.

Ahora bien a pesar de su atractivo, esta solución no puede incorporarse al análisis que hemos desarrollado y tenemos que esperar hasta el próximo capítulo para volver a plantearlo como una posibilidad concreta para el análisis de los segmentos complejos.

La tercera solución para expresar una "parcial sonoridad" en segmentos como [pᵝ] es que en lugar de usar rasgos exclusivos binarios usemos rasgos graduales. La gradación puede expresarse por medio de una escala numérica. Por ejemplo, en el caso de [Sonora], podríamos tener en lugar de "+" y "-", los valores 1, 2 y 3. El primero *(i.e.* 1) indicaría falta de sonoridad, el segundo *(i.e.* 2) sonoridad parcial y el tercero *(i.e.* 3) indicaría sonoridad plena. Lo mismo podría hacerse con los otros rasgos y en particular con el rasgo [Oclusiva]. De hacerlo así, los primeros tres alófonos de /p/ se identificarían así:

24a. [p]: [3 Oclusiva] [1 Sonora]
24b. [pᵝ]: [2 Oclusiva] [2 Sonora]
24c. [β]: [1 Oclusiva] [3 Sonora]

Por otra parte, las reglas (21) y (22) se reformularían de la manera siguiente:

25. [C] → $\begin{bmatrix} C \\ 2 \text{ Oclusiva} \\ 2 \text{ Sonora} \end{bmatrix}$ / _____ $\begin{bmatrix} \$ \\ 3 \text{ Oclusiva} \\ 1 \text{ Sonora} \end{bmatrix}$

26. [C] → $\begin{bmatrix} C \\ 1 \text{ Oclusiva} \\ 3 \text{ Sonora} \end{bmatrix}$ / _____ $\begin{bmatrix} \$ \\ 2 \text{ Oclusiva} \\ 2 \text{ Sonora} \end{bmatrix}$

La cuestión de si los rasgos deben ser binarios o graduales será retomada en el próximo capítulo donde hablaremos más detenidamente de la clasificación de los rasgos en la fonología generativa, por el momento nos basta con agregar que la selección depende de lo detallado que queramos que sea el análisis fonético y de la relevancia de éste para la fonología. Por ejemplo, por una parte es posible tener más grados de sonoridad que los tres mencionados (pues los grados corresponden a las categorías que se hayan establecido sobre el continuo de la sonoridad), y por otra parte es probable que desde el punto fonológico no sea relevante tener más de dos grados (esto es, presencia y ausencia). Si esta última consideración prevalece y si la intención del análisis es dar cuenta de los procesos fonológicos y no de las realizaciones fonéticas, los rasgos binarios son suficientes.

¿Cuál de las tres soluciones que hemos planteado vamos a adoptar? Nuestra intención aquí es la de convertir las observaciones fonéticas de TNT en reglas fonológicas, por ello podemos soslayar algunas cuestiones y algunos detalles fonéticos. Por la misma razón no es imprescindible seleccionar ninguna de las soluciones, por lo menos hasta que tengamos una teoría fonológica más detallada, que en cierta medida es la que nos va a indicar el camino a seguir. Sin embargo podemos adelantar que en fonología, y en particular en fonología generativa, se prefiere hablar de rasgos binarios y se recurre a la solución de los rasgos graduales sólo en los casos de necesaria minuciosidad fonética. Adoptando estas ideas seguiremos usando rasgos binarios, y en los casos en que sea necesario hablar de varios grados de un mismo rasgo, usaremos la última solución planteada, la de los rasgos graduales.

2.6.3. *Las oclusivas sonoras*

2.6.3.1. Realizaciones de /b/

El fonema bilabial sonoro /b/ tiene las siguientes realizaciones:

27. A comienzo de sílaba:
    a. [b] oclusiva si va precedida de pausa o nasal:
      ¡*[b]uenos días!* En *[b]enecia, am[b]os, hom[b]re*, etc.

    b. [β] fricativa (o aproximante) en todo otro caso:
      ha[β]ía, a [β]enecia, la [β]uelta, ha[β]lar, al[β]a, es [β]ella, etc.

    c. ø delante de la deslizada posterior [w][111]:
      la øuelta, aøuelo, etc.

28. A final de sílaba (interior de palabra)
    28.1. Delante de cualquiera consonante:
      a. [β], fricativa :
        o[β]tener, su[β]sanar, o[β]jeto, o[β]cecado, etc.

---

[111] Hemos hablado de esta realización, que TNT no menciona, al plantear el caso de la consonantización de la deslizada posterior.

b. asimilada a la consonante siguiente, *v.gr.* geminación[112]:
su[m]marino, o[t]tener, etc.

c. elisión:
suømarino, øøtener, etc.

28.2. Delante de consonante sonora:
[β], relajada sonora fricativa:
su[β]dividir, su[β]marino, etc.

28.3. Delante de consonante sorda (según TNT sobre todo /t/):
 a. [βp], relajada parcialmente ensordecida
 o[βp]tener, a[βp]stenerse, etc.

 Esta realización es muy parecida a la relajada parcialmente sonorizada de /p/ transcrita [pβ].

 b. [p], relajada sorda
 o[p]tener, a[p]stenerse, etc.

 Esta realización es muy parecida a [βp].

 c. [p], oclusiva sorda
 o[p]tener, a[p]stenerse, etc.

Como vemos TNT distingue más realizaciones para la /b/ que para la /p/. Pero si dejamos de lado algunos detalles de la descripción fonética, podemos reducir las realizaciones de /b/ a las siguientes, además de la asimilada y ø:

---

[112] Cuando TNT habla de la asimilación dice que el resultado es generalmente una consonante relajada y corta. Por ejemplo la pronunciación de *submarino* sería *su[m]marino*. Esta observación nos parece correcta, pues excepto en muy pocos casos, por ejemplo cuando hay asimilación a una nasal, la asimilación no da lugar a una verdadera geminada (del tipo que se encuentra por ejemplo en italiano), sino a una consonante precedida de un segmento idéntico pero más relajado y breve. TNT también sostiene que la asimilación no se da en todos los casos, y es preferible cuando sigue una nasal. A nosotros nos parece que la asimilación total es siempre posible, sobre todo en otros dialectos distintos del castellano, que en el caso de la nasal la geminación es acústicamente más perceptible (pues la nasal es continua), mientras que en los otros casos, por ejemplo en *o[t]tener,* es menos perceptible (la pronunciación de una geminada [tt] es más corta que la de una [mm] porque la [t] no es continua).

29. I. detrás de pausa o nasal la oclusiva [b]
    II. en cualquier otro caso:
      a. la fricativa [β] (que incluye a [β] y [ᵝ])
      b. delante de consonante sorda, la variante ensordecida [pᵝ] (que incluye a [βᵖ] y [ᵖ]) o [p].
      c. la variante totalmente asimilada a la consonante siguiente
      d. ø

Las reglas que pueden dar cuenta de las realizaciones resumidas en (29) son las siguientes, en las que usamos rasgos binarios exclusivos:

30. /C/ ⟶ [C] / $\left\{ \begin{array}{c} \#\# \\ \\ [\text{Nasal}] \end{array} \right\}$ $\begin{bmatrix} +\text{Bilabial} \\ +\text{Oclusiva} \\ +\text{Sonora} \end{bmatrix}$

(30) expresa que /b/ permanece oclusiva sonora si va precedida de pausa (representada por ##) o Nasal. La regla siguiente expresa que /b/ se convierte en un segmento fricativo, es decir [β] (por convención, los rasgos del contexto que no son afectados por la regla no se repiten).

31. /C/ ⟶ [C] / $\begin{bmatrix} +\text{Bilabial} \\ +\text{Oclusiva} \\ +\text{Sonora} \end{bmatrix}$
            [-Oclusiva]

Nótese que aquí se vuelve a plantear el problema del orden de aplicación porque así como está formulada (31) se podría aplicar cuando la /b/ va precedida de ## o Nasal, lo que nos daría resultados equivocados. Para evitar esta aplicación, habrá que ordenar (30) antes de (31), pero volveremos sobre esto más abajo.

Las reglas (32) y (33) generan [pᵝ] y [p], respectivamente, cuando van seguidas de una consonante sorda. Por el momento asumiremos que están desordenadas la una con respecto a la otra.

32. /C/ ⟶ [C] / $\begin{bmatrix} +\text{Bilabial} \\ +\text{Oclusiva} \\ +\text{Sonora} \end{bmatrix}$ C
         $\begin{bmatrix} -\text{Oclusiva} \\ -\text{Sonora} \end{bmatrix}$ [-Sonora]

33. /C/ ⟶ [C] / _____ C
   [-Sonora]   ⎡+Bilabial⎤   [-Sonora]
              ⎢+Oclusiva⎥
              ⎣+Sonora ⎦

Para simplificar el análisis podríamos resumir las cuatro reglas propuestas, (30-33), en una sola regla con contextos ordenados de la manera siguiente: primero el contexto de la regla (30), luego el contexto de las reglas (32) y (33) y finalmente el contexto de la regla (31) que podríamos dejar inespecificado por corresponder a "cualquier otro caso".

Las cosas serían distintas si, como lo señalamos a propósito de la /p/, las reglas sobre /b/ se formularan para producir distintos grados de relajamiento o ensordecimiento, en cuyo caso, la regla (30) quedaría como tal, pero las otras reglas habría que reformularlas. Pero aún así las cosas no estarían totalmente resueltas, porque aquí también se nos plantearía el problema de la gradación de rasgos, tales como [Oclusiva] y [Sonora], y se necesitaría reformular una vez más las reglas en estos términos. No vamos a abocarnos a esta tarea y dejaremos que el lector proceda a desarrollar dichas reglas (o dicha regla).

Vale la pena observar que las realizaciones de /b/ son en muchos casos idénticas a las de la /p/. Con la diferencia de que, si bien en los dos casos tenemos una escala de debilitamiento, en el caso de /p/ el paso de sorda a sonora se interpreta como debilitamiento, en el caso de la /b/ el paso de la sonora a la sorda se interpreta como refuerzo. Ambos fonemas tienen en el contexto final de sílaba, dos realizaciones idénticas, [β] y [p], pero mientras que para /p/ la primera de estas realizaciones consiste en una variante debilitada, en el caso de /b/ es al revés: la segunda corresponde a una variante reforzada. De todas maneras, los dos fonemas tienen algunos alófonos en común, como se deduce de la clasificación de las variantes de /b/ en (29), que es idéntica a la de /p/, con la diferencia, de acuerdo con TNT, de que /p/ no se convierte en la oclusiva sonora [b]. Aparte de esta diferencia, las variantes son las mismas, por lo que podemos decir que por lo menos en el contexto de final de sílaba, hay intersección fonemática entre /p/ y /b/, lo que quiere decir que los dos fonemas tienen los mismos alófonos.

2.6.3.2. Realizaciones de /d/

Las realizaciones de /d/ son las siguientes:

34. A comienzo de sílaba
   a. [d] oclusiva, si va precedida de pausa, nasal o lateral:
   ¡[d]ame eso! con [d]aniel, el [d]uero, cal[d]o, etc.

   b. [ð] fricativa (o aproximante), en todo otro caso:
   ha[ð]a, a [ð]aniel, ar[ð]uo, es [ð]e aquí, etc.

   c. [ð̞] fricativa muy relajada, entre vocales
   cansa[ð̞]o, na[ð̞]a, a[ð̞]elante, etc.

   d. ø sobre todo después de vocal acentuada
   cansaøo, etc.

35. A final de sílaba y final de palabra
   a. [ð], fricativa más o menos relajada:
   a[ð]ministrar, a[ð]junto, a[ð]vertir, a[ð]quirir, etc.

   b. [ð̥], fricativa con algo de ensordecimiento, delante de sorda o a final de palabra[113]:
   a[ð̥]jetivo, a[ð̥]quirir, salu[ð̥], universida[ð̥], etc.

   c. asimilada, v.gr. con geminación (TNT no lo menciona):
   a[m]ministración, a[k]quirir, etc.

   d. ø, elisión, sobre todo a final de palabra:
   aøministración, aøjetivo, saluø, universidaø, etc.

   e. [θ] interdental fricativa sorda, a final de palabra o, con menor frecuencia, a final de sílaba en interior de palabra:
   Madri[θ], universida[θ], a[θ]quirir, etc.

Resumamos ahora las realizaciones de /d/ dejando de lado algunos detalles fonéticos y manteniendo cierto paralelismo con las realizaciones de /b/, aparte de la asimilación y ø:

---

[113] TNT también habla de una sorda transcrita [t] en este contexto pero no da ejemplos de esta realización (pág. 178).

36. I. detrás de pausa, nasal o lateral la oclusiva [d]
    II. en cualquier otro caso:
    a. la fricativa [ð],
    b. delante de sorda o #, la variante ensordecida [ð̥] o [θ]
    c. la variante totalmente asimilada a la consonante siguiente
    d. ø

Observemos ahora el paralelismo entre /b/ y /d/. Las realizaciones de /d/ son muy parecidas a las de /b/ con las excepciones siguientes: /d/ se hace oclusiva también detrás de /l/ (*v.gr.* cal[d]o), se realiza interdental sorda, *v.gr.* [θ], a final de palabra, y no se elide delante de la deslizada posterior [w], por ejemplo *aøuana* (ni delante de la deslizada anterior [j]: *aø[j]ós) A pesar de ello podemos proponer para /d/ esencialmente las mismas reglas que propusimos para /b/. Pero volveremos sobre esto al hablar de /g/ porque como veremos las realizaciones de /g/ también pueden generarse con esas reglas. Otro aspecto común a /b/ y /d/ es que ambas manifiestan a final de sílaba un proceso de debilitamiento y uno de ensordecimiento.

¿Hay intersección fonemática entre /t/ y /d/? Sí la hay, aunque parcial. El único contexto en común entre /t/ y /d/ es cuando van seguidas de /m/ como en *atmósfera* y *admirar*. En este contexto los dos fonemas tienen, entre otras, la realización [ð]. Sin embargo en *admirar* /d/ no se ensordece (pues le sigue sonora) y /t/ no se convierte en [d] en *atmósfera*.

2.6.3.3. Realizaciones de /g/

Las realizaciones de /g/ son las siguientes:

37. A comienzo de sílaba *(v.gr.* delante de vocal, líquida o deslizada)
    a. [g] oclusiva, si va precedida de pausa o nasal:
    ¡[g]uarda eso! en [g]uatemala, an[g]ora, etc.

    b. [ɣ] fricativa (o aproximante), en todo otro caso:
    ha[ɣ]o, a [ɣ]ómez, car[ɣ]a, es [ɣ]rande, etc.

    c. [ɣ̆], muy relajada, entre vocales
    ha[ɣ̆]o, pa[ɣ̆]a, etc.

    d. ø en algunas palabras y en ciertos dialectos delante de deslizada posterior (TNT no menciona esta posibilidad):
    aøua, etc.

38. A final de sílaba
   a. [ɣ], fricativa:
      di[ɣ]no, do[ɣ]mático, etc.

   b. asimilada, v.gr. con geminación (TNT no menciona esta posibilidad):
      di[n]no, do[m]mático, etc.

   c. elisión (TNT no lo menciona):
      diøno, doømático, etc.

Resumiendo lo más importante, y dejando de lado la asimilación y la elisión, tenemos las siguientes realizaciones para /g/:

39. I. detrás de pausa o nasal la oclusiva [g]
    II. en cualquier otro caso:
       a. la fricativa [ɣ], o
       b. sobre todo entre vocales, la relajada [ɣ̞]

Un aspecto de las realizaciones de /g/ que salta a la vista es que /g/ no ensordece. La razón de ello es que /g/ no aparece ni ante sorda (las únicas consonantes que pueden seguirla son las líquidas a comienzo de sílaba y las nasales a final de sílaba), ni a final de palabra, que son los únicos contextos propicios para el ensordecimiento. De manera que la falta de ensordecimiento de /g/ no se debe a algún rasgo de /g/ sino al simple hecho de que /g/ no aparece en el contexto oportuno para el ensordecimeinto (siempre bajo la presuposición de que /g/ pueda ser afectada por la misma regla de ensordecimiento que se aplica a /b/ y /d/). Por lo tanto para /g/ tenemos una escala de debilitamiento pero no una escala de ensordecimiento.

En lo que respecta a la intersección fonemática, hay intersección fonemática entre /k/ y /g/, pero por las razones apenas señaladas es parcial: /g/ no ensordece a final de sílaba porque no aparece en el contexto oportuno, y /k/ no se convierte en [g] por las mismas razones.

2.6.3.4. La cuestión de la representación fonémica

En el análisis desarrollado en las páginas anteriores hemos adoptado la noción de "fonema" de la fonología pre-generativa. Al mismo tiempo hemos definido los segmentos (fonema y fono) como un conjuntos de rasgos. Ahora bien, esta definición rinde la noción de fonema inútil en tanto que entidad intermedia entre morfema y fono.

Lo relevante es el conjunto de rasgos que caracterizan a las representaciones subyacentes a las realizaciones fonéticas. Hemos llamado las representaciones subyacentes "fonemas" y las hemos representado de la manera acostumbrada entre barras para expresar sintéticamente los correspondientes conjuntos de rasgos. Por ejemplo hemos representado el conjunto de rasgos [+Consonántico], [+Labial], [+Sonora], etc. con el "fonema" /p/ por razones de simplicidad expositiva.

Por el hecho de que las entidades subyacentes no son "fonemas" sino conjuntos de rasgos, el análisis fonológico se hace más abstracto y en cierta medida más simple. Por ejemplo se puede derivar la representación fonética de un morfema partiendo de la secuencia de conjuntos de rasgos subyacentes, sin preocuparnos por derivar o representar los "fonemas" que los constituyan. Podemos por ejemplo pasar de una secuencia de conjuntos de rasgos que identificamos con /pódo/ por razones de simplicidad expositiva para llegar a la secuencia de conjuntos de rasgos que identificamos con [pwéðo].

La teoría de los rasgos fonológicos expuesta por ejemplo en Chomsky y Halle (1968) inutiliza no sólo la noción de "fonema" como unidad de análisis, sino también la noción de "archifonema", entendido como la intersección de dos o más fonemas que en un determinado contexto tienen esencialmente las mismas realizaciones. Para dar un ejemplo, suponiendo que en ciertos contextos, digamos final de sílaba, las realizaciones de /b/ y /p/ son idénticas, se podría hacer una hipótesis sobre que /b/ y /p/ no aparecen en tales contextos y en su lugar aparece el "archifonema" representable con /B/ o /P/, correspondiente a la suma de las características o rasgos comunes a /b/ y /p/: Por eso decimos que el archifonema es la "intersección fonemática" de dos o más fonemas[114].

Esto no quiere decir que la cuestión de cuál es la correcta representación subyacente de los fonos sea irrelevante, al contrario, es una de las preguntas más importantes en fonología. El problema es que, al sustituir la noción apriorística de fonema por la de conjunto de rasgos, lo importante es la correcta determinación de los rasgos presentes en la representación fonémica de los fonos. Por otra parte, al introducir los conceptos de reglas y de economía derivacional, la selección del conjunto de rasgos subyacentes a un fono no es una cuestión trivial sino un tema fundamental: los rasgos subyacentes a uno o más fonos son aquellos de los cuales es posible derivar los fo-

---

[114] En el primer capítulo se introduce la noción de archifonema y se sugire que las obstruyentes sonoras son fonológicamente tres archifonemas, es decir /B/, /D/ y /G/ (volveremos sobre este tema más abajo). También se asume que hay un archifonema nasal /N/ y uno lateral /L/ que aparecen a final de sílaba.

nos de forma sistemática y con un número reducido de reglas. De allí que al haber varias hipótesis competitivas sobre el conjunto de rasgos de un "fonema" se considere más adecuada la más general y con mayor poder descriptivo-explicativo.

En conclusión, no tiene sentido hablar de fonemas que representamos de una u otra manera, por ejemplo no tiene mucho sentido hablar de un fonema que representamos con /b/, lo realmente válido es hablar de los rasgos que subyacen a las varias realizaciones de dicho "fonema".

El problema de la representación fonémica se reduce entonces al de los rasgos subyacentes. Por supuesto esto implica otro problema, el de la selección de los rasgos en general, cuestión a la que volveremos en el próximo capítulo. Sin embargo suponiendo que hayamos ya adoptado un determinado conjunto de rasgos para representar los segmentos fonológicos, se nos plantea otro dilema: el de saber cuál es el conjunto de rasgos de un segmento determinado.

Por ejemplo la pregunta que nos podemos hacer es ¿cuál es el conjunto de rasgos específicos, entre los que hemos adoptado, para el segmento fonémico oral, bilabial, sonoro del español? La respuesta no es tan sencilla, porque aun en el caso de que éste se defina como [-Nasal], [+Labial] y [+Sonora] todavía nos quedarían por definir otros rasgos y en particular el rasgo [Oclusiva]. En la presentación del segmento en cuestión lo hemos identificado como [+Oclusiva] y lo hemos representado como /b/, pero ésta es una de las varias posibilidades: también podríamos suponer que el segmento subyacente tiene el rasgo [-Oclusiva], o bien podríamos asumir que dicho segmento no está especificado para el rasgo en cuestión. Ahora bien, dadas estas tres posibilidades, la pregunta que hay que hacerse es cuál de ellas es la correcta. La respuesta es: la que mejor da cuenta de los hechos, es decir la que es descriptivamente más adecuada. Esto es lo que haremos en el próximo apartado: partiendo del presupuesto de que las tres soluciones planteadas son posibles (lo que pone en tela de juicio la tesis del rasgo [+Oclusiva] adoptada en las secciones anteriores) trataremos de mostrar que una de estas hipótesis es mejor que las otras.

2.6.3.5. Realización de las obstruyentes sonoras

Antes de revisar las tres hipótesis someramente señaladas aquí arriba, extendiéndolas a las tres obstruyentes sonoras, la bilabial, la dental y la velar, es necesario definir cuándo las obstruyentes sonoras se realizan oclusivas o fricativas.

Los ejemplos en (40) son de obstruyentes sonoras precedidas de vocal y seguidas de consonante en posición final de sílaba, los ejemplos en (41) son de obstruyentes sonoras precedidas de vocal y seguidas de líquida, por lo tanto en posición inicial de sílaba:

40. __ m,n   _____ y   _____ s   _____ x,h   _____ t
    a[β]negado   su[β]yugar   su[β]sidio   o[β]tener[115]
    su[β]marino   a[β]straer

    a[ð]ministro   a[ð]scrito   a[ð]jetivo
    solta[ð]nos

    di[ɣ]no

41. ____ L
    a[β]rir
    o[β]li[ɣ]ar

    a[ð]renalina
    ata[ð]lo

    a[ɣ]rada
    a[ɣ]lutinar

Estos ejemplos nos permiten decir que independientemente de la posición que las oclusivas sonoras tienen en la sílaba, si van precedidas de una vocal se realizan como fricativas. Esto implicaría que si van precedidas de consonante se realizan como oclusivas, pero los datos siguientes muestran que esta deducción no es correcta:

42.1. b,d,g ___   2. s___   3. t ___   4. N _____   5. L __

   a[ðβ]ertencia   es[β]elto   *fut[b]ol*   **am[b]os**   al[β]a
                                                                   ar[β]ol
   ma[ɣð]alena   ras[ɣ]o   **cuan[d]o**   **cal[d]o**
   a[βð]omen   ar[ð]er

   ma[ðɣ]ar[116]   des[ð]e   **tan[g]o**
                                                                   al[ɣ]o
                                                                   ar[ɣ]uir

---

[115] TNT (§ 80) da también una pronunciación con [p].
[116] Nombre.

En efecto si bien los ejemplos en (42.1.) y (42.2.) nos permiten concluir tentativamente que las obstruyentes sonoras se realizan fricativas si van precedidas de una fricativa, los otros ejemplos no nos llevan a una conclusión similar con respecto a las oclusivas, pues éstas aparecen precedidas de nasal, de [t] y, en el caso de la dental, de [l]. Este último caso es el más problemático porque, asumiendo que la lateral es oclusiva, nos impide hacer la generalización de que detrás de oclusiva las obstruyentes sonoras se realizan oclusivas.

Por supuesto lo ideal sería, como parece sugerir un análisis de James Harris, que las obstruyentes sonoras fueran oclusivas detrás de oclusivas y fricativas detrás de fricativa o de vocal, de manera que la pronunciación de la bilabial en *futbol* y *basketbol* resultaría oclusiva porque va precedida de una oclusiva, mientras que en *beisbol* y *voleibol* resultaría fricativa. Pero los datos reseñados en (42) no apoyan esta generalización.

¿Hay otra manera de explicar el comportamiento de las obstruyentes sonoras?, y en particular, ¿hay otra generalización que pueda deducirse de los ejemplos en (41) y (42)? Veamos. Como mostraremos más tarde, algunas consonantes se asimilan en punto de articulación a la consonante siguiente. Las consonantes que así lo hacen son la nasal y la lateral, con la excepción de que la lateral no se asimila a la labial o velar siguiente, caso que merece una explicación aparte pero que es irrelevante para la presente discusión. Lo importante por el momento es que en todos los ejemplos en (42) donde las obstruyentes sonoras se realizan oclusivas (aparecen en negritas y cursivas) hay asimilación entre la consonante y la obstruyente siguiente. La excepción a esta generalización es el ejemplo de *futbol* en (42.3): aquí la obstruyente es oclusiva pero no hay asimilación (la dental no se hace bilabial asimilándose a la bilabial). Ahora bien, si dejamos este último caso de lado, la generalización es que las obstruyentes son oclusivas cuando hay asimilación de punto entre la obstruyente y una consonante adyacente, en todo otro caso son fricativas. En vista de ello revisemos el caso (42.3.) y observemos lo que pasa en el dialecto de Caracas en el que hemos recopilado los siguientes datos:

43. a. futbol   1. fu[ᵒb]ol   2. fu[b]ol   3. fu[β]ol
    b. basketbol   2. baske[b]ol   3. baske[β]ol
    c. voleibol   3. volei[β]ol
    d. beisbol   2. beis[b]ol   3. beis[β]ol

Futbol no se realiza nunca *fu[tb]ol,* esto es, se pronuncia sin [t], excepto en una pronunciación artificialmente esmerada, en la que la dental tiende a ser relajada, breve y sonorizada como se señala en (43.a.1.). La pronunciación en (43.a.2.) es a veces *fu[bb]ol*. La pronunciación (43.a.3.) con [β] es muy común. Tratemos ahora de dar cuenta de estas pronunciaciones. Las de (43.1.) y (43.2.) implican la presencia de una dental en la representación fonémica. Las de (43.3.) en nuestra opinión se derivan de una representación fonémica sin dental (del tipo *fu/b/ol* en términos de fonemas) por los que se ajustan a la generalización que acabamos de hacer. Las pronunciaciones que merecen una explicación son las (43.1.) y (43.2.).

En (43.2.) la dental se asimila totalmente a la bilabial dando lugar a una geminada, por ejemplo *fu[bb]ol,* que luego se reduce a una sola [b], por ejemplo *fu[b]ol*. Si esto es correcto, la generalización sobre la asimilación se aplica a este caso también: la bilabial es oclusiva porque hay asimilación de punto (y de todo otro rasgo). La primera pronunciación, *v.gr. fu[ᵒb]ol,* en nuestra opinión se debe al hecho de que la dental se convierte en una coarticulación de la bilabial, proceso que interpretamos como una asimilación entre las dos consonantes, con la particularidad de que aquí la bilabial es la que en cierto sentido se asimila a la dental. Si aceptamos este análisis, la generalización sobre la asimilación es válida y cubre este caso también: las obstruyentes sonoras son oclusivas cuando están asimiladas en punto con una consonante adyacente (volveremos sobre este tema en el próximo capítulo). ¿Son las obstruyentes sonoras fricativas en todo otro caso? La respuesta que hemos sugerido anteriormente es positiva, pero esto no es cierto puesto que las obstruyentes sonoras son oclusivas también en inicial absoluta. Este dato es muy importante como veremos en la próxima sección.

2.6.3.6. Tres hipótesis sobre las obstruyentes sonoras

Volvamos a las tres hipótesis sobre la representación fonémica de las obstruyentes sonoras con la intención de seleccionar la mejor. Recordemos que en la primera hipótesis (que llamaremos H/b/ por razones de simplicidad) las obstruyentes sonoras son oclusivas, en la segunda (que llamaremos H/β/) son fricativas y en la tercera (H/B/) están sin especificar con respecto a este rasgo: no son ni oclusivas ni fricativas. Nuestra labor ahora consiste en determinar de qué manera se obtienen las varias realizaciones en cada una de las hipótesis.

Empecemos con la H/β/ donde las obstruyentes sonoras tienen el rasgo [-Oclusiva]. Para obtener la variante fricativa, como por ejemplo en (1), (2), (3.1.), (3.2.) y (4.3.) no hace falta ninguna regla. Para obtener la oclusiva hace falta una regla de elisión del rasgo [-Oclusiva] y una regla de inserción del rasgo [+Oclusiva][117]. La primera se puede formular haciendo referencia al contexto como tratamos de hacerlo en (44):

44.

$$[\text{-Oclusiva}] \rightarrow \emptyset \ / \ \begin{cases} [\text{+Oclusiva}] \underline{\quad} \begin{bmatrix} \text{+Dental} \\ \text{+Sonora} \end{bmatrix} \\ \begin{bmatrix} \text{+Oclusiva} \\ \text{+Nasal} \end{bmatrix} \underline{\quad} [\text{+Sonora}] \end{cases}$$

La regla (44) expresa que el rasgo [-Oclusiva] se elide si la obstruyente aparece después de una oclusiva y es /ð/ o si aparece detrás de una nasal. Pero hay algunos problemas con esta regla: por una parte, no asegura la aplicación a las secuencias /nð/ y /tβ/ y la no aplicación a las secuencias /lβ/ y /lɣ/; por otra parte no expresa que la lista de contextos contenidos en ella son precisamente aquellos en los que hay asimilación. Lo ideal sería que la regla dependiera de la asimilación, en el sentido por ejemplo de que podría ser una consecuencia automática de dicho proceso. Finalmente, cualquiera que sea la solución que se adopte para la elisión del rasgo [-Oclusiva] hace falta ampliarla para incluir la de inicial absoluta. Es decir, si se mantiene la regla (44) hay que agregar el contexto de inicial absoluta.

En cuanto a la inserción del rasgo [+Oclusiva], se lograría por una regla general, digamos una regla por defecto que simplemente insertaría el rasgo en los casos en que no hubiera especificación del mismo.

Pasemos a la H/b/, donde las obstruyentes sonoras son [+Oclusiva]. En esta hipótesis hace falta una regla de elisión de este rasgo que podría formularse esencialmente como en (45):

45.

$$[\text{+Oclusiva}] \rightarrow \emptyset \ / \ \begin{cases} V \underline{\quad} \\ [\text{-Oclusiva}] \underline{\quad} [\text{+Sonora}] \\ [\text{+Lateral}] \underline{\quad} \begin{bmatrix} \text{+Sonora} \\ \text{-Dental} \end{bmatrix} \end{cases}$$

---

[117] En lugar de dos reglas se podría pensar en una sola regla de cambio, pero por razones expositivas mantendremos esta solución. Otra razón para mantener dos reglas es que la hipótesis H/B/ no puede tener una regla de cambio, así que debe tener una regla de inserción de rasgo. Pues bien, si una de las hipótesis tiene una regla de este tipo, lo conveniente es que las tres hipótesis tengan el mismo tipo de regla para que sea posible medirlas adecuadamente.

(6) expresa que las obstruyentes pierden el rasgo [+Oclusiva] si van precedidas de vocal o una fricativa, y en el caso de una no-dental, de una lateral. Por supuesto esta regla no se aplicaría a una obstruyente en inicial absoluta, después de oclusiva o nasal o, en el caso de /d/, después de /l/, y en estos casos la obstruyente permanecería oclusiva. En los contextos de (45) se insertaría posteriormente el rasgo [-Oclusiva] por medio de una regla por defecto.

La hipótesis H/b/ tiene sin embargo dos pequeños inconvenientes. En primer lugar, como sucedía con la hipótesis H/β/, no relaciona la asimilación con la oclusión de las obstruyentes. En segundo lugar no resuelve adecuadamente el caso de dos obstruyentes sonoras adyacentes (en 42.1.). Si tomamos la palabra *advertir,* por ejemplo, que representamos como *a/db/vertir* por razones expositivas, la regla (45) más la regla por defecto se aplicaría a la primera obstruyente pero no a la segunda. ¿Cómo podríamos obtener la representación *a/ðβ/rtir?* La solución consistiría en asumir que la regla (6) se aplica reiteradamente, primero a la obstruyente detrás de la vocal, es decir a /d/, y luego a la siguiente, es decir a /b/. También habría que asumir que la regla de inserción de [-Oclusiva] se aplica inmediatamente después de la regla (45) y reiteradamente[118]. En fin, una solución es posible, pero hace la hipótesis un poco más costosa. Desde este punto de vista la H/β/ es mejor, pues hay una diferencia en economía derivacional a favor de H/β/.

Veamos ahora la hipótesis H/B/, en la que las obstruyentes sonoras no tienen especificación para el rasgo [Oclusiva]. Aquí no hace falta una regla de elisión, pero sí hacen falta dos reglas de inserción. La primera podría ser una regla de inserción del rasgo [-Oclusiva] en los contextos apropiados como los de la regla (46):

46.

$$\emptyset \rightarrow [\text{-Oclusiva}] \ / \ \left\{ \begin{array}{l} V \\ [\text{-Oclusiva}] \\ [\text{+Lateral}] \end{array} \right. \underline{[\text{+Sonora}]}$$

$$\underline{\begin{bmatrix} \text{+Sonora} \\ \text{-Dental} \end{bmatrix}}$$

---

[118] También podríamos agregar a la regla (6) un contexto que permitiera fricatizar la segunda obstruyente sin exigir esta aplicación reiterada y sucesiva de las dos reglas. En todo caso habría una complicación de la hipótesis.

Obviamente, como en el caso de la regla (45), (46) debe aplicarse reiteradamente y de izquierda a derecha en palabras como *advertir* que tendrían una estrutura representable como a/DB/ertir.

La segunda regla insertaría el rasgo [+Oclusiva] por defecto, es decir en todo caso donde la regla (46) no se hubiera aplicado. La desventaja de esta hipótesis es, como en el caso de las anteriores, que no ofrece una relación entre asimilación y el rasgo [+Oclusiva]. De cualquier manera, esta hipótesis es parecida a la H/b/ en términos de costo derivacional y es similar a las dos anteriores en términos de número de reglas.

¿Qué conclusión podemos extraer de esta comparación? Veamos: las tres hipótesis tienen esencialmente dos reglas, una específica y otra por defecto, las tres tienen alguna complicación que requiere una estipulación suplementaria o una modificación de las reglas, y las tres dejan sin explicar la relación entre asimilación y oclusión de las obstruyentes sonoras. De manera que la conclusión es que las tres son similares y cualquiera de ellas resuelve descriptivamente los casos reseñados y fundamentalmente con los mismos recursos analíticos, pero sin dar una explicación adecuada al problema de la asimilación. Pero H/B/ agrega un archifonema, /B/, a la fonología española que debe de todas maneras tener un fonema bilabial sonoro. Así que por el momento desecharemos la hipótesis H/B/ y mantendremos el análisis que hemos desarrollado en las secciones anteriores donde hemos tácitamente aceptado la hipótesis H/b/ (volveremos a plantear esta cuestión en el próximo capítulo).

2.6.4. *Consonantes anteriores*

Las consonantes anteriores son las que se articulan en la parte anterior de la boca, desde las palatales hasta la bilabiales. Ya hemos revisado las realizaciones de las anteriores bilabiales y dentales, así que nos queda por analizar las realizaciones de la labiodental, la interdental, las alveolares y las palatales.

2.6.4.1. Realizaciones de /f/ y /θ/

A comienzo de sílaba la labiodental /f/ se realiza como [f]. Una excepción de cierto interés es una realización aspirada, a menudo parcialmente labializada, que se da sobre todo en algunos dialectos hispanoamericanos y que representaremos como [h] y [hʷ], respectivamente (TNT no registra esta pronunciación). Este alófono aparece fundamentalmente a comienzo de palabra, seguido de la deslizada posterior [w], como en *fue*, que se pronuncia *[h]ue* o *[hʷ]ue*. A veces, en los mismos dialectos existe el fonema /h/ que se realiza como la aspirada [h], creándose así una intersección fonemática entre /f/ y /h/ en palabras del tipo *fuego* y *juego*, pronunciadas ambas *[h]uego* o *[hʷ]uego*.

A final de sílaba, sobre todo si le sigue una consonante sonora, el fonema /f/ tiende a sonorizarse: *aftosa,* puede realizarse como *a[fʲ]tosa*, y *afgano* como *a[fʲ]gano*.

La interdental /θ/ se realiza [θ], delante de consonante sonora tiende a sonorizarse como en la palabra *juzgar*.

2.6.4.2. Las consonantes alveolares

2.6.4.2.1. Realizaciones de /s/

La articulación de /s/ a comienzo de sílaba es en algunos dialectos (por ejemplo castellano) apical, con el predorso de la lengua algo cóncavo; en otros dialectos (por ejemplo andaluz y español de América) es predorsal, con el ápice más relajado a contacto con los incisivos superiores y con el predorso más bien horizontal.

En posición final de sílaba, la articulación de /s/ varía mucho más de dialecto a dialecto. Se pueden distinguir *grosso modo* dos áreas dialectales tomando en cuenta la distribución regional de las variantes de /s/:

I.) Area del castellano y otros dialectos del norte de España.
En estos dialectos se dan:

a. una fricativa sorda, [s], delante de oclusiva sorda o pausa (TNT no es explícito sobre este punto); *pesca* se realiza como *pe[s]ca, les pides* como *le[s] pide[s]*, etc. Delante de dental puede dentalizarse: *esta* puede realizarse *e[s̪]ta*.

b. una relajada sorda, [ˢ], delante de fricativa sorda (*v.gr.* /f/ y /θ/) o delante de /r̃/: *esfera* se realiza como *e[ˢ]fera, escena* como *e[ˢ]cena, Israel* como *I[ˢ]rael, los fijo* como *lo[ˢ] fijo*[119], etc.

c. una fricativa sonora, en algunos casos relajada , es decir [z] y [ᶻ] respectivamente, delante de consonante sonora: *desde* se realiza como *de[z]de* o *de[ᶻ]de, mismo* como *mi[z]mo* o *mi[ᶻ]mo, las manos*

---

[119] Aunque TNT no dé ejemplos de /s/ a final de palabra en este contexto, asumimos que el proceso tiene lugar aquí también, por ejemplo en *e[s] fuerte*.

como *la[z] manos* o *la[ẓ] manos,* etc. Delante de dental se puede dentalizar: *desde* puede ser *de[ẓ]de.*

d. una líquida vibrante [r], frecuentemente fricativa [ɹ], cuando aparece delante de [r̃], con la que se asimila. Otra realización posible de la secuencia /sr̃/ es una [r̃] pronunciada más tensa y vibrante: *los reyes* se pronuncia *lo[ɹ] [r̃]eyes* o *lo [r̃]eyes, Israel* se pronuncia *I[ɹ] [r̃]ael* o *I[r̃]ael*[120].

Las realizaciones más comunes de /s/ en este dialecto pueden generarse con la regla siguiente ([s] incluye las dentalizadas):

47.

$$/s/ \rightarrow \begin{cases} [ɹ] \ / \ \underline{\quad} \ C \begin{bmatrix} -\text{Lateral} \\ +\text{Vibrante} \end{bmatrix} \\ [z] \ / \ \underline{\quad} \ C \ [+\text{Sonora}] \\ [\text{s}] \ / \ \underline{\quad} \ C \ [-\text{Oclusiva}] \\ [\text{s}] \end{cases}$$

En la regla (47), en la que hemos usado símbolos de fonemas y alófonos en lugar de rasgos para simplificar la exposición, hemos ordenado las realizaciones de /s/ en una escala que va desde la forma más relajada, la asimilada, a la menos relajada, [s]. Los contextos son cada vez menos específicos porque el ordenamiento de los mismos implica que donde se aplicó una expansión no se aplica otra. Por ejemplo no hace falta explicitar en el segundo contexto que la consonante detrás de /s/ no es vibrante, puesto que las vibrantes aparecen en el primer contexto. Por la misma razón el último contexto no está especificado porque éste es el caso de "en cualquier otro lugar". Notemos también que la regla debería formularse de una manera distinta si una variante dependiera de otra, cosa que no sucede aquí porque los contextos son exclusivos.

II. Area del andaluz y del español de América:

a. una fricativa sorda [s], a menudo relajada [ˢ] (TNT no hace referencia a esta realización): *esta* se realiza como *e[s]ta* o *e[ˢ]ta, desde* como *de[s]de* o *de[ˢ]de,* etc.

---

[120] Esta asimilación se ha lexicalizado en formas como *derrabar,* que coexiste con la forma *des-rabar.*

   b. una aspirada, más o menos sorda, [h]: *e[h]ta, e[h]fera, de[h]de, I[h]rael* por *Israel, canta[h]* por *cantas*, etc.

   c. una asimilada a la consonante siguiente que se ensordece parcialmente (los ejemplos de TNT parecieran indicar que el proceso se da si la consonante es sonora, sin embargo la asimilación se da también en los otros casos, sobre todo si la consonante es fricativa): *mismo* se realiza como *mi[m]mo, asno* como *a[n]no, isla* como *i[l]la*, etc., pero también *pesca* como *pe[k]ka, esfera* como *e[f]fera, despacio* como *de[p]pacio*, etc.

   d. una elisión, *v.gr.* ø, sobre todo al interior de palabra o al final de una palabra polisílaba[121]: *esta* se realiza *eøta, cantamos* como *cantamoø*, etc.

Observemos que la diferencia fundamental entre esta segunda área y la primera es que, mientras en la primera las realizaciones de /s/ a final de sílaba se deben al tipo de consonante que sigue, en la segunda área se deben al hecho de que /s/ aparece a final de sílaba, posición en la que todas las variantes son posibles, con la excepción de la asimilada, para la que no es suficiente tomar en cuenta el final de sílaba y hay que tomar en cuenta también la consonante siguiente. La regla para la segunda área es esencialmente la siguiente:

48.
$$/s/ \rightarrow \left\{ \begin{array}{c} [s] \\ [h] \\ C \\ [\alpha \text{ Rasgos}] \\ ø \end{array} \right\} / \_\_ \$ \quad \begin{array}{c} C \\ [\alpha \text{ Rasgos}] \end{array}$$

Observemos también que las realizaciones de /s/ en los dialectos de esta segunda área son variantes cada vez más relajadas de la /s/, desde la más fuerte [s], que se usa en una pronunciación enfática y esmerada, hasta la elisión, pasando por la relajada [ˢ], la aspirada [h] y la asimilada. Ahora bien, como el contexto para todas las realizaciones es prácticamente el mismo, es decir final de sílaba, podríamos sustituir la regla (48) por cuatro reglas de manera que las realizaciones dependieran unas de otras. La primera sería una regla que realizara la /s/ como [s], que a su vez sería el *input* a la regla que daría [ˢ], ésta sería el *input* a la regla que daría [h], que a su vez sería el *input* a la regla de asimilación, y el resultado de ésta última sería el *input* a la

---

[121] Aparentemente la elisión de la /s/ provoca una abertura de la vocal precedente, por lo menos en andaluz.

regla de elisión. Una vez más se nos plantea el dilema de dos hipótesis compatibles con los datos, pero una con la ventaja de ser más corta (la que hemos traducido en la regla (48)), y la otra con la ventaja de dar cuenta explícitamente de la escala de debilitamiento. Pero no vamos a resolver este dilema aquí, y vamos a dejar que el lector elabore argumentos que permitan escoger una de las dos hipótesis.

2.6.4.2.2. Realizaciones de /r/

Las realizaciones del fonema vibrante simple /r/ son las siguientes:

2.6.4.2.2.1. En posición prenuclear:

a) [r̄], vibrante múltiple, a comienzo de palabra, incluso en los compuestos, o, en interior de palabra, a comienzo de sílaba cuando no va precedida de vocal (en este caso va precedida de una consonante alveolar, *v.gr.* /n, l, s/): *Puerto [r̄]ico, puerto[r̄]iqueño, hon[r̄]ado, is[r̄]aelita, al[r̄]dedor,* etc.[122]

b) [r], vibrante simple, a comienzo de sílaba precedida de vocal o en el grupo consonántico prenuclear C/r/ (en estos casos C es una consonante oral, anterior no-alveolar, o velar, es decir /p, t, k, b, d, g/): *ca[r]a, p[r]onto, t[r]auma, c[r]ema,* etc.

c) [ɹ], fricativa asibilada, es decir pronunciada un poco más atrás que los alvéolos, cuando aparece en el grupo consonántico prenuclear. También puede ser africada cuando C es una consonante dental. Estas realizaciones se dan en algunos dialectos de España y América Latina: *ap[ɹ]etar, t[ɹ]opa, sald[ɹ]é,* etc.

d) ø, elisión, en ciertos dialectos cuando va precedida de vocal (si va precedida de un diptongo terminante en /e/, la vocal tiende a elidirse): *mira para acá* se realiza a veces *m[i]á pa cá, hubiera* se realiza a veces *hub[i]á, fuera* se realiza a veces *f[u]á,* etc. La explicación de TNT es que en este caso /r/ primero se vocaliza y luego se elide por sinéresis.

Las primeras dos realizaciones de /r/ pueden explicarse con la regla siguiente:

---

[122] En algunos dialectos, por ejemplo el puertorriqueño, la [r̄] a comienzo de palabra es velar y no alveolar. En otros dialectos la /r/ inicial de sílaba puede ser fricativa [ɹ].

49.

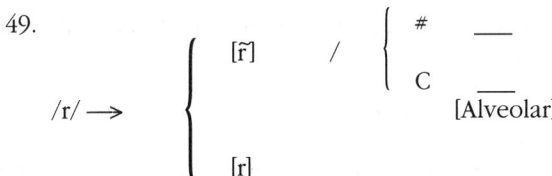

(49) expresa que /r/ se hace múltiple si aparece a comienzo de palabra o precedida de consonante alveolar, en los otros casos se realiza como vibrante simple. Las otras realizaciones señaladas en (c) y (d) pueden explicarse agregando otros contextos a la regla (49), o con reglas posteriores que actúan sobre el educto de (49). Quizás ésta última sea la solución más adecuada para la fricativa, puesto que la fricatización es un proceso variable (varía incluso de hablante a hablante en el mismo dialecto, por ejemplo hay hablantes que fricatizan todo tipo de vibrante, incluso la múltiple inicial de palabra) y podría formularse como una regla que afecta [r] y/o [r̃] en ciertos contextos y en ciertos dialectos o idiolectos. Lo mismo puede hacerse para derivar la africada y la elisión.

2.6.4.2.2.2. En posición posnuclear:

En esta posición la /r/ puede realizarse como vibrante simple [r] o puede someterse a un proceso de debilitamiento, a un proceso de refuerzo o a un proceso de cambio o trueque. Las variantes por debilitamiento son, en orden de menor a mayor debilitamiento:

a) fricativa [ɹ], sobre todo a final de palabra, o relajada [ʳ]: *carta* se realiza como *ca[ɹ]ta* o *ca[ʳ]ta, cantar* como *canta[ɹ]* o *canta[ʳ]*, etc.
b) asimilada a la consonante siguiente en interior de palabra en algunos dialectos (por ejemplo cubano, donde la geminada dental se hace postalveolar un poco retrofleja)[123]: *cuerda* se realiza como *cue[dd]a*, etcétera.
c) deslizada anterior [j], por vocalización y deslizamiento, en dominicano[124]: *arte* se pronuncia *a[j]te, comer* se pronuncia *come[j]*, etc.
d) elisión, ø, sobre todo a final de palabra: *cantar* se realiza como *cantaø, mujer* como *mujeø*, etc.

---

[123] TNT no se refiere a este proceso.
[124] TNT no se refiere a este proceso.

Las variantes por refuerzo, que se dan sobre todo en pronunciación enfática, son[125]:

a) continua fricativa que representaremos [ɹ]: *arder* en esta pronunciación es *a[ɹ]de[ɹ]*, etc.
b) vibrante múltiple [r̃]: *arder* en esta pronunciación es *a[r̃]de[r̃]*, etcétera.

Las variantes por cambio o trueque son:

a) lateral [l]. Este cambio, llamado "lambdacismo", se da por ejemplo en puertorriqueño y en algunas variedades andaluzas: *armar* se realiza como *a[l]ma[l]*.
b) vibrante o fricativa lateralizada [rˡ] o [lʳ]. Este cambio, con cierto grado de debilitamiento, se da en algunos dialectos del sur de España y en algunas regiones del Caribe y otras áreas de América Latina, donde *puerta* se realiza como *pue[rˡ]ta* o *pue[lʳ]ta*, etc.

Asumiendo que todas las variantes señaladas se dan a final de sílaba de manera variable y en la mayoría de los dialectos, podríamos formular una regla, relativamente sencilla, que diera cuenta de todas ellas. Por otro lado, podríamos proponer varias reglas que hicieran depender una variante de otra, solución que se justificaría porque daría cuenta de los varios grados de debilitamiento o refuerzo y en términos generales afectarían a un número de rasgos menor que los que afectarían a una sola regla. Por ejemplo, en lugar de derivar la variante fricativa [ɹ] de /r/ podríamos derivarla de la [r̃] múltiple por el mismo cambio del rasgo (digamos de [-Lateral] a [-Oclusivo]) que da la fricativa simple [ɾ]. Pero por el momento no vamos a formular dichas reglas.

2.6.4.2.3. Realizaciones de /r̃/

El fonema /r̃/ se da en interior de palabra entre vocales y sus realizaciones son:
a. vibrante múltiple [r̃].
b. fricativa continua [ɹ].

---

[125] Además de las variantes que resumimos aquí hay otras de menor cobertura dialectal, o más esporádicas. Por ejemplo en caraqueño hemos registrado una vibrante laríngea múltiple, grave, sin articulación bucal, que representamos con [~], que se da sobre todo a final de palabra: *cantar* se realiza en esta pronunciación como *canta[~]*, etc.

c. fricativa continua asibilada, es decir un poco más posterior que la anterior, en algunos dialectos de España y América Latina.
d. fricativa continua velar, por ejemplo en puertorriqueño.

Puesto que estas realizaciones no se dan en el mismo dialecto, habría que formular cuatro reglas distintas que dieran cuenta de ellas. Pero habría fundamentalmente dos tipos de reglas: una generaría la vibrante múltiple (que es alveolar), y la otra la fricativa (que podría ser alveolar, prepalatal o velar). Pero aquí no nos interesa formular dichas reglas, más bien nos interesa contestar a una pregunta que aún no nos hemos hecho: ¿cuál es la representación fonológica de los fonos vibrantes que hemos revisado? La presuposición es, como se deduce de la presentación hecha en esta sección, que hay dos fonemas, /r/ y /r̃/ y que la mayoría de los fonos tipo [r] se derivan de un fonema /r/ mientras la mayoría de los fonos tipo [r̃] se derivan de /r̃/. Pero como veremos en la próxima sección esto no es necesariamente cierto.

2.6.4.2.4. La representación fonémica de [r] y [r̃]

Independientemente de las otras variantes y dialectos, podemos asumir con TNT que en el castellano "culto" hay dos fonos vibrantes, el simple [r] y el múltiple [r̃], que como los ejemplos siguientes muestran corresponden a dos fonemas distintos, /r/ y /r̃/, respectivamente. Esta presuposición es la más natural y simple en este caso en vista de que [r] y [r̃] contrastan aquí en interior de palabra y entre vocales:

50. pe[r]o ≠ pe[r̃]o
    ca[r]o ≠ ca[r̃]o
    pe[r]a ≠ pe[r̃]a

La pregunta que nos hacemos ahora es qué fonema o fonemas subyacen, en el mismo castellano "culto", a [r] y [r̃] cuando éstos aparecen en los otros contextos, distintos de interior de palabra entre vocales, como los contextos que señalamos a continuación, en algunos de los cuales uno de los fonos no es posible, por lo que el ejemplo lleva un asterisco:

51a. [r̃]ama *[r]ama
     [r̃]ueda *[r]ueda

51b.	al[r̃]ededor	*al[r]ededor	
	hon[r̃]a	*hon[r]a	
	is[r̃]aelita	*is[r]aelita	
51c.	ap[r]emio	*ap[r̃]emio	
	conc[r]eto	*conc[r̃]eto	
	at[r]aso	*at[r̃]aso	
	b[r]avo	*b[r̃]avo	
51d.	come[r]	come[r̃]	
	ha[r]to	ha[r̃]to	
51e.	[r̃]opa	a-[r̃]opar	*a-[r]opar
	[r̃]oca	de-[r̃]ocar	*de-[r]ocar
	[r̃]uina	a-[r̃]uinar	*a-[r]uinar
51f.	come[r]$ otro		come[r̃]$ otro
	come$ [r]otro	pero no	*come$ [r̃]otro

Los ejemplos en (51a) y (51b) indican que en ciertos contextos sólo se da [r̃]. No existe por ejemplo una palabra *hon[r]a* (por esta razón tiene un *) de igual significado que *hon[r̃]a* o de significado distinto de *hon[r̃]a*.

Los ejemplos en (51c) muestran que en ciertos contextos sólo se da [r]. No existe por ejemplo una palabra *conc[r̃]eto* (por esta razón tiene un *) de igual significado que *conc[r]eto* o de significado distinto de *conc[r]eto*.

Los ejemplos en (51d) muestran que en ciertos contextos se dan tanto [r] como [r̃] en la misma palabra, por ejemplo *come[r]* se puede pronunciar enfáticamente *come[r̃]*.

Los ejemplos en (51e) muestran que la [r̃] de inicial de palabra se mantiene en los compuestos, por ejemplo cuando se agrega el prefijo *a-*.

Los ejemplos en (51f) muestran que la [r̃] final de palabra no es posible si resilabea con la vocal siguiente.

¿Cómo contestar esta pregunta y dar cuenta de los hechos señalados aquí arriba? Podemos pensar en tres hipótesis que pueden en principio resolver el problema. Por supuesto las tres hipótesis deben tener en común el postulado de que en castellano "culto" existen dos fonemas /r/ y /r̃/ que en interior de palabra, entre vocales, se realizan como [r] y [r̃] respectivamente. La diferencia entre las tres hipótesis consistirá en determinar cómo dar cuenta de los otros casos. Las tres hipótesis, que llamaremos Hipótesis 1, Hipótesis 2, e Hipótesis 3, se diferenciarán entonces en cuanto a un segundo postulado que podemos expresar esencialmente de la manera siguiente:

Hipótesis 1.
Las realizaciones [r] y [r̃] en contextos distintos de "interior de palabra entre vocales" se derivan todas del fonema /r/.

Hipótesis 2.
Las realizaciones [r] y [r̃] en contextos distintos de "interior de palabra entre vocales" se derivan todas del fonema /r̃/.

Hipótesis 3.
Las realizaciones [r] y [r̃] en contextos distintos de "interior de palabra entre vocales" se derivan de la manera siguiente: [r] siempre de /r/, pero [r̃] se deriva de /r̃/ en algunos casos y en otros de /r/.

Comparemos las tres hipótesis y tratemos de establecer cuál de éllas es mejor. Revisemos primero la Hipótesis 3. De acuerdo con esta hipótesis habría dos reglas que darían cuenta de [r] y [r̃]. Por el momento podemos formular estas reglas simplemente así:

52. /r/ → { [r]
            [r̃] }

53. /r̃/ → [r̃]

Cotejemos estas reglas con los ejemplos en (50) y (51) y veamos cómo derivan los fonos [r] y [r̃]. Los ejemplos en (50) tienen una representación fonémica con /r/, como en *pero,* o con /r̃/ como en *perro.* La primera expansión de la regla (52) convertirá /r/ en [r], y la regla (53) convertirá /r̃/ en [r̃], obteniéndose así los resultados deseados.

En los ejemplos (51a), *v.gr.* a comienzo de palabra, y (51b), *v.gr.* a comienzo de sílaba y detrás de consonante, la [r̃] se derivaría de una /r̃/ subyacente por medio de la regla (53). De manera que la representación fonémica de *[r̃]ama* y *hon[r̃]a* sería /r̃/ama/ y *hon/r̃/a,* respectivamente.

Los ejemplos en (51e) también tienen una /r̃/ en la representación fonémica: *[r̃]uina* y *a[r̃]uinar* serían fonémicamente */r̃/uina* y *a/r̃/uinar,* respectivamente. [r̃] se obtendría aplicándose la regla (53).

En cuanto a los ejemplos en (51c), [r] se deriva de /r/, así que la representación fonémica de *b[r]avo* es *b/r/avo* y a ésta se aplica la primera expansión de la regla (52).

La representación fonémica de los ejemplos en (51d) debe ser con /r/, porque de ésta podemos derivar tanto [r] como [r̃]. Así que estos ejemplos se derivan por medio de la regla (52).

Pero hay varios problemas con esta hipótesis. Veamos cuáles son y tratemos de corregirlos.

La representación fonémica de los ejemplos en la primera columna en (50) es con /r/. El resultado sería correcto si se aplicara la primera expansión de la regla (52), pero sería equivocado si se aplicara la segunda expansión, porque *pe/r/o* se convertiría en *pe[r̃]o*. Para evitar este problema podemos reformular la regla (52) de la manera indicada en (53), que expresa que /r/ se pronuncia [r̃] si aparece a final de palabra, y en todo otro caso se pronuncia [r]:

54. /r/ $\longrightarrow$ $\begin{cases} [r̃] \ / \ \underline{\quad} \ \# \\ [r] \end{cases}$

Al reformular la regla de esta manera, la primera expansión no podrá aplicarse a *pe/r/o*. La segunda expansión sí podrá aplicarse y el resultado será el correcto.

Los ejemplos en (51a), (51b) y (51e) no tienen problema, su representación fonémica es con /r̃/ y la pronunciación [r̃] se obtiene con la regla (53).

Los ejemplos en (51c) tampoco tienen problema: se derivan de una /r/ subyacente a la que no puede aplicarse la primera expansión de la regla en (54) sino la segunda, obteniéndose [r].

Los ejemplos en (51d) crean un problema. Hemos asumido que la representación fonémica aquí es con /r/. Al aplicar la regla (53) usaremos la primera expansión en ejemplos como *come/r/* y obtendremos *come[r̃]*, pero no nos va a ser posible aplicar la segunda expansión para obtener *come[r]*. Por otra parte en ejemplos como *ha/r/to* no podremos aplicar la primera expansión y no podremos obtener la realización *ha[r̃]to*, y sólo podremos aplicar la segunda expansión obteniendo *ha[r]to*. Podemos resolver este problema si, por una parte, cambiamos el contexto de la primera expansión de la regla (54) de manera que pueda aplicarse a /r/ final de sílaba, que como hemos dicho en otras ocasiones incluye final de palabra, y si, por otra parte, explicitamos que esta expansión es facultativa. Reformulemos entonces la regla (54) de la manera siguiente:

55. /r/ $\longrightarrow$ $\begin{cases} ([r̃] \ / \ \underline{\quad} \ \$) \\ [r] \end{cases}$

Ahora debemos interpretar la regla de la manera siguiente: /r/ se convierte facultativamente en [r̃] (por ello aparece entre paréntesis) si aparece a final de sílaba, en todo otro caso se realiza como [r]. Lo cual quiere decir que en *come/r/* y *ha/r/to* podemos facultativamente aplicar la primera expansión de (55), si no, tendremos que aplicar la segunda. De esta manera obtendremos *come[r̃]* y *ha[r̃]to* si aplicamos la primera expansión, o *come[r]* y *ha[r]to* si aplicamos la segunda expansión.

Ahora podemos pasar a los ejemplos en (51f). Como lo señalábamos, estos ejemplos muestran que las formas con resilabeo de [r̃] final (por ejemplo *come$[r̃]otro)* son incorrectas. ¿Cómo evitarlas? En realidad es bastante sencillo, basta con ordenar la regla de resilabeo antes de la regla (55). El resilabeo es por supuesto facultativo. Si no se aplica a *come/r/$ otro* podemos obtener la pronunciación con [r̃] o con [r]. Si hay resilabeo, la primera expansión de la regla (55) no podrá aplicarse y se podrá derivar únicamente la forma con [r]. La derivación de las únicas tres formas posibles y correctas se da a continuación:

56.

Rep. subya.	come/r/$ otro	come/r/$ otro	come/r/$ otro
Resilabeo	no	no	come$ /r/otro
1ª. expan. 55	no	come[r̃]$ otro	no
2ª. expan. 55	come[r]$ otro	no	come$ [r]otro
Rep. fonét.	come[r]$ otro	come[r̃]$ otro	come$ [r]otro

En conclusión la Hipótesis 3 resuelve los problemas planteados y de una manera bastante elegante. Sin embargo hay aspectos de los datos en (50-51) que esta hipótesis no explica. Veamos.

Observemos que [r] y [r̃] aparecen en los ejemplos en (50) en el mismo contexto, *v.gr.* en interior de palabra y entre vocales, esto es, tienen la misma distribución. Puesto que las palabras en las que aparecen constituyen pares mínimos, por ejemplo *pero* y *perro*, que se distinguen únicamente por estos fonos y puesto que se trata de palabras de significado distinto, concluimos que [r] y [r̃] son fonos de fonemas distintos que representamos como /r/ y /r̃/ respectivamente. Por las mismas razones concluimos que hay una regla esencialmente del tipo /r/ ⟶ [r] y otra esencialmente del tipo /r̃/ ⟶ [r̃].

En los ejemplos (51a-c) y (51e) [r] y [r̃] no tienen una misma distribución sino una distribución complementaria: donde aparece [r] no puede aparecer [r̃] y viceversa (en (51c) sólo puede haber [r] y en (51a-b) y (51e) sólo puede haber [r̃], etc.). Este hecho no queda "explicado" si nos limitamos a decir que en el primer caso la representación subyacente es con /r/ y en el segundo caso con /r̃/, pues nos limitamos a reflejar la distribución complementaria en la representación subyacente, pero no damos una explicación de por qué hay distribución complementaria.

Una explicación posible es que ésta es una consecuencia del contexto. Puesto que [r] aparece en posición prenuclear precedida de consonante, es decir en \$C ___V, y [r̃] a comienzo de palabra o a comienzo de sílaba precedida de consonante, podemos suponer que el contexto, y no el fonema subyacente, es el factor determinante en la selección del fono. De ser así y si queremos dar cuenta de ello de manera explícita, no resolvemos nada con decir que en la representación subyacente tenemos /r/ o /r̃/, es necesario relacionar la distribución a reglas, que como hemos visto son las que dan cuenta de los alófonos de acuerdo con el contexto.

Hay otra razón para pensar que la distribución complementaria se debe a la aplicación de alguna regla. La distribución complementaria no es un capricho de la lengua, es un paradigma sistemático, y es un signo del efecto de la aplicación de alguna regla. Cuando los datos muestran la existencia de un paradigma sistemático, y en particular de una distribución complementaria, nuestra impresión es que los datos son la consecuencia de reglas, porque generalmente las reglas son las que crean paradigmas.

Si este razonamiento es correcto, tenemos que buscar una mejor solución a los problemas planteados por los datos en (50-51). Una solución es la de mantener la Hipótesis 3 y sostener que la distribución se debe explicar por medio de "reglas léxicas", es decir reglas que determinan las características morfo-fonológicas de las palabras. Por ejemplo podríamos proponer una regla léxica que requeriría que a comienzo de palabra o a comienzo de sílaba después de consonante sólo podría haber /r̃/. Esto resolvería el problema de la distribución y dejaría la hipótesis fonológica 3 intacta.

¿Hay otra solución posible? Pues sí. Esta nueva solución consistiría en reemplazar las reglas léxicas por reglas fonológicas: en lugar de dar cuenta de la distribución a nivel léxico se podría dar cuenta de ella a nivel fonológico. Por ejemplo, en lugar de la regla léxica apenas mencionada, podríamos tener una regla fonológica que requeriría que un fonema vibrante V se convirtiera a comienzo de palabra, o a comienzo de sílaba después de consonante, en el fono [r̃].

Muy bien, ¿pero cuál sería ese fonema V? En principio podría ser cualquiera de los dos, /r/ o /r̃/, o inclusive podría ser un fonema vibrante "neutro" /R/ que no sería ni simple ni múltiple. Supongamos que el fonema en cuestión es /r/. Supongamos además que /r/ aparece en toda palabra que no sea del tipo *pe/r̄/o* (segunda columna de (50)). Estando así las cosas, esta solución coincide con la Hipótesis 1. Esto es, al asumir que /r̄/ sólo aparece en casos como *perro*, y que en todos los otros casos el fonema es /r/, estamos tratando de la Hipótesis 1. De ser así, abandonemos por un momento la Hipótesis 3 y revisemos cómo serían las cosas en la Hipótesis 1.

De acuerdo con la Hipótesis 1 las palabras de la primera columna de (50) tienen un fonema /r/ que se convierte en [r]. Las palabras en (51a-c) también tienen un fonema /r/ que se realiza de las formas indicadas en la regla siguiente:

57.
$$/r/ \rightarrow \begin{cases} [\bar{r}] \\ [r] \end{cases} / \begin{cases} \#\_\_ \\ C\ \$\_\_ \end{cases}$$

La regla (57) expresa que /r/ se convierte en [r̄] si va a comienzo de palabra o a comienzo de sílaba precedida de consonante. En los otros casos se convierte en [r]. Esta segunda expansión da cuenta de la [r] en (50) y (51c). La primera expansión está haciendo el trabajo de las reglas fonológicas que hemos sugerido y da cuenta de [r̄] en (51a-b).

Notemos ahora que si bien esta hipótesis tiene una regla más compleja que la de la Hipótesis 3, por un lado da cuenta de la distribución complementaria, por otro lado simplifica la representación subyacente de las palabras, pues todas tienen el mismo fonema /r/, con la excepción de palabras como *pe/r̄/o*. Notemos además que la Hipótesis 3 contiene una regla que convierte /r/ en [r̄], así que la Hipótesis 1 no es en el fondo mucho más compleja.

Pero no todo está resuelto en la Hipótesis 1 que estamos revisando, falta analizar otros datos. Pasemos a los ejemplos en (51e) que repetimos aquí abajo.

51e. [r̄]opa   a-[r̄]opar   *a-[r]opar
      [r̄]oca   de-[r̄]ocar   *de-[r]ocar
      [r̄]uina   a-[r̄]uinar   *a-[r]uinar

Los de la primera columna, por ejemplo *[r̄]opa*, se resuelven con la primera expansión de (57). En cuanto a los ejemplos de la segunda columna, por ejemplo *a[r̄]opar*, se trata de palabras compuestas, de manera que en el nivel de la palabra simple (que hemos llamado PAL en 2.5.7.) la primera expansión de (57) se aplicará y se obtendrá [r̄]. Al pasar al nivel de la palabra compuesta (que hemos llamado PAL'), ninguna regla podrá aplicarse a la vibrante y el resultado final será [r̄]. Otra manera de resolver estos casos consiste en suponer que contienen un símbolo de límite de palabra entre el prefijo a y el resto de la palabra, por ejemplo a#[r̄]opar. De ser así la misma regla (57) puede resolverlos. Otra solución para estos casos consiste en introducir entre el prefijo y el resto de la palabra un símbolo de límite morfológico que representamos con "+". Pues bien, si modificamos la primera expansión de la regla para incluir este símbolo, la regla se aplicará correctamente. Por el momento no diremos nada más sobre estos casos, nos basta haber señalado que hay una solución que de todas maneras es necesaria para dar cuenta de otros procesos que afectan a palabras con prefijos (véase el apartado 2.5.7.).

Pasemos a los ejemplos en (51d). Para resolver estos casos podríamos incluir un contexto más en la primera expansión de la regla (57). Sin embargo notemos que las realizaciones [r̄] ya incluidas en la regla (57) son obligatorias, mientras que la realización [r̄] a final de sílaba o palabra es facultativa, y se nos hace muy difícil combinar las unas con las otras. Por ello es preferible proponer una regla facultativa como (58) aplicable antes de (57).

58. /r/ ⟶ [r̄] / ___ $

Nos quedan los ejemplos (51f). Una vez más para resolver este caso basta con establecer un orden de aplicación de las reglas: el resilabeo deberá aplicarse antes de la regla (58)[126], de manera que ésta no podrá aplicarse a come$ /r/otro y el resultado será correctamente come$ [r]otro (aplicando la segunda expansión de 57).

Ahora podemos hacernos de nuevo la pregunta: ¿cuál de las dos hipótesis es mejor, la 3 o la 1? La 3 es más sencilla que la 1 a nivel fonológico pero no a nivel léxico. Por otra parte la 1 da cuenta de la distribución complementaria. Pero si la 3 tiene reglas léxicas, entonces da cuenta de la distribución complementaria y, de ser así, las dos hipótesis son, desde el punto de vista de la economía, iguales. Nótese que ambas hipótesis predicen, entre otras cosas, que al introducirse una nueva palabra en español que empiece por vibrante, la vibrante será múltiple. Así que por el momento la conclusión es que ambas son válidas y seleccionaremos la 1 simplemente por razones de exposición.

¿Qué pasa con la Hipótesis 2? Es en cierto sentido parecida a la 1, con la diferencia de que las reglas que deberíamos proponer para la Hipótesis 2 deberían ser casi opuestas a las de la Hipótesis 1. El lector

---

[126] Como hemos hecho notar en ocasiones anteriores la silabificación (que en el nivel post-léxico llamamos resilabeo) parece ser el primer proceso que se aplica en cada nivel.

podrá fácilmente llegar a estas conclusiones desarrollando esta hipótesis y midiéndola con las otras dos.

2.6.4.2.5. Realizaciones de /l/

El fonema lateral /l/ se articula alveolar a comienzo de sílaba. A final de sílaba se dan varios procesos de debilitamiento y trueque.

2.6.4.2.5.1. Las variantes por **debilitamiento** son:

a) lateral asimilada al punto de articulación de la consonante siguiente, excepto cuando la consonante es labial o velar (TNT no se refiere explícitamente a esta excepción pero se deduce de sus ejemplos). El proceso de asimilación se da en castellano y otros dialectos. En los ejemplos (59a-c) la lateral está asimilada y es interdental, dental y palatal, respectivamente, pero no en (59 d-f) donde es alveolar (como de costumbre la flecha —> expresa "el fonema ... se realiza como ... en el contexto / palabra ..."):

59a. alzar   —> a[l̟]zar,   el cero   —> e[l̟] cero
   b. alto   —> a[l̪]to,   el dedo   —> e[l̪] dedo
   c. colcha   —> co[ʎ]cha,   el llavero —> e[ʎ] llavero,
      el yugo —> e[ʎ] yugo¹²⁷
   d. álbum   —> á[l]bum,   el paño   —> e[l] paño
   e. alfa   —> a[l]fa,   el farol   —> e[l] farol
   f. cálculo —> cá[l]culo,   el coche   —> e[l] coche

El hecho de que la lateral no se asimile en punto de articulación a las labiales y velares, indica que la asimilación tiene lugar sólo si el articulador del segmento que le sigue es la parte anterior de la lengua. Esto podría hacernos pensar que no puede haber sonidos laterales labiales y velares. Sin embargo, en varias lenguas, por ejemplo en catalán y portugués existen laterales velares. La laterales labiales también parecen existir en algunas lenguas. Por ello la explicación de la falta de asimilación en estos casos debe de residir en otros aspectos de la /l/ española. Volveremos sobre este tema en el próximo capítulo.

---

[127] Como hacíamos notar en el primer capítulo este fono es más bien linguopalatal, por lo tanto algo distinto de [ʎ] .

b) asimilación total a la consonante siguiente, en interior de palabra. Esta asimilación se da en dialectos como el cubano, donde *Alberto* → *A[b]berto, caldo* → *ca[d]do,* etc.[128]

Esta asimilación puede fácilmente explicarse por la misma regla de asimilación que hemos propuesto para otras consonantes a final de sílaba. En el capítulo III volveremos a tratar de esta asimilación.

c) deslizada anterior. La lateral se convierte en [j], en dialectos como el dominicano, donde tenemos *el papel* → *pape[j], caldo* → *ca[j]do,* etc.

Este cambio se debe a un proceso inverso al que hemos planteado en la consonantización de las deslizadas a comienzo de sílaba (véase sección 2.5.7.). Aquí los rasgos de la lateral (que es Anterior) se asignan a la posición de Deslizada dentro de la Rima. En el próximo capítulo volveremos a tratar de este caso.

d) ø. La realización ø, es decir la elisión, ocurre de manera esporádica y sobre todo a final de palabra, por lo que obedece a la misma regla de elisión de consonante a final de palabra que hemos propuesto más arriba: *papel* → *papeø, cordel* → *cordeø,* etc.

2.6.4.2.5.2. Las variantes por **trueque** son:

a) vibrante simple [r], y algunos casos múltiple [r̄], que se da en algunos dialectos del sur de España y del Caribe (este cambio se llama "rotacismo"): *alto* → *a[r]to, papel* → *pape[r],* etc.

Este cambio es el opuesto del que afecta a la vibrante que se lateraliza (proceso que como hemos visto se llama "lambacismo"). Aquí la lateral pierde su rasgo [Lateral].

b) vibrante lateralizada, [lʳ] o [rˡ], relajada, que se da también en dialectos del sur de España y del Caribe, gracias a las mismas reglas que afectan a la /r/: *alto* → a[lʳ]to o a[rˡ]to, *papel* → pape[lʳ] o pape[rˡ], etc.

2.6.4.3. Las consonantes palatales

2.6.4.3.1. Realizaciones de /ʎ/

La /ʎ/ existe como fonema en castellano y otros dialectos (por ejemplo ecuatoriano) y se articula como lateral palatal sonora [ʎ]. En otros dialectos (por ejemplo andaluz, canario, mayoría de los dialec-

---

[128] TNT no hace referencia a esta realización, ni a la siguiente en (c).

tos de América) es el mismo fonema /y/ (el uso de /y/ por /ʎ/ se llama "yeísmo"). Como con las otras palatales, la [ʎ] no se da a final de sílaba.

2.6.4.3.2. Realizaciones de /č/

El fonema /č/ se realiza como prepalatal africada sorda [č]. En la articulación de la [č], la lengua toca el prepalatal cubriendo una superficie menor que la superficie que la lengua toca en la articulación de [y], de la que podemos distinguirla por medio del rasgo [+Coronal] y [-Distribuido][129].

En algunos dialectos (por ejemplo panameño) se da una [c] más bien palatal y fricativa, una especie de [š]. Así que en panameño *muchacho* se pronuncia con este sonido *mu[š]a[š]o*.

2.6.4.3.3. Realizaciones de /y/

En posición inicial absoluta, o comienzo de palabra en pronunciación enfática o después de nasal o lateral la articulación de /y/ es palatal africada sonora [ĵ][130]: *yo → [ĵ]o, cónyuge → con[ĵ]uge*, etc.

En los otros contextos es fricativa [y]: *ma[y]o, ha[y]a*, etc. En algunos dialectos es fricativa inclusive después de nasal y lateral.

En algunos dialectos (por ejemplo de Argentina, Uruguay, en algunas partes de Castilla la Nueva y de Andalucía) la /y/ intervocálica se articula más anterior, con la lengua más plana y tensa, es decir [ž], a veces ensordecida [š]: *mayo > ma[ž]o* o *ma[š]o*.

2.6.4.3.4. Realizaciones de /ɲ/

La nasal /ɲ/ se articula palatal [ɲ] y aparece generalmente a comienzo de sílaba en interior de palabra. Aparece a comienzo de palabra en algunos vocablos, generalmente de orígen indígena (por ejemplo *ñame, ñapa*, etc.). [ɲ] no aparece nunca a final de sílaba, como es el caso de las otras palatales.

2.6.4.3.5. Las palatales a final de sílaba

Como hemos señalado, las palatales no aparecen a final de sílaba, hecho que podría interpretarse como una condición contextual

---

[129] [+Coronal] expresa que la articulación se hace con la corona o punta de la lengua, [-Distribuido] expresa que la superficie de la obstrucción hecha por la lengua es relativamente reducida. Volveremos sobre estos rasgos en el próximo capítulo.

[130] La representación de este fono en el primer capítulo es con el símbolo doble [dĵ]. Para la fricativa usamos el símbolo [y] que usa TNT (en el primer capítulo lo representamos con [ĵ]).

sobre la aparición de las palatales que exigiría que las palatales se den únicamente a comienzo de sílaba. Una mejor interpretación de este fenómeno es que a nivel fonológico las palatales aparecen a final de sílaba, pero en tal contexto pierden algún rasgo convirtiéndose en otro segmento. ¿Hay razón para creer que esta interpretación es mejor? La respuesta es sí. En primer lugar porque una restricción contextual es un mecanismo "sospechoso" —*ad hoc*— que simplemente obvia la resolución del problema. En segundo lugar hay pruebas de que en efecto las palatales se convierten en no-palatales a final de sílaba. Observemos los ejemplos siguientes que ilustran este proceso de despalatalización:

60. 1. comienzo de sílaba   2. final de sílaba
    a. ri$ña   ren$cilla
    b. desde$ñar   desdén$
    c. va$lle   Val$paraíso, Val$divieso
    d. e$lla   él$
    e. pe$cho   pec$toral
    f. le$che   lác$teo

En los ejemplos en (60.1) tenemos morfemas con una palatal a comienzo de sílaba. En los ejemplos en (60.2) tenemos los mismos morfemas con el segmento inicialmente palatal convertido en un segmento no-palatal (aparte de otros cambios fonológicos irrelevantes para esta discusión). ¿Cómo se obtiene dicho segmento? Veamos.

En el caso de /ɲ/ se pasa de una palatal a una nasal que, como veremos más adelante, se asimila en punto de articulación a la consonante siguiente (en 60.2a. la nasal es interdental), o, si no va seguida de consonante, en una nasal alveolar. La explicación para estos dos casos debe incluir tres procesos, que como veremos se justifican independientemente de los datos que estamos analizando:

1º. Un proceso de elisión de los rasgos de punto de articulación. Este proceso es una regla de elisión de dichos rasgos aplicable a la nasal palatal a final de sílaba. Esta regla es bastante general puesto que se aplica por ejemplo a las otras nasales (como veremos más tarde) y a la lateral.

2º. Un proceso de asimilación de punto de articulación de la nasal sin especificar a la consonante siguiente, si hay una. Como veremos este proceso consiste en una regla que asigna a la nasal los rasgos de punto de articulación de la consonante siguiente. El mismo proceso se da en otros casos, por ejemplo en la asimilación de lateral.

3º. Un proceso de alveolarización de la nasal no asimilada. Este proceso se debe a una regla por defecto que asigna a la nasal no-especificada en cuanto a punto de articulación los rasgos [+Anterior], [+Coronal]. Esta regla también es bastante general como veremos más adelante y en el próximo capítulo.

En conclusión podemos dar cuenta de la inexistencia de la palatal nasal a final de sílaba, gracias a tres reglas que de todas maneras son necesarias en la fonología del español.

En los ejemplo (c) y (d), la /ʎ/ de comienzo de sílaba en (60.1), se convierte en [l] a final de sílaba en (60.2), por medio de las primeras dos reglas mencionadas anteriormente: elisión de punto de articulación, y alveolarización. El rasgo de lateralidad se mantiene, como el rasgo de nasalidad en el ejemplo anterior, puesto que estos rasgos son rasgos de modo y no de punto.

Pasemos al caso de [č]. Como vemos en los ejemplos (c) y (d), esta palatal es sustituida por una velar, por ejemplo *pe[č]o* → *pe[k]toral*. Este cambio podría explicarse por medio de la misma regla de elisión de los rasgos articulatorios de la palatal a final de sílaba, más una regla de inserción de los rasgos [-Anterior], [+Posterior]. Desgraciadamente el problema es más complejo, pues la [t] es parte del morfema y debería derivarse de la palatal[131]. Pero por el momento asumiremos las dos reglas mencionadas, agregando que la velarización se debe a otra regla por defecto que actúa cuando el segmento es [-Nasal], [-Lateral].

En cuanto a la palatal /y/, a pesar de no tener buenos ejemplos para este segmento, no tenemos razones para creer que no sea afectado por la despalatalización. Un ejemplo del proceso podría ser el siguiente: la representación fonémica de palabras como *ella, aquella,* etc., en ciertos dialectos es con /y/, pero la pronunciación de *él, aquel,* etc. en el mismo dialecto es con [l]. Esta podría ser una prueba de la existencia del proceso, aunque nos esperaríamos que la despalatalización no diera como resultado la [l], a menos que se asumiera que el segmento subyacente es una palatal lateral que a final de sílaba se despalataliza, y a comienzo de sílaba se deslateraliza (este proceso de deslateralización es el que da cuenta del "yeísmo"). Volveremos sobre este tema en el próximo capítulo, por el momento simplemente presupondremos que /y/ al igual que las otras palatales se despalataliza a final de sílaba.

Podemos entonces concluir que, como nos habíamos propuesto demostrar, las palatales aparecen a final de sílaba en la estructura fonémica, pero se despalatalizan por medio de reglas que de todas maneras aparecen en la fonología del español.

---

[131] También podríamos asumir que la [t] se inserta cuando la [č] aparece a final de sílaba y pierde su punto de articulación.

2.6.5. Las consonantes nasales

La serie de los fonemas consonánticos nasales del español incluye /ñ/, que hemos visto aquí arriba, /n/ y /m/.

2.6.5.1. Realizaciones de /n/

A comienzo de sílaba, la /n/ se realiza alveolar [n]. A final de sílaba se articula de varias maneras según el dialecto. En castellano (y otros dialectos) se dan las siguientes articulaciones:

a) si va seguida de consonante, se asimila al punto de articulación de la consonante siguiente[132]:

61. a. sin padre → si[m] padre (bilabial)
    b. confiar → co[ɱ]fiar (labiodental)
    c. once → o[n̪]ce (interdental)
    d. cantar → ca[n̪]tar (dental)
    e. ensalada → e[n]salada (alveolar)
    f. ancho → a[ñ]cho (prepalatal)
    g. con hielo → co[ɲ] hielo (palatal)[133]
    h. vengo → ve[ŋ]go (velar)

b) si va seguida de /s/ posnuclear[134] y en algunos casos a final de palabra (generalmente se trata de palabras monosilábicas tales como *con, sin* y *un*):

    I) relajada [ⁿ] : *consta* → co[ⁿ]sta.
    II) ø, con mayor o menor nasalización de la vocal anterior[135]:
    instrucción → *[ĩ]ø̃strucci[ó]* o *[i]ø̃strucci[ó]*, *un huerto* → *[ũ]ø huerto* o *uø huerto*.

---

[132] TNT hace notar que en palabras como *huerto* y *hueso* cuando se velariza o labializa la deslizada, la nasal que precede a la vocal se asimila a la consonante así creada: *un huerto* → u[ŋ] [g]uerto, u[m] [b]uerto; *sin hueso* → si[ŋ] [g]ueso, si[m] [b]ueso.

[133] Como hacíamos notar en el primer capítulo este fono es linguopalatal, por lo tanto algo distinto de [ɲ], pero aquí seguiremos el análisis de TNT y lo identificaremos con [ɲ].

[134] En este caso /n/ no aparece a final de sílaba sino en posición posnuclear.

[135] La nasalización de la vocal que precede a una nasal es un fenómeno generalizado que se da en todo contexto, con más frecuencia cuando la vocal va entre dos nasales como en las palabras *monte, nunca*, etc.

c) Si va seguida de /m/ se asimila parcialmente a la nasal bilabial, esto es, hay coarticulación, *v.gr.* [nᵐ], que a veces puede considerarse asimilación total, *v.gr.* [m][136]: *un médico* → *u[nᵐ] médico* o *u[m] médico*.

En otros dialectos pueden darse también las siguientes realizaciones:

a) Elisión, *v.gr.* ø, a final de palabra, con o sin nasalización de la vocal precedente (TNT no hace referencia a esta última posibilidad que se da por ejemplo en dominicano): *inmóvil* → *[ĩ]móvil, iømóvil, canción* → *canci[õ]ø, canciõø*.

b) Velarización (en lugar de asimilación), a final de sílaba, en algunos dialectos (por ejemplo caraqueño), en otros solamente a final de palabra (por ejemplo cubano): *canción* > *ca[ŋ]ció[ŋ]* o *ca[n]ció[ŋ], instrucción* > *i[ŋ]strucció[ŋ]* o *i[n]strucciø[ŋ]*.

Si ordenamos las realizaciones más comunes de /n/ a final de sílaba (incluyendo posición posnuclear) sobre una escala de debilitamiento, obtenemos lo siguiente:

62. -——————————————————————————→ +
    [n]   Coarticul. Asimilada   [ŋ]   Ṽø   Vø

La primera realización es la alveolar [n] que se da también en posición de comienzo de sílaba, y es la variante más fuerte.

La segunda realización es la coarticualción [nᵐ] que resulta de la "anticipación" del punto de articulación de la consonante bilabial siguiente, una articulación secundaria que se sobrepone a la alveolar de [n].

---

[136] TNT explica que en el caso de /n/ seguida de /m/ hay doble articulación, alveolar y bilabial, o coarticulación en la [nᵐ]. TNT también nota que desde el punto de vista perceptual esta asimilación puede parecer una asimilación total que nosotros hemos en efecto representado con [m]. La asimilación parcial también parece tener lugar en el caso de la /n/ seguida de bilabial no sonora como en con padre > co[nᵐ] padre. Esta coarticulación no parece tener lugar en los otros casos, por ejemplo cuando /n/ va seguida de velar, donde la coarticulación debería ser posible. Esto indica que la coarticulación es posible si dos articuladores independientes, en este caso los labios por una parte y la lengua por otra parte, intervienen, pero no cuando el mismo articulador interviene, como sería el caso de la lengua en la articulación de un sonido al mismo tiempo dental y alveolar, por ejemplo.

La tercera articulación es la de una nasal asimilada en punto de articulación a la consonante siguiente.
La cuarta articulación es la velar que en efecto ha sido considerada a menudo una variante debilitada de /n/.
Finalmente tenemos la realización sin nasal, antes con "restos" de ésta en la forma de nasalización de la vocal precedente, y luego, la variante más debil, es decir el ø sin nasalización de vocal[137].
Para dar cuenta de las realizaciones de /n/ podemos elaborar algunas reglas independientes unas de otras, pues sería practicamente imposible elaborar reglas dependientes, puesto que no hay variantes que puedan obtenerse de otras cambiando uno o dos rasgos. Así que las reglas que pueden dar cuenta de las realizaciones de /n/, a excepción de [ŋ], son esencialmente las siguientes:

63. $[+\text{Nasal}] \rightarrow \begin{bmatrix} +\text{Nasal} \\ +\text{Bilabial} \end{bmatrix} / \underline{\quad[+\text{Alveolar}]\quad} \begin{bmatrix} +\text{Nasal} \\ +\text{Bilabial} \end{bmatrix}$

La regla (63) expresa que /n/ se conviertye en [n^m] delante de una /m/, mientras que la regla (64) expresa la asimilación de punto a la consonante siguiente ([α Rasgos] aquí debe entenderse como el conjunto de rasgos que identifican el punto de articulación, y sólo el punto de articulación, de la consonante).

64. $\begin{bmatrix} +\text{Nasal} \\ +\text{Alveolar} \end{bmatrix} \rightarrow \begin{bmatrix} +\text{Nasal} \\ \alpha\ \text{Rasgos} \end{bmatrix} / \underline{\quad\quad} [\alpha\ \text{Rasgos}]\ \text{C}$

La regla (65) se refiere al proceso de la velarización, que como hemos visto en algunos dialectos se da a final de palabra (primer contexto) y en otros a final de sílaba (segunda expansión):

65. $\begin{bmatrix} +\text{Nasal} \\ +\text{Alveolar} \end{bmatrix} \rightarrow \begin{bmatrix} +\text{Nasal} \\ +\text{Velar} \end{bmatrix} / \underline{\quad\quad} \begin{Bmatrix} \# \\ \$ \end{Bmatrix}$

---

[137] El debilitamiento de la nasal se puede observar en dialectos donde todas estas variantes están presentes. En tales dialectos, por ejemplo en caraqueño, las primeras variantes son esporádicas pero presentes en una articulación esmerada y tensa. La variante velar es la más común. Las últimas dos posibilidades son menos frecuentes pero aparecen sobre todo en una pronunciación menos esmerada y atenta, además de rápida. El debilitamiento en cuestión también puede observarse en la historia de las nasales en algunas lenguas. Por ejemplo en francés las vocales nasales eran anteriormente vocales seguidas de nasal velar, que a su vez era alveolar en una época precedente.

La regla (66) se refiere al proceso de la nasalización de la vocal anterior a nasal, proceso que ocurre si la nasal aparece en posición posnuclear, tanto seguida de /s/ como a final de la sílaba. (67) se refiere al proceso de elisión de la nasal, que como dijimos afecta fundamentalmente a la /n/ seguida de /s/ o a la /n/ final de palabra. Las reglas (66) y (67) no pueden combinarse porque la primera es más general y afecta a cualquier vocal seguida de cualquier nasal, como por ejemplo la *a* de *ambos*. El hecho de que la nasalización parezca ser más frecuente y fuerte cuando la nasal aparece ante /s/ o a final de palabra, es simplemente un fenómeno secundario.

66. V ⟶ V / ___ [+Nasal] (C) $
    [+Nasal]

67. [+Nasal] ⟶ ∅ / ___ { /s/
    [+Alveolar]   #

Estas reglas dan cuenta de las realizaciones de /n/ que hemos señalado, pero no explican una serie de otros aspectos importantes que caracterizan a las realizaciones de /n/ y sobre los cuales volveremos. Por ejemplo no explican por qué la nasal puede asimilar su punto de articulación sin asimilar su modo, es decir, la nasalidad. Tampoco explica el hecho de que al elidir en la mayoría de los casos se mantiene la nasalidad en forma de la nasalización de la vocal anterior. Por otra parte, la regla (63) que debe dar cuenta de la coarticulación, no es coherente con lo que hemos dicho hasta ahora sobre los rasgos binarios. Pues de ellos se deduce que un segmento es Alveolar o Labial, pero no las dos cosas. Sin embargo dejaremos el problema aquí y volveremos a planteárlo en el próximo capítulo.

2.6.5.2. Realizaciones de /m/

2.6.5.2.1. A comienzo de sílaba y a final de sílaba interior de palabra seguida de consonante distinta de /n/[138], la /m/ se articula bilabial [m].

2.6.5.2.2. A final de sílaba seguida de /n/ la /m/ se articula:

---

[138] Por supuesto las únicas consonantes que aparecen después de /m/ interior de palabra son las bilabiales.

a) parcialmente asimilada, resultando una [mⁿ] con coarticulación alveolar: himno > hi[mⁿ]no
   b) totalmente asimilada: himno > hi[n]no
   c) ø, es decir se elide, con o sin nasalización de la vocal anterior: *himno* > *hĩøno, hiøno*.

2.6.5.2.3. A final de palabra, por ejemplo en *álbum,* se dan las siguientes articulaciones (generalmente TNT no trata de estas realizaciones):

En castellano (y otros dialectos):
   a) si va seguida de consonante y no hay pausa se asimila a la consonante siguiente. Por ejemplo hemos registrado las siguientes pronunciaciones:

68. a. álbum pequeño ⟶ álbu[m] pequeño (bilabial)
    b. álbum feo ⟶ álbu[ɱ] feo (labiodental)
    c. álbum de fotos ⟶ álbu[n̪] de fotos (dental)
    d. álbum caro ⟶ álbu[ŋ] caro (velar)

   b) en todo otro caso se articula alveolar, [n]: *álbum hermoso* > *álbu[n] hermoso*.

En otros dialectos:
   a) se velariza en todo contexto, [ŋ]: *álbum* > *álbu[ŋ]*.
   b) se elide, preferentemente con nasalización de vocal anterior: *álbum* > *álbuø*.

Si colocamos las realizaciones de la /m/ sobre una escala de debilitamiento, tenemos algo como (69), que es prácticamente igual a la escala (65) de la /n/.

69. - ⎯⎯⎯⎯⎯⎯⎯⎯⎯⎯⎯⎯⎯⎯⎯⎯⎯⟶ +
    [m]   Coarticul.   Asimilada   [n]   Ṽø   Vø

Ahora bien, las realizaciones de /m/ a final de sílaba son esencialmente las mismas que hemos reseñado para la /n/ y podrían obtenerse por reglas muy parecidas a las que hemos propuesto para la /n/. Por ejemplo, en términos generales, en castellano encontramos una nasal asimilada a la consonante siguiente, y si no una [n], independientemente del segmento subyacente. En dialectos velarizantes, en términos generales, encontramos asimilación si la hay, si no una [ŋ] velar, independientemente del segmento subyacente. Por ello podemos decir que en cada dialecto hay intersección fonemática entre /n/ y /m/ a final de sílaba.

Una hipótesis que refleja tal idea es que en posición final de sílaba no hay un segmento /n/ o /m/ sino un segmento neutro, es decir sin punto de articulación, representable como /N/. Tal segmento adquiriría el punto de articulación de la consonante siguiente, si hay asimilación, si no se convertiría automáticamente en alveolar, en algunos dialectos, o en velar, en otros.

Otra hipótesis posible es que en posición final de sílaba hay un solo segmento, digamos /n/, que pierde su punto de articulación, para luego someterse a los otros procesos, en particular, asimilación y velarización.

Volveremos sobre este tema en el próximo capítulo para tratar de determinar cuál de estas hipótesis es la mejor.

2.6.6. *Las consonantes /χ/ y /h/*

2.6.6.1. Articulación de /χ/

Las consonantes velares son la /k/, la /g/, que ya hemos reseñado, y en castellano y otros dialectos /χ/, que se realiza como una velar fricativa sorda, [χ], un poco más posterior que las otras velares, y llega a ser uvular después de las vocales no-Anteriores /a,o,u/.

En pronunciación enfática y tensa llega a ser una vibrante velar, y en pronunciación relajada se convierte a veces en una laríngea fricativa sorda [h].

A final de palabra tiende a elidirse: *reloj* ⟶ *reloø*.

2.6.6.2. Articulación de /h/

En los dialectos hispanoamericanos y en andaluz la velar /χ/ no existe. En su lugar existe una consonante laríngea fricativa, /h/, que se realiza en la mayoría de los casos como sorda [h]. En los dialectos en que /s/ se aspira a final de sílaba, hay intersección fonemática entre /h/ y /s/ a final de sílaba, pues en los dos casos el fono resultante es [h].

Capítulo III
Fonología generativa

3.1. La fonología generativa SPE

3.1.1. *Introducción*

El análisis lingüístico de una lengua puede ser el estudio de la ejecución de la lengua por parte de uno o más hablantes. En este caso el análisis consiste en la formulación de todas (y únicamente) las generalizaciones documentadas (por ejemplo grabadas) en el corpus analizado. Esta concepción de la gramática es fundamentalmente la que adoptaron los estructuralistas, en particular los estructuralistas americanos, para quienes la fonología de una lengua es la descripción del sistema fonológico, consistente en el inventario de los fonemas y, para cada fonema, de sus alófonos, registrados en la muestra analizada. En cuanto a los fonemas, éstos consisten en una serie de características articulatorias relevantes y necesarias para la producción de sus alófonos, y deducibles del contraste entre los miembros de un par mínimo de palabras. Por ejemplo, como los señalábamos en el capítulo anterior, de la comparación y contraste semántico entre las palabras *[b]eso* y *[p]eso,* se deduce que la oposición entre [b] y [p] es **distintiva** en español —permite distinguir palabras— y que la sonoridad y la sordez son rasgos **pertinentes** en la fonología del español. De modo que la fonología del español tendrá dos fonemas, /b/ y /p/, que se oponen gracias a estos rasgos. De esta manera se puede elaborar el inventario de los fonemas de una lengua, después de lo cual se puede proceder a establecer para cada fonema la distribución de sus alófonos de acuerdo con el contexto en que dichos alófonos aparecen, determinando para cada par de alófonos si aparecen en distribución libre o complementaria. En esta perspectiva, la unidad mínima fonológica es el fonema y el objetivo fundamental de la fonología es, por una parte, definir el inventario de fonemas, y, por otra parte, el inventario de los alófonos de cada fonema[1]. El estudio fonológico que hemos presentado en el capítulo anterior cumple con estos objetivos sin ser propiamente estructuralista.

En el enfoque teórico generativo el objetivo principal de la gramática de una lengua es el de dar cuenta de la competencia del hablante generando todas las expresiones gramaticales de la lengua y asignando a cada una una descripción en términos universales de los elementos y de las relaciones entre elementos (v.gr. la estructura de los elementos) de la misma. Para ello la descripción de un corpus determinado no es suficiente, hace falta elaborar una teoría de carácter universal de la que se deriven las fonologías de las lenguas particulares, que puedan a su vez dar cuenta de (en el sentido de "generar") las expresiones fonéticas posibles —v.gr. las oraciones pronunciables— en dicha lengua, y no sólo las que aparecen en un derminado corpus. Por esta razón, la teoría fonológica y la fonología de una lengua particular deben tener un carácter general y predictivo. En este marco teórico la noción de fonología como sistema de fonemas y la misma noción de fonema pierden valor (volveremos sobre esto en el próximo apartado).

Volvamos a la competencia lingüística. En lo que a fonología se refiere, la competencia de un hablante (ideal) del español puede resumirse esencialmente de la manera siguiente:

a. El hablante sabe cuáles son los elementos fónicos con carácter distintivo de su lengua. Por ejemplo el hablante del español sabe que [n] y [ɲ] tienen carácter distintivo porque permiten diferenciar pares mínimos como ca[n]a y ca[ɲ]a. También sabe que [s] y [z] no tienen carácter distintivo porque la palabra "mis" de mi[s] amigos y mi[z] medias tiene el mismo significado en los dos casos.
b. El hablante sabe cuáles son las representaciones mentales de los sonidos. Por ejemplo el hablante del español sabe que [n] y [ɲ] corresponden a dos representaciones mentales fonémicas distintas, mientras que [s] y [z] corresponden a una misma representación mental. Por la misma razón, el hablante sabe interpretar los sonidos en términos de representaciones mentales y sabe reproducir

---

[1] Esta concepción de la fonología es compartida también por los funcionalistas. Véase por ejemplo Alarcos Llorach (1976).

las representaciones mentales en términos de sonidos. Por ejemplo si el hablante del español oye *co[n] amigos* y *co[ŋ] coche* sabe que [n] y [ŋ] se refieren a la misma representación mental /n/ distinta de /ɲ/, y si pronuncia *con amigos* y *con coche* lo hace de la manera indicada, con [n] y [ŋ], respectivamente.
   c. El hablante sabe cuáles son las características articulatorias de las representaciones mentales y las de cada sonido. Por ejemplo el hablante del español sabe que /n/ se pronuncia alveolar en *co[n] amigos* y velar en *co[ŋ] coche*.
   d. El hablante conoce el inventario léxico-morfológico de su lengua y sabe cuáles son las variantes de los morfemas de su lengua. Por ejemplo el hablante del español sabe que la raíz de *médico* es *medi[k]* y que la velar se realiza interdental cuando va seguida de [i], como en *medi[θ]ina;* que la raíz de *pedal* es *p[e]d* y que la vocal media diptonga si está acentuada, como en *p[jé]*, etc.
   e. El hablante sabe pronunciar e intepretar fonéticamente todas las oraciones posibles de su lengua.

Por lo tanto, para dar cuenta de la competencia hay que:

a) Determinar las características articulatorias, acústicas y perceptuales de los segmentos fonémicos y fonéticos, es decir hay que determinar los rasgos, distinguiendo entre los que son pertinentes para las oposiciones fonémicas y los que no lo son.
b) Establecer las características fonémicas de los morfemas de la lengua.
c) Elaborar las reglas que den cuenta de la relación entre los segmentos fonémicos y sus correspondientes segmentos fonéticos, los alófonos.
d) Elaborar las reglas y procedimientos que puedan dar cuenta de las realizaciones fonéticas de las oraciones posibles de la lengua.

Ahora bien, para cumplir con estos objetivos, hace falta elaborar una teoría lingüística que incluya una teoría fonológica, y, a partir de ésta, una fonología del español de acuerdo con los postulados de dicha teoría. Los objetivos de la teoría fonológica generativa son esencialmente los siguientes:

1. a) definir las características del componente fonológico de la gramática,
   b) establecer en términos universales (es decir valederos para todas las lenguas) los rasgos fonológicos distintivos,
   c) definir los tipos de reglas susceptibles de afectar a dichos rasgos y susceptibles de aparecer en las fonologías particulares,

d) determinar los procedimientos y las condiciones de aplicación de las reglas de manera que éstas puedan aplicarse para generar las expresiones fonéticas,
e) elaborar las fonologías particulares, esto es de las lenguas particulares,
f) ofrecer un mecanismo que permita seleccionar las mejores hipótesis (y consecuentemente la mejor fonología) para cada lengua.

El primer objetivo, en (1a), se logra al establecer las características generales de una teoría lingüística, en la que se defina la relación entre fonología y los otros componentes de la gramática. Chomsky y Halle en su *Sound Pattern of English* (1968) —que en lo que sigue llamaremos simplemente SPE—, interpretan la teoría lingüística como un mecanismo generativo con tres componentes, uno sintáctico, otro semántico y otro fonológico. El componente sintáctico elabora las estructuras profundas de las oraciones, que contienen la información léxico-fonológica de los elementos presentes en las oraciones, y luego las transforma en estructuras superficiales. Estas son el input al componente fonológico. El componente semántico toma como input tanto las estructuras profundas como las superficiales. En resumen, la teoría lingüística del modelo SPE tiene los componentes y la organización resumidos en el esquema siguiente:

2.
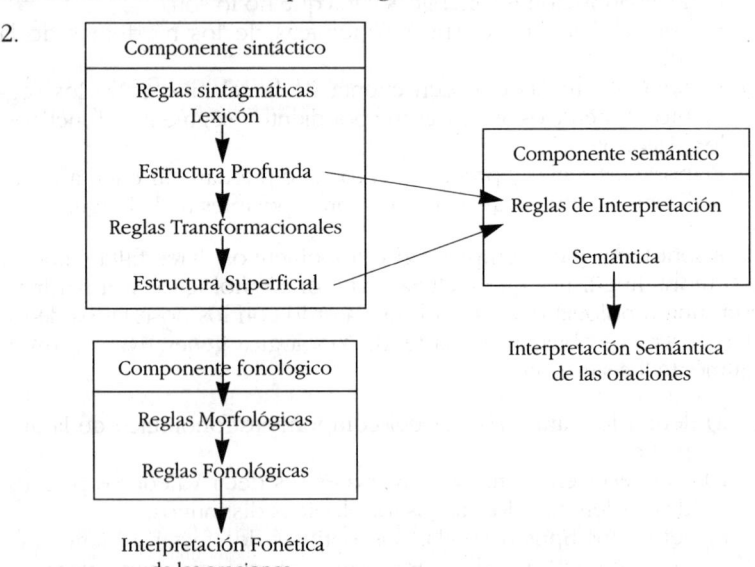

El segundo objetivo, en (1b), se logra al definir un conjunto de rasgos fonológicos distintivos suficientemente elaborado y explícito, pero al mismo tiempo suficientemente restrictivo para que pueda cumplir con la tarea muy ambiciosa de dar cuenta de todas las características fonológicas de todas las lenguas. En SPE se propone un conjunto de rasgos que parte del inventario de rasgos distintivos de Jackobson (1939), elaborados posteriormente por Jackobson, Fant y Halle (1961), que es al mismo tiempo una teoría de la clasificación universal de los sonidos del habla, teoría en la cual se basan las reglas fonológicas de todas las lenguas (SPE: 297).

Cabe ahora preguntarse ¿a qué tipo de elementos fonológicos tienen acceso las reglas fonológicas? ¿Cómo se clasifican e identifican fonológicamente tales elementos? Hay varias maneras de describir y agrupar los elementos fonológicos, dependiendo del parámetro que se escoja para ello. Por ejemplo, podemos describirlos en términos del articulador activo que participa en la producción de los fonos, de acuerdo con el punto de articulación o de acuerdo con las características acústicas de los mismos. También es posible hacer una descripción en términos de los formantes, o en términos del volumen de la vía bucal, etc. En todo caso, la clasificación toma como punto de partida una o más características de los fonos a los que las unidades fonológicas subyacen.

En fonología generativa se postula una clasificación universal única de los sonidos del lenguaje humano basada en rasgos distintivos que expresan fundamentalmente propiedades articulatorias, pero a veces acústicas o perceptuales, presentes o ausentes en las unidades fónicas. Los mismos rasgos definen las representaciones fonológicas, que gracias a ellos se agrupan en clases de acuerdo con que manifiestan un determinado rasgo o no[2]. Estas clases son el aducto a las reglas fonológicas. Así que el objetivo de la fonología generativa no es el de hacer un inventario de los fonemas y fonos de una lengua, sino el de generar las expresiones fonéticas posibles de cada lengua, partiendo de las representaciones subyacentes de las mismas. A estas representaciones, consistentes en conjuntos de rasgos, se aplican reglas que expresan relaciones generales entre tales representaciones subyacentes y las representaciones fonéticas resultantes.

Para Chomsky y Halle, la teoría de los rasgos distintivos debe ser universal y restrictiva: universal porque debe ser común a todas las

---

[2] Una clase de segmentos, por ejemplo de fonos, se define por la presencia o ausencia de un rasgo en todos sus miembros. Es lo que se llama una clase natural. Una clase puede estar constituida de un solo miembro.

lenguas, restrictiva porque debe permitir obtener las expresiones fonéticas posibles, y sólo éstas. La teoría SPE es de carácter universal porque, como Chomsky y Halle sostienen, el conjunto de rasgos y los tipos de reglas que proponen debe poder dar cuenta de todos los sistemas y procesos fonológicos presentes en las lenguas humanas. Al mismo tiempo es restrictiva porque es un conjunto reducido de rasgos binarios (los rasgos "opuestos" se reducen a uno con los índices + o -) y de tipos de reglas (véase más abajo)[3].

Esto no quiere decir que todos los rasgos sean pertinentes en todas las lenguas. La idea es que todos los rasgos están presentes en todas las lenguas, pero sólo los que permiten establecer oposiciones y son afectados por las reglas de la lengua son pertinentes y por lo tanto están especificados en el nivel fonológico. Los otros rasgos, que no son pertinentes o que son simplemente **redundantes** (más abajo volvemos sobre esto), se especifican sólo en el nivel fonético. Por ejemplo, en el inventario de SPE aparecen los rasgos [+/-Sonora], [+/-Continua] y [+/-Lateral] porque son pertinentes en muchas o todas las lenguas, pero no el rasgo [+/-Africada] porque no hay lenguas en las que este rasgo pueda establecer una oposición fonológica de manera independiente y distinta de la que puedan establecer otros rasgos, en particular [+/-Escape Gradual] y [+/-Continua]. Por otra parte, un rasgo como [+/-Redondeada], que es pertinente en los segmentos de varias lenguas, por ejemplo en las vocales del francés, no lo es en el caso de las vocales del español (como vimos en el capítulo II es redundante para las vocales posteriores). Por ello no aparece (o no está especificado) en la representación fonológica de las vocales españolas. Volveremos sobre esto más abajo.

Una consecuencia de esta propuesta es que es fácilmente falseable, tanto desde el punto de vista teórico como desde el punto de vista empírico. Otra consecuencia es que la noción de fonema como unidad teórica y analítica se hace irrelevante, puesto que las reglas se aplican sobre rasgos y no sobre fonemas propiamente dichos. Lo mismo es cierto para los fonos. Entonces ¿qué es un segmento por ejemplo en el nivel fonémico? Simplemente un conjunto de rasgos

---

[3] Esta teoría no da cuenta de una descripción fonética estricta, como podría ser la de la sonorización de la /p/ a final de sílaba en español. Como hemos visto en el segundo capítulo, la sonorización puede resolverse usando el rasgo binario [+/-Sonoro] que daría cuenta de la anulación de la distinción entre por ejemplo /p/ y /b/ a final de sílaba, pero dejaría sin resolver los distintos grados de sonorización que la /p/ experimenta en este contexto, cosa que como vimos puede resolverse al emplearse rasgos graduales. Es sin embargo importante señalar que desde el punto de vista fonológico este último proceso no es relevante.

pertinentes. De manera que al hablar del tercer segmento de la palabra *cama* estamos hablando del conjunto de rasgos [+Consonántico], [-Obstruyente], [+Nasal], etc., y no de un "fonema" /m/[4]. Otro aspecto importante de la teoría de los rasgos de Chomsky y Halle es que los rasgos que proponen son valederos tanto para las vocales como para las consonantes. En otros términos, todos los segmentos se definen por medio del mismo conjunto de rasgos. Pero en la representación fonológica de un segmento sólo aparecen aquellos rasgos con capacidad distintiva, que no son predecibles a partir de otros rasgos. Estos últimos son imprescindibles para la definición del segmento y para la aplicación de reglas que puedan afectarlo. Por ejemplo el rasgo [+Nasal] es imprescindible para la descripción fonológica del tercer segmento en *cama* porque ese segmento no es oral, como lo es el tercer segmento de *capa*, pero su sonoridad no lo es: se deduce del mismo rasgo [+Nasal]. Por ende [+Sonoro] es un rasgo redundante con respecto al rasgo [+Nasal], y no hace falta especificarlo en la descripción fonológica de /m/, de hecho se puede dejar sin especificación y se puede introducir en el nivel fonético por medio de una regla de redundancia. En conclusión, para cada segmento podemos distinguir en el nivel fonémico entre rasgos pertinentes y rasgos redundantes. Los primeros se especifican en el nivel fonémico, mientras que los segundos se especifican en el nivel fonético. Por ejemplo, podremos dejar fuera de la matriz de los rasgos para /m/ el rasgo [+Sonoro] y lo podemos introducir con la regla: [+Nasal] ⟶ [+Sonoro].

¿Qué es una palabra, frase u oración en fonología generativa? Una cadena lineal de segmentos sin más organización jerárquica que la que provee la estructura morfológica y sintáctica. Puesto que cada segmento es un conjunto de rasgos distintivos, una palabra será entonces una secuencia de conjuntos de rasgos, de manera que una palabra como "pan" podrá representarse como en (3), donde hemos colocado encima de los rasgos los "fonemas" /p/, /a/ y /n/ por razones expositivas y los rasgos redundantes tienen *n* en lugar de "+" o "-".

---

[4] A pesar de ello, como hemos hecho en el capítulo anterior, a veces por razones de simplicidad expositiva usaremos la tradicional representación entre barras y entre corchetes para un conjunto de rasgos referentes a un segmento en el nivel fonémico y en el fonético, respectivamente, y al primero lo llamaremos fonema y al segundo fono. Por ejemplo /m/ será la representación abreviada de [+Consonántico], [-Obstruyente], [+Nasal], etc., en el nivel fonémico y [m] lo será en el fonético.

3. | /p/ | /a/ | /n/ |
    |---|---|---|
    | -Silábica | +Silábica | -Silábica |
    | +Consonánt. | -Consonánt. | +Consonánt. |
    | +Obstruyent. | nObstruyent. | -Obstruyent. |
    | nSonora | nSonora | nSonora |
    | +Anterior | nAnterior | +Anterior |
    | nAlta | nAlta | nAlta |
    | -Coronal | +Baja | +Coronal |
    | -Nasal | nPosterior | +Nasal |
    | . | . | . |
    | . | . | . |

Ahora bien, puesto que los rasgos son los mismos para todo tipo de segmento, podemos representar la secuencia de segmentos de una palabra, por ejemplo de la palabra "pan", como una matriz de doble entrada, en la que la primera columna corresponde al conjunto de rasgos y las otras columnas corresponden a los coeficientes +/-/n que reflejan la presencia, ausencia o redundancia del rasgo (una vez más hemos colocado los fonemas /p/, /a/ y /n/ encima de los rasgos).

4. | | /p/ | /a/ | /n/ |
    |---|---|---|---|
    | Silábica | - | + | - |
    | Consonánt. | + | - | + |
    | Obstruyen. | - | n | + |
    | Sonora | n | n | n |
    | Anterior | + | n | + |
    | Alta | n | n | n |
    | Coronal | - | + | + |
    | Nasal | - | n | + |
    | . | . | . | . |
    | . | . | . | . |

Observemos ahora que al desaparecer la noción de fonema, podemos pasar de una representación morfo-fonológica de las palabras a una representación fonética de las mismas, sin producir una representación intermedia con fonemas. De modo que el nivel analítico en el que los estructuralistas invertían gran parte de sus esfuerzos, el nivel de los fonemas, desaparece del análisis, y con él desaparece la preocupación de definir los fonemas y archifonemas (véase la presentación de este tema en el capítulo anterior). Lo relevante en el modelo generativo es la definición de los rasgos mínimos que caracterizan un segmento fonémico (o, mejor, a una clase de segmentos fonémicos) y de las reglas que se aplican a tales clases de segmentos.

Al desaparecer el nivel del fonema, el análisis se hace más abstracto y más directo. Por ejemplo, la relación entre *pod-* y *pued-* de las varias formas del verbo *poder* se analiza en el estructuralismo por medio de la noción de distribución complementaria entre el morfema *pod-* y el **alomorfo** *pued-*. Otro ejemplo es el siguiente. En fonología estructural el sufijo de plural es el morfema *-s,* que tiene un alomorfo, *-es,* que aparece en ciertos contextos, por ejemplo cuando la palabra termina en consonante, como en *cancion-es.* En fonología estructural no existen reglas fonológicas que deriven representaciones fonéticas de representaciones fonológicas, y mucho menos hay reglas que permitan derivar un diptongo de una vocal, o permitan insertar una *e* epentética. De manera que en fonología estructural tiene sentido proponer otro nivel, el nivel del fonema, en el que los varios alomorfos de un mismo morfema estén representados fonológicamente. Pero en fonología generativa la relación entre un "morfema" y su "alomorfo", por lo menos en casos como el que acabamos de señalar, es una relación de carácter fonológico, como hemos tratado de mostrar en el capítulo anterior al hablar de la diptongación y de la *e* epentética. De manera que en fonología generativa se pasa del nivel fonémico, o si se prefiere morfo-fonológico, al fonético. El nivel del fonema no tiene razón de existir, lo que simplifica y reduce el análisis. Pero en cierto sentido lo hace más abstracto, en cuanto formas como *pued-* y *-es* se derivan de los morfemas *pod-* y *-s,* respectivamente.

Otra regla morfológica es la llamada "suavización de velar" (en inglés "velar softening") que convierte las velares /k/ y /g/ en [θ] y [x], respectivamente, cuando van seguidas de una vocal anterior. Por ejemplo la [k] de *médico* se realiza [θ] en *medicina,* y la [g] de *belga* se realiza [x] en *Bélgica*[5].

Esto no quiere decir, como ya lo señalábamos en el capítulo anterior, que todos los procesos fonéticos observables tienen una explicación fonológica. Hay procesos para los que no hay justificación fonológica, aunque tal justificación haya podido existir en una etapa histórica anterior en la evolución de la lengua. Un ejemplo de ello es la acentuación en palabras como *sábana* que en nuestra opinión no se debe a una regla sino a una marcación léxica. Lo mismo pensamos de la inserción de la consonante velar en verbos como *venir* cuya primera persona singular del presente indicativo es *vengo*[6]. También anotábamos en el capítulo anterior que en algunos verbos y en algunos dialectos (por ejemplo en chicano donde tenemos *cuento,... cuentamos,...* etc.), la diptongación del tipo *ó → ué* se ha generalizado, perdiéndose así el condicionamiento fonológico de la acentuación para la diptongación de las vocales medias.

---

[5] Nótese sin embargo que de *Franco* se obtiene *franquista* y de *lago* se obtiene *laguito*.

[6] Harris (1969) sostiene sin embargo que este proceso es de carácter fonológico.

Notemos sin embargo que la mayoría de los procesos alomórficos anotados aquí arriba, como por ejemplo la diptongación, se distinguen de los otros procesos fonológicos en dos aspectos. En primer lugar no son generales, sino más bien idiosincrásicos: afectan a algunos morfemas pero no a todos, como lo señalábamos al hablar de la diptongación. Por otro lado, no son variables: esto es, siempre se aplican. Procesos como la sonorización de las oclusivas sordas en posición implosiva es un proceso variable: puede o no darse. Pero la diptongación no lo es: aquellos morfemas que diptongan, cuando se da el contexto apropiado, la diptongación debe aplicarse. Por esta razón hemos dicho que las reglas que dan cuenta de estos procesos alomórficos son de carácter distinto y las hemos llamado reglas **morfológicas**. En nuestra opinión las reglas morfológicas se aplican antes de las reglas fonológicas (pero véase la presentación de la diptongación en el capítulo II).

Otro tipo de reglas que aparece en el modelo SPE es el de las llamadas reglas de **reajuste morfológico**. Se trata de reglas sensibles a aspectos morfológicos y fonológicos del aducto, pero con un aducto sin relación fonológica con el aducto. Un ejemplo de este tipo de reglas es el de la regla que en español convierte la forma femenina del artículo, v.gr. *la,* en la del masculino, v.gr. *el,* cuando la palabra que sigue empieza por [á], p. ej. *la águila* —> *el águila*. O la regla que convierte el pronombre clítico *le* en *se* cuando va seguido de otro clítico acusativo, por ejemplo *le lo di* —> *se lo di*. Es de asumir que al igual que las reglas morfológicas, las de reajuste morfológico se aplican antes de las reglas propiamente fonológicas, puesto que los resultados de las primeras pueden ser el aducto a las segundas.

En conclusión, la propuesta del modelo SPE es que las oraciones entran al subcomponente fonológico provistas de una estructura sintáctica en la que las palabras tienen una representación morfológica y una matriz de rasgos fonológicos no redundantes. A estas representaciones se aplican primero ciertas reglas morfológicas o de reajuste morfológico, luego las reglas fonológicas propiamente dichas. Algunas de éstas definen las propiedades fonológicas de las secuencias de los segmentos, por ejemplo las secuencias silábicas posibles, aceptando las gramaticales, rechazando las agramaticales y modificando otras. Luego se aplican las reglas segmentales que afectan a los conjuntos de rasgos, actuando primero las reglas no-redundantes, luego las redundantes. Las reglas se aplican cíclicamente, esto es, primero en el nivel de la palabra mínima, luego en el de la palabra derivada y así sucesivamente hasta cubrir toda la representación sintáctica. Al final de este proceso se aplican las reglas de detalle fonético.

Pasemos a la cuestión planteada en (1c): las reglas fonológicas.

Éstas expresan regularidades en términos de categorías fonéticas. Por ejemplo estipulan las combinaciones posibles entre fonemas y entre fonos, y relacionan de manera sistemática los fonemas con sus alófonos.

Para comprender lo que queremos decir sobre las combinaciones posibles de fonemas, considérese el problema siguiente. En español tenemos el siguiente sistema de 18 (17 o 19 en algunos dialectos) fonemas consonánticos:

5. p   t   č   k   x/h
    b   d   y   g
        f   θ   s

    m   n   ɲ
                l   λ
                r
                r̃

Considérense ahora los grupos biconsonánticos que pueden aparecer al comienzo de una palabra. Lógicamente, el número de parejas podría ser 18^2 (=324), es decir, cualquier pareja de consonantes. Si se quieren eliminar grupos de consonantes idénticas, se pueden restar 18 (= 306). Pero en realidad, los grupos biconsonánticos que ocurren son mucho menos:

6. pr   tr   kr   fr
    br   dr   gr
    pl   kl   fl
    bl   gl

Obviamente el número de combinaciones admisibles es mucho más reducido que el de las combinaciones lógicamente posibles, lo cual podría ser por azar. Pero si fuera por azar, no tendríamos ninguna explicación para los datos en (6) y, por lo menos en principio, debería ser posible introducir palabras nuevas en español que empezaran con *tg* o *ml* u otros grupos hasta ahora ausentes en español, cosa que todo hablante del español sabe que no va a suceder simplemente porque no puede pronunciar palabras que empiezan de esta manera.

Ahora bien, podríamos pensar que los grupos biconsonánticos que ocurren en español son los únicos posibles y que los que no ocurren no se dan porque no pueden realizarse articulatoriamente, o no pueden percibirse. Pero esto nos llevaría a la conclusión de que estos grupos son imposibles para todos los seres humanos y que no deberían ocurrir en ninguna lengua. Pues bien, esta conclusión es simplemente incorrecta, baste con revisar la lista de sonidos y combinaciones de sonidos en SPE o en los trabajos de Ladefoged o Maddieson (véase por ejemplo Maddieson, 1984).

¿A qué otra conclusión podemos llegar? Simplemente a que una parte de la competencia del hablante del español consiste en conocer las reglas que determinan cuáles son los grupos consonánticos admisibles y cuáles son los inadmisibles. De ser así, si queremos dar cuenta de este hecho, tenemos que asumir y formular reglas que caractericen a los grupos lícitos, y excluyan a los ilícitos, generando únicamente los primeros. Por ejemplo, podemos pensar en una regla de silabificación que genere las combinaciones en (6) creando un paradigma basado sobre los rasgos Obstruyente, Lateral y Nasal ya que como estos ejemplos muestran, y como se deduce de la exposición sobre la estructura silábica del capítulo anterior, los grupos biconsonánticos que pueden aparecer en posición prenuclear están constituidos de una obstruyente oclusiva o [f], seguida de una inobstruyente no-Nasal.

Otro aspecto del cual las reglas deben dar cuenta es, como decíamos, la relación sistemática entre segmentos en el nivel fonémico y segmentos en el nivel fonético. Dicha relación se expresa por medio de reglas dependientes del contexto, como las reglas que hemos propuesto en el capítulo anterior. Lo que nos falta agregar es que las reglas son fundamentalmente de tres tipos: de **elisión** (véase la elisión de consonante a final de palabra en español), de **cambio** (véase la regla de sonorización de las oclusivas sordas a final de sílaba) y de **inserción**[7]. Un ejemplo de este último tipo de reglas es la regla de la "e epentética" en español[8]. Además de estas reglas, tenemos **reglas de redundancia** que especifican el valor de un rasgo redundante a partir de otro rasgo, como es el caso de la regla [+Nasal] → [+Sonora] mencionada más arriba. El efecto de la aplicación de las reglas a una

---

[7] En sintaxis existen también reglas de movimiento. En fonología la "metátesis", o cambio de posición de fonos, es un fenómeno esporádico. Se da con cierta frecuencia entre niños, quienes a veces dicen por ejemplo [nájde(n)] en lugar de [nádje], al igual que algunos hablantes adultos de algunos dialectos. De todas maneras, la metátesis puede explicarse con una regla de inserción y una regla de elisión, sin recurrir a un nuevo tipo de reglas. Por ejemplo en [nájde] se puede decir que ha habido inserción de deslizada después de la vocal central, y elisión de deslizada después de la dental.

[8] Otro tipo de reglas propuesto en la literatura es el de las reglas de sustitución o movimiento. Por ejemplo en Zamora y Guitart (1982) se sostiene que hay reglas de movimiento como la que da [naiðe(n)] a partir de /nadie/ por movimiento de la [e]. Esta hipótesis equipararía las reglas fonológicas con las reglas sintácticas transformacionales.

secuencia de segmentos fonémicos es la representación fonética de los mismos, siendo ésta una secuencia de conjuntos de rasgos especificados.

En el modelo SPE también se propone que las reglas se aplican secuencialmente, según cierto **orden**, que en el mejor de los casos es un orden **extrínseco**, definido por el mismo contexto de las reglas, y de manera **cíclica**, es decir primero a la palabra mínima, luego a la palabra derivada, luego al sintagma, y así sucesivamente, hasta cubrir toda la estructura sintáctica de la expresión. De esta manera, el modelo SPE define los tipos de reglas y las condiciones para la aplicación de las mismas, contestando así a la pregunta en (1d).

Contestar a la pregunta (1e) equivale a elaborar la fonología de cada lengua particular, siguiendo los postulados teóricos previstos por la teoría general. Un ejemplo aproximado de esta tarea es el análisis que hemos elaborado en el capítulo anterior, a pesar de no ser un análisis basado en una teoría definida *a priori*. Un mejor ejemplo es el análisis que Harris propone en su *Fonología del Español* (1969), o el de Cressey en su *Spanish Phonology and Morphology* (1978).

En cuanto a la última pregunta planteada en (1), la del procedimiento de selección que la teoría debe incorporar para poder llegar a la mejor fonología de una lengua, la respuesta es esencialmente que tal procedimiento es un procedimiento métrico que mide la complejidad de las hipótesis y selecciona la más general y simple, como lo hemos hecho a lo largo del capítulo anterior. A este primer principio se pueden agregar otros, como por ejemplo el de la elegancia de la hipótesis, la relación o similitud entre la hipótesis fonológica y otras hipótesis en lingüística o en otros dominios científicos, etc.

3.1.2. *Los rasgos en el modelo SPE*

En la fonología anterior a Jackobson el fonema se interpreta como una unidad mínima indivisible. Jackobson (1939) introduce la idea de que el fonema es un conjunto de rasgos distintivos. En fonología generativa la misma noción de fonema pierde relevancia, y es la noción de rasgo distintivo binario la que predomina.

El primer paso hacia esta noción aparece en Jackobson, Fant y Halle (1961) quienes proponen un conjunto mínimo de rasgos distintivos basados en una caracterización acústica de los mismos y capaces de dar cuenta de los contrastes fonológicos presentes en las lenguas humanas. El segundo paso lo dan Chomsky y Halle (1968) en el modelo SPE. Chomsky y Halle proponen un conjunto de rasgos basados en características articulatorias, y a veces acústicas o perceptuales. Pero su intención no se limita a ofrecer un sistema de rasgos: para ellos este sistema forma parte de la teoría fonológica, que a su vez forma parte de la teoría lingüística. De manera que se hace necesario definir la relación entre fonología y los otros componentes de la gramática, por una parte, y entre los procesos que afectan a los segmentos fonémicos y los que afectan a los otros segmentos, *v.gr.* los segmentos sintácticos, por otra parte.

La solución al primer planteamiento consiste en proponer un conjunto de rasgos y de reglas que relacionen las representaciones fonéticas con la representación fonémica de cada oración. Esta idea es totalmente nueva en fonología e implica que la selección de los rasgos no tiene un caracter taxonómico, con un fin en sí mismo, sino que depende de los procesos, o tipos de reglas, que afectan a las lenguas y de los cuales tales rasgos deben dar cuenta.

La respuesta al segundo planteamiento es que la fonología toma como input la información léxica y sintáctica presentes en la estructura superficial de las oraciones y la convierte en la representación fonética de las oraciones.

La respuesta al tercer planteamiento es que los procesos fonológicos son reglas, esencialmente del mismo tipo que las reglas presentes en sintaxis, pero aplicadas a rasgos fonológicos. Se trata pues de reglas "transformacionales" que insertan rasgos o que eliden o cambian rasgos presentes en la representación fonémica subyacente, dando como resultado una secuencia de conjuntos de rasgos que llamamos representación fonética. Además, al igual que las reglas sintácticas, las reglas fonológicas se aplican ordenadamente. De modo que la aplicación de un conjunto de reglas a una representación fonológica subyacente constituye la **derivación** de la representación fonética de la misma.

3.1.3. *Los rasgos en la fonología del español*

Los rasgos propuestos por Chomsky y Halle podrían en principio adoptarse para el estudio del español, pero a veces se han propuesto algunas modificaciones a la clasificación original para mejor dar cuenta de los procesos existentes en español. Eso es lo que hace Cressey (1978), a quien seguimos en parte en su análisis del español. Recordemos ahora que el conjunto de rasgos propuestos en SPE es valedero para todo tipo de segmento, tanto vocálico como consonántico, tanto fonémico como fonético. Por eso no es de extrañar que la definición de un rasgo sea de carácter articulatorio o que los rasgos sean los mismos para una vocal que para una consonante. Sin embargo, algunos rasgos pertinentes en la clasificación de las consonantes, por ejemplo algunos de los que definen el punto de articulación de las consonantes, no son pertinentes para las vocales, y viceversa.

Otra cuestión importante es que la representación fonética que puede derivarse de la representación fonológica puede ser más o menos detallada. En efecto pueden considerarse dos niveles de descripción fonética: uno muy detallado, generalmente llamado transcripción fonética **estricta,** y otro menos detallado, generalmente llamado transcripción fonética **amplia.** La primera es en cierta medida más fidedigna a la pronunciación y más realista. La segunda, más abstracta, no trata de reflejar los detalles fonéticos registrados en una pronunciación sino los patrones articulatorios, perceptuales y acústicos de una comunidad lingüística ideal. Nuestra posición, que es la que prevalece en fonología generativa, es que lo relevante en un estudio fonológico de una lengua (a diferencia de un estudio fonético) es la descripción de patrones fonéticos, por lo que la transcripción fonética amplia es la que se adopta. Esto es lo que hemos hecho en la mayoría de los casos descritos en el capítulo anterior.

Pero cabe la pregunta de si es apropiado dejar los detalles fonéticos fuera del análisis. La respuesta es por supuesto no, sobre todo porque dicho análisis debe ser compatible con un análisis fonético estricto. Nuestro punto de vista sobre este tema es que un primer nivel de análisis, el amplio, debe lograrse con rasgos binarios. A este análisis pueden aplicarse luego una serie de reglas de detalle fonético, llamadas a veces reglas de "nivel fonético bajo". Algunas de estas reglas modifican la especificación binaria de los rasgos, convirtiendo dichos rasgos en rasgos graduales. Otras introducen rasgos fonéticos no distintivos.

Por ejemplo, como vimos en el capítulo anterior, la bilabial sorda /p/, al igual que toda oclusiva sorda, se sonoriza a final de sílaba. Ahora bien, la variante sonora [β] puede obtenerse por medio de una regla que cambia el rasgo [-Sonora] en [+Sonora], como se indica a continuación:

7. [-Sonora] ⟶ [+Sonora] / _____ $
   [-Continua]

Pero como hicimos notar en la sección 2.6.2.5. existe también una variante "parcialmente sonorizada" [p^β] que no puede obtenerse con la regla que acabamos de plantear. Es más, podríamos pensar en otras variantes con mayor o menor grado de sonoridad. En fin, es obvio que hace falta "graduar" la sordez o alternativamente la sonoridad, para dar cuenta de los distintos fonos posibles, cosa que podemos hacer con reglas de detalle fonético que modificarían el valor [-] del rasgo [-Sonoro] o el valor [+] del rasgo [+Sonoro] de la representación fonética amplia de [p] y [β], respectivamente, en grados de sordez/sonoridad para otros fonos que se hayan registrado. Por ejemplo asumiendo que cero es el grado mínimo de sonoridad y 2 el grado máximo, la variante [p^β] podrá obtenerse con una regla como la siguiente:

8. [-Sonora] ⟶ [2 Sonora] / _____ $
   [-Continua]

Otro ejemplo de lo que podrían hacer las reglas de detalle fonético son las reglas de abertura, cierre y relajamiento de las vocales. Estas reglas tienen un efecto mínimo en la fonología del español[9], y probablemente no son aplicables, por lo menos de la misma manera, a todos los dialectos del español, por lo que podrían considerarse reglas de detalle fonético.

Nos parece importante ahora aclarar que una teoría en la que primero se obtiene una representación fonética amplia y luego una estricta no es peor que una teoría donde se pase de una representación fonológica a una representación fonética estricta. Nuestra justificación empírica para tal teoría es que el nivel de representación fonética amplia es el que mejor revela las uniformidades fonéticas de una lengua o dialecto, independientemente de variantes sub-dialectales o idiolectales. La justificación teórica es que de hecho ese nivel es necesario por las razones aludidas, y también porque no hay manera de dar cuenta de la fonología de una lengua sin recurrir a la noción de rasgos distintivos binarios. Sin tales rasgos, las oposiciones distintivas desaparecen. Así que una transcripción fonética estricta debe ser derivada de una manera u otra de una representación fonética más amplia, en la que lo relevante es la oposición entre los valores binarios de los segmentos.

Pasemos ahora a los rasgos, cuya lista es esencialmente la siguiente:

---

[9] En el capítulo anterior el deslizamiento de las vocales medias y altas a veces depende del relajamiento de la vocal. Pero este requisito no es necesario. Si bien es cierto que la posición en la que las vocales se deslizan es una posición "débil" —pues no tiene acento primario—, posición en la que hay geralmente relajamiento, no es necesario ver el deslizamiento como un proceso dependiente del relajamiento. En el capítulo anterior el tratamiento que se da a estos procesos tiene el objetivo de aclarar la noción de derivación.

9a. **Silábica.** Este rasgo distingue las vocales, que son [+Silábica], de todos los otros segmentos. Este rasgo no se refiere a la articulación de un sonido, sino a su perceptualidad y su posición en la sílaba.

9b. **Consonántica.** Este rasgo identifica a las consonantes, que son [+Consonántica], y las distingue de las vocales y deslizadas.

9c. **Obstruyente.** Este rasgo, que es el opuesto de *Sonorante* a menudo usado en la literatura, permite distinguir entre los sonidos que se articulan con una sonoridad espontánea, es decir con una vibración espontánea de las cuerdas vocales debida a un mayor volumen de aire en la expulsión y menor presión supraglotal, y los que se articulan sin tal característica. Para estos últimos sonidos la vibración de las cuerdas vocales se puede lograr acercando bastante éstas y aumentando la presión supralaríngea. Son inobstruyentes las líquidas, las nasales y naturalemente las vocales y las deslizadas. Las otras consonantes son obstruyentes.

9d. **Anterior.** Son anteriores los sonidos que se producen en la parte anterior de la boca, empezando en los alvéolos. De manera que son anteriores los sonidos labiales, dentales y alveolares, incluyendo las vocales [i] y [e], y la deslizada [j]. Los otros sonidos no son anteriores.

9e. **Coronal.** Este rasgo identifica a los sonidos en los que el articulador activo es la parte anterior de la lengua, como lo son el sonido prepalatal [č], y los sonidos alveolares y dentales. Las vocales y la deslizada anteriores son coronales.

9f. **Dental** (a veces llamado *Incisival*). Este rasgo, adoptado por Cressey (1978) y otros, distingue a las dentales de los otros sonidos. El rasgo empleado por Chomsky y Halle (1968), como también por Harris (1969), para distinguir las dentales de otros sonidos similares, es el rasgo que sigue, *Distribuida,* que adoptaremos junto con Dental.

Aclaremos sin embargo que si se adoptara el rasgo [Dental] pero no el rasgo [Distribuida], la diferencia entre dental e interdental podría establecerse por medio del rasgo Tensa como lo hace Cressey (32-33).

9g. **Distribuida.** Este rasgo identifica a los sonidos en cuya articulación la superficie de contacto en la obstrucción de la corriente de aire es mayor que en otros sonidos. Los sonidos dentales, labiodentales y palatales son distribuidos, los interdentales son no-distribuidos.

El rasgo Distribuida es más bien necesario en el nivel fonético, para establecer diferencias fonéticas estrictas poco relevantes desde el punto de vista fonológico[10].

---

10 Por ejemplo el rasgo Distribuida resultó ser relevante en una comparación de la

9h. **Posterior** (también llamado *Velar* o *Retraída*). Este rasgo identifica a los sonidos que se articulan levantando el dorso de la lengua hacia la parte posterior del paladar. Son posteriores las consonantes velares, las vocales [o] y [u] y la deslizada [w]. También es posterior la [X] uvular. Los otros sonidos son no-posteriores.

9i. **Alta.** Son altos los sonidos que se producen levantando el cuerpo de la lengua, como cuando se articulan las vocales [i] y [u] y las deslizadas. También son altas las consonantes velares y palatales. Las otras vocales y consonantes son no-altas.

9j. **Baja.** Este rasgo identifica aquellos sonidos en cuya articulación el cuerpo de la lengua baja por debajo de su posición neutra, una posición cercana a la de la vocal media [e]. Es por lo tanto baja la vocal [a]. Todos los otros sonidos son [-Baja].

9k. **Redondeada.** Este rasgo expresa que el sonido se realiza redondeando los labios. En español este rasgo no es pertinente y es redundante en el caso de las vocales y la deslizada posteriores. Las vocales y la deslizada anteriores no son redondeadas. En cuanto a las consonantes, sólo la consonante velar [g] y la bilabial [b] pueden presentar este rasgo en caso de coarticulación, por ejemplo a contacto con la deslizada [w] o cuando la deslizada se consonantiza (véase este proceso en el capítulo anterior), en cuyo caso se trata de un rasgo que permite hacer una descripción fonética estricta, irrelevante desde el punto de vista fonológico. Toda otra consonante es no-redondeada.

9l. **Continua.** Este rasgo se refiere a la falta de oclusión en el primer punto de articulación y de interrupción del paso de aire por este punto. Este rasgo es el opuesto de **Oclusiva** que es el que usamos en el capítulo anterior y es el que usa Cressey. El rasgo [-Continua] está presente en las consonantes tradicionalmente llamadas oclusivas y en las africadas. También son oclusivas, es decir [-Continua], las nasales, las laterales[11] y las vibrantes. Las vocales no son oclusivas. Las fricativas y sibilantes *(v.gr.* /s/) son por lo tanto [+Continua][12].

---

articulación de la [ð] fricativa en Venezuela, que es generalmente [+Distribuida] (y generalmente dental), con la [ð] en Panamá que es normalmente [-Distribuida] (y a menudo interdental).

[11] En esta clasificación seguimos a Cressey (1939) quien sostiene que las laterales son oclusivas. La razón de ello es que Cressey interpreta el rasgo [+Oclusiva] como la interrupción total del paso de aire por el primer punto de articulación. En el caso de las nasales y laterales el aire se escapa por la nariz o los lados de la lengua, pero no por el primer punto de articulación. Cressey sostiene además que con el rasgo [Continua] la clasificación sería distinta porque las laterales y las nasales serían [+Continua] y se clasificarían, erróneamente de acuerdo con Cressey, junto con las fricativas. Chomsky y Halle consideran a las nasales [-Continua] y a las laterales [+Continua]. Nosotros vamos a usar el rasgo [Continua], pero definiremos las laterales y las Nasales [-Continua].

[12] Según Cressey las vibrantes son [-Oclusiva] porque el contacto momentáneo pre-

9m. **_Escape Instantáneo._** Este rasgo (el opuesto de _Escape Gradual_ usado por algunos lingüistas) afecta a las consonantes [-Continual] que se articulan, después de la obstrucción, con una abertura muy rápida al paso de aire. Las africadas no tienen este rasgo. Las fricativas son [+Continual], por ende automáticamente [-Escape Instantáneo]. Este rasgo tampoco es pertinente en el caso de las vocales, que son redundantemente [-Escape Instantáneo].

9n. **_Tensa._** Son tensos los sonidos que se producen con una mayor tensión muscular, como en el caso de las consonantes sordas, o la consonante [r̃], que es tensa en comparación con [r].

9o. **_Sonora._** Éste es el rasgo que distingue las consonantes sonoras de las sordas. Las consonantes inobstruyentes, las deslizadas y las vocales son sonoras.

9p. **_Nasal._** Este rasgo diferencia las consonantes nasales de las líquidas y de los otros sonidos.

9q. **_Lateral._** Este rasgo diferencia las laterales de las otras líquidas, es decir las vibrantes, y de todos los otros sonidos.

El cuadro (10) resume la clasificación de los fonemas vocálicos del español (sin rasgos redundantes), y el cuadro (11) la de la mayoría de los fonos consonánticos del español (con rasgos redundantes)[13].

10.

	/i/	/e/	/a/	/o/	/u/
Silábica	+	+	+	+	+
Consonán.					
Obstruyen.					
Anterior	+	+			
Coronal					
Dental					
Distribui.					
Poster.					
Alta	+				+
Baja			+		
Redondea.					
Tensa					
Continua					
Esca. Inst.					
Sonora					
Nasal					
Lateral					

sente en estas consonantes no debe de considerase una oclusión. Nosotros al contrario consideramos las vibrantes [-Continua, +Escape Inst.] y las distinguimos de los sonidos fricativos tipo "r" que se dan en otras lenguas o en algunos dialectos del español, por ejemplo la [ɹ] fricativa que aparece en varios dialectos y la [R] velar del puertorriqueño, que son [+Continual] y naturalmente [-Escape Inst.].

[13] El símbolo [ʎ] está representando una lateral prepalatal. En el capítulo anterior no hemos distinguido entre la prepalatal y la palatal, hemos representado ambas con [ʎ].

11.

	b	β	f	d	ð	θ	s	z	č	j	y	g	γ	x	h	m	ɱ	n̥	n	ɲ	ŋ	r	r̃	ɾ	ʎ	l	λ
Silábica	−	−	−	−	−	−	−	−	−	−	−	−	−	−	−	−	−	−	−	−	−	−	−	−	−	−	−
Consonán.	+	+	+	+	+	+	+	+	+	+	+	+	+	+	+	+	+	+	+	+	+	+	+	+	+	+	
Obstruyen.	+	+	+	+	+	+	+	+	+	+	+	+	+	+	+	−	−	−	−	−	−	−	−	−	−	−	−
Anterior	+	+	+	+	+	+	+	+	−	−	−	−	−	−	−	+	+	+	+	+	−	+	+	+	+	+	+
Coronal	−	−	−	+	+	+	+	+	+	−	−	−	−	−	−	−	−	+	+	+	+	+	+	+	+	+	+
Dental	−	−	−	+	+	+	−	−	−	−	−	−	−	−	−	−	−	+	−	−	−	−	−	−	+	−	−
Poster.	−	−	−	−	−	−	−	−	−	−	+	+	+	−	−	−	−	−	−	−	−	−	−	−	−	−	−
Alta	−	−	−	+	+	+	−	−	−	−	−	+	+	+	−	−	−	−	−	−	−	−	−	−	−	−	−
Baja	−	−	−	−	−	−	−	−	−	−	−	−	−	−	−	−	−	−	−	−	−	−	−	−	−	−	−
Redondea.	−	−	−	−	−	−	−	−	−	−	−	−	−	−	−	−	−	−	−	−	−	−	−	−	−	−	−
Distribui.	−	−	−	+	−	−	−	+	+	+	−	−	−	−	−	−	−	+	−	−	+	−	−	−	+	−	−	+
Tensa	−	−	+	−	−	+	+	−	+	−	−	−	−	−	+−	−	−	−	−	−	−	−	−	−	−	−	−
Continua	−	+	+	−	+	+	+	+	−	−	+	−	+	−	+	+	−	−	−	−	−	−	−	−	−	−	−
Esca. Inst.	+	−	−	+	−	−	−	−	−	−	−	+	−	−	−	−	−	−	−	−	−	−	+	+	−	−	−	−
Sonora	+	+	−	+	+	−	−	+	−	−	−	−	−	−	−	+	+	+	+	+	+	+	+	+	+	+	+
Nasal	−	−	−	−	−	−	−	−	−	−	−	−	−	−	−	+	+	+	+	+	+	−	−	−	−	−	−
Lateral	−	−	−	−	−	−	−	−	−	−	−	−	−	−	−	−	−	−	−	−	−	−	−	+	+	+	+

Para concluir nuestra exposición sobre los rasgos, en (12) ofrecemos la matriz de rasgos de la palabra *imposible* en su representación fonémica[14], por ello sin rasgos redundantes (en este ejemplo hemos dejado los rasgos redundantes sin el valor *n)* y en (14) su representación fonética, con la especificación de los rasgos redundantes obtenida por medio de las reglas de redundancia en (13).

---

[14] En esta representación el segmento representado por /b/ está especificado [-Continua]. En (14) el segmento en cuestión es [+Continual]. Recuérdese sin embargo que en el capítulo anterior mostramos que la representación fonémica de este segmento, como también de /d/ y /g/, en principio no debe ser con este rasgo. Más abajo volveremos a plantear este tema.

12.

	/i/	/n/	/p/	/o/	/s/	/i/	/b/	/l/	/e/
Silábica	+			+		+			+
Consonán.		+	+		+		+	+	
Obstruyen.			+		+		+		
Anterior	+	+	+		+	+	+	-	+
Coronal		+	-		+	+		+	
Dental		-	-		-	-		-	
Distribui.		+	-		-	-		-	
Poster.				+					
Alta	+			-		+			-
Baja				-					-
Redondea.									
Tensa		-							
Continua		-	-		+		-	-	
Esca. Inst.		-	+				+	-	
Sonora		-			-		+		
Nasal		+	-						
Lateral								+	

13.
  a. [+Silábica]   → [-Consonántica]
  b. [+Consonántica]   → [-Silábica]
  c. [+Silábica]   → [-Obstruyente]
  d. [+Nasal]   → [-Obstruyente]
  e. [+Lateral]   → [-Obstuyente]
  f. [+Silábica]   → [-Escape Inst.]
  g. [+Continua]   → [-Escape Inst.]
  h. [+Consonántica]   → [-Baja]
  i. [+Alta]   → [-Baja]
  j. [-Anterior]   → [+Posterior]
  k. [+Silábica, +Poster.] → [+Redondeada]
  l. [-Silábica]   → [-Redondeada]
  m. [-Posterior]   → [-Redondeada]
  n. [+Silábica]   → [-Tensa]
  o. [+Posterior]   → [-Anterior]
  p. [-Anterior]   → [-Coronal]
  q. [+Silábica]   → [-Dental]
  r. [+Silábica]   → [-Distribuida]
  s. [+Silábica]   → [+Sonora]
  t. [+Nasal]   → [+Sonora]
  u. [+Lateral]   → [+Sonora]
  v. [+Silábica]   → [-Nasal]
  w. [-Nasal]   → [-Lateral]
  x. [+Nasal]   → [-Lateral]
  y. [+Lateral]   → [-Nasal]

14.

	[i]	[m]	[p]	[o]	[s]	[i]	[β]	[l]	[e]
Silábica	+	-	-	+	-	+	-	-	+
Consonán.	-	+	+	-	+	-	+	+	-
Obstruyen.	-	-	+	-	+	-	+	-	-
Anterior	+	+	+	-	+	+	+	+	-
Coronal	+	-	-	-	+	+	-	+	+
Dental	-	-	-	-	-	-	-	-	-
Distribui.	-	-	-	-	-	-	-	-	-
Poster.	-	-	-	+	-	-	-	-	-
Alta	+	-	-	-	-	+	-	-	-
Baja	-	-	-	-	-	-	-	-	-
Redondea.	-	-	-	+	-	-	-	-	-
Continua	+	-	-	+	+	+	+	-	+
Esca. Inst.	-	-	+	-	-	-	-	-	-
Tensa	-	-	+	-	+	-	-	-	-
Sonora	+	+	-	+	-	+	+	+	+
Nasal	-	+	-	-	-	-	-	-	-
Lateral	-	-	-	-	-	-	-	+	-

3.1.4. *Las reglas en el modelo SPE*

Además de las reglas redundantes, cada lengua contiene un conjunto de reglas fonológicas que se formulan como reglas dependientes del contexto del tipo:

15. A $\rightarrow$ B / X ___ Y

donde A es un conjunto de rasgos que identifican a la clase de segmentos afectados por la regla, B es el resultado de la aplicación de la regla, y X ___ Y es el contexto en que se aplica la regla.

Como señalábamos más arriba, las reglas pueden efectuar uno de los procesos siguientes:

a. Alterar el valor + o - de uno o más rasgos de un segmento. Un ejemplo de estas reglas es la que convierte el rasgo [-Continua] en el rasgo [+Continua] de /b, d, g/ en ciertos contextos. Cuando este cambio afecta a todos o a casi todos los rasgos de un segmento, hay "sustitución" de un segmento por otro, como sucede cuando /s/ pasa a [h].

En la formulación de una regla el valor +/- puede ser sustituido por una variable alfabética, *v.gr.* α, β, etc. que se refiere a + o -. La variable alfabética se usa si el valor específico para un determinado rasgo es desconocido o no es relevante. Si por ejemplo queremos expresar que un segmento se asimila en sonoridad al segmento que le sigue, podemos formular una regla aproximadamente como la siguiente, en la que se expresa que cualquiera que sea el valor de sonoridad del segmento, este valor se hará idéntico al del segmento siguiente.

16. [α Sonora] ⟶ [β Sonora] / _____ [β Sonora]

En el capítulo anterior hemos usado varias veces las variables alfabéticas en nuestras reglas.

b. Insertar un segmento ausente en la representación fonémica de un elemento léxico, como sucede con la diptongación de /é/ y /ó/ donde hay inserción de [e] epentética igual que a comienzo de sílaba en casos como *escribir*.

c. Elidir un segmento presente en la representación fonémica de un elemento léxico. Un ejemplo de este tipo es la regla de elisión de /d/ —o de obstruyente oclusiva, en general— a final de palabra.

En el capítulo II hemos revisado los procesos fonológicos más comunes del español y los hemos analizado en términos de reglas dependientes del contexto. En ese capítulo también vimos que la aplicación de las reglas se hace de manera ordenada, de modo que la realización fonética de una secuencia de segmentos, por ejemplo una palabra, se obtiene por medio de una derivación, en la que se parte de la respresentación sistemática subyacente de la secuencia y después de la aplicación sucesiva de las reglas se llega a la representación fonética sistemática de dicha secuencia.

Cressey (1978) sostiene que además de las reglas ordenadas hay reglas inordenadas que se aplican cuando quiera que su condicionamiento sea satisfecho ("everywhere rules"). Una regla de este tipo sería la regla de deslizamiento (Cressey: 81). El análisis que hemos propuesto en el capítulo anterior para el deslizamiento es distinto del que propone Cressey y no contiene una regla de deslizamiento inordenada con respecto a las otras.

En el capítulo II hemos presentado algunas derivaciones, aquí abajo resumimos la derivación de la palabra *silbando*.

17.   rep. fonol.: /silbando/
   acento 1ʳⁱᵒ   á
   acento 2ʳⁱᵒ   ì
   regla de /o/   ŏ
   regla de V Alta   i̥
   regla de /a/   a
   Asim. nasal   n̦
   Fricativiz.   β
            rep. fonét.: [si̥lβán̦dŏ]

Otro aspecto importante de la aplicación de las reglas es que éstas se aplican cíclicamente, *v.gr.* primero a la palabra simple, luego a la palabra derivada, etc. hasta cubrir toda la estructura sintáctica. Lo cual quiere decir que el aducto al componente fonológico no es un conjunto de palabras aisladas, sino una oración con una estructura sintáctica y, para cada palabra, una estructura morfológica. Estas estructuras se pueden representar linealmente empleando el símbolo + de límite morfológico para separar morfemas y el símbolo # de límite de palabra para separar palabras.

Volvamos un momento a la aplicación ordenada de las reglas. Nótese que si asumimos que la aplicación de una regla depende del contexto de la regla (orden **intrínseco),** la regla deberá aplicarse cuando su condición contextual esté satisfecha. Ésta es la solución óptima, y es la que hemos tratado de implementar cada vez que nos ha sido posible. Por esta misma razón, cuando hemos tenido que formular varias reglas que afectan a un mismo segmento fonémico, hemos tratado de incluir todas las reglas en una sola, ordenando los contextos desde el más específico hasta el más general, que es el contexto que obedece a la condición de "en cualquier otro lugar" de Kiparski (1973). Por ejemplo la regla sobre las vocales altas propuesta en el capítulo anterior es esencialmente la siguiente:

18.
$$V \rightarrow \begin{cases} [\text{Abierta}] \ / \ \begin{cases} [\tilde{r}]\_\_\_ C_1{}^2\$ \\ \_\_\_[\tilde{r}] \\ \_\_\_[\chi] \end{cases} \\ [\text{Relajada}] \ / \ _____ \ ` \\ [\text{Cerrada}] \end{cases}$$

Al formular esta regla, la presuposición es que los contextos están ordenados de manera que primero se trata de satisfacer el primero, luego el segundo, etc., y si esto no resulta se satisface automáticamente el último contexto que no tiene condición contextual. Esta solución es la que hay que adoptar cada vez que hay varias reglas aplicables a un mismo segmento. Si las reglas se mantienen independientes, es muy probable que haya que establecer un orden entre ellas. También hicimos notar al hablar de las vocales que podíamos incluir todas las reglas en una sola regla para todas las vocales, cosa que no hicimos por no considerar ésta una solución más simple que la anterior. Hay otra razón para no incluir todas las reglas en una sola: puesto que no se aplican a un mismo segmento no hay problema de ordenamiento. Por ejemplo, en la derivación aquí arriba, las reglas sobre las vocales aparecen en un orden que no es fijo, si se altera el resultado es igual.

Esta última observación nos lleva a la conclusión de que a pesar de que las reglas estén ordenadas, no todas están ordenadas las unas con respecto a las otras. Si tenemos tres reglas, digamos *a*, *b* y *c*, y *a* está ordenada con respecto a *c* y la precede, pero no está ordenada con respecto a *b*, que a su vez está ordenada con respecto a *c* y la precede, entonces el orden de las reglas puede ser *a*, *b* y *c*, o *b*, *a* y *c*. Otro ejemplo en el que el orden no es relevante aparece en la derivación (17). El orden de aplicación de las reglas de Asimilación de nasal y de Fricativización de oclusiva sonora en principio podría ser el que se ofrece en (17) o el opuesto, en ambos casos el resultado sería el mismo.

A pesar de que el orden intrínseco es el deseable por las razones aludidas (véanse también los argumentos presentados en el capítulo anterior), a veces es imprescindible establecer el orden respectivo de dos o más reglas (orden **extrínseco**). De hecho en el capítulo anterior hemos planteado varios casos de este tipo. Otro ejemplo es el siguiente.

Si tratamos de aislar el morfema léxico de las palabras *desdén* y *desdeñar*, sustrayendo los morfemas gramaticales, v.gr. -ø , y -*ar*, respectivamente, llegamos a la conclusión de que el morfema lexical es desde/ɲ/ y que la palabra *desdé[n]* se obtiene aplicando una regla de despalatalización al morfema lexical (que es al mismo tiempo la palabra entera). La pregunta ahora es cómo dar cuenta del plural de *desdén*, que es *desde[n]es* y no **desde[ɲ]es*. Una respuesta plausible, sobre la que volveremos más tarde, es que al momento en que se aplica la despalatalización en el plural, la representación de la palabra no contiene la *e* epentética, así que sería desde/ɲ/-s. En esta representación la nasal se encuentra a final de sílaba ya que no puede silabear con la consonante siguiente, la despalatalización podrá aplicarse y podrá obtenerse la nasal [n]. Posteriormente se insertará la *e* epentética y la nasal resilabeará con la sílaba siguiente. Si la vocal se insertara antes de despalatalización el resultado sería con la palatal [ɲ]. En conclusión, la regla de inserción de [e] debe ser posterior a despalatalización. ¿Cómo lograr este resultado? Ordenando extrínsicamente despalatalización antes de inserción de *e*. Esto es, imponiendo un orden extrínseco a las dos reglas.

Pero hay otra solución posible sugerida en el capítulo anterior que prescinde de un ordenamiento extrínseco. Esta solución está basada en las siguientes presuposiciones:

a) El primer dominio o ciclo de aplicación de las reglas es la palabra mínima[15], que como se recordará, en el caso de los sustantivos y adjetivos, es el singular. De ser así, despalatalización se aplicaría a nivel de *desde/ɲ/*.
b) Las reglas por defecto se aplican al final de cada ciclo. En este caso la regla de inserción de *e* se aplica al final del ciclo siguiente, el de la palabra derivada (completa), después de la despalatalización, y el resultado es *desde[n]es*.
c) Silabificación se aplica en cada nivel[16]. Al aplicarse cuando la [e] se ha insertado, probablemente en el nivel post-léxico, la nasal resilabea con la sílaba siguiente y el resultado es el esperado.

En el caso de *desdeñar* no hay despalatalización de la nasal porque desde el primer ciclo (que corresponde a la palabra *desde[ɲ]ar*) la nasal aparece a comienzo de sílaba. Este análisis es reforzado por otros datos. El diminutivo de *desdén* es para la mayoría de las personas consultadas *desde[n]cito*. Aquí la nasal es alveolar (para algunas personas del norte de España es interdental) porque aparece a final de sílaba, lo que muestra que se ha despalatalizado en el primer ciclo, correspondiente a la palabra *desden/ɲ/cito*. Pero luego no hay inserción de *e* y la nasal no se resilabea con la sílaba siguiente. Más bien se asimila a la consonante siguiente en los dialectos que así lo hacen. Sin embargo entre los hablantes consultados algunos dijeron *desde[ɲ]ito*. Esta palabra muestra por una parte que, en efecto, el morfema léxico es *desde/ɲ/* y por otra parte que para algunos hablantes el diminutivo aquí se hace con el sufijo *-ito* y no *-cito*. Ahora bien, lo más importante de este segundo ejemplo es que la palabra mínima

---

[15] Hemos distinguido entre palabra mínima (que no incluye el morfema de plural) y la palabra simple (que no incluye prefijos). En el capítulo anterior hemos dicho que el primer ciclo es el de la palabra simple. Aquí estamos modificando nuestra hipótesis y estamos tomando el dominio de la palabra mínima como el del primer ciclo.

[16] Hemos sostenido que la silabificación ocurre al comienzo de cada ciclo.

contiene una vocal en la posición detrás de la nasal palatal. Cuando silabificación se aplica en el primer ciclo, la nasal se coloca en el Ataque de la sílaba siguiente y la despalatalización no ocurre. El resultado es *desde[ɲ]ito*.

La segunda solución sugerida para el plural *desde[n]es* no impone un orden extrínseco entre despalatalización e inserción de *e*, sino que se basa sobre la aplicación cíclica de las reglas. Sin embargo la ciclicidad es una condición necesaria e independiente de la formulación de las reglas: debe formar parte de la gramática de una lengua, independientemente de las reglas que puedan aparecer en dicha gramática. Por esta razón, la segunda solución ha de considerarse mejor que la primera.

Nótese de paso que ambas soluciones sugeridas dan cuenta del hecho de que en *él* hay despalatalización pero no en *ella* (s), *ello(s)*, etcétera, puesto que en estos últimos dos casos la palabra mínima es *ella/o*. En cuanto al ejemplo *des-hielo* estudiado en el capítulo anterior, recuérdese que de acuerdo con el análisis propuesto, el hecho de que la pronunciación sea *des[y]elo* y no **des[j]elo* se debe a que la palatalización de la deslizada ocurre en el nivel de palabra simple (o en el nivel de la palabra mínima), es decir cuando el dominio de las reglas es *hielo*. Al momento de resilabear, en el nivel de la palabra derivada, la /s/ de *des* ya no podrá resilabear, y el resultado será el esperado.

3.1.5. *Neutralización de punto de articulación*

Ejemplos como *él/ella*, este último pronunciado con palatal lateral *e[ʎ]a* o con palatal no-lateral *e[y]a, pectoral/pecho, desdén/desdeñar* etcétera muestran que las palatales a final de sílaba pierden su punto de articulación y, a menos que se asimilen a la consonante siguiente, se alveolarizan o velarizan, dependiendo del tipo de palatal. Lo mismo sucede con las nasales: al final de sílaba la oposición entre nasales se pierde y, a menos que haya asimilación, la nasal aparece en superficie como una alveolar[17]. Esto es lo que sucede con las palabras *desdé[n]* y *álbu[n]*, por ejemplo. En fin, las palatales y las nasales se neutralizan[18] a final de sílaba.

Otro proceso de neutralización es el de la sonoridad que afecta por ejemplo a las obstruyentes oclusivas que pierden el contraste en-

---

[17] En otros dialectos como velar, pero este caso lo dejaremos de lado por el momento.
[18] El término neutralización no está usado en el sentido clásico de pérdida de oposición fonémica, sino en un sentido más amplio de pérdida de rasgos.

tre sordas y sonoras a final de sílaba. Además, como en el caso de la nasal, se pueden asimilar en sordez o sonoridad a la consonante siguiente.

Ahora bien, si queremos dar cuenta del primer proceso, el de neutralización de punto de articulación, podemos implementar reglas que afecten a cada uno de los segmentos. Por ejemplo podríamos implementar una regla que hiciera referencia explícita a la palatal lateral, otra que hiciera referencia a la palatal fricativa y otra más que hiciera referencia a la palatal nasal. Pero una solución como ésta perdería de vista la generalización obvia de que el proceso es igual para todas las palatales. Así que lo ideal sería elaborar una regla que dijera esencialmente lo siguiente (esta regla no afectaría la nasal palatal)[19]:

19. $\begin{bmatrix} - \text{Anterior} \\ + \text{Coronal} \\ + \text{Alta} \end{bmatrix} \rightarrow \emptyset \ / \ \_\_\_\_ \ \$$

A la regla (19) debería luego seguir una regla de alveolarización, aproximadamente como la siguiente, o de velarización:

20. $\emptyset \rightarrow \begin{bmatrix} + \text{Anterior} \\ + \text{Coronal} \\ - \text{Alta} \end{bmatrix}$

En cuanto a las nasales, deberíamos proponer para éstas una regla de pérdida de punto de articulación como la que aparece en (21), donde usamos la variable alfabética con el rasgo Anterior, a la que seguiría una regla como (20) en caso de la alveolarización.

21. $\begin{bmatrix} \alpha \text{ Anterior} \\ - \text{Coronal} \\ - \text{Alta} \end{bmatrix} \rightarrow \emptyset \ / \ \underset{[+\text{Nasal}]}{\_\_\_\_} \ \$$

Desgraciadamente, esta solución dejaría afuera la generalización obvia de que el proceso de neutralización afecta tanto a las palatales como a las nasales. Por ello habría que sustituir las reglas (19) y (21) con una sola regla, por ejemplo la regla (21b):

---

[19] Dejamos de lado por el momento el hecho de que la neutralización convierte la africada [č] en una oclusiva.

21b. $\begin{bmatrix} \alpha \text{ Anterior} \\ \beta \text{ Coronal} \\ \gamma \text{ Alta} \end{bmatrix} \rightarrow \emptyset \;/\; \underline{\quad} \; \$$

Sin embargo la regla (21b) es demasiado general y podría aplicarse a segmentos no-palatales o no-nasales. Así que habría que agregar a (21b) la información suplementaria de que el segmento en cuestión es [-Posterior], y [+Alto] o [+Nasal]. En fin, la solución existe, pero no es sencilla.

Ahora bien, lo interesante es que dicha solución estaría sencillamente expresando un proceso muy simple: la pérdida del punto de articulación de parte de un segmento. Pero esta noción no puede expresarse de manera sencilla en el modelo SPE: si las reglas sólo pueden hacer referencia a rasgos, la regla en cuestión tendrá que contener un conjunto de rasgos, la mayoría con un valor variable, y no habrá manera de identificar dicho conjunto de rasgos con la noción de *punto de articulación*. Es más, si tal noción no existe, o no está presente en la teoría, o no puede expresarse de alguna manera porque los rasgos constituyen un conjunto no-ordenado, la lista de rasgos que aparece en la regla, sea ésta la regla (21) u otra, es una lista sin justificación: ¿qué razón hay para que los rasgos que aparecen en (21) sean precisamente los que aparecen si no es porque se refieren al punto de articulación? En fin, la regla estaría dejando afuera una generalización universal y muy común consistente en la neutralización del punto de articulación de ciertos segmentos.

¿Qué quiere decir esto? Simplemente que el modelo SPE no permite expresar nociones que se revelan necesarias y justificables desde el punto de vista teórico y empírico. Y una de estas nociones es evidentemente la de *punto de articulación,* noción que deberá ser independiente de otras nociones, como lo son la *sonoridad,* presente en el segundo tipo de neutralización, la de *modo de articulación* presente en ciertos casos de asimilación, etc.

3.1.6. *Asimilación de nasal y lateral*

Para dar cuenta de la asimilación de nasal Cressey (1978) parte de un segmento fonémico [+Nasal], sin especificación de rasgos de articulación, es decir un segmento neutralizado, o "archifonema", y sugiere en principio una regla del tipo siguiente:

22. [+Nasal] → $\begin{bmatrix} \text{+Nasal} \\ \alpha \text{ Alto} \\ \beta \text{ Retraído} \\ \gamma \text{ Anterior} \\ \delta \text{ Coronal} \\ \varepsilon \text{ Dental} \end{bmatrix}$ / ___ $\begin{bmatrix} \text{+Conson.} \\ \alpha \text{ Alto} \\ \beta \text{ Retraído} \\ \gamma \text{ Anterior} \\ \delta \text{ Coronal} \\ \varepsilon \text{ Dental} \end{bmatrix}$

Lo curioso de esta regla es que se aplica a un "bloque" de rasgos, que tiene la particularidad de referirse al punto de articulación de la consonante a la que la nasal se asimila. Pero como Cressey hace notar, dentro del marco SPE, estos rasgos no forman un "bloque". De hecho (22) contiene un conjunto de rasgos sin relación entre sí: un conjunto arbitrario que no identifica a una clase de rasgos. La regla (22) es descriptivamente adecuada, pero no tiene mayor valor explicativo que una regla donde el conjunto de rasgos sea totalmente distinto.

Intuitivamente hablando, la regla (22) trata de expresar que la nasal se asimila al punto de articulación de la consonante siguiente, pero esta idea no puede expresarse en fonología generativa SPE porque en tal fonología no existen bloques o "clases" de rasgos como la clase *punto de articulación*. La razón de ello es que los rasgos son independientes los unos de los otros, excepto en lo que a redundancia se refiere.

Recordemos por otra parte que en el capítulo anterior hemos formulado reglas como la (23) para expresar la total asimilación de un segmento /t/ a la consonante siguiente.

23. /t/ → C / ___ C
    [α Rasgos]   [α Rasgos]

(23) hace referencia a un conjunto de rasgos por medio de un símbolo, *Rasgos,* que no existe en SPE. El símbolo en cuestión tiene sin embargo un valor y una referencia claros: se refiere a la clase de todos los rasgos de la consonante. Pero este símbolo no existe en la fonología SPE, ni existe la clase correspondiente, de modo que la regla (23) debería formularse con la lista completa de todos los rasgos no redundantes de /t/.

Estas observaciones nos conducen a la conclusión de que en una fonología como la de SPE donde los segmentos son un conjunto inordenado de rasgos independientes, sin agrupaciones o subconjuntos particulares, no podemos referirnos a clases de rasgos. El problema se resolvería si la teoría agrupara los rasgos en clases correspondientes a subarticulaciones, de manera que las reglas pudieran referirse a tales clases. Si los rasgos se agruparan por ejemplos en clases como Punto de Articulación, Sonoridad, Modo, etc., la regla (22) podría reformularse esencialmente como en (24), donde PA significa Punto de Articulación.

24. [+Nasal] ⟶ [+Nasal] / [+Conson.]
    [α PA]   [α PA]

De hecho Cressey propone la regla (24), pero para él (24) es una simple reformulación de (22) en la que usa un recurso notacional abreviativo: PA reemplaza todos los rasgos que aparecen en la regla (22). Lo que debería hacerse es reformular la teoría de manera que los rasgos se organicen en subconjuntos articulatorios, de manera que las reglas puedan referirse a tales subconjuntos o clases de rasgos. Notemos que al incorporar clases de rasgos en la teoría no nos limitaríamos a ofrecer una variante notacional de la teoría existente, o una manera de abreviar las representaciones en la teoría existente como en efecto pretendía hacer Cressey, estaríamos proponiendo una nueva teoría en la que habría nuevas entidades, nuevas clases de rasgos, que deberían justificarse desde el punto de vista teórico y empírico.

Cressey también propone modificar (24) para que dé cuenta de la asimilación de lateral. Puesto que /l/ es [-Continual], al igual que la nasal, lo que le permite distinguir la nasal y la lateral de las vibrantes que son [-Oclusiva], (24) se puede sustituir con (25):

25. [-Obstruyente] ⟶ [-Obstruyente] / _____ [+Conson.]
    [α PA]   [-Continua]   [α PA]

Recordemos que la lateral no se asimila a las labiales ni a las velares. Para evitar que la asimilación de la lateral se dé en estos casos, Cressey propone dos reglas redundantes, llamadas *Convenciones de Marcación* (en inglés "Marking Conventions"), que tienen el efecto de condiciones globales (aplicables en cualquier momento de la derivación) sobre las realizaciones de las laterales. Éstas son las siguientes:

26. [+Lateral] ⟶ [-Retraído]
27. [+Lateral] ⟶ [+Coronal] / _____
                              [+Anterior]

(26) expresa que la lateral no puede ser velar, y (27) que no puede ser labial. Interpretadas como Convenciones de Marcación que se

aplican en cualquier nivel de la derivación, (26) y (27) bloquearían la asimilación de /l/ a una labial, como en *alfa* y *alba*, o a una velar, como en *palco* y *algo*, respectivamente.

Ahora bien, el análisis de Cressey es descriptivamente adecuado pero un tanto *ad hoc* (sobre todo por las reglas (26) y (27)) y, debido a las limitaciones de la propia teoría, no permite explicar adecuadamente los fenómenos señalados (sin transgredir los mismos postulados de la teoría). Como ya lo hemos expresado, la teoría lograría un mayor nivel de adecuación si previera la agrupación de rasgos en clases correspondientes a subarticulaciones. De esta manera podríamos proponer una clase PA (Punto de Articulación), distinta e independiente de una clase que incluya [Nasal] y [Lateral] y que podríamos llamar Resonante. De manera que la asimilación de una nasal o una lateral se lograría con una regla más simple y explicativa y sin afectar a los rasgos [Nasal] y [Lateral]. Notemos que PA se refiere en el caso de las consonantes a la interrupción del paso libre de aire en la primera subarticulación, mientras que Nasal y Lateral se refieren al escape de aire por una segunda subarticulación (la nariz y los lados de la lengua, respectivamente). Ahora bien, la primera y segunda subarticulación de la /l/ española se hacen con el mismo articulador, es decir el predorso de la lengua. Lo conveniente sería entonces proponer una teoría en la que los rasgos se agruparan en subarticulaciones que permitieran dar cuenta de este hecho, es decir que permitieran dar cuenta de que la primera y la segunda subarticulación de la lateral se hacen con el predorso, evitando así el recurso a Convenciones de Marcación como las de arriba. Volveremos sobre esto más adelante.

Otro proceso alofónico analizado por Cressey (cap. III) es el de la fricativización de las obstruyentes sonoras cuando no son iniciales absolutas o cuando no aparecen detrás de nasal o, en el caso de la dental, detrás de /l/. Cressey propone una solución con una regla bastante complicada que no vamos a repetir aquí, lo que nos interesa es ofrecer otra solución que apunta hacia la necesidad de una clase de rasgos que llamaremos Modo.

Supongamos que los rasgos [Continua], [Escape Instan.] y [Distribuido], que aparecen en la clasificación de algunas inobstruyentes del español en (28) que participan en varios procesos de asimilación de PA, constituyen una clase, la clase de Modo:

28.	Continua	Escape Inst.	Distrib.	Nasal	Lateral
[n]	-	-	+	+	-
[l]	-	-	-	-	+
[r]	-	+	-	-	-
[ɹ]	+	-	-	-	-

¿Hay razón para creer que tal clase existe? La respuesta es sí porque en efecto hay varios procesos donde estos rasgos actúan simultáneamente. Por ejemplo si dos consonantes, C_1 y C_2, se asimilan en PA, puede ocurrir lo siguiente:

a) C_1 y C_2 mantienen su Modo. Un ejemplo de este tipo de asimilación de PA se da cuando /s/ va seguida de una vibrante, que no es fricativa, es decir es [-Continual]. En este caso la /s/ pierde su PA y luego se asimila en PA (y otros rasgos) a la vibrante manteniendo sus rasgos de Modo, es decir sigue siendo fricativa. Así que *Israel* pasa a *[iřael]* (TNT (§ 107, 156-g).

b) C_1 adquiere los rasgos de Modo de C_2. Esto sucede por ejemplo cuando la /s/ seguida de la vibrante se convierte en vibrante. Así que *Israel* pasa a *[irřael]*. Otro ejemplo de este proceso lo ofrece el análisis de Zamora y Guitart (1982:125-126) de las retroflejas en cubano, del cual se deduce que el rasgo de Modo de la segunda consonante es el que prevalece. Por ejemplo una líquida seguida de /s/ da dos fricativas retroflejas[20] (p. ej. *el sábado* → *e[ıs]ábado),* y una líquida seguida de /t/ da dos oclusivas retroflejas (por ejemplo *el tema* → *e[dt]ema)*. Asumiendo que la retroflexión es parte de PA, entonces la conlusión es que, en este proceso de asimilación de PA (con retroflexión), el Modo de C_1 se asimila al Modo de C_2[21]. ¿Cómo damos cuenta de este proceso? A final de sílaba C_1 pierde su PA y simultáneamente su Modo, y luego se asimila a la consonante siguiente tanto en PA como en Modo. Nótese que una secuencia de dos consonantes en la misma sílaba no manifiesta asimilación. Por ejemplo una consonante inicial de sílaba seguida de líquida, no se asimila a la líquida (excepto quizás en el caso de /tr/ en el que la /r/ se hace a veces fricativa y la /t/ se fricativiza o palataliza). En posición posnuclear podemos tener secuencias como /bs/ (v.gr. *a/bs/tenerse*) y /ns/ (v.gr. *i/ns/tante)* y en ninguna de las dos hay asimilación[22].

Esta segunda hipótesis podría extenderse a las obstruyentes sonoras si se asumiera que éstas son fonémicamente oclusivas. Podríamos por ejemplo proponer que cuando la nasal o la lateral se asimilan en PA a la obstruyente siguiente, también se asimilan en Modo. De

---

[20] Las retroflejas tienen en la representación de Zamora y Guitart una diéresis.
[21] Otra posibilidad consistiría en asumir que la líquida, por lo menos en cubano, no está especificada para Modo, es decir no sería ni [+Continual] ni [-Continual]. Pero esta hipótesis nos dejaría sin explicación para los casos de líquidas a comienzo de sílaba.
[22] En el caso de [ns] como se trata de dos consonantes alveolares es difícil saber lo que pasa desde el punto de vista de PA, aunque está claro que desde el punto de vista del Modo son distintas. Sin embargo, en los dialectos velarizantes donde la nasal se hace velar, la [s] se mantiene alveolar (cuando se matiene), lo que muestra que dentro de la Rima no hay asimilación de PA y/o Modo.

manera que la secuencia será una secuencia de dos consonantes oclusivas. Volveremos más tarde sobre este tema.

En conclusión, en este apartado hemos mostrado la relevancia y necesidad de las clases de rasgos Punto de Articulación, Resonante y Modo, por una parte, y por otra la imposibilidad de referirnos a dichas clases en la fonología SPE. En la sección siguiente hablaremos de una teoría que incorpora adecuadamente esta idea y estas clases en su marco teórico.

3.2. La fonología autosegmental

3.2.1. *Introducción*

Como hemos visto, la hipótesis de que un segmento es un conjunto inordenado de rasgos no es adecuada puesto que no permite dar cuenta explicativamente del por qué los rasgos que se especifican en la regla de asimilación de nasal, por ejemplo, son precisamente los rasgos que se refieren al Punto de Articulación (PA). Vale la pena señalar además que la regla está formulada de manera que el coeficiente (es decir el valor + o -) de cada rasgo de la nasal resultante "concuerde" con el coeficiente del rasgo de la consonante siguiente. Pero este formalismo es arbitrario en el sentido de que podríamos formular reglas donde el rasgo Coronal, por ejemplo, concuerde con el coeficiente +/- de otro rasgo, digamos Posterior. Pero esto no sucede, precisamente porque la asimilación en cuestión es la asimilación de un conjunto específico de rasgos: los de PA.

También hemos señalado en varias ocasiones que los procesos fonológicos tendrían una mejor explicación y descripción si la articulación de un segmento se interpretara como un conjunto de subarticulaciones, esto es como un conjunto de clases de rasgos. El problema ahora es saber cuáles son las clases de rasgos de las cuales está constituida una articulación.

En la fonología autosegmental, iniciada por Goldsmith (1976), se muestra que en las lenguas tonales los tonos son independientes de los segmentos a los cuales se asignan. Supongamos que las sílabas o palabras X y Y tienen los tonos alto A y bajo B, respectivamente, como se ve en (1a).

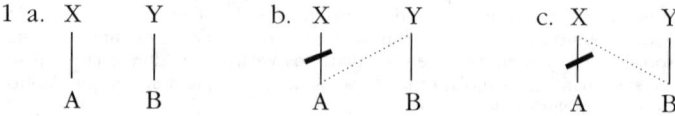

Pues bien si la sílaba o palabra X se elide (la barra transversal sobre la línea vertical indica corte de la línea y pérdida del elemento asociado con la línea) como en (1a), el tono B que le corresponde no se elide, se mantiene y se reasigna a la sílaba o palabra Y adyacente, como se nota en (1b), donde la línea punteada expresa reasociación. De manera que Y se pronunciará con dos tonos, AB, alto seguido por bajo. De manera inversa, si el tono A se elide, el tono B se reasocia con la sílaba o palabra X. El resultado en este caso es que X e Y se pronuncian con un mismo tono B.

La conclusión de este análisis es que la descripción fonológica de los segmentos no puede hacerse linealmente, en un solo nivel o plano. Hace falta desarrollar una teoría en la que los segmentos estén analizados en varios planos, en cierto sentido parecidos a los niveles de la fonología clásica, por ejemplo un plano suprasegmental, y otro segmental. Además este último debería estar dividido en varias clases, una de éstas será PA, otra Modo, etc.

Esta conclusión implica que un proceso de asimilación deberá contar con un rasgo o una clase de rasgos independiente de los otros y capaz de asociar dos segmentos. En el caso de asimilación de sonoridad, como sucede con la /s/ en español que se sonoriza por ejemplo en *desde* por estar en contacto con un segmento sonoro, deberemos contar con un nivel para el rasgo [Sonora] independiente de los otros, de manera que la sonorización en este ejemplo podrá representarse esencialmente de la manera siguiente:

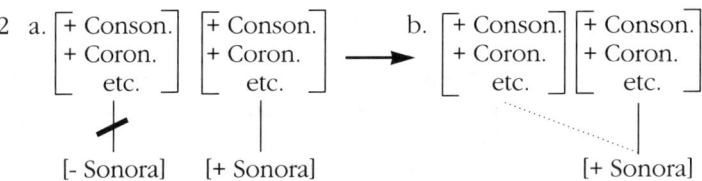

En esta representación hay dos niveles (o planos) de representación para cada segmento: el de la sonoridad y el de los otros rasgos[23]. Cada uno de estos niveles es independiente del otro, de manera que el proceso que afecta el nivel de sonoridad no afecta el otro. Sin embargo los dos niveles están unidos entre sí por medio de una línea o rama. Esta unión está regida por una condición de buena-formación

---

[23] Este último a menudo se ha llamado el nivel "segmental", pero nosotros preferimos usar este término para el conjunto de todos los rasgos segmentales, incluyendo al rasgo de sonoridad.

que llamaremos Prohibición de las Líneas Cruzadas (PLC) que reza esencialmente de la manera siguiente:

3. **PLC**:
   Las líneas de unión no pueden cruzarse

Las líneas de unión relacionan rasgos coordinados temporalmente. Si por ejemplo tenemos una representación como la (4), eso quiere decir que A y C están coordinados en el tiempo, B y D están coordinados en el tiempo y A precede a B y C precede a D.

4.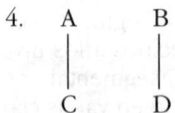

De manera que en la representación de la asimilación de sonoridad en (3), el rasgo [+Sonora] está coordinado tanto con el primero como con el segundo segmento y su realización abarca temporalmente los dos segmentos.

La condición (3) excluye el caso siguiente:

5.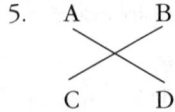

porque A precede a B y C precede a D, pero A está temporalmente coordinado con D y B con C. Lo cual es una contradicción.

¿En qué consistirán las reglas fonológicas en este tipo de fonología? De los ejemplos del tono y de la sonoridad podemos deducir que las reglas fonológicas pueden manipular las líneas de unión. Una de las reglas será la que disocia una línea de unión, procesos que llamaremos *Disociación,* representado por una línea gruesa transversal, como se muestra en (1b), (1c) y (2a). Otra regla agrega una línea, proceso que llamaremos *Asociación,* como sucede en los ejemplos (1b), (1c) y (2b), donde la *línea de asociación* está representada con una línea punteada.

Una pregunta obvia es si además de la posibilidad expresada por ejemplo en (2b) de un rasgo asociado con varios segmentos (en inglés "one to many association") podemos tener varios rasgos asociados con un segmento (en inglés "many to one association"). La respuesta a este tema, muy debatido, es que hay dos posibilidades. Una es que dos rasgos opuestos pueden estar unidos a un mismo segmento. Dos ejemplos de esta posibilidad los ofrecen las africadas, *v.gr.* [č], que se caracterizan por ser [[-Continua], [+Continua]] y las obstruyentes prenasalizadas, por ejemplo [mb]. De estos ejemplos volveremos a hablar más abajo. La otra posibilidad es que la asociación a un mismo segmento de dos (o más) rasgos incompatibles esté prohibida, de manera que las africadas y las obstruyentes prenasalizadas serán analizadas como dos segmentos contiguos. De esta segunda posibilidad volveremos a hablar en otra sección. Por el momento nos basta con decir que dentro del marco de la fonología autosegmental, la primera posibilidad no queda descartada, y es la que adoptaremos por el momento.

Los argumentos que hemos presentado hasta ahora permiten sustentar la hipótesis de que el análisis fonológico debe contar por lo menos con tres niveles "mayores": el tonal, el silábico y el segmental. Este último consiste a su vez en una estructura en la que la raíz del segmento, ligada al nudo C o V del así llamado **esqueleto CV** que une los segmentos a los otros niveles y en particular al nivel silábico, incluye varias clases de rasgos, siendo una de éstas la de Nasal, otra la de Sonoridad, y una tercera de los otros rasgos. ¿Hay otros argumentos a favor de esta hipótesis? Los siguientes son argumentos que por una parte apoyan la hipótesis general que acabamos de plantear, y por otra parte sugieren que hay más niveles de los que acabamos de mencionar.

Un argumento a favor de la hipótesis de que la fonología debe contar con varios niveles o planos se deriva de un estudio de McCarthy (1979, 1981) sobre lenguas semíticas. McCarthy extiende la hipótesis autosegmental a la morfología no-concatenativa o morfología templática de estas lenguas. Revisemos su argumento. En árabe las palabras [kattab] y [kaatab] están bien formadas pero no *[katbab]. Como se ve, en cada una de estas palabras la vocal es la misma en toda sílaba, en este caso [a]. Por ello es de suponer que el léxico de esta lengua ofrece morfemas del tipo /ktb/+/a/, y **templetes** o patrones tales como CVVCVC o CVCCVC. El problema ahora es saber cómo los segmentos se asignan a estos patrones morfémicos.

En lo que concierne a las consonantes, la propuesta es que la raíz del morfema aparece en un nivel y el templete CV en otro, y se asigna cada segmento a un elemento C o V correspondiente *(v.gr.* un segmento consonántico a C y un segmento vocálico a V), procediendo de izquierda a derecha. Por ejemplo, si el patrón CVVCVC y la raíz del morfema es /ktb/, después de la asociación el resultado será (6a), pero si el patrón es CVCCVC y la asociación procede de la misma manera, el resultado será (6b) es decir la palabra *[katbab] y no (6c) correspondiente a la palabra [kattab]:

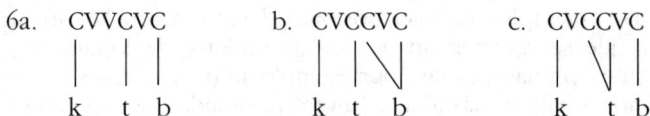

Por ello McCarthy propone que la asociación sea desde los dos extremos del patrón hacia el centro, de esta manera se obtiene tanto la palabra [kaatab] como la palabra [kattab], pero no la palabra *[katbab].

Ahora bien, si se hiciera lo mismo con la vocal, que como hemos dicho es la misma para todas las sílabas, deberíamos partir de una sola vocal, *v.gr.* [a], y deberíamos asociar esta vocal con los distintos símbolos V del esqueleto CV. Pero está claro que si la vocal se coloca en el mismo plano que las consonantes, las líneas de asociación entre la vocal y los símbolos V se cruzarán con las líneas de asociación de las consonantes, cosa que está prohibida por la condición de buena formación PLC. ¿Cómo resolver este problema? La respuesta de McCarthy es que las vocales están colocadas en un plano distinto de las consonantes. Esto es, el esqueleto CV sirve de eje de unión entre los otros planos, llamados **melodías segmentales**, una de las cuales es la melodía consonántica y la otra la vocálica. En cada melodía los segmentos se asocian con los símbolos silábicos correspondientes yendo de afuera hacia adentro. De esta manera las líneas de asociación no se cruzarán, como se deduce del ejemplo (7) para la palabra [kattab].

7.

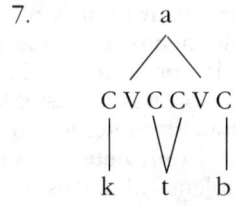

Nótese que la justificación empírica para el análisis en el que las vocales tienen un plano distinto de las consonantes es que, como se nota en (7), la vocal es la misma en todas las sílabas de la palabra, hecho que se puede explicar fácilmente si hay una especie de armonía vocálica en el nivel de las vocales, sin interrupción de las consonantes.

Otro argumento de McCarthy (1981) a favor de la fonología autosegmental se deriva de su análisis de algunos aspectos de la morfología de las lenguas semíticas. En este análisis McCarthy propone separar los planos morfológicos entre un plano para los morfemas lexicales y otro para los morfemas gramaticales, los sufijos. Esto con el propósito de poder explicar en cada nivel los procesos que son propios de ese nivel, antes de que los planos se combinen en uno solo, el plano de la oración. Un argumento similar se encuentra en el análisis de Weston y D'Introno (1994) del comportamiento de las vocales y los morfemas en un dialecto del sur de Italia.

Un argumento similar se encuentra en Harris (1980), quien extiende este análisis al español y propone que el plural de nombres y adjetivos se forma agregando -s a la palabra singular, formada de la raíz y posibles sufijos derivacionales, más el posible sufijo vocálico de genero -o, -a, -e. Por ejemplo la palabra *pera* tiene la estructura [[per]a]. Ahora bien, la palabra está ligada al esqueleto CV, y en éste se especifica que el templete o patrón silábico (la estructura fija) para el plural es:]VC]#. Así que al agregar -s a la palabra *pera* se obtiene lo siguiente:

8.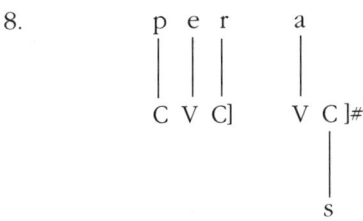

Ahora bien, si la palabra no tiene sufijo vocálico, entonces se inserta, por regla automática (noción sobre la que volveremos más tarde) la vocal "neutra" *e* como sucede con la palabra *panes:*

9.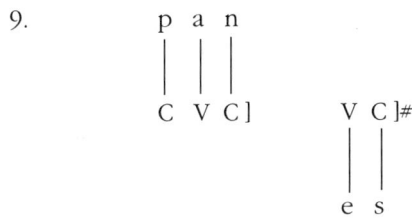

En el caso de nombres terminantes en V+s en que se agrega la -s del plural el resultado es el mismo que el singular:

10.

Este análisis es por supuesto mejor que los anteriores y confirman la hipótesis de McCarthy de los distintos planos.

Pasemos a otro aspecto importante de la teoría y del análisis del español. Como hemos visto, Cressey introduce en su análisis de la asimilación de nasal y lateral la idea de que la regla debe hacer referencia al conjunto de rasgos que constituye el punto de articulación y propone el recurso notacional por el que el símbolo PA se refiere precisamente a dicho conjunto de rasgos. En Goldsmith (1981) esta sugerencia se convierte en otro paso en la división del análisis fonológico en distintos niveles. La propuesta de Goldsmith es que los rasgos segmentales se subdividen en varios grupos o clases, una de las cuales corresponde al rasgo Nasal y otra, subordinada, corresponde a los rasgos de PA. Visto de esta manera, todo segmento nasal en posición final de sílaba, es decir en la Rima, se puede representar como (11a), donde R corresponde a Rima. A esta "estructura" se le aplica un proceso de disociación de PA, que en la sección anterior hemos llamado *neutralización*, y el resultado es el que se muestra en (11b). En el caso de que la nasal vaya seguida de una consonante se aplica luego un proceso de asociación entre el PA vacío de la nasal y el PA, con rasgos, de la consonante siguiente, como se muestra en (11c), y como sucede por ejemplo con la nasal del prefijo *con* en *compadecerse, confederar, condenar, concatenar,* etc.

11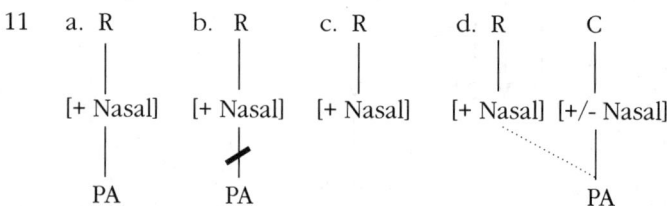

Lo más importante de este análisis es la propuesta de que los rasgos están agrupados en clases en cierta medida independientes las unas de las otras, de manera que los rasgos pueden ser afectados en grupos por procesos fonológicos. Sin embargo la hipótesis originalmente adelantada por Goldsmith deja mucho que desear por dos razones: la primera es que no es suficientemente explícita como para dar cuenta de otros procesos, como por ejemplo el de la asimilación de Modo. La segunda es que su representación es unilineal: las clases de rasgos están una inmediatamente debajo de la otra, lo cual limita la independencia de ciertas clases y no permite expresar adecuadamente que ciertos procesos fonológicos puedan afectar a las clases más altas sin afectar a las que dependen de ellas. Si por ejemplo quisiéramos elidir el rasgo [Nasal] de un segmento, la estructura representada en (11) implicaría también la elisión de PA[24].

Una solución a este problema aparece en varios trabajos tales como Mascaró (1983), Mohanan (1983), D'Introno y Guitart (1985), Clements (1985), y Sagey (1986). En estos trabajos se propone una "estructura ramificada" para los rasgos segmentales, estructura en parte inspirada en la teoría sintáctica de la X-barra. En esta estructura los segmentos se agrupan en clases tales como PA, Modo, Supraglotal, etc., y dependen de nódulos ramificantes. En el próximo apartado presentaremos brevemente algunas de estas propuestas.

3.2.2. *Algunas propuestas sobre la estructura segmental*

La hipótesis de la estructura segmental puede resumirse de la siguiente manera:

a) La representación fonémica de una secuencia comprende varios niveles, siendo uno de estos el de los rasgos de los segmentos de la secuencia (que por lo menos en lenguas como el árabe comprende un nivel para las consonantes y otro para las vocales), otro el de los tonos (en las lenguas tonales), etc.
b) Los rasgos de un segmento forman una estructura jerarquizada en la cual los rasgos funcionalmente relacionados están incluidos en clases o constituyentes, siendo una de estas clases la de Punto de Articulación. La estructura segmental constituye el "nivel segmental" (en inglés "segmental tier").
c) Cada estructura segmental está anclada al esqueleto CV que es la columna vertebral de los segmentos y del cual "salen" las estructuras segmentales a veces en distintas direcciones[25].

---

[24] El proceso de harmonía nasal puede sin embargo expresarse adecuadamente con la estructura en (11).
[25] Una manera de visualizar esta organización consiste en pensar en el esqueleto CV como si fuera el resorte central o "anillas" de un cuaderno cuyas hojas se extienden en varias direcciones, siendo una de las hojas el nivel de las estructuras segmentales.

d) Los procesos fonológicos, por ejemplo disociación y asociación, pueden afectar a rasgos individuales o clases de rasgos.

El problema es que esta hipótesis permite desarrollar varias estructuras segmentales, por ejemplo la que aparece en (12)[26], una de las varias propuestas que los lingüistas han tratado de justificar desde el punto de vista teórico y empírico.

12.

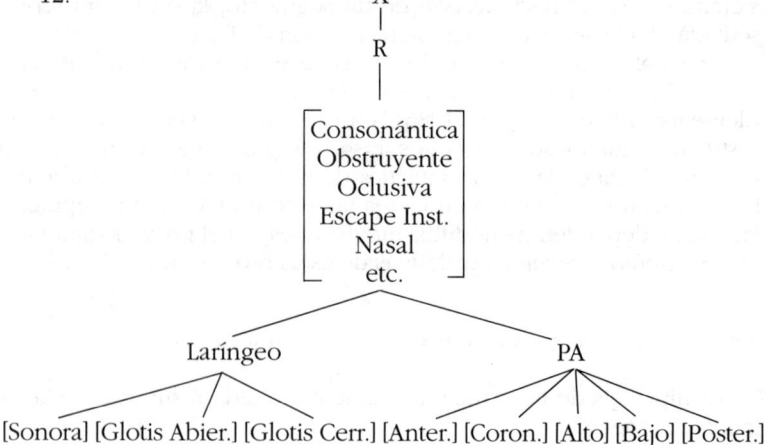

Esta estructura tiene una Raíz (R), anclada en C o V del esqueleto segmental y representado aquí con X, y tres clases, una de las cuales, la que contiene el rasgo [Consonántica], domina a las otras dos clases, Laríngeo y PA. La relevancia de PA ya está establecida y justificada. Laríngeo se justifica en cuanto éste es el constituyente necesario para la asimilación de sonoridad (como en el caso de la /s/ del español) y/o de otras características laríngeas. Pero el hecho de que Laríngeo y PA dependan de una clase superior implica que sólo estas dos clases pueden ser afectadas por procesos fonológicos independientemente de las otras clases, lo que, como señalábamos más arriba, resulta empíricamente inadecuado. Este problema queda resuelto en otras estructuras, por ejemplo la que aparece en (13) que es la que propone Mohanan (1983). En esta estructura el constituyente Sonoridad es si-

---

[26] (12) incluye dos rasgos glotales nuevos y de relativa importancia en español: [Glotis Abierta] que caracteriza a los sonidos que se realizan con la glotis abierta como las consonantes sordas, y [Glotis Cerrada] que caracteriza a los sonidos que se realizan con las cuerdas vocales cerradas, como las consonantes sonoras.

milar hasta cierto punto a Laríngeo de (12), y Fonación incluye varios de los rasgos dominantes de la estructura en (12):

13.

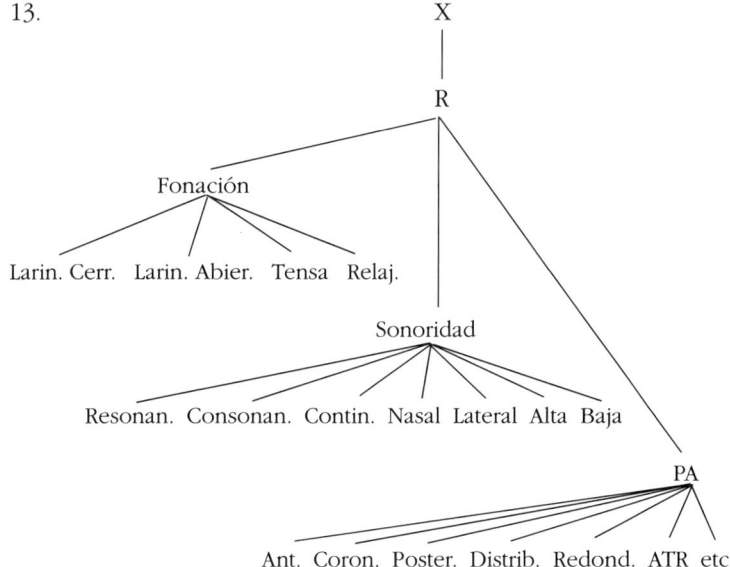

Notemos ahora que al reanalizar los rasgos en términos de estructura, la relevancia de los rasgos particulares se pierde a favor de las clases de rasgos y de la estructura en general. Es decir, ya no es tan importante la definición de los rasgos (y la nomenclatura correspondiente), lo importante es saber qué posición ocupan los rasgos en la estructura, con qué otros rasgos manifiestan un comportamiento funcionalmente uniforme, etc. Esta tendencia ha provocado un cambio sustancial en la teoría de los rasgos, y ha dado origen a una nueva teoría, la teoría de la subespecificación, de la que hablaremos más adelante. Por el momento notemos la presencia en la estructura (13) de dos rasgos que no aparecen en nuestra presentación anterior: Relajada (en inglés "Lax") que caracteriza a los sonidos que se articulan con relajamiento de las cuerdas vocales, y ATR, del inglés "Advanced Tongue Root", que caracteriza a sonidos que se articulan adelantando el cuerpo de la lengua más que en otros sonidos. Este último rasgo distingue por ejemplo una [ɛ], que es ATR, de una [e].

Volvamos a la estructura (13). Salta a la vista que esta estructura presenta un problema: algunos de los rasgos tradicionalmente considerados como integrantes de punto de articulación, v.gr. Alta y Baja, aparecen debajo del constituyente Sonoridad. Si esto fuera correcto, para dar cuenta de la neutralización de PA de las nasales en español deberíamos rescindir el constituyente PA y parte del constituyente Sonoridad. Obviamente esta no puede ser la solución correcta.

3.2.2.1. La estructura de Clements

Una respuesta al problema planteado en el apartado anterior la ofrece Clements (1985) quien propone la siguiente estructura:

14.

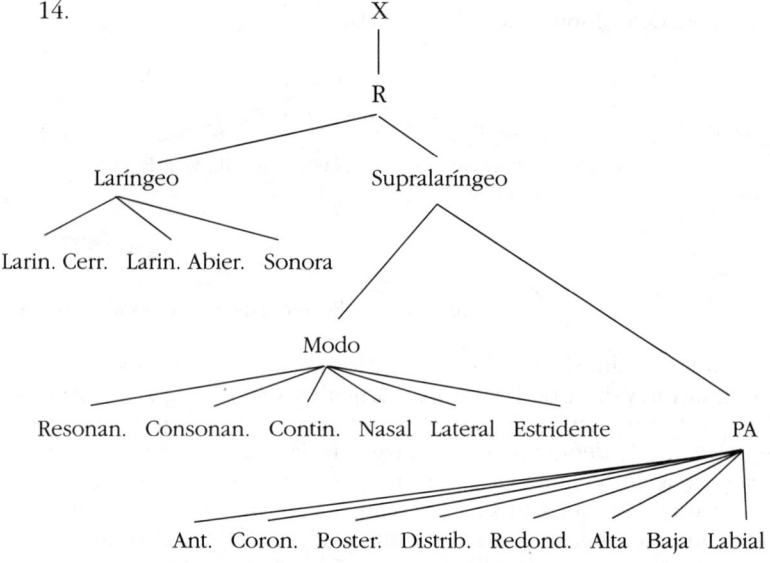

Nótese que en (14) Alta y Baja aparecen debajo de PA, lo que permite dar cuenta por ejemplo de la neutralización y de la asimilación de las nasales en español haciendo referencia a un solo constituyente, es decir PA. Nótese también que en esta estructura aparecen dos rasgos de los que no hemos hablado anteriormente: Estridente, que ya aparece en SPE y que permite identificar sonidos obstruyentes que se realizan con mayor "ruido" que otros sonidos similares, como podría ser una [β], no-estridente, frente a una [v], estridente; y Labial (distinto de Redondeada), que según Clements es pertinente en las consonantes de algunas lenguas.

La propuesta de Clements es esencialmente que la estructura segmental está dominada por el nudo *R*, por *Raíz*, ligado a un nudo *X* (i.e. C por *Consonante* o *V* por *Vocal*) del esqueleto-X. *R* domina a los nudos *Laríngeo* y *Supralaríngeo*. El nudo *Laríngeo* domina a los rasgos propios de la actividad de las cuerdas vocales, es decir los rasgos *[Sonora]*, *[Glotis Abierta]* y *[Glotis Cerrada]*, mientras que el nudo *Supralaríngeo* domina a los nudos *Modo* y *Punto*. *Punto* domina a su vez a los rasgos *[Coronal]*, *[Anterior]*, etc., mientras que *Modo* domina a los rasgos *[Continua]*, *[Estridente]*, *[Lateral]*, *[Nasal]*, *[Resonante]* y *[Consonántica]*.

Como en otros trabajos, en Clements se sostiene que hay fundamentalmente dos procesos que afectan a las estructuras segmentales: *Disociación*, que disocia un rasgo o un constituyente, y *Asociación* que asocia un nudo N vacío del segmento A con el mismo tipo de nudo N no-vacío del segmento B adyacente a A. Estos procesos pueden afectar tanto a rasgos individuales, por ejemplo *[Sonora]*, *[Glotis Extendida]*, etc., como a constituyentes, por ejemplo *R*, *Laríngeo*, *Supralaríngeo*, etc. Disociación y Asociación pueden aplicarse una sola vez a un segmento.

Ahora bien, de acuerdo con Clements, cuando Disociación y Asociación afectan a nudos de constituyentes los procesos posibles son:

a) Disociación de la raíz, *v.gr. R*, sin asociación, lo que corresponde a la elisión del segmento, o con asociación con el segmento adyacente, lo que corresponde a la geminación.
b) Disosación de *Laríngeo*, sin asociación, da lugar por ejemplo a la neutralización de las series de las obstruyentes que resultan en sordas no aspiradas. Este proceso se da en varias lenguas. Con asociación da como resultado la asimilación de sonoridad, de aspiración, etc., también presentes en varias lenguas.
c) Disociación de *Punto* va acompañada de asociación con el segmento anterior o posterior, como sucede en la asimilación de nasal en español. Clements no nos dice qué pasa cuando la asociación de *Punto* no tiene lugar.
d) Disociación de *Supralaríngeo* da como resultado la "debucalización", esto es, la realización del segmento como una aspiración o como una oclusión glotal, que se asocia al nudo *Supralaríngeo* de la vocal anterior. Un caso de disociación con asociación de *Supralaríngeo*, según Clements, es el de la nasalización en Sierra Popoluca. En esta lengua se da un proceso resumido en (2), en el que las letras mayúsculas indican nasales sordas. Así que lo que sucede es que la obstruyente sorda se hace nasal sin alterar su rasgo de sordez.

15. /cap.'me.j.mi/ → [caM.'me.j.mi]
 /pet.'me?/ → [peN.'me?]
 /wit.'ɲe?/ → [wiÑ.'ɲe?]

Notemos sin embargo que Clements está obligado a considerar éste un caso de asociación de *Supralaríngeo* porque los rasgos *Nasal* y *Resonante* están incluidos dentro de *Modo,* como se muestra en (14). Si estos rasgos estuvieran fuera de *Supralaríngeo,* se podría dar cuenta del proceso en cuestión por asociación de estos rasgos, sin acudir al nudo *Supralaríngeo.* Volveremos sobre esto más tarde.

Notemos también que este ejemplo sugiere lo siguiente:

a) *Nasal* y *Resonante,* debería formar parte de un mismo nudo porque aquí como en varios otros casos son afectados simultáneamente por el mismo proceso.

b) No hay un nudo *Modo* como se indica en (14), puesto que, como el mismo Clements reconoce, hay procesos de asimilación que afectan a rasgos individuales tales como *Continuo,* pero no hay procesos que afecten a todos los rasgos que aparecen en (14) debajo del nudo *Modo.* De existir un nudo *Modo* como se sugiere en (14) debería ser posible por ejemplo una asimilación simultánea de todos los rasgos que aparecen debajo de *Modo* en (14). Tal asimilación no parece existir, por lo que el nudo *Modo* de la estructura de Clements es muy dudoso.

Hay otros casos donde el análisis de ciertos fenómenos que Clements sugiere se hace complicado a consecuencia de su propuesta sobre la estructura segmental. Vamos a mencionar dos por cuanto los dos requieren asimilación simultánea tanto de *Punto* como de *Continuo* que en la estructura (14) de Clements aparecen en lugares distintos, lo que presupone que no deberían ser afectados simultáneamente (recuérdese que *Disociación* y *Asociación* pueden afectar una sola vez a un determinado segmento). El primer fenómeno al que queremos referirnos es el de la prenasalización de las obstruyentes en Kikuyu. En esta lengua las formas verbales en (16a) se convierten en las de (16b):

16. a. b.
 ur-a → m-bur-eete
 tem-a → n̪-dem-eete
 reh-a → n̪-deh-eete
 cin-a → ń-jin-eete
 kom-a → ŋ-gom-eete
 or-a → ŋ-gor-eete

Ahora bien, lo que parece suceder aquí es que la nasal se asimila en *Punto* a la consonante siguiente, que a su vez se asimila en sonoridad y continuidad a la nasal. De ser así, e independientemente de la sonoridad (que Clements analiza como un rasgo redundante en Kikuyu), hay asimilación de *Punto* y *Continuo* entre la nasal y la obstruyente. Esta asimilación no puede explicarse fácilmente con la estructura en (14) porque aquí *Punto* y *Continuo* forman parte de ramas distintas de la estructura.

Nótese ahora la similitud que esta asimilación en Kikuyu tiene con la asimilación de nasal en español castellano. Como hemos notado en la sección anterior, también en castellano las obstruyentes sonoras se hacen oclusivas cuando se da la asimilación de nasal, como se deduce de los ejemplos en (17).

17. a. b.
     ha[β]ía a[mb]os
     na[ð]a co[ṇd]e
     ha[γ]o ta[ŋg]o

Otro caso donde notamos que la asimilación de *Punto* y la de *Continuo* se dan al mismo tiempo, es en la palatalización en inglés, portugués y otras lenguas. Aquí, como el mismo Clements hace notar, la obstruyente se asimila en *Punto* y *Continuo* a la vocal o a la deslizada anterior, resultando en una africada. Por ejemplo en inglés la /t/ de *permit* se convierte en la [š] de *permission.* Por ello Clements propone dividir este proceso en dos etapas, contradiciendo su anterior afirmación de que un proceso, por ejemplo asimilación, puede aplicarse una sola vez a dos segmentos contiguos.

En conclusión, la propuesta de Clements, a pesar de resultar adecuada para los nudos *R, Laríngeo* y quizás *Punto,* resulta inadecuada para los otros nudos, esencialmente porque el nudo *Modo* que él propone no se justifica tanto porque no hay un verdadero proceso que afecte a todos los rasgos debajo de *Modo,* como porque la asimilación de *Punto* a menudo implica también asimilación de *Continuo.*

3.2.2.2. La estructura de Sagey

En Sagey (1986) se propone la siguiente estructura:

18.

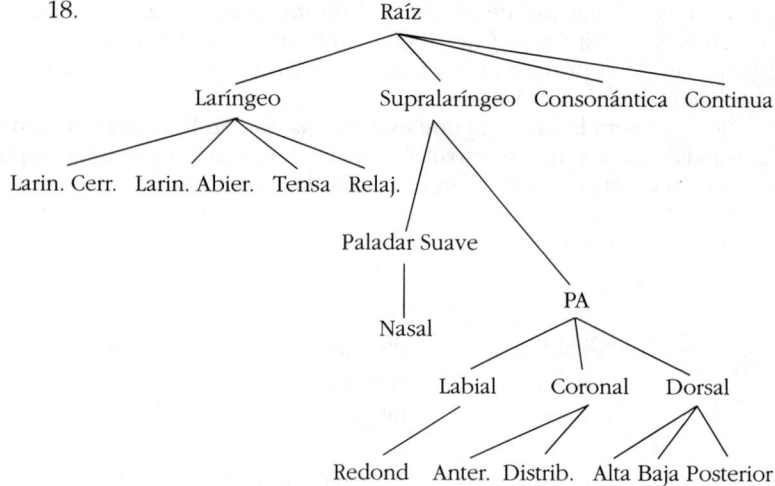

Una innovación importante en esta estructura es que PA contiene tres sub-constituyentes: Labial y Coronal, que en análisis anteriores eran rasgos. Otros sub-constituyentes son Dorsal y Paladar Suave que no aparecen en los análisis anteriores. Coronal se refiere a la punta de la lengua, Dorsal al cuerpo de la lengua, Paladar Suave se refiere a la úvula, cuyo movimiento determina si un segmento es nasal u oral. Nótese además que Sagey no incluye en su estructura los rasgos [Resonante], [Estridente] y [Lateral], porque su posición en la estructura no está fijada.

Otra innovación en la hipótesis de Sagey es que los rasgos no deben llevar el valor + o -: la presencia del rasgo se interpretará como + y la ausencia como -. Esta interpretación del valor binario de los rasgos se deriva de la teoría de subespecificación en Archangeli (1984), a la que volveremos más tarde. Lo interesante es que Sagey extiende este recurso a los constituyentes (y sub-constituyentes), de manera que sólo los constituyentes con rasgos presentes en la estructura (es decir, positivos) aparecen en la estructura. De allí que los rasgos no pertinentes para una representación fonémica no estén presentes en dicha representación, ni lo estarán los nudos que dominen exhaustivamente dichos rasgos.

Finalmente, Sagey sostiene que la relación horizontal y la relación vertical entre constituyentes y/o rasgos de una estructura es un reflejo del tiempo articulatorio. Es decir, estas relaciones reflejan una secuencia temporal entre constituyentes y/o rasgos. Por ejemplo, si un segmento tiene en su representación {$_{Coronal}$ [Anterior]} y {$_{Dorsal}$ [Posterior]} eso quiere decir que es un segmento Corono-Dorsal, como lo es por ejemplo la [ɬ] velar del Catalán, y que, además, la parte Coronal de la articulación es temporalmente anterior a la parte Dorsal. Sin embargo, si bien en el caso de la relación horizontal, precedencia expresa anterioridad temporal en la articulación, en el caso de la relación vertical precedencia, que aquí es dominación, no corresponde necesariamente a anterioridad temporal. Así que en un segmento que sea {$_{Coronal}$ [Anterior]} la articulación Coronal puede ser anterior a la Anterior o no.

Esta hipótesis, no sólo interesante sino muy fuerte, pues puede fácilmente falsearse, fue introducida por Sagey para dar cuenta de los *Segmentos Dobles* (o *Segmentos de Contorno* del inglés "Contour Segments"), es decir fundamentalmente segmentos de doble articulación, tanto de PA, como es el caso de la lateral Corono-Dorsal, o de modo como en el caso de las africadas.

Pero como señala Selkirk (1990), esta hipótesis adolece de dos problemas. El primero es que el tiempo está representado en fonología en el esqueleto CV, éste es el nivel del tiempo ("timing tier"), y no en la estructura segmental. La función de una estructura segmental no es la de expresar la relación temporal entre articulaciones o sub-articulaciones, sino la de expresar la relación de dependencia o de asociación entre constituyentes y/o rasgos. El segundo problema es que a pesar de la intención de Sagey de ofrecer una solución a la cuestión de la representación de los segmentos dobles, deja sin explicación la representación de algunos segmentos dobles, por ejemplo los africados. Consideremos el caso de la [č]. Esta consonante se puede representar y analizar como una secuencia de dos articulaciones, una Coronal y una Palatal (*v.gr.* {$_{Dorsal}$ [Alta]}), es decir [tʃ], cosa que podemos hacer en el modelo Sagey. Pero, como en toda africada, la primera parte de la articulación de [tʃ] es oclusiva y la segunda fricativa. Esta información no puede representarse en la estructura del segmento en cuestión si se adopta el modelo de Sagey. La razón es la siguiente. Recordemos que en el modelo de Sagey los rasgos son exclusivos: presencia de un rasgo R equivale a [+ R] y ausencia de R equivale a [- R]. No se puede representar presencia y ausencia del mismo rasgo en un mismo segmento. Sin embargo en la representación del modo de articulación de [tʃ] eso es precisamente lo que debería haber, como lo hacemos en la estructura parcial de [tʃ] en (19). Pero (19) es imposible en este modelo. Por otra parte, aun en el caso de que [tʃ] se pudiera representar como en (19), quedaría sin resolver la simultaneidad entre [-Continuo] y Coronal, y entre [+Continuo] y Alta.

19.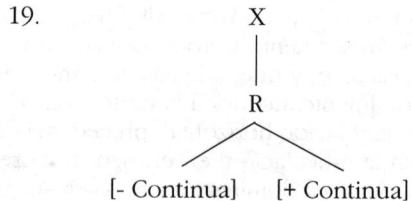

Otro caso problemático para Sagey, similar al que acabamos de analizar, es la representación de las oclusivas prenasalizadas, por ejemplo [ᵐb], presentes en varias lenguas, por ejemplo en algunas lenguas africanas y en algunos dialectos italianos. Éstas deberían representarse como en (20), cosa que es imposible en el modelo que estamos considerando.

20.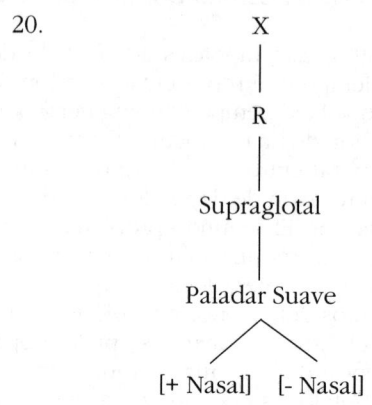

En conclusión, a pesar de que el modelo de Sagey sea mejor que otros porque hace predicciones muy fuertes sobre las características fonológicas y fonéticas de los segmentos (y por ende es falseable), y a pesar de que uno de sus objetivos sea precisamente el de dar cuenta de los segmentos dobles, no resulta adecuado para la definición de algunos de estos segmentos. Por ello, como Selkirk (1990) sostiene, hay que abandonar la idea de que los rasgos debajo de una misma raíz puedan estar temporalmente ordenados.

3.2.2.3. La estructura de McCarthy

En el artículo de McCarthy (1988) se hacen notar varios problemas con la estructura segmental propuesta por Clements. McCarthy por ejemplo muestra que no tiene sentido hablar de un nudo de *Modo* si no hay ningún proceso o dato empírico que lo confirmen. Por otro lado el único proceso que realmente justificaría la existencia de tal nudo debajo del nudo *Supralaríngeo* sería la debucalización, puesto que en tal proceso no se pierde únicamente el Punto sino también el rasgo *Continuo*. McCarthy sin embargo sostiene que la debucalización es la elisión de *Punto* con la consecuente "neutralización" de *Continuo*, sin posterior Asociación. Es por ello que McCarthy elimina de su propuesta los nudos de *Modo* y *Supralaríngeo* y redefine la estructura de la manera indicada en (21), donde *Laríngeo* y *Punto* son nudos de clases que dominan rasgos.

21.

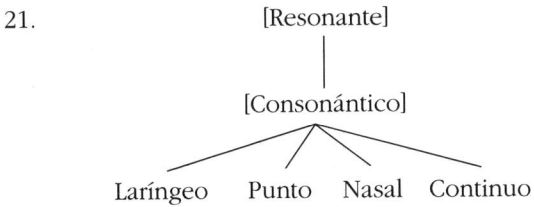

McCarthy trata de sostener su propuesta acudiendo a dos tipos de argumentos: el primero tiene que ver con la comprobación empírica de la estructura propuesta, el segundo tiene que ver con las consecuencias del Principio del Contorno Obligatorio llamado **OCP** (en inglés "Obligatory Contour Principle") que reza esencialmente de la manera siguiente (volveremos a hablar de esta condición más adelante):

22. **OCP**:
   Elementos idénticos adyacentes están prohibidos

En nuestra opinión McCarthy muestra como ya lo había hecho Clements la existencia de una *Raíz* y del nudo *Laríngeo*, pero no nos parece que logre demostrar que *Continuo* depende de la Raíz y que *Punto* es independiente de *Continuo*. Por ejemplo para dar cuenta del proceso de aspiración de la obstruyente oclusiva en Maya Yucateco del ejemplo (23), sostiene que se debe al efecto de OCP sobre la secuencia en cuestión, es decir la secuencia de dos segmentos velares oclusivos, hecho que produce la anulación del rasgo *[-Continuo]* del primer segmento. Debido a esto, el segmento no puede articularse oralmente y se pronuncia como una aspirada, esto es, sin punto de articulación[27].

23. /k#k/ ⟶ [h#k]

Pero lo único que este proceso realmente muestra es que hay pérdida de *Punto* y *Continuo* en el primer segmento, como sucede en todo otro caso de debucalización. Y esto es comprobado por el hecho de que la debucalización en la lengua en cuestión se da inclusive si lo único en común entre las dos consonantes contiguas es el punto de articulación y el rasgo *[-Continuo]*, como se deduce del ejemplo siguiente, donde /t/ y /c/ comparten *Punto* y *[-Continuo]*.

24. /tc/ ⟶ [hc]

McCarthy trata de justificar su análisis generalizándolo e incorporando casos en los que la primera consonante es una africada. Sin embargo no creemos que se justifique para las oclusivas, a menos que la gramática contenga una condición que exija que la disociación de *Continuo* implique anulación de *Punto*. Pero esta condición no sólo sería altamente sospechosa, sino que además sería diametralmente opuesta a la condición a la que McCarthy se refería en su análisis de la debucalización, es decir OCP, esto porque en dicho análisis la pérdida de *Punto* implica anulación de *Continuo*. En conclusión el análisis de McCarthy no se sostiene sobre todo por la falta de interdependencia entre *Punto* y *Continuo:* McCarthy no da cuenta del hecho de que a menudo punto de articulación y continuidad son afectados por el mismo proceso.

Ahora bien, los casos de debucalización que analiza McCarthy deberían no sólo ser el efecto de un solo proceso de *Disociación,* sino que deberían estar relacionados con los varios procesos de *Asimilación* de *Punto* y *Continuo* señalados antes y estudiados por Clements. Como lo hicimos notar, en varios casos la asimilación de *Punto* implica asimilación de *Continuo*. Así que salta a la vista que los varios problemas se resolverían y los varios procesos tendrían una solución uniforme si *Punto* y *Continuo* estuvieran dominados exhaustivamente por un mismo nudo. De esta manera, la *Disociación* de *Punto* y de

---

[27] # representa límite de palabra.

Continuo sería un solo fenómeno, es decir la debucalización, como también lo sería la asimilación de *Punto* y *Continuo*, como sucede en la palatalización.

Otra objeción que quisiéramos hacer a la propuesta de McCarthy es la siguiente: McCarthy sostiene que el rasgo *Lateral* no aparece debajo de la *Raíz* como los otros rasgos de *Modo*, sino debajo de *Coronal*, que es dominado por *Punto*, como se nota en (25).

25.

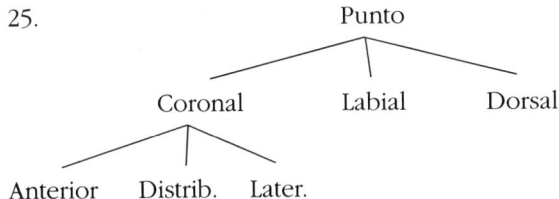

La razón por la cual *Lateral* depende de *Coronal*, sostiene McCarthy, es que toda lateral es coronal. Inclusive cuando se trata de una lateral velar, el segmento contiene un componente corono-lateral. Prueba de ello es que en lenguas que tienen laterales velares, a veces la lateral se convierte en una coronal no-lateral. Por ejemplo en Kuman, la raíz de la palabra *yobuł-o*, con lateral velar, se convierte en *yobut-* si va seguida de *n*, como sucede en (26):

26. yobuł-na ⟶ yobut-na

Ahora bien, nos parece que McCarthy está sugiriendo que este proceso se debe a una disociación del rasgo *Lateral* y de la parte dorsal de *Punto*, dejando intacto la parte *Coronal* de *Punto*. Pero inclusive en este análisis no se justifica la dependencia de *Lateral* de *Coronal*: podría obtenerse el mismo resultado si *Lateral* dependiera por ejemplo de la *Raíz*, puesto que en el análisis de McCarthy sólo se muestra que *Lateral* es afectada independientemente de *Coronal*, y no al revés. En conclusión, el hecho de que *Coronal* y *Lateral* parezcan ser interdependientes no implica que *Lateral* dependa de *Coronal*, porque por lo menos en el análisis aquí señalado, la disociación de *Lateral* y *Dorsal* no afecta a *Coronal*.

Por otra parte está claramente demostrado que el rasgo *Lateral* puede ser afectado independientemente de otros rasgos. Por ejemplo puede ser disociado, proceso que se conoce con el nombre de "deslateralización" y puede ser "asociado" por ejemplo con el de una vibrante siguiente, proceso que se conoce con el nombre de "rotacismo". En efecto en español la deslateralización es la base del "yeísmo".

Una observación importante que se deduce del ejemplo anterior es que, independientemente del análisis que se proponga, para que la lateral se convierta en una [t] no basta con disociar el rasgo *Lateral*, hace falta también cambiar el rasgo *Resonante* puesto que la [t] es [-Resonante]. En otras palabras el ejemplo refuerza la idea sugerida anteriormente de que *Resonante* y *Lateral* son afectados simultáneamente y por ello deberían formar un constituyente. Una solución posible es la que aparece en D'Introno (1988) como también en Rice y Avery (1989) donde *Resonante* domina *Lateral*. Más exactamente y siguiendo de cerca la propuesta de Rice y Avery, *Resonante* (llamado *Spontaneous Voicing* en Rice y Avery) es un nudo que domina tanto *Lateral* como *Nasal*, puesto que los únicos segmentos consonánticos resonantes son las líquidas y las nasales (por lo menos en la mayoría de las lenguas).

Si aceptamos esta hipótesis, *Lateral* no puede formar parte de *Punto*, contrariamente a lo que proponen McCarthy y Sagey. ¿Qué argumentos tenemos para asumir que *Lateral* no forma parte de *Punto*? La respuesta nos la ofrecen el español castellano y otras lenguas donde hay asimilación de lateral. Como hace notar Navarro Tomás (1965), la lateral se asimila a la consonante siguiente, por ejemplo se hace interdental en (27a), dental en (27b), prepalatal en (27c) y palatal en (27d):

27. a. alza
    b. caldo
    c. colchón
    d. el yunque

En fin lo que sucede es que la lateral se asimila en punto a la consonante siguiente. Pues bien, si el rasgo *Lateral* dependiera de *Coronal*, como se sugiere en la estructura (25) de McCarthy, /l/ debería disociar su *Punto* para luego asociarse a la consonante siguiente, como se muestra en (28)

28.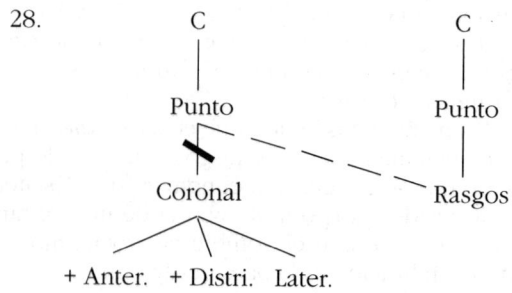

Pero al hacer esto, la /l/ dejaría de ser *Lateral,* pues este rasgo quedaría disociado, por lo tanto el resultado no sería una lateral asimilada, sino otro segmento, más exactamente un segmento no lateral. Para que la asimilación de la lateral dé los resultados apropiados hace falta que el rasgo *Lateral* esté fuera del dominio de *Punto.* En otro término el proceso debería ser el que se resume en (29).

29.
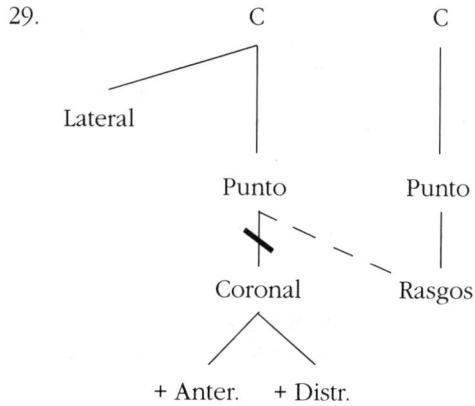

Uno podría tratar de salvar la hipótesis de McCarthy diciendo que lo que se asimila en el caso de las laterales no es *Punto* sino sólo uno de los rasgos que aparecen debajo de *Coronal,* por ejemplo el rasgo *Anterior.* Esto es, en la derivación de *el yunque,* por ejemplo, se daría el siguiente proceso, que dejaría inalterado el rasgo *Lateral:*

30.
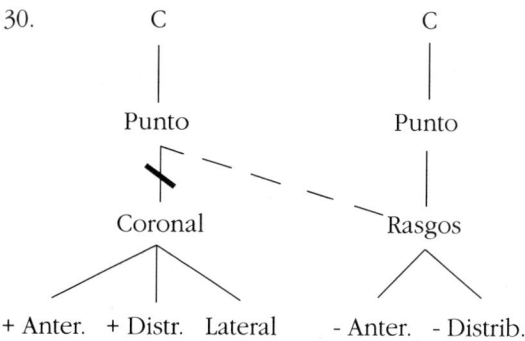

Sin embargo este análisis no puede ser correcto, por dos razones. Si la asimilación en cuestión afectara a un solo rasgo y el rasgo en cuestión fuera *Anterior*, no podríamos dar cuenta de la asimilación de /l/ a [θ] en la palabra *alza,* porque en este caso lo que se asimilaría sería el rasgo *Distribuida* y no el rasgo *Anterior*. En otras palabras, en un caso deberíamos tener asimilación de *Anterior* y en el otro caso asimilación de *Distribuida,* lo que dividiría la asimilación de lateral en dos procesos sin relación. El segundo argumento en contra de la hipótesis de que *Lateral* depende de *Punto* es que en efecto la /l/ de *el yunque* se asimila a la palatal siguiente en *Anterior* y *Distribuida,* y no solamente en *Anterior*. En conclusión la asimilación de lateral implica asimilación de todos los rasgos de PA, pero no del rasgo *Lateral,* lo que claramente muestra que *Lateral* no es un rasgo de PA.

3.2.3. *Una hipótesis sobre la estructura segmental*

Partiendo de las observaciones y conclusiones hechas en los apartados anteriores que nos permiten afirmar que Lateral no puede formar parte de PA, propondremos el siguiente esquema parcial para la estructura segmental:

31.

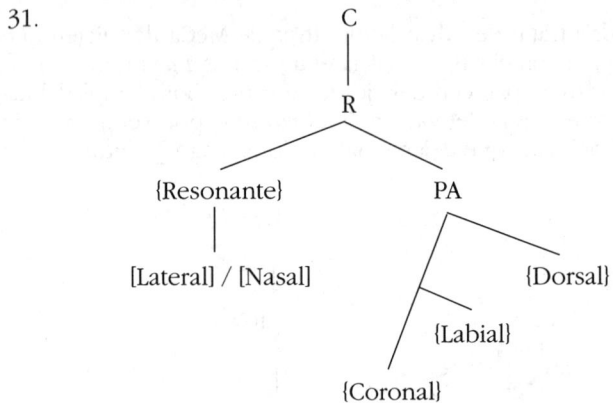

En (31) *C* representa la posición de una consonante en el esqueleto CV (si fuera una vocal el símbolo sería V) y sustituye al rasgo *Consonántico. Resonante* (que como se recordará es sinónimo de no-obstruyente) es un "rasgo superior" en el sentido de que es un rasgo y al mismo tiempo un sub-constituyente del que pueden depender otros rasgos. Lo mismo es cierto de *Coronal, Labial* y *Dorsal*. Además asumiremos lo siguiente:

 a) Los rasgos pueden ser superiores o terminales. Los superiores, en llaves, por ejemplo {Coronal}, se refieren a articulaciones generales de las cuales los rasgos terminales, en corchetes, por ejemplo [Anterior], expresan articulaciones particulares.
 b) Los rasgos terminales son ternarios. Es decir, un segmento puede tener un rasgo R o no (en términos de rasgos binarios sería [+R] o [-R]), o puede estar sin especificar con respecto al rasgo R (no es ni [+R] ni [-R]). Si un segmento está sin especificar con respecto al rasgo R, dicho rasgo deberá introducirse por asociación con el de un segmento adyacente o por una regla automática (véase más abajo).
 c) Los rasgos son privativos en el sentido de que sólo los rasgos positivos aparecen en la estructura fonémica, los otros no.
 d) Los rasgos redundantes no aparecen en la estructura segmental de un fonema. Esto es, cuando un rasgo más alto selecciona uno más bajo, en cuyo caso este último es redundante, el más bajo no aparece en la estructura segmental.
 e) Los rasgos "opuestos", como por ejemplo Alto y Bajo, son excluyentes: la presencia de uno excluye la presencia del otro.

También asumiremos que *Resonante* es un rasgo privativo y puede estar presente o no en la estructura de un segmento. Si está ausente, el segmento es una obstruyente, si está presente es una resonante. *Resonante* puede dominar *Nasal* o *Lateral,* que son rasgos excluyentes. Si *Resonante* no domina nada, el segmento en cuestión es una vibrante.

Tratemos ahora de completar la estructura introduciendo los otros rasgos necesarios. Asumiremos que debajo de {Coronal} tenemos [Anterior] y [Distribuida], debajo de {Labial} [Redondeada] y debajo de {Dorsal} [Alta], [Baja] y [Posterior]. En cuanto al rasgo *Continuo,* ya hicimos notar que hay interdependencia entre el rasgo *Continuo* y *PA,* por ello hemos asumido que forma un constituyente junto con *PA,* que es una proyección (o nivel superior) de PA, *v.gr.* PA'. *MA* significa Paso Principal de Aire (en inglés *"Main Airflow")* y domina a *Laríngeo,* que a su vez domina a [Sonoro], [Glotis Abierta] y [Glotis Cerrada].

32.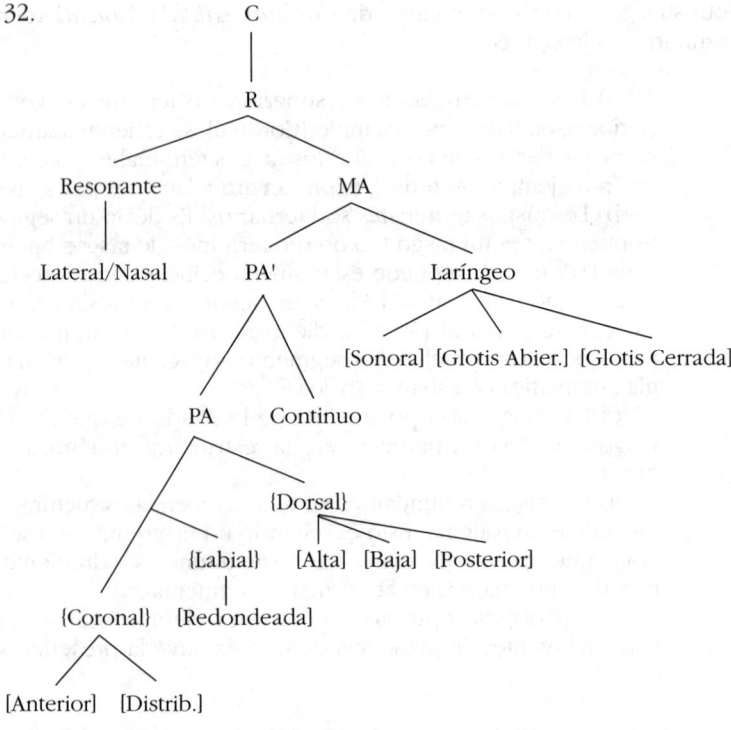

El rasgo *Continuo* está presente en las consonantes oclusivas, las laterales y las nasales. Las obstruyentes sonoras están sin especificar con respecto al rasgo *Continuo*. El rasgo *Sonoro* es redundante para las resonantes y no está presente en la estructura de dichos segmentos.

3.2.3.1. Procesos y condiciones

Tratemos ahora de completar la hipótesis sobre la estructura segmental definiendo los procesos y las reglas existentes en la fonología de una lengua. Asumiremos que existen dos procesos fonológicos, es decir, *Disociación* y *Asociación,* y los siguientes tipos de reglas:

33   a. Reglas por defecto
      b. Reglas de redundancia
      c. Reglas automáticas

Las reglas por defecto son reglas particulares de cada lengua que insertan un rasgo o un conjunto de rasgos debajo de un mismo nudo en una determinada estructura. Por ejemplo en algunos dialectos del español hay una regla por defecto que inserta el rasgo *Posterior* en las nasales que han perdido sus rasgos de Punto, de manera que dichas nasales se hacen velares.

Las reglas de redundancia son de dos tipos: las que insertan un rasgo dependiendo de la presencia de otro rasgo (estas son esencialmente las reglas que hemos visto al hablar del modelo SPE) y las que especifican para cada rasgo el valor + o -.

Las reglas automáticas, probablemente universales, especifican un rasgo sin especificar, independientemente de otros rasgos. Una de estas reglas es la regla de *Alveolarización* que inserta debajo del nudo vacío *PA* el rasgo *Coronal* y debajo de *Coronal* el rasgo *Anterior*, aproximadamente como en (34)[28].

34. **Alveolarización**
    PA $\longrightarrow$ ($_{PA}$ {$_{Coronal}$ [Anterior]})

En cuanto a las condiciones que regulan la aplicación de *Disociación*, de *Asociación* y de las reglas tenemos, además de OCP y PLC repetidos aquí como (35b) y (35c), respectivamente, la siguiente condición de buena formación:

35 a. **Condición de la preservación de la estructura (CPE):**
    La estructura superficial de un segmento debe ser una estructura bien formada con todos los rasgos presentes y especificados con el valor + o -.
   b. **OCP**:
    Elementos idénticos adyacentes están prohibidos.
   c. **PLC**:
    Las líneas de unión no pueden cruzarse.

De CPE se deduce que un segmento afectado por *Disociación* por debajo de la raíz debe ser asociado a otro segmento o debe ser rellenado por medio de una de las reglas de manera que el resultado corresponda a una estructura bien formada y con todos los rasgos presentes. Del mismo principio podemos deducir que en la estructura superficial todos los rasgos deben estar especificados con + o -.

---

[28] Como explicaremos más tarde, en el caso de las laterales la alveolarización es la introducción del rasgo [Anterior] debajo de {Coronal}.

PLC, como vimos más arriba, impide que dos líneas de asociación se crucen, de lo que se deriva que un segmento no puede insertarse entre dos segmentos asociados, por ejemplo entre dos geminadas.

3.2.3.2. Efectos y consecuencias de la hipótesis

Veamos brevemente los efectos de *Disociación* y *Asociación* sobre los varios nudos presentes en la estructura propuesta:

Disociación de *PA* con *Asociación* de *PA* del segmento adyacente da lugar a la asimilación de punto de articulación. Volveremos sobre esto más abajo.

Disociación de *PA'* con *Asociación* da lugar a varios de los procesos mencionados anteriormente en los que hay asimilación de *PA* y del rasgo *Continuo*, como en el caso de la palatalización analizada por *Clements*. Otra posibilidad que surge en el caso de *Disociación* de *PA'* es la siguiente. Si el segmento afectado es una obstruyente, el rasgo *Resonante* no está presente, por lo que lo único que queda después de *Disociación* de *PA'* es el nudo *Laríngeo*. Este proceso consiste en la debucalización del segmento, que se realiza como [h], si el segmento es continuo, o como [ʔ] si el segmento no es continuo[29]. Las líquidas y las nasales son resonantes, por ello no dan origen a [h] o [ʔ].

Disociación de *Laríngeo* con *Asociación* da lugar a los casos de asimilación de sonoridad y aspiración. La disociación de *MA* equivale a la elisión del segmento en el caso de las obstruyentes. En el caso de las resonantes tenemos las siguientes posibilidades:

a. Si se trata de una nasal, *MA* se asocia con el nudo correspondiente de la vocal precedente y obtenemos una vocal nasalizada.
b. Si se trata de una líquida, *MA* se asocia con el nudo correspondiente de la vocal precedente y obtenemos una líquida vocalizada o una deslizada *(v.gr.* una semivocal). Los siguientes casos ejemplifican estos procesos:

(i) "vocalización" de las líquidas en algunos dialectos del inglés, por ejemplo en el dialecto de Martha's Vinyard descrito por Labov (1972) donde por ejemplo la /r/ final de la palabra *car* se realiza como una schwa.

(ii) deslizamiento de las líquidas en el dialecto cibaeño del es-

---

[29] Después de la Disociación, *PA'* del segmento en cuestión está vacío y se asocia con el del segmento anterior.

pañol de la República Dominicana, donde la /r/ de *porque* y la /l/ de *papel* se realizan como la deslizada *[j]*
    (iii) deslizamiento de la lateral en el portugués brasileño donde la /ł/ de *Brasi/ł/* se realiza [w], *v.gr. Brasi[w]*, o en el latín vulgar de España y Francia donde la /l/ de por ejemplo *alter* pasa a [w] y luego se fusiona con /a/, dando [o].

La disociación de *Resonante* no requiere *Asociación* puesto que lo que queda, es decir *MA*, es una estructura bien formada. Esta disociación da lugar a un segmento obstruyente como en el cambio de la lateral en [t] que hemos visto anteriormente[30].

Es importante tomar en cuenta el hecho de que *Disociación* y *Asociación* pueden afectar rasgos individuales. Para dar un ejemplo interesante de este proceso, veamos qué le pasa a una resonante que no tiene ningún rasgo debajo de Resonante (porque ha sido disociado, por ejemplo). La resonante en cuestión se asimila a una resonante y no a una obstruyente puesto que las obstruyentes no tienen el nudo Resonante. Esto es lo que sucede en los casos siguientes:

36   a. Líquida + Nasal ⟶ Nasal + Nasal
       Por ejemplo en algunos dialectos del español palabras como *pierna* se realizan con una nasal geminada *pie[nn]a*.
   b. Nasal + Líquida ⟶ Líquida + Líquida
       Por ejemplo en italiano la /n/ de la preposición *con* en contacto con la /l/ del artículo *la* se convierte en una geminada *co[ll]a*.
   c. Líquida no-Lateral + Líquida Lateral ⟶ Líquida Lateral + Líquida Lateral
       Por ejemplo en algunos dialectos del español la secuencia /rl/ se convierte en la geminada [ll], como en la pronunciación de *verlo* como *ve[ll]o*.
   d. Líquida Lateral + Líquida no-Lateral ⟶ Líquida no-Lateral + Líquida no-Lateral
       Por ejemplo en algunos dialectos del español la secuencia /lr/ se realiza [r̃], como en la prounciación *a[r̃]ededor* por *alrededor*.

En principio estos procesos podrían analizarse como casos de geminación, pero no creemos que éste sea el caso porque las asimila-

---

[30] Si el segmento resultante se asimila en sonoridad a un segmento sonoro adyacente, el resultado es por supuesto una [d].

ciones en (36) son mucho más frecuentes que la geminación de obstruyentes y a veces se dan en lenguas que no manifiestan geminación de obstruyentes.

Revisaremos brevemente ahora los casos de segmentos con un rasgo vacío a los que no se le aplica *Asociación*. Por la condición *CPE* deben aplicarse las reglas de redundancia y las reglas por defecto. Veamos algunos ejemplos. Si se trata de un rasgo redundante, se inserta el rasgo correspondiente. Si se trata de un rasgo sin especificar se inserta el rasgo no-marcado, por ejemplo [-Continuo], [-Sonoro], [-Glotis Cerrada], etc., u otro rasgo por medio de una regla por defecto. El caso de Lateral es un tanto particular, porque tanto el rasgo [-Lateral] como el rasgo [+Lateral] puede ser el rasgo no-marcado, así que en algunas lenguas o dialectos se inserta el primero (rotacismo) y en otros el segundo (lambacismo).

3.2.3.3. Asimilación de lateral y nasal

Ahora quisiéramos analizar los dos procesos asimilatorios clásicos del español castellano, el de las laterales y el de las nasales. Pero antes observemos que las laterales en castellano son distintivamente dos, la coronal anterior no distribuida /l/ y la coronal no-anterior distribuida, es decir palatal, /λ/. Las *nasales* son distintivamente tres, la coronal anterior no-distribuida /n/, la coronal no-anterior distribuida /ɲ/ y la labial /m/. Partiendo de esto propondremos que la neutralización en el caso de las laterales consiste en la Disociación de los rasgos dependientes de *Coronal,* que son [Anterior] y [Distribuido], como se muestra en (37a) para /l/ y en (37b) para la /λ/.

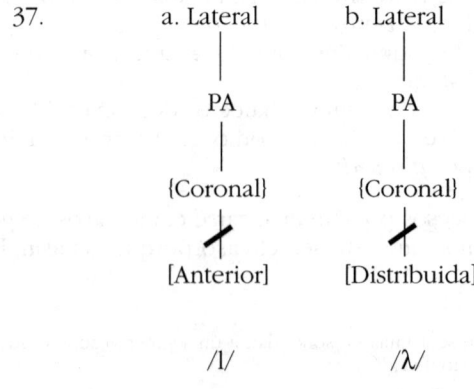

En el caso de las nasales la neutralización consiste en la disociación de PA, como se muestra en (38).

38.

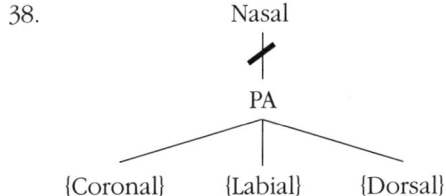

Después de Disociación, *e/l/* y *é/λ/* se convierten en *eL* y *éL*, respectivamente, y *co/n/*, *albu/m/* y *desde/ɲ/* se convierten en *coN*, *álbuN* y *desdéN* (las letras mayúsculas representan segmentos sin rasgos de punto de articulación)[31]. Luego, si los segmentos van seguidos de una consonante, podrán asimilarse a dicha consonante. Si no se asimilan, se les aplicará la regla automática de Alveolarización y se obtendrá *e[l]* y *é[l]*, por una parte, y *co[n]*, *albu[n]* y *desdé[n]*, por otra parte[32].

La pregunta ahora es qué pasa si hay *Asociación* con la consonante siguiente. La nasales podrán asimilarse a todo tipo de consonante siguiente porque tienen *PA* vacío, esto es, su asimilación es en el nivel de PA. De manera que *coN* podrá realizarse bilabial, velar, etc.:

39   a. co[m] Vicente
     b. co[ɲ] Castro, etc.

Las laterales por su parte podrán asimilarse únicamente a las consonantes coronales. La razón de ello es que el nudo vacío en este caso es *Coronal* y no *PA*. De manera que la lateral de *eL* podrá asimilarse a una interdental, a una dental, a una alveolar o a una palatal, pero no a una labial o a una velar, en cuyo caso se alveolarizará con la regla automática, como se muestra en (40):

---

[31] Otro ejemplo de neutralización y asimilación de /m/ es el de palabras como *presumir* que se hace interdental en *presunción*. Un ejemplo paralelo con la palatal es *riña* y *rencilla*. Otros ejemplos más difíciles de explicar con palatal son *año* y *anual*, y quizás *cuña* y *cuneiforme*.

[32] La alveolarización de la nasal en este caso va acompañada de unas reglas de redundancia que permiten "reconstruir" {Coronal} y PA.

40 a. e[l] cerezo
   b. e[λ] chorizo
   c. e[l] sueño
   d. e[λ] llavero
   e. e[l] beso
   f. e[l] coche

Una prueba de que éste es el análisis adecuado para laterales es la siguiente. En varios dialectos del español las nasales a final de palabra y a veces a final de sílaba se velarizan (volveremos sobre esto más abajo). En estos dialectos no hay velarización de lateral. ¿Por qué? La respuesta es muy sencilla: las laterales se neutralizan por pérdida de los rasgos debajo de {Coronal}, por lo tanto sólo puede haber alveolarización, en cuanto alveolarización consiste en la inserción del rasgo [Anterior] en este caso. El rasgo dorsal [Posterior] simplemente no puede insertarse debajo {Coronal}.

Otra prueba que puede deducirse del comportamiento de estos dialectos es que a veces manifiestan asimilación de la nasal a una labial, con o sin velarización de la nasal. Pero no hay labialización de lateral, lo que una vez más confirma la hipótesis de que la neutralización de las laterales en español consiste en la pérdida de los rasgos debajo de {Coronal}, mientras que en el caso de las nasales consiste en la pérdida de los rasgos debajo de PA.

Un dato interesante que merece explicación es la coarticulación de nasal que se da cuando la consonante siguiente es una labial o velar[33], por ejemplo en casos como (41a) y (41b):

41 a. co[nᵐ] Vicente
   b. co[nŋ] coche

Nuestra explicación para estos casos es que aquí se da tanto *Asociación* entre la nasal de *coN* y la consonante siguiente, como Alveolarización: después de la asociación con la consonante siguiente, {Coronal} está aún vacío y puede ser rellenado por el rasgo Anterior. Esta explicación da cuenta de los hechos siguientes:

---

[33] Cuando la nasal va seguida de una consonante puede haber en todo caso cierto grado de "coarticulación" por anticipación de la articulación de la consonante siguiente. Pero los dos casos señalados, que son los que Navarro Tomás presenta en (§ 110), son distintos, en el sentido de que la coarticulación es completa. De manera que inclusive en palabras como *himno* en nuestra opinión no hay verdadera coarticulación del tipo [mⁿ] para la /m/.

a. Este tipo de coarticulación se da solamente con las nasales porque son las únicas consonantes que pueden asimilarse en punto de articulación a cualquier segmento.

b. La coarticulación no puede darse con las laterales porque en este caso se puede asimilar {Coronal}, de manera que si se asimila se obtienen las varias laterales en los datos en (40), y si no se asimila se alveolariza. Lo que explica también el que en español no exista una lateral corono-velar como en catalán, portugués y otras lenguas, aun en los casos en que uno se esperaría que hubiera una corono-velar por asimilación a la consonante siguiente.

3.2.3.4. Otros procesos que afectan a las nasales

3.2.3.4.1. Pluralización

Como hemos visto en la sección anterior, el primer ciclo para la aplicación de los procesos y reglas es el de la palabra mínima. En el caso de *desdenes* el primer ciclo corresponde a *desdé/ɲ/*, al que se aplica Disociación de PA y luego Alveolarización. En el siguiente ciclo la [n] resultante resilabea con la [e] epentética. Disociación de PA no se da si la forma subyacente es *desde/ɲ/ito*, que de hecho algunos de nuestros informantes realizaron espontáneamente y pronunciaron con una nasal palatal, pero sí en *desde/ɲ/cito* que se realiza superficialmente con una nasal interdental. Este análisis está confirmado por el plural de *álbum*. Para unas cuantas personas esta palabra se pronuncia con una nasal bilabial, lo cual quiere decir que no se le aplica Disociación de PA ni alveolarización (o asimilación si la palabra va seguida de consonante). Para estos mismos hablantes el plural es *álbu[m]es*, como es de esperarse. Pero la mayoría de los hablantes dice *álbu[n]* (o con nasal asimilada si va seguida de consonante) y *álbu[n]es*. En este último caso el primer ciclo es el de *álbu[m]*, que disocia su PA y alveolariza la nasal. En el siguiente ciclo, la nasal resilabea con la [e] epentética. Curiosamente también hemos registrado la forma *álbu[ns]* que se ajusta a nuestro análisis, pero contradice el análisis de Harris presentado más arriba en cuanto que no se da inserción de [e], que como hemos visto es la forma superficial de la vocal del patrón del plural cuando tal vocal no está presente.

3.2.3.4.2. Velarización

Como hemos señalado en varias ocasiones algunos dialectos del español velarizan la nasal final de palabra o final de sílaba. En este apartado vamos a analizar algunos de estos dialectos de acuerdo con la hipótesis de la estructura segmental que hemos propuesto.

3.2.3.4.2.1. Caraqueño

En el español de Caracas las nasales a final de sílaba, incluyendo final de palabra, se velarizan y no se asimilan a la consonante siguiente (pero véase más abajo). Así que la palabra *compensación* se pronuncia *co[ŋ]pe[ŋ]sació[ŋ]*, con tres velares. *Álbum* se pronuncia también con velar. Este hecho se puede explicar asumiendo que la nasal se somete a Disociación de PA pero no a Asociación ni a la regla automática de Alveolarización, sino a una regla particular, es decir, una regla por defecto de Velarización que inserta debajo de PA el rasgo [Posterior], aproximadamente de la manera siguiente:

42.

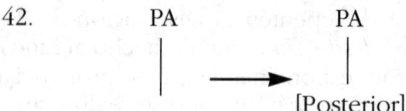

Los otros rasgos se insertan por medio de reglas de redundancia. Nótese que la regla no hace referencia al rasgo [Nasal] por razones que se harán obvias más tarde.

Ahora bien, la regla de Alveolarización es una regla más general que la regla de Velarización. Así que podemos ver la Velarización como el caso marcado (o excepcional) y la Alveolarización como el caso no marcado de un parámetro[34]. Sin embargo este parámetro no es excluyente: en los mismos dialectos donde hay Velarización se puede dar Alveolarización, aunque de manera menos frecuente. Esto

---

[34] Observemos que [n] es la nasal más comun en todas las lenguas y siempre está presente: si una lengua tiene nasales, tiene necesariamente [n], si tiene por ejemplo nasal labial o palatal debe tener [n]. Por otra parte, en muchas lenguas la "neutralización" de las nasales en un determinado contexto da como resultado una [n], si no hay asimilación. La velarización es particular, aparece en algunos dialectos o lenguas y en cierto sentido es el caso marcado porque no sigue el patrón universal. Por ello podríamos decir que es la opción negativa o más costosa de un parámetro.

queda comprobado por los hechos siguientes registrados en el español de Caracas:

    a. *Desde[n]es* y *álbu[n]es* se pronuncian así, con alveolar, nunca con velar.
    b. En algunos casos, generalmente cuando la nasal final de palabra va seguida de vocal, la velarización alterna con la alveolar: *con amor* se puede pronunciar con velar o con alveolar.

Pero estos datos nos obligan a examinar atentamente las derivaciones. Empecemos por el segundo caso. Se podría decir que aquí, cuando hay alveolarización, Disociación simplemente no se aplica. Esto no es sorprendente, pues sólo requiere reformular ligeramente nuestra hipótesis sobre la Disociación de manera que ésta sea facultativa. Sin embargo esto crea un problema. Delante de consonante la nasal es sistemáticamente una velar, lo cual quiere decir que su punto siempre se disocia y luego se rellena con [Posterior]. Si se adopta la hipótesis de que Disociación es facultativa, no vemos cómo podríamos hacerla obligatoria delante de consonante de manera que en este caso se diera velarización. Así que la hipótesis de que Disociación es facultativa debe abandonarse.

Otra solución posible es la siguiente: podemos asumir que Disociación siempre se aplica, luego se aplica Velarización, con la excepción de los casos en que hay alveolar donde se aplica Alveolarización. Pero esta solución también es incorrecta, por la razón siguiente. Como muestran D'Introno, Sosa y Ortiz (1988), cuando hay velar seguida de vocal no hay resilabeo (por ejemplo *co[ŋ]$amor)*, pero si hay alveolar casi siempre hay resilabeo *(i.e. co$[n]amor)*. Nuestra respuesta a este problema es la siguiente. Asumamos que:

    a) Las reglas de Velarización y Alveolarización son posteriores a silabificación y se aplican bajo la condición contextual de que la nasal aparezca a final de sílaba en el primer caso, y a comienzo de sílaba en el segundo caso[35].
    b) Silabificación es obligatoria dentro de la palabra, facultativa entre palabras.

Entonces las derivaciones de *co$[n]amor* y *co[ŋ]$amor* serán las que aparecen en (43), y la de *desde[n]es* será la que aparece en (44):

---

[35] En el español de Caracas la nasal velar no puede aparecer a comienzo de sílaba. Aparentemente esto es posible en cubano (Guitart, comunicación personal), aunque algunos lingüistas duden de esta posibilidad (Zamora, comunicación personal).

43. Disociación: co/n/ —→ coN
    Silabificación facultativa: coN$amor, co$Namor
    Regla por defecto: co[ŋ]$amor
    Regla automática: co$[n]amor
44. 1er ciclo. Disociación: desde/ɲ/ —→ desdeN
    2º ciclo. Silabificación: desde$Nes
    Regla por defecto: inaplicable
    Regla automática: desde$[n]es

Esta solución da cuenta del hecho de que en caraqueño una nasal a final de sílaba siempre es velar, por ejemplo en *ca[ŋ]tar, co[ŋ]padre*, etc., y no excluye una pronunciación que en efecto se da con cierta frecuencia: cuando la nasal va seguida de una bilabial, sobre todo en interior de palabra como en *compadre*, puede haber coarticulación, por ejemplo *co[ŋᵐ]padre*. Esta realización tiene sin embargo una explicación similar a la de la coarticulación revisada anteriormente: después de Disociación, se aplica la regla por defecto de la Velarización. Este punto {Labial} de la consonante está vacío y puede ser asociado con el de la consonante siguiente. La coarticulación corono-velar también es posible, con o sin asimilación a una consonante siguiente, como prueba un experimento que hemos realizado.

En conclusión, nuestro análisis implica que la nasal adquiere su rasgo por Alveolarización o Velarización, según el dialecto y si va seguida de una consonante con un distinto PA puede asimilarse a dicha consonante. Nuestros experimentos también indican que en el caso de que haya Velarización (regla por defecto) puede aplicarse Alveolarización (regla automática), obteniéndose así una nasal corono-velar.

3.2.3.4.2.2. Cubano y dominicano

En cubano las nasales tienen las mismas realizaciones que en caraqueño, con una diferencia importante: si la nasal va seguida de labial se asimila a la labial. Por ejemplo *contento* se pronuncia con velar, pero *compadre* se pronuncia con [m]. Este fenómeno se puede explicar diciendo que en cubano se da Asociación si la nasal va seguida de labial.

Sin embargo este fenómeno merece un poco más de atención. Al hablar del caraqueño mencionamos la coarticulación cuando la nasal va seguida de bilabial como en *co[ŋᵐ]padre*. Pues bien, después de un análisis atento de las realizaciones bilabiales en cubano, hemos llegado a la conclusión de que, por lo menos en nuestros datos, son idénticas a las del caraqueño, es decir, se trata de velares con coarticulación bilabial, y no de verdaderas bilabiales. De manera que el análisis que hemos propuesto para el caraqueño es válido también en este caso.

Pasemos al dominicano. En este dialecto una nasal en interior de palabra se asimila a la consonante siguiente, excepto cuando ésta es una bilabial, en cuyo caso se velariza. A final de palabra una nasal se velariza. De manera que *pan* se realiza *pa[ŋ]*, *contigo* se realiza *co[n̪]tigo* (con una nasal dental) y *compadre* se realiza *co[ŋ]padre*. Éste es el patrón que se puede deducir de Núñez-Cedeño (1978). Sin embargo Jiménez Sabater (1975) afirma que una nasal seguida por ejemplo de /m/, como en *conmigo*, se asimila a la [m]. Así que, dejando de lado el caso de la bilabial que en nuestra opinión merece un estudio más detenido, el comportamiento del dominicano es esencialmente una combinación de castellano, en interior de palabra, y cubano, a final de palabra. Este patrón se da también en asturiano y se explica al asumir que Asociación de PA está limitada al interior de palabra (es decir cuando la nasal va seguida inmediatamente por una consonante), y la regla por defecto, Velarización, se aplica cuando la nasal aparece a final de palabra, es decir, seguida de #. Aparentemente el asturiano se comporta de esta misma manera.

Para concluir esta presentación sobre dialectos velarizantes quisiéramos hacer notar que en algunos de estos se da una velarización de las obstruyentes sordas. A final de sílaba o de palabras éstas pueden realizarse como una [k] más o menos sonorizada. Por ejemplo *septiembre* se puede realizar *se[k]tiembre*. Esta velarización se puede explicar de una manera paralela a la de las nasales, es decir, con Disociación de PA seguida de una regla de Velarización por defecto.

3.2.3.5. Observaciones sobre obstruyentes sonoras y laterales

En este apartado quisiéramos retomar muy brevemente dos temas que hemos abordado en varias ocasiones: el de la realización de las obstruyentes sonoras y el de la deslateralización.

Como sabemos, las obstruyentes sonoras se realizan oclusivas después de nasal y, en el caso de la dental, después de lateral. A primera vista este hecho parecería estar relacionado con la asimilación de PA de la nasal y de la lateral y podría hacer pensar en una asimilación de PA' en lugar de PA, como en efecto hemos sugerido más arriba. Pero en vista de que las obstruyentes sonoras se realizan oclusivas también en los dialectos donde no hay asimilación, por ejemplo en caraqueño *en Venezuela* se realiza *e[ŋb]enezuela,* la solución debe ser otra. Nuestra hipótesis es que fonémicamente las obstruyentes sonoras están sin especificar con respecto al rasgo [Continuo]. Al estar precedidas de un segmento especificado [Continuo] se asimilan a dicho segmento, como cuando van precedidas de vocal, por ejemplo en la palabra *advertencia* que se realiza con dos continuas *a[ðβ]ertencia* porque la dental se asimila a la vocal y la labial a la dental. Si no van precedidas de un segmento [Continuo] se realizan [-Continua] por regla de redundancia, lo que nos da obstruyentes oclusivas cuando van precedidas de nasal o lateral, independientemente de que haya habido asimilación de PA o no[36].

Pasemos al tema de la deslateralización. Este proceso consiste en la Disociación del rasgo [Lateral]. Si se trata de /l/ la deslateralización da como resultado una [r], fenómeno conocido con el nombre de "rotacismo". Si se trata de una /λ/ el resultado es una palatal no lateral es decir [y], fenómeno conocido con el nombre de "yeísmo".

3.3. LA FONOLOGÍA CV

3.3.1. *Introducción*

En el modelo SPE no existe una entidad silábica, aunque sí existe el rasgo [Silábico] que permite distinguir por ejemplo las vocales de las consonantes. La razón de ello es que la sílaba no tiene una verdadera expresión fonética, una correlación fonética directa. No es un sonido sino una entidad abstracta de la organización prosódica. Pero en los años 70, gracias también a la llegada de la fonología segmental, se empieza a reconocer la sílaba como entidad prosódica, lo que ha permitido entender mejor ciertos procesos fonológicos. Esta tendencia empieza con los trabajos de Kahn (1976) y Selkirk (1982), entre otros.

¿Qué motivó el interés por la sílaba? La respuesta es esencialmente la siguiente:

a. La sílaba es un dominio natural para dar cuenta de muchos contrastes fonéticos, por ejemplo los que se dan entre consonantes a comienzo de sílaba y consonantes a final de sílaba. Por ejemplo procesos como la neutralización y la asimilación sólo afectan a segmentos a final de sílaba. La elisión es mucho más común a final de sílaba que a comienzo de sílaba. Ahora bien, estos procesos a veces no afectan a clases de segmentos, sino a cualquier segmento que se encuentre en una posición particular: la de final de sílaba. Si la noción de sílaba no

---

[36] Esta hipótesis deja sin embargo sin explicar el caso de cal[d]o, con oclusiva, y al[β]a y al[γ]o con fricativa, tanto en los dialectos con asimilación como en los dialectos sin asimilación.

forma parte de la fonología, la explicación de estos procesos se hace prácticamente imposible.

b. La sílaba puede dar cuenta de ciertas restricciones fonotácticas, como por ejemplo los grupos consonánticos, que como vimos en el capítulo anterior para el español son distintos según aparezcan a comienzo de sílaba o a final de sílaba. A comienzo de sílaba podemos tener una obstruyente seguida de una inobstruyente, y a final de sílaba al revés.

c. La distribución de los segmentos en una palabra depende en parte de la sonoridad de los mismos, y la sonoridad es uno de los factores fundamentales de la estructura silábica. La sílaba se justifica desde un punto de vista teórico porque provee la organización melódica de los segmentos. La sílaba es la unidad fonológica que organiza las melodías segmentales en términos de sonoridad, siendo la vocal el pico y los otros segmentos de la sílaba las márgenes de la sonoridad.

d. Algunas reglas pueden expresarse de una manera general sólo si se hace referencia a la sílaba aun cuando el elemento afectado por la regla no aparezca a final (o a comienzo) de sílaba. Una prueba de esto es la regla de velarización de nasal. Como vimos en el capítulo anterior la nasal se velariza en ciertos dialectos del español (por ejemplo en caraqueño) si aparece en posición posnuclear, tanto si está a final de sílaba, por ejemplo en la palabra *co[ŋ]*, como si no lo está, por ejemplo en la palabra *co[ŋ]s$truir*. Pues bien, la mejor manera de expresar esta generalización es por medio de una regla del tipo siguiente (véase Harris [1983]) que hace referencia a la posición de Rima de la nasal:

1.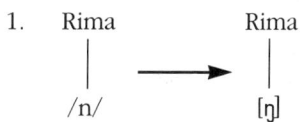

e. Es necesario distinguir entre sílabas "fuertes" o trabadas, y sílabas "débiles" o libres, puesto que el acento y el tono tienden a caer sobre las sílabas fuertes. Véase a este respecto las reglas de acentuación presentadas en el capítulo anterior.

f. Algunos procesos fonológicos tienen como dominio la sílaba y no el segmento. Un ejemplo de esto es la faringealización que se da en árabe (en particular el árabe de El Cairo) que afecta a secuencias no inferiores a la sílaba.

g. Algunos juegos lingüísticos están basados sobre la sílaba. Por ejemplo hay "lenguas" creadas por los niños consistentes en la inserción de una secuencia entre secciones de una misma palabra. Ahora bien, tanto la secuencia que se inserta como las secciones son sílabas. Por ejemplo, la secuencia puede ser la sílaba *ta* y una palabra como *mesa* puede pronunciarse *tametasa*.

h. Los hablantes tienen intuición sobre las sílabas: por un lado pueden crear juegos lingüísticos y por otro lado pueden silabificar cuando es necesario.

En conclusión, la sílaba es una entidad fonológica imprescindible. Pero en fonología moderna y en particular en fonología generativa la noción de sílaba sólo aparece después de SPE. Kahn (1976) es el primero en sostener que los segmentos están ligados a un nudo S de sílaba por medio de líneas de asociación como las de la fonología autosegmental. En su análisis cada secuencia máxima de segmentos dominados por el mismo nudo S constituye una sílaba, y una palabra como *perro* en español recibe una representación silábica como la de (2), donde [r̃] es un segmento ambisilábico, es decir, asociado con dos sílabas.

2.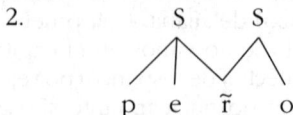

Pero el trabajo de Kahn adolece de ciertas fallas. Por ejemplo no contiene patrones o reglas para definir las posibles sílabas y las posibles secuencias prenucleares y posnucleares. Kahn simplemente asume que los grupos consonánticos permitidos a comienzo de sílaba son los mismos que se dan a comienzo de palabra, lo cual es falso. Kahn tampoco se abocó a la tarea de establecer cómo se construye la sílaba (silabificación) y cómo se modifica la sílaba (resilabeo). Estas fallas quedan sin embargo resueltas en trabajos posteriores, por ejemplo en Clements y Keyser (1983).

3.3.2. *Clements y Keyser*

Kahn había trabajado con dos niveles, el segmental y el silábico. Clements y Keyser proponen un tercer nivel o plano en la representación fonológica ubicado entre la sílaba y los segmentos, el plano CV, o como lo hemos venido llamando, el esqueleto CV. McCarthy había introducido la idea de un plano CV en un trabajo anterior (McCarthy, 1975), pero en su hipótesis el plano CV es un plano morfológico. Para Clements y Keyser el plano CV determina por una parte las posiciones funcionales de los segmentos en el sentido de que un segmento dominado por V es un pico silábico y un segmento dominado por C es una margen silábica, y por otra parte determina el registro temporal. Esto es, el plano CV es el que define el "tiempo" de los segmentos y de las secuencias de segmentos. Cada símbolo C o V es un "momento" en la secuencia temporal, representada por la secuencia de C y V, pero las vocales son más largas que las consonantes, y las consonantes geminadas, o consonantes como la [r̃] en español, ocupan dos posiciones o "momentos" en el plano CV, como se nota en (3) que nos recuerda la silabificación de Kahn.

3.

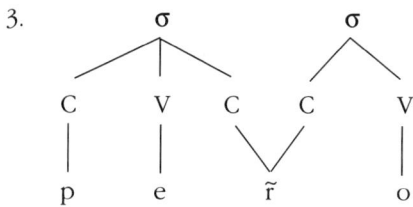

Notemos ahora que en la representación silábica de Clements y Keyser la sílaba no tiene una estructura interna, como en el análisis que presentamos en el capítulo anterior o en el estudio de Harris (1983), donde la sílaba tiene un Ataque y una Rima, y ésta a su vez tiene un núcleo. Por ejemplo las estructuras de las palabras *más* y *muy* son las que aparecen en (4). En estas representaciones el símbolo σ de sílaba domina directamente a los símbolos C y V que a su vez dominan directamente a los segmentos.

4.

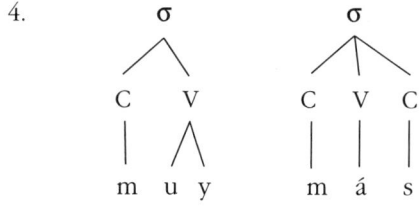

Observemos también que en este modelo no existe un símbolo y un nudo para las deslizadas. Estas forman una unidad V junto con la vocal, como se nota en la representación de *muy*. En otros términos un diptongo está anclado en V igual que una vocal y no contiene, desde el punto de la secuencia CV una estructura interna o una longitud mayor que una vocal.

La pregunta obvia ahora es ¿cómo se forman las sílabas de una palabra? Es decir ¿cuál es el proceso de silabificación? Clements y Keyser ofrecen el siguiente algoritmo:

Partiendo desde el centro de la palabra hacia los extremos de la palabra:

a. Los símbolos V se asocian con los símbolos σ.

b. Los símbolos C a la izquierda de cada V se asocian con los símbolos σ que dominan a las V, uno a la vez y respetando las restricciones sobre secuencias segmentales en la sílaba (véase al respecto las pautas de silabificación del español en el capítulo anterior).

c. Luego se procede de la misma manera con los símbolos C a la derecha de cada V.

Por ejemplo, dada la palabra *abstracto* cuyos segmentos están asociados a los símbolos C y V del esqueleto CV, las instrucciones en (a) dan como resultado (5a), las instrucciones en (b) dan los resultados de (5b) y las instrucciones en (c) dan los resultados de (5c).

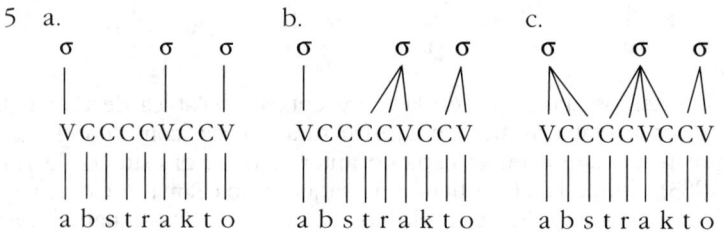

En este modelo, grupos largos de segmentos, generalmente consonánticos, no siempre pueden asociarse a una sílaba. Esto sucede por ejemplo con préstamos de otras lenguas. Para dar un ejemplo, si se adopta la palabra */spageti/*[37] del italiano se tiene que silabear de acuerdo con las restricciones silábicas del español. De acuerdo con éstas, la consonante /s/ inicial no puede ser incorporada en la sílaba inicial de la palabra. La /s/ aquí es un segmento **extrasilábico.** Lo mismo sucede en casos de variación dialectal: algunos segmentos silabeados en un dialecto puede que no lo sean en otro. Por ejemplo la

---

[37] Por el momento vamos a dejar de lado la cuestión de qué pasa con la geminada [tt] que aparece en la palabra [spagétti] en italiano, pero una posibilidad clara es que una de estas consonantes es extrasilábica y se elide, como señalamos más adelante a propósito de los segmentos extrasilábicos. Otra posibilidad es que el hablante del español no percibe la geminada, aunque sí la [s], simplemente por no existir geminadas en español pero sí [s]. Creemos que esta segunda solución es mejor porque explica el hecho de que la geminada se reduzca en la adaptación [espagéti] del español pero no la [s], a pesar de ser ésta un segmento extrasilábico. De ser así, la representación que damos en (5a) es la correcta.

palabra *estás* del español en una variante del dialecto dominicano se pronuncia sistemáticamente *[etá]*. Esto quiere decir que en dicha variante en la silabificación de *estás* las dos /s/ no están asociadas con una sílaba y son extrasilábicas. Las representaciones de estas dos palabras son por lo tanto las que aparecen en (6a) para /spageti/ en español estándar, y (6b) para /estás/ en la variante mencionada del español dominicano.

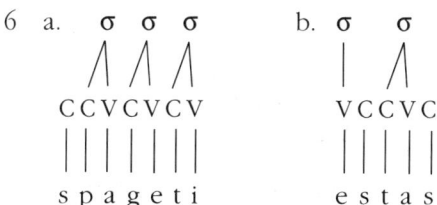

Ahora bien, los segmentos extrasilábicos se eliden, como sucede con las /s/ del ejemplo mencionado en la variante del dominicano, o dependiendo de las restricciones de la lengua (o dialecto), se incorporan en una nueva sílaba formada por medio de epéntesis, como es el caso del préstamo del italiano que se pronuncia [espagéti], o por medio de otras reglas, por ejemplo reglas de metátesis, vocalización, etcétera.

Hemos visto en varias ocasiones la regla que introduce la *e* epentética en casos como */spageti/* y en casos de pluralización, por ejemplo en *corazon-e-s*. Harris (1983) sin embargo extiende esta hipótesis a casos distintos de los mencionados hasta ahora. Su hipótesis es similar a la de un análisis propuesto originalmente por Clements y Kayser para el Klamath, lengua en la cual por ejemplo un préstamo en el que hay una secuencia de dos consonantes pertenecientes a una misma sílaba se divide en dos insertando una schwa, *v.gr.* [ə], entre las dos consonantes. La regla es esencialmente la siguiente:

7.   ø ⟶ V / C____C
     |
     ə

Volvamos a la propuesta de Harris. En español la palabra *abrir* alterna con *abertura*. Asumiendo que el morfema lexical de esta palabra es *abr-*, la palabra *abertura* se forma agregando el sufijo *-tura* a dicha raíz. El problema es que al agregar el sufijo resulta una secuencia consonántica *brt* que no es silabeable, por lo que se inserta una

[e] entre la [b] y la [r]. El proceso que Harris propone es el que aparece en (8a), prácticamente idéntico al que aparece en (7), y aplicado a la secuencia /abrtura/ da [abertura], como se nota en (8b):

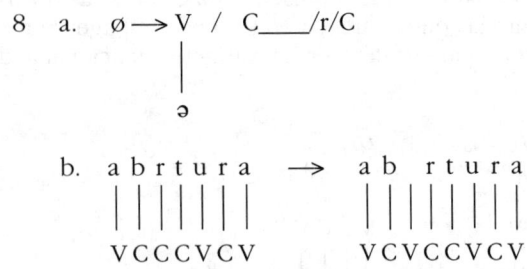

En el análisis de Harris, al igual que en el de Clements y Kaeyser hay un plano segmental, un plano CV y un plano silábico, pero a diferencia de estos autores, Harris propone una estructura interna para la sílaba. Harris defiende la posición de la estructura silábica de Halle y Vergnaud (1980), y prueba con su estudio del español que constituyentes subordinados a la sílaba, es decir al símbolo σ, e internos a la sílaba, juegan un papel importante en fonología. De hecho, son más importantes que la sílaba como entidad única, porque pueden funcionar independientemente unos de otros. La pregunta ahora es cuál es la estructura interna de la sílaba y cuáles son los constituyentes de la sílaba.

En el el análisis pregenerativo existía una hipótesis (véase Trubetskoy [1939], Pike y Pike [1947] y Hockett [1955]) que puede resumirse en la estructura siguiente, para la palabra *pan*, idéntica a la estructura silábica presentada en el capítulo anterior:

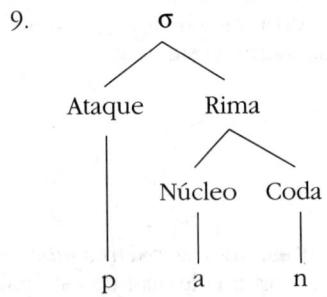

Como vimos en el capítulo anterior los constituyentes de la sílaba, el Ataque, la Rima y la Coda, se pueden justificar de varias maneras.

Por ejemplo, el Ataque y la Coda pueden resilabear con la sílaba precedente y siguiente, respectivamente, sin alterar la "integridad" de los otros constituyentes. También hemos visto que la posición de Coda es propicia para varios fenómenos, como la neutralización, la elisión, la asimilación y la velarización, proceso al que hemos aludido un poco más arriba.

3.3.3. *Los constituyentes prosódicos y la morfología templática*

Como decíamos antes, la concepción de McCarthy del plano CV difiere de la concepción de Clements y Keyser. Sin embargo en ambos casos hay adelantos importantes hacia la definición de cuáles son los constituyentes lícitos de este plano. El estudio de fenómenos como la reduplicación en ilokano, una lengua hablada en las Filipinas, parece indicar una vía intermedia entre la propuesta de McCarthy y Clements y Keyser. La razón de ello es que la reduplicación en ilokano es un proceso productivo para formar nuevas palabras que puede ayudar a determinar si el constituyente reduplicado es una sílaba o un constituyente de otro tipo.

Tomemos por ejemplo la palabra *takder* "estar de pie" en ilokano. Como revelan los ejemplos de Marantz (1982) la reduplicación se aplica en este caso copiando una parte inicial de la palabra, y formando la palabra *ag-tak-takder* en (10a):

10 a. takder   →   ag-tak-takder
       estar de pie   estando de pie
     b. basa   →   ag-bas-basa
       leer   leyendo
     c. adal   →   ag-ad-adal
       estudiar   estudiando
     d. trabaho →   ag-trab-trabaho
       trabajar   trabajando

En principio, la reduplicación podría ser un simple proceso de copia de una sílaba, sobre todo si se tiene en cuenta ejemplos como el de *ag-tak-takder*, pero un análisis de los otros ejemplos en (10) muestra que *ag-trab-trabaho* no es una sílaba en la lengua en cuestión. ¿Cuál es la solución? La hipótesis de Marantz es la siguiente: en el esqueleto CV hay un templete de cuatro elementos que es CCVC. Este templete precede a la palabra que se va a reduplicar (el todo va precedido del morfema *ag-* que dejaremos fuera de discusión). La palabra se copia debajo de este templete y cada segmento se asocia a los elementos apropiados del templete, yendo de izquierda hacia la derecha. Pero como hay sólo un máximo de 4 segmentos consecutivos que se pueden asociar con los elementos del templete, que como hemos visto contiene un solo símbolo V, habrá segmentos que no podrán asociarse. Así que después de haber completado el patrón los segmentos restantes sin asociación se eliden. Por ejemplo la reduplicación en (10d) se obtiene de la manera siguiente:

11. C C V C + C C V C V C V ⟶ C C V C   + C C V C V C V ⟶

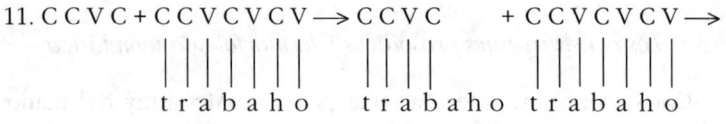

⟶ C C V C + C C V C V C V

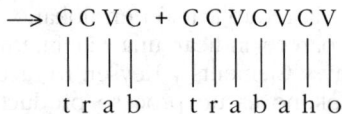

En conclusión, la propuesta de Marantz es que la reduplicación no es un proceso que toma en cuenta la sílaba, sino un proceso basado sobre un templete o patrón a nivel de esqueleto CV, más un algoritmo de asociación para los segmentos reduplicados (por lo menos en ilokano). Esta conclusión es importante sobre todo en lo que se refiere a la idea de templete, idea nueva que va a jugar un papel importante en la fonología siguiente.

El problema con el análisis de Marantz es que si bien es cierto que la reduplicación no está subordinada a ninguna estructura silábica y que de hecho es necesario tener un templete, que además tiene un máximo de 4 elementos, y si bien es cierto que el algoritmo de asociación da resultados correctos en muchos casos, hay casos donde el análisis de Marantz predice formas incorrectas o formas que se obtienen con asociaciones que transgreden a la condición PLC (la condición que prohíbe que las líneas de asociación se crucen). Por ejemplo si se quiere obtener (10a) se debe recurrir a una asociación de líneas que se cruzan:

12. C C V C

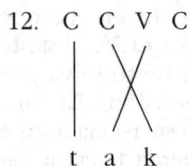

Sin embargo Marantz trata de resolver el problema y salvar su hipótesis estableciendo que la asociación segmento-CV es determinada por factores morfémicos: se realiza desde el morfema al esqueleto, y no desde el esqueleto a los segmentos. Pero por el momento dejaremos la presentación de su trabajo, nos basta con haber introducido con él la noción de templete.

La evidencia de la existencia y relevancia de los templetes no se deriva únicamente del análisis de casos como el que acabamos de revisar. En dos estudios Itô (1986,1989) extiende el modelo templático a la estructura silábica y a la silabificación y muestra que una silabificación templática resulta más adecuada para el análisis de la epéntesis en español que el análisis de reglas de epéntesis + resilabeo propuesto por Harris (1983). En efecto Harris propone que la consonante extrasilábica, como por ejemplo en el plural de *corazón-s,* debe ser primero identificada, después de lo cual se inserta [e] y finalmente se resilabea la secuencia resultante siguiendo las reglas de silabificación del español.

Ahora bien, debido a los distintos contextos en los que la epéntesis tiene lugar, que son los que aparecen en la lista aquí abajo, en el análisis de Harris es necesario proponer varias reglas de inserción o una regla con varios contextos:

13   a. # __ /s/$C   p. ej. # [e]strés
      b. C __ /s/ #   p. ej. mes[e]s #
      c. C __ /r/C   p. ej. ab[e]rtura

Así que Itô propone un análisis distinto y uniforme basado en un modelo templático. Su hipótesis es la siguiente. Supongamos que el español asocie sus secuencias fonémicas a un templete CCVC de manera que cubra la mayor parte de este templete, esto es de manera que cubra máximamente el templete, yendo de derecha a izquierda, y repitiendo la operación cuantas veces sea necesario hasta completar la palabra. En este caso una consonante extrasilábica será asociada siempre con una coda porque la margen derecha del templete es la primera posición accesible, y es la posición que la consonante ocupará. Cuando esto sucede, puesto que el siguiente elemento del templete es V, al no haber una vocal en esta posición, se inserta la vocal por defecto [e]. Por ejemplo la formación de la palabra *estrés* es esencialmente la siguiente:

14.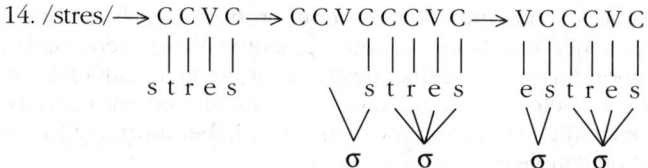

En el primer paso de la derivación se asocia la primera secuencia de segmentos con los símbolos C y V del primer templete, en el segundo paso se asocia la siguiente secuencia de segmentos con el siguiente templete, etc. Finalmente una regla automática inserta [e] debajo del símbolo V vacío asociado con una sílaba y se traza la línea de asociación entre V y [e].

En conclusión el análisis de Itô da cuenta de manera más económica y elegante de la epéntesis en español y además revela una generalización: la epéntesis siempre ocurre antes de una consonante en una coda.

El problema con este análisis es que debe limitarse a la silabificación de las palabras. No puede aplicarse al resilabeo a nivel post-léxico. La razón de ello es que el resilabeo es en la mayoría de los casos un proceso de resilabificación de una Coda dentro de un Ataque, es decir un proceso que tiene lugar de izquierda a derecha y no de derecha a izquierda. Así que si queremos preservar el análisis de Itô tenemos que proponer otro para el resilabeo.

Uno de los problemas con la morfología templática CV es que en varias lenguas, por ejemplo el Bella Coola y el inglés, ciertas consonantes, en particular inobstruyentes, pueden ser núcleos silábicos. Esto quiere decir que las consonantes no son universalmente [-Silábica]. Por ejemplo en Bella Coola [n̥] es una nasal silábica como en (15a), y en inglés [l̥] es una lateral silábica en (15b):

15   a. mn̥mn̥ts
         niños
     b. [síllabl̥]
         sílaba

De manera que el símbolo que debería dominar estos segmentos a nivel del esqueleto silábico no podría ser C. Sin embargo tampoco puede ser V. Razón por la cual, en trabajos com los de Kaye y Lowenstam (1984) y Levin (1985) se propone que en lugar de C y V se use simplemente una x para indicar el lugar ocupado por un segmento en el nivel superior, que ahora se llamará el esqueleto-x, que consistirá simplemente de una secuencia de x.

McCarthy y Prince (1986) sin embargo hacen notar que la representación con x no puede ser adecuada porque, entre otras razones, no puede dar cuenta del ejemplo de reduplicación en ilokano planteado más arriba. Si se usara esa representación, la reduplicación consistiría en una secuencia de cuatro x a las que se asociarían los primeros cuatro segmentos de la palabra copiada. Veamos un ejemplo. Si la reduplicación se aplica a la palabra *basa*, se copia dicha palabra y se obtiene *basa-basa*. Luego los primeros cuatro segmentos de la palabra copiada se asocian a las cuatro x y los demás segmentos, si los hay (y en este ejemplo no hay) se eliden. Pues bien, en este caso el resultado será **basa-basa*, y no la forma correcta *bas-basa* de (10b).

Otro argumento en contra de un esqueleto-x "genérico" es que no nos esperaríamos encontrar un proceso prosódico, como por ejemplo silabificación, que agruparía secuencias de x. Es decir, la hipótesis de un esqueleto-x elimina el esqueleto CV y, a menos que se implemente algún recurso para recuperar la información sobre la constitución prosódica de los segmentos, el mismo nivel de la sílaba.

Por ello, McCarthy y Prince (1986) vuelven a examinar el problema de la reduplicación y hacen dos observaciones. La primera es que la secuencia máxima permitida para la reduplicación, que como hemos visto es CCVC, es a veces más grande que una sílaba (es decir contiene más segmentos que una sílaba), pero es siempre más pequeña que dos sílabas. La segunda observación es que al finalizar en consonante, la reduplicación "parece" ser una sílaba fuerte (más "pesada" que una sílaba débil). Lo interesante a propósito de esto es que en muchos casos la reduplicación consiste precisamente en una sílaba libre más la primera consonante de la sílaba siguiente. Por ejemplo, la reduplicación de la palabra *basa* consiste en la primera sílaba de la palabra, *v.gr. ba,* más la próxima consonante, *v.gr. s.* Esto hace que la sílaba débil inicial se convierta en una sílaba fuerte, "aparentemente" porque en realidad la secuencia resultante no es necesariamente una sílaba. De manera que el resultado es en muchos casos más grande que una sílaba pero más pequeño que dos sílabas. Por ello hace falta identificar la reduplicación usando un elemento prosódico más pequeño que la sílaba que se refiera a los segmentos constantes de la reduplicación. Dicho elemento debe ser entonces uno la vocal, y otro la consonante detrás de la vocal, pues ambos están siempre presentes en la reduplicación. La posible consonante o las posibles consonantes prevocálicas no son imprescindibles, como se deduce de ejemplos como *ag-ad-adal* en (10c). Estos elementos no sólo son constantes sino que son además los que le dan "peso" a una sílaba: la vocal es el núcleo de la sílaba y hay sílabas hechas sólo de la vocal; la consonante posnuclear es la que hace que una sílaba sea fuerte, *v.gr.* pesada. Los segmentos del Ataque no tienen "peso", pues ni crean la sílaba ni la convierten en sílaba pesada. A este elemento prosódico que tiene "peso" se le llama **mora**. Con este elemento podemos entonces redefinir la reduplicación como una entidad con dos moras, que McCarthy y Prince (1986) representan de la manera siguiente:

16.   μ μ
    σ

Aquí σ corresponde a una sílaba en el plano silábico, μ corresponde a elementos de peso silábico. (16) es el templete para la reduplicación en términos moraicos y requiere dos elementos de peso, pero no dice nada sobre cuál debería ser la secuencia de C y V, ni si debe haber consonantes delante de la vocal.

En este nuevo modelo, llamado modelo de la Morfología Prosódica, los segmentos ya no se asocian a secuencias de C y V, sino a moras y sílabas, con el requisito de que el peso de una sílaba sea siempre satisfecho. McCarthy y Prince llaman a esta condición Condición de la Satisfacción Templática (CST). Pues bien, en el caso de la reduplicación el templete es el que aparece en (16), y para satisfacer la CST hay que tener en la reduplicación una vocal y, después de la vocal una consonante. Si ésta no forma parte de la sílaba, se agrega la de la sílaba siguiente para ganar "peso". De manera que se puede sobrepasar el límite de segmentos establecido por la silabificación, pero no se puede llegar a formar una secuencia bisilábica (como sería si la reduplicación de *basa* fuera *basa*). Así que el resultado tiene un patrón prosódico coherente. Por ejemplo el siguiente para la reduplicación de *basa*[38]:

17.

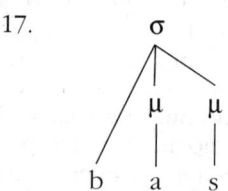

Como veremos más tarde la noción de mora, junto con otras nociones introducidas en este apartado, juega un papel fundamental en el análisis fonológico actual de la silabificación y acentuación del español.

---

[38] Puesto que la secuencia relevante en el templete es de dos moras, y no hay referencia a C y V, el análisis de McCarthy y Prince predice que podría haber dos vocales en el templete. De hecho eso sucede, aunque en muy pocos casos, que no trataremos de explicar por cuanto no tiene mucha relevancia para lo que estamos planteando.

3.4. LA FONOLOGÍA LÉXICA

Como hemos visto, las reglas fonológicas se aplican primero a la palabra mínima, luego a la palabra derivada, luego al sintagma y finalmente a la oración entera. Hemos llamado este proceso la aplicación cíclica de las reglas.

En Mascaró (1976) se habla de esta noción, y en particular la noción del ciclo estricto. El ciclo es estricto en el sentido de que al aplicarse las reglas a un ciclo superior las reglas no pueden aplicarse luego a un ciclo inferior. Es decir, si una regla se aplica por ejemplo a nivel de sintagma no tiene derecho a aplicarse en el nivel de la palabra, esto es, no puede regresar al nivel de la palabra para aplicarse únicamente a segmentos de la palabra.

Las ideas de una gramática de varios niveles y la aplicación cíclica de las reglas fueron la base no sólo del estudio de Mascaró, sino también de Siegel (1974), Allen (1978) y Mohanan (1982) en una nueva concepción de la fonología llamada fonología léxica. El modelo de la fonología léxica se desarrolló fundamentalmente para dar cuenta de la interacción entre la morfología y la fonología. En este modelo hay dos tipos de reglas fonológicas: reglas léxicas y post-léxicas. Las reglas léxicas se aplican, lógicamente, dentro del lexicón. Las reglas que se aplican en este nivel combinan los morfemas para formular palabras. El "producto" de este nivel o módulo es el "input" a un plano superior en el cual las palabras se combinan para formar frases u oraciones. Las reglas post-léxicas se aplican a lo que proviene de este nivel superior, es decir, el nivel sintáctico.

En el marco adoptado por Siegel (1974) y Allen (1978) el lexicón se divide esencialmente en dos niveles que consisten en componentes morfológicos y fonológicos. Sin embargo, no descartan la posibilidad de adjuntar más niveles. La relación entre los diversos niveles puede esquematizarse como se ve en la figura (1):

1. Nivel de elementos léxicos subyacentes

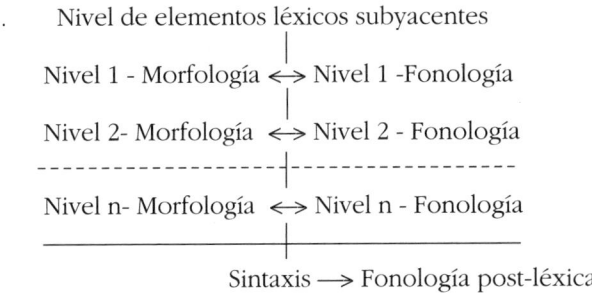

En el análisis que presentamos en el capítulo II las reglas se aplican en diversos niveles de la derivación de la oración, de la misma manera que en este modelo. Pero hay algunas diferencias entre nuestra propuesta y la de Siegel. La primera es que en nuestra presentación no hay dos tipos de reglas, léxicas y post-léxicas, sino que hay un solo conjunto de reglas que se aplican en los distintos niveles de la derivación. La segunda es que en nuestra propuesta si bien distinguimos entre reglas morfológicas y reglas fonológicas no lo hicimos en cada nivel. Otra diferencia más, que no tiene relevancia teórica sino simplemente técnica, es que en nuestra propuesta la aplicación de las reglas del nivel léxico no tiene lugar en el lexicón, sino en la fonología, donde están incluidas todas las reglas, inclusive las reglas morfológicas. Esta idea es compartida por varios lingüistas.

Ahora quisiéramos hacer una breve exposición sobre uno de los estudios actuales de fonología léxica aplicada al español, sin por ello alejarnos demasiado de la propuesta hecha en el capítulo II. Entre los análisis más recientes destacan el de Dunlap (1991) y el de Núñez-Cedeño (1993). Aquí haremos una breve presentación de las ideas fundamentales en las que se basa el estudio de Dunlap, de quien volveremos a hablar al analizar la sílaba y el acento.

Recordemos que las palabras pueden estar formadas por un morfema lexical solo o combinado con ciertos sufijos y/o ciertos prefijos. Por ejemplo la palabra *des-en-**terr**-a-mos* está formada de un morfema lexical, o raíz, dos prefijos y dos sufijos. En el esquema (2) resumimos para cada nivel la especificación de cuáles son las reglas que se aplican y a qué elementos se aplican.

2.
Nivel léxico 1
Morfología:
    prefijación del primer afijo adyacente a la raíz,
        por ejemplo prefijación de *en-* en *en-terramos*.
    sufijación de un morfema derivacional,
        por ejemplo sufijación de morfemas que forman sustantivos y/o adjetivos, como -ic de *organ-ic-o*, y -ur de *blanc-ur-a*, y del primer morfema inflexional, es decir -o como en *tech-o*, -a como en *mes-a*, y -e como en *calient-e*.

Fonología:
    morificación (de este proceso volveremos a hablar en la siguiente sección)
    acentuación (véase la próxima sección)

diptongación de las vocales medias acentuadas,
e.gr. *p/é/nso* → *p[jé]nso*
silabificación (de este proceso hemos hablado en el capítulo anterior. Volveremos a plantearlo en la próxima sección.)
suavización de velar [39]
elisión de consonante [40]

Nivel léxico 2
Morfología
prefijación del segundo afijo, e.gr. des- de *des-enterrar*.
sufijación de morfema inflexional -s de plural del sufijo adverbial -mente de sufijos de diminutivo y aumentativo es decir -it-, como en *cas-it-a,* -isim- como en *bell-ísim-o* de sufijos verbales.
Fonología:
silabificación
acentuación
debucalización de coronal [41]

Nivel post-léxico
Fonología
silabificación
acentuación secundaria [42]
entonación (de este proceso hablaremos más tarde.)

Este es esencialmente el modelo que adopta Dunlap. En las secciones siguientes volveremos a hablar de algunos aspectos y de algunas reglas de este modelo.

---

[39] Esta regla, llamada en inglés "velar softening" es la que da cuenta del cambio /k/ → [θ] (o [s] en Hispanoamérica y parte de Andalucía), como en el caso de la alternancia *médi[k]o - medi[θ]ina*.
[40] Esta condición, en inglés "Stray Erasure", es la que Harris (1983) propone para dar cuenta de la elisión de la consonante final de ciertas sílabas, como la /p/ de la raíz *esculp* que al combinarse con el sufijo *tur-a* se elide: *escul-tura*.
[41] Esta es la regla que por ejemplo convierte la /s/ en [h] en algunos dialectos del español, elidiendo los rasgos "bucales" del segmento: /más/ → *[máh]*.
[42] Como sostiene Harris (1992) el acento secundario se determina a este nivel.

3.5. LA SÍLABA EN LA FONOLOGÍA ESPAÑOLA ACTUAL

3.5.1. *Introducción*

En el capítulo 2 propusimos una estructura para la sílaba que refleja la tendencia clásica. Para una palabra como *pan,* dicha estructura es la que aparece en (1), que se parece a la tradicional (9) de la sección 3.3.2. y repetida aquí con el número (2).

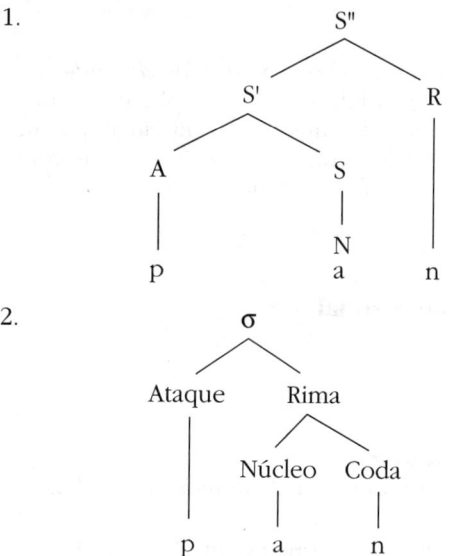

La diferencia más importante entre estas dos estructuras es que en la primera el Ataque y el Núcleo forman un constituyente, mientras que en la segunda el Núcleo y la Coda forman un constituyente. Esta diferencia se debe al hecho de que con la primera hipótesis se quiere expresar que la sílaba por excelencia está constituida de un Ataque consonántico y un Núcleo vocálicos (esto es, la sílaba por excelencia es la del tipo CV), aunque la sílaba pueda estar constituida únicamente del Núcleo o del Núcleo más la Coda.

En el capítulo anterior también tratamos de contestar a las siguientes preguntas:

a) ¿qué otros segmentos pueden aparecer en la sílaba en español?
b) ¿hasta cuántos segmentos pueden aparecer en una sílaba?
c) ¿cómo están distribuidos dichos segmentos?
d) ¿cómo están organizados?

La respuesta a la primera pregunta es que podemos tener hasta dos consonantes en el Ataque y en la Coda, y una deslizada delante del núcleo y detrás del núcleo.

La respuesta a la segunda pregunta es que podemos tener un máximo de cinco segmentos dentro de la sílaba, como en la palabra *cruel,* la primera sílaba de *trans-formacional,* y la última de *despreciáis.*

En cuanto a la distribución de dichos segmentos, dijimos que estaban organizados de acuerdo con la siguiente escala de sonoridad (recuérdese que D se refiere a Deslizada), en el sentido de que si hay varios segmentos en posición prenuclear o posnuclear éstos deben seguir el orden establecido por (3).

3.

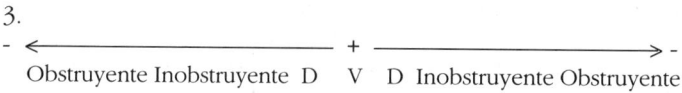

Obstruyente Inobstruyente D   V   D Inobstruyente Obstruyente

La respuesta que ofrecimos a la pregunta en (d) es que las dos consonantes pre o posnucleares forman un grupo (en inglés "cluster"), y que las deslizadas están adjuntas a la consonante o al grupo consonántico, y no por ejemplo al Núcleo, como se muestra en la representación en (4), donde X puede ser una C (Consonante) o una D (Deslizada) y C puede dominar dos consonantes.

4.

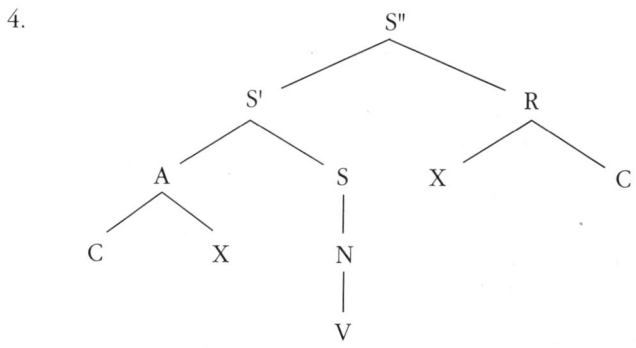

Justificamos esta propuesta con algunos argumentos, entre los cuales los más importantes son los siguientes:

a) De acuerdo con la hipótesis propuesta en el segundo capítulo, las deslizadas se derivan de vocales altas que pasan a ocupar el Ataque de la sílaba siguiente o la Coda de la sílaba precedente si éstos están vacíos. También sostuvimos que en el caso de que la vocal que se desliza constituya una sílaba junto con una o dos consonantes, éstas también se colocan con la deslizada dentro del Ataque o la Coda.

De manera que en la estructura silábica subyacente de una palabra como *piano* no hay deslizada, y la primera silabificación es con dos sílabas. Esta silabificación puede conservarse, dando origen a la pronunciación *[pi&á$no]*. Otra posibilidad es que la vocal alta se someta al proceso de deslizamiento, de forma que las dos sílabas se reducen a una sola con la pronunciación *[pjá$no]*. Pero el deslizamiento sólo da cuenta del hecho de que la vocal se convierte en una deslizada: hace falta una segunda silabificación para obtener la realización *[pjá$no]*. Pues bien, la hipótesis más simple para dar cuenta de esta segunda silabificación es que se aplica una sola vez y a un solo constituyente. Este constituyente no es más que la sílaba /pi/ que pasa a ocupar la posición de Ataque de la sílaba siguiente. No tiene sentido asumir que el constituyente en cuestión se divide en dos, es decir consonante y deslizada, que se colocan el primero en el Ataque, y el segundo en la Rima junto al Núcleo. Por ello la estructura resultante debe ser la (4): en esta estructura el Ataque (que podría asumirse que tiene más estructura de la que se indica) corresponde a un constituyente, que originalmente es una sílaba.

Notemos que independientemente de la derivación de la pronunciación de *piano* con deslizada, nuestro análisis se hace necesario para dar cuenta de la derivación de *[mja$mí$go]* a partir de /mi$amigo/.

b) Otro argumento que desarrollamos a favor de la estructura (4) es que el proceso de consonantización de las deslizadas en posición prenuclear podía verse como un requerimiento para rellenar la posición consonántica del Ataque. Esto es, asumimos que en una sílaba en la que hay una deslizada en posición prenuclear, como en la palabra *huevo*, hace falta rellenar la posición consonántica del Ataque. La propuesta sugerida es que este requerimiento se satisface expandiendo los rasgos de la deslizada a la posición consonántica. De manera que el resultado es una deslizada consonantizada que podemos representar con [ɣʷ], obteniéndose *[ɣʷéβo]*. Posteriormente la consonante y la deslizada pueden disociarse obteniéndose así la pronunciación *[ɣwéβo]*. Ahora bien, el argumento a favor de la estructura (4) es que el proceso de consonantización ocurre dentro del Ataque.

En cuanto a la Rima, el argumento que se mencionó es el de la velarización, como en el caso de palabras como *instruir* que en ciertos dialectos presentan velarización de la nasal a pesar de no encontrarse ésta a final de sílaba. Pero el proceso puede explicarse fácilmente si se asume una regla como la (5) propuesta por Harris (1983).

5. Rima   ⟶   Rima
  | |
  /n/   [ŋ]

3.5.2. *Una estructura silábica sin Coda*

Partiendo de Saporta y Contreras (1962)[43], y basándose en el trabajo de Halle y Vergnaud (1980), Harris (1983) propone la siguiente hipótesis sobre la sílaba en español, propuesta que se suscribe al concepto de esqueleto prosódico de Goldsmith (1976) y McCarthy (1976).

La estructura silábica de Harris se parece a la de la tradición clásica representada arriba bajo el número (2). La estructura contiene un Ataque y una Rima, pero, a diferencia de la hipótesis presentada en (1) y (4), el Ataque sólo contiene segmentos consonánticos. Si hay una deslizada prenuclear, ésta forma parte de la Rima junto con la vocal. Pero a diferencia de la estructura (2), la Rima en el análisis de Harris no contiene una Coda, y puede tener hasta tres segmentos. La estructura silábica máxima es la siguiente, con cinco segmentos, lo que da cuenta correctamente del hecho de que en la sílaba sólo puede haber un máximo de cinco segmentos:

6.

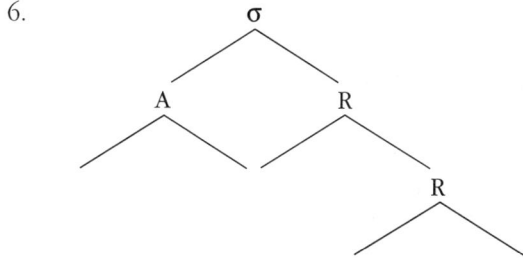

Más exactamente, si la sílaba no se concibiera como una estructura con los constituyentes Ataque y Rima, y si no fuera posible referirse a estos constituyentes con sus ramificaciones internas, sería difícil expresar las restricciones sobre el número de segmentos posibles en la sílaba. Por ejemplo, deberíamos referirnos a la secuencia de segmentos presentes en posición prenuclear y en posición posnuclear para poder expresar estas restricciones, y deberíamos decir aproximadamente lo siguiente: "La sílaba española tiene un máximo de cinco segmentos si la secuencia inicial tiene dos segmentos, pero tiene cuatro segmentos si la secuencia inicial contiene un segmento, y un máximo de tres segmentos si no hay una consonante inicial"[44]. Al

---

[43] Entre los predecesores del análisis sobre la sílaba Harris cita también a Pike y Pike (1947).
[44] Traducción nuestra.

postular la estructura (6) reducimos la afirmación anterior a la restricción estructural del máximo de segmentos por constituyente (dos en el Ataque, tres en la Rima). Si la sílaba no tuviera una estructura como la (6), esta restricción no estaría explícitamente expresada y haría falta incorporarla como un mecanismo suplementario. Nótese que dicho mecanismo no puede consistir en una simple restricción sobre el número total de segmentos en la sílaba, porque si fuera así debería ser posible tener sílabas como la primera de *muers-to. De haber una restricción, ésta debería hacer referencia a la Rima: *muers* es una sílaba mal formada precisamente porque tiene cuatro elementos en la Rima. Así que si la gramática tiene que incorporar una restricción, ésta debe rezar aproximadamente como la de más arriba. Pero tal restricción se hace inútil al adoptar la estructura (6) con un máximo de tres segmentos en la Rima.

Una pregunta obvia es si tal restricción está representada adecuadamente también en la estructura (4). Veamos. De lo que hemos dicho deducimos que en el Ataque y en la Rima —que pueden incluir una deslizada cada uno— no puede haber más de tres segmentos. Lo que hay que estipular ahora es que la sílaba no puede tener más de cinco segmentos. Esto daría cuenta de los varios tipos de sílabas, inclusive de sílabas con triptongo, por ejemplo *ciais* en *despre-ciáis,* o sílabas como la de las palabras *Heinz* y *Sainz* (que pueden pronunciarse en América Latina [éjns] y [sáins]) que de acuerdo con la estructura de Harris tendrían cuatro segmentos en la Rima y por ello deberían ser imposibles. Pero la hipótesis que incorpora la estructura (4) dejaría sin explicación la imposibilidad de sílabas como *muers*. Sin embargo hay una explicación para este caso. Este sería un caso de diptongación y debería derivarse de /mórs/, pero una sílaba con dos consonantes posnucleares no diptonga. Por ejemplo *consta* no diptonga. En otros términos en lugar de ver éste como un caso de sílaba imposible, podemos verlo como un caso de diptongación imposible. De esta manera podríamos en principio salvar la hipótesis de la estructura (4). Nótese sin embargo que en la hipóptesis de Harris la falta de diptongación en sílabas con dos consonantes posnucleares se atribuye a las mismas condiciones estructurales fijadas en (6): la diptongación no ocurre porque la Rima ya contiene tres elementos, como en *cons-ta*. Desde este punto de vista la hipótesis de Harris es mejor.

En fin, en el análisis de Harris la Rima es el constituyente fundamental de la sílaba, no sólo porque contiene el núcleo y permite definir el número máximo de segmentos en la sílaba, sino también porque la Rima es el constituyente que determina la acentuación y en el que se aplican una serie de procesos, entre los cuales están la aspiración de /s/ y la despalatalización de /ɲ/, /λ/ y /č/. Los siguientes son otros procesos que afectan a la Rima y la justifican como constituyente de la sílaba.

Como señalábamos en el capítulo anterior el acento recae sobre el núcleo silábico. Si éste forma parte de la Rima, entonces podemos decir que el acento recae sobre la Rima. También vimos que una sílaba trabada es —en términos generales— la que recibe el acento. Por ello al decir que el acento recae sobre una Rima que ramifica —lo que quiere decir que tiene algún otro segmento además del núcleo— podemos dar cuenta de una manera más simple de la acentuación de las sílabas trabadas (volveremos sobre este tema más abajo). El mismo argumento se puede invocar para explicar que el acento no puede estar en la antepenúltima sílaba si la penúltima sílaba está trabada. Por ejemplo una palabra como *palanca* no puede tener acento en la primera sílaba. Pues bien, en el análisis de Harris esta condición no debe hacer referencia a la sílaba trabada, sino a la Rima ramificada. En conclusión, la hipótesis de que la Rima es un constituyente independiente del Ataque y que la Rima incluye al núcleo, permite dar cuenta de una manera más general y simple del hecho de que es el "peso" (determinado por el número de segmentos) de la Rima y no de la sílaba el factor relevante para la acentuación. Esta hipótesis es compatible con la observación general de que las lenguas son sensibles al peso de la Rima para el proceso de acentuación.

Otro proceso que toma en cuenta la Rima como constituyente es la velarización de la nasal que mencionamos más arriba. Otro proceso más es el deslizamiento de las líquidas en el dialecto cibaeño de la República Dominicana. Como señalamos en el capítulo anterior, en este dialecto las líquidas se convierten en deslizadas. Por ejemplo *porque* y *alto* se pronuncian *po[j]que* y *a[j]to*. Ahora bien este proceso tiene que formalizarse de la misma manera que la velarización, haciendo referencia a la Rima, porque afecta a las deslizadas tanto si aparecen a final de sílaba, como en los ejemplos citados, como si no aparecen a final de sílaba, por ejemplo en *perspectiva* que se realiza *pe[j]spectiva*. Puesto que la líquida se encuentra en la Rima, la regla de deslizamiento en cibaeño será aproximadamente la siguiente:

7. Rima   Rima

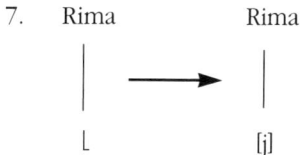

    L   [j]

Harris hace notar que, como había ya señalado Guitart (1980), el deslizamiento de la líquida ocurre a nivel de la palabra. Por ejemplo no afecta a *él* en *él avisa* porque *él* es una palabra —la estructura sería [él] $_{Palabra}$ [avisa] $_{Palabra}$ —; mientras que sí afecta al artículo *el* en *el aviso* porque el artículo no constituye una palabra —la estructura sería [el aviso] $_{Palabra}$. A esta última estructura se le aplica resilabeo antes de deslizamiento y la líquida entra a formar parte del Ataque siguiente, lo que impide que posteriormente se le aplique deslizamiento. Pero en la estructura [él] $_{Palabra}$ [avisa] $_{Palabra}$ no hay resilabeo a nivel de la palabra *él* y deslizamiento se aplica[45].

Otro aspecto importante de la estructura silábica y de la formación de sílaba es la escala de sonoridad. En (3) aparece la escala de sonoridad propuesta en el capítulo anterior y basada sobre las observaciones de TNT. Harris (1983) propone la escala de sonoridad en (8a), modificada como aparece en (8b) en trabajos posteriores, y sostiene que la secuencia de segmentos en la sílaba es determinada por esta escala de la manera siguiente.

8a. Vocal > Deslizada > Líquida > Nasal > Obstruyente

8b.	[+Consonántica]			[-Consonántica]	
	Obstruyente	Nasal	Líquida	[+Alta]	[-Alta]
	p t č k b d g f s x	m ñ n	l r̃ r	i u	e o a

El Ataque es opcional y puede tener uno o dos segmentos [+Consonánticos]. Si hay uno ése puede ser cualquiera de la escala. Si hay dos, no pueden ser adyacentes en la escala y el primero debe ser menos sonoro, de manera que la única posibilidad es una obstruyente seguida de una líquida. La Rima también obedece a la escala de sonoridad y se conforma a ciertos patrones que prevén, entre otras posibilidades, un diptongo, una vocal con consonante, y, en el caso de tres segmentos, las dos posibilidades siguientes:

---

[45] En nuestra opinión hay otra posibilidad de análisis y es que este tipo de deslizamiento se da a nivel de sintagma. En efecto *él avisa* forman dos sintagmas, mientras *el aviso* forma un solo sintagma.

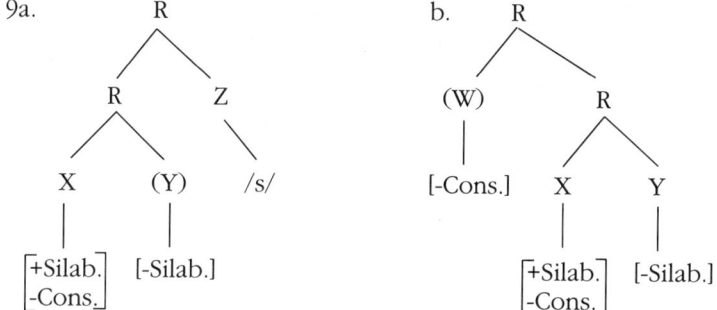

(9a) da cuenta de sílabas como la primera de *perspicaz, obstáculo, austral, consta* y la de *valz*. (9b) da cuenta de *buey, fiel, Juan* y *nuez*.
Una cuestión que aún no nos hemos planteado es si hay segmentos ambisilábicos. La respuesta es sí. Por ejemplo la [r̃] intervocálica es ambisilábica, lo que quiere decir que en una palabra como *carro* la [r̃] es parte de la Rima de la sílaba anterior y del Ataque siguiente. Esto equivale a equiparar [r̃] a la secuencia [rr] a nivel silábico pero no a nivel segmental, a este nivel se trata de un solo segmento. Volveremos sobre este tema más abajo, por el momento nos basta con decir que al analizar la /r̃/ de esta manera, la primera sílaba resulta ser una sílaba trabada es decir con Rima ramificada.

Otra cuestión que deberíamos tratar de resolver es si, bajo la presuposición de que en español existen vocales largas, cómo se representan estas vocales. Una respuesta posible es que las vocales largas al igual que las consonantes dobles o geminadas, corresponden a un segmento con dos posiciones silábicas. Otra posibilidad es que se las considere parte de una misma sílaba con una Rima ramificada. Por el momento adoptaremos esta segunda opción y volveremos sobre el tema más abajo cuando hablemos de la acentuación y del análisis de Harris (1983).

3.5.3 *Una estructura silábica sin Rima*

Hasta ahora hemos visto dos tipos de propuestas sobre la estructura silábica, una que trata de expresar la idea de que el español tiende a tener una sílaba del tipo CV, y otra que trata de expresar la idea de que la Rima es el único constituyente relevante de la sílaba (sobre esto volveremos más abajo al hablar de la acentuación). Después de la propuesta de Harris (1983) surgieron otras, por ejemplo la de Levin (1985), que tienden a expresar que el único constituyente obligatorio y relevante es el núcleo vocálico. La estructura de Levin es la que se ofrece en (10), ejemplificada con la palabra *pan*.

10.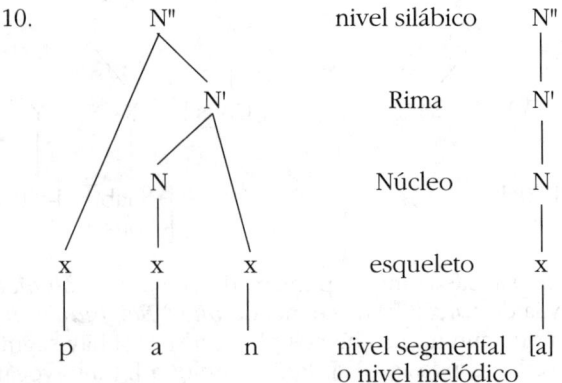

De acuerdo con Levin, quien sigue la teoría sintáctica de la X-barra, la estructura silábica es una serie de proyecciones del núcleo en distintos niveles, que incluyen, además del nivel del núcleo (*v.gr.* N), el de la Rima (*v.gr.* N') y el de la sílaba (*v.gr.* N"). Por debajo del nivel mínimo del núcleo están el esqueleto-x (que sustituye al esqueleto CV) y los segmentos. Estos últimos forman el nivel segmental o melódico.

Otro modelo para el análisis de la sílaba, que tiende a mostrar la importancia del núcleo pero también del "peso" de los constituyentes de la sílaba, es el de la **Teoría de la mora.** Como señalamos en la sección 3.3.3. McCarthy y Prince (1986) establecieron la necesidad de referirse a un constituyente subsilábico, llamado mora, que permita expresar el peso de los componentes de la Rima. En la hipótesis de McCarthy y Prince se incorpora también la idea de que la organización y construcción del Ataque y Rima de la sílaba se obtienen por medio de otros procesos o principios de la gramática particular o de la gramática universal. Un ejemplo de este último tipo de principio es la escala de sonoridad (8). Un ejemplo de condicionamiento particular del español es que esta lengua permite una secuencia prenuclear del tipo [tr] a comienzo de palabra, pero no una secuencia del tipo [tl], excepto en algunos dialectos. Otro principio de carácter universal es el Principio de Secuencia Sonora (PSS) que requiere que el Ataque aumente en sonoridad hacia el núcleo, y que la Rima disminuya en sonoridad a partir del núcleo. A partir de estos principios se puede establecer para cada lengua un algoritmo, como el de Steriade (1982), que determina si una secuencia de segmentos es gramatical y de qué manera se organiza silábicamente. En el capítulo anterior hablamos de la silabificación en español y propusimos un procedimiento para silabear la secuencia de segmentos de una palabra. Un ejemplo del algoritmo de Steriade es el siguiente. Si tenemos la secuencia *trans* de *transformar*, podemos asociar el núcleo con la sílaba, la consonante posvocálica con el núcleo y la consonante prevocálica con la sílaba, y obtenemos (11a). Si ahora queremos agregar más segmentos a la sílaba podemos hacerlo asociando por una parte una consonante inicial con la [r] si la consonante es menos sonora que [r] (y la [t] cumple con este requisito), y por otra parte una consonante final a la [n] si la consonante es menos sonora que la [n] (y la [s] cumple con este requisito). El resultado es (11b).

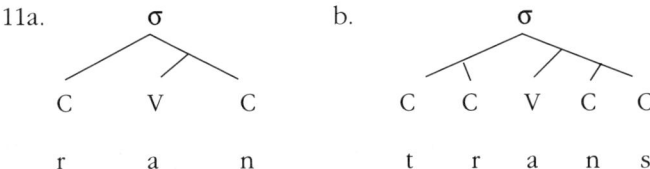

Volvamos a la teoría de la mora. En esta teoría se sostiene que no hay necesidad de una estructura silábica interna, y se postula una unidad de "peso" y de "tiempo", la mora, para ciertos elementos de las sílabas. La σ de sílaba no domina ni un Ataque ni una Rima, sino que domina a las moras asignadas a ciertos segmentos, los segmentos moraicos. También domina —directamente— a los segmentos no moraicos. De manera que en esta hipótesis tenemos un nivel o plano silábico, un plano moraico y un plano melódico, el de los segmentos.

¿A qué elementos se asignan las moras? ¿Cuántas moras pueden asignarse en una sílaba? La respuesta a la primera pregunta es que se asigna una mora al núcleo y otra a un elemento posnuclear adyacente al núcleo, si lo hay. La respuesta a la segunda pregunta se deduce de lo que acabamos de decir: a una sílaba se pueden asignar un máximo de dos moras. De manera que la estructura moraico-silábica de *cláustro* es la siguiente:

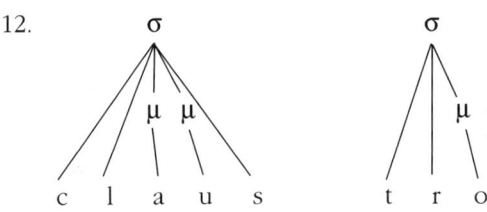

Por otra parte los elementos no-moraicos pueden ser un máximo de dos en posición prenuclear y uno en posición posnuclear. ¿Qué pasa entonces en los casos de diptongos ascendentes, como [jé] en *pie-dra,* que contiene una deslizada prenuclear? La respuesta de Dunlap es la siguiente.

En Harris (1985) se sostiene que en el esqueleto-x (a la manera de Levin 1985) en el cual hay una secuencia de x, uno para cada segmento, las vocales que diptongan, como la /e/ de */pedra/* tienen dos puestos-x (lo que en el fondo las hace vocales largas). Por ejemplo el esqueleto-x para la palabra *miel* es a nivel subyacente el que se ofrece en (13):

13.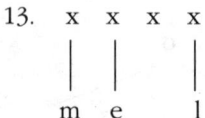

Siguiendo esta idea, Dunlap propone que antes de que se asignen las moras (antes de que se dé el proceso de morificación), por ello a nivel subyacente, las vocales que diptongan están asociadas a una mora. De manera que palabras como *miel, meloso, bueno* y *bondad* tienen las representaciones subyacentes siguientes:

14.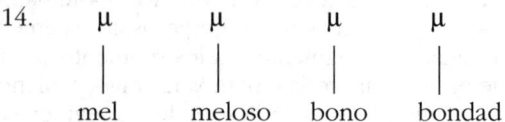

Cuando se aplica la morificación y se asigna una mora a cada vocal, el resultado es (15), donde se muestra que las vocales que diptongan tienen dos moras.

15.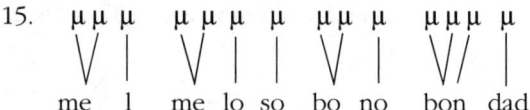

Después de la morificación se procede a asignar el acento, cuestión que retomaremos en la próxima sección, después de lo cual tenemos acento sobre la /e/ de /mel/ y sobre la /o/ de /bono/. Finalmente se aplica una regla de diptongación que consiste en asignar a la primera mora de la vocal acentuada (con dos moras) una vocal alta que se interpreta fonéticamente como deslizada. La diptongación se representa esquemáticamente de la manera siguiente:

16.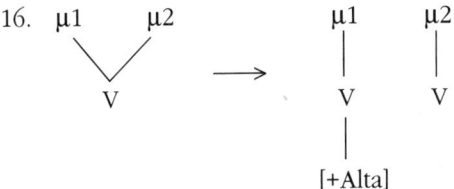

[+Alta]

En cuanto a las vocales bi-moraicas inacentuadas, como la /e/ de *meloso* y la /o/ de *bondad*, pierden una mora por un proceso de disociación:

17. μ1   μ2
      \\ ̸
       V

Para concluir quisiéramos señalar que el proceso de morificación debe ser guiado por principios universales como el de la escala de sonoridad y el Principio de Secuencia Sonora, y por principios y condiciones particulares de la lengua, como lo hemos señalado más arriba al hablar de la hipótesis de Levin, de manera que la morificación de la palabra *atraso*, por ejemplo, no asigne la /t/ a la sílaba anterior (es decir *at-raso*), porque esto daría un resultado incorrecto no sólo en términos de mora sino también en términos de acentuación, que terminaría siendo incorrectamente *átraso*.

Volveremos a hablar de la teoría de la mora y de la hipótesis de Dunlap en la próxima sección.

3.6. El acento en la fonología española actual

3.6.1. *Introducción*

En el capítulo II propusimos un análisis de la acentuación en español que resumiremos brevemente a continuación. El dominio del acento es la palabra mínima correspondiente al singular de los sustantivos y adjetivos. Las reglas de acentuación son las siguientes:

1. Acentúese la primera sílaba trabada de la palabra mínima procediendo de derecha a izquierda.

2. Acentúese la segunda sílaba.
3. Si una palabra contiene morfemas derivacionales el acento se coloca sobre el último de estos morfemas.

(1) es la regla de acentuación de la sílaba trabada y coloca el acento en la última sílaba de *papel*, en la penúltima de *momento* y en la antepenúltima de *tímpano*. La regla (2) es la regla de acentuación por defecto que se aplica si la (1) no se ha aplicado y coloca el acento sobre la segunda sílaba de *sabana, cometa,* etc. La regla (3) da cuenta de la acentuación de *cancioncita*, por ejemplo. Pero para dar cuenta de la falta de acentuación de ciertos sufijos derivacionales, habrá que asumir que hay sufijos negativamente marcados para la acentuación, en el sentido de que no pueden recibir acento. Uno de estos sufijos es *-ic-*. Nótese: *serafín* —> *seráfico, metamorfosis/metamorfismo* —> *metamórfico, satán* —> *satánico,* etc. Nótese la diferencia entre *organito* y *orgánico*, ambos derivados de *órgan-o*. En fin *-ic* no puede recibir acento, que se colocará a la izquierda del sufijo, en la antepenúltima sílaba.

En cuanto a palabras como *Hércules, tétano, sábana,* etc. que no siguen las reglas (1) y (2), hemos asumido que tienen una raíz marcada lexicalmente con acento. Si a estas raíces se agrega un sufijo inflexional o un sufijo inacentuable, como los sufijos adjetivales *-ic* (por ejemplo *tetánico)* y *-e* (por ejemplo *hercúleo)*[46], el acento se desplaza hacia el final de palabra y se coloca en la antepenúltima sílaba, posición que está permitida por la acentuación en español: *tetánico, hercúleo,* etcétera. Pero ahora no necesitamos esta regla de desplazamiento de acento, basta con decir que el sufijo no puede recibir acento. Pero volveremos sobre esto más abajo.

En el capítulo anterior no hablamos del acento en las formas verbales. Éstas siguen otros patrones que revisaremos muy brevemente. En las formas del presente indicativo y subjuntivo (de verbos regulares) el acento cae sobre la penúltima sílaba (con la excepción de la segunda plural) independientemente del tipo de sílaba e independientemente de la sílaba que la precede, como en las formas del indicativo en (4), en las que hemos marcado el acento para facilitar la exposición:

---

[46] Harris (1992) sostiene que la -e- de *hercúleo* es parte de la raíz. Si lo fuera no podríamos explicar por ejemplo la derivación de *róseo* a partir de *ros-a*. Véase también *áureo*. Este sufijo es por supuesto distinto del que encontramos en *fald[é]o, franqu[é]o,* etcétera, que es un sufijo nominal y que como los otros sufijos atrae el acento.

4. | hablo | cómo | vívo |
    | háblas | cómes | víves |
    | hábla | cóme | víve |
    | hablámos | comémos | vivímos |
    | habláis | coméis | vivís |
    | háblan | cómen | víven |

Podemos entonces proponer que en estas formas verbales la regla (1) no se aplica, pero sí se aplica la regla (2) que acentúa la penúltima sílaba.

Notemos ahora que la segunda persona plural no sigue este patrón puesto que la sílaba acentuada es la última sílaba: *[a\$blájs]*, *[ko\$méjs]*, *[bi\$βís]*. Sin embargo podemos ofrecer una explicación para estos casos. Si asumimos como lo hicimos en el capítulo anterior que las deslizadas se derivan de vocales, y si asumimos que las formas subyacentes de estos verbos tienen una vocal temática, entonces las tres formas en cuestión son fonológicamente las siguientes:

5. habla-is   come-is   vivi-is

A estas formas se les aplica la regla (2) y se obtiene la acentuación deseada, luego se aplica deslizamiento en los primeros dos casos y elisión de vocal (sinéresis) en el tercer caso y se obtienen las formas deseadas[47].

Desgraciadamente este análisis no resulta adecuado para otras formas verbales. Por ejemplo en el imperfecto del indicativo tenemos:

6. | hablába | comía | vivía |
    | hablábas | comías | vivías, etc. |
    | hablábamos | comíamos | vivíamos, etc. |

En las formas de la primera conjugación el acento cae sobre la vocal temática, en las formas de las otras conjugaciones no. Pero un análisis morfológico de estas formas fácilmente revela que la vocal temática se ha elidido: *comía* se deriva de *com-e-ía*, *vivía* se deriva de *viv-i-ía*. De ser así, podemos suponer que aquí también el acento cae sobre la vocal temática, que se elide en la segunda y tercera conjugación donde va seguida de la vocal [i] y ésta hereda el acento de la vocal elidida. En conclusión, a pesar de las dificultades que este análisis

---

[47] Este análisis nos crea un problema con las formas de la primera persona singular. Volveremos sobre esto más adelante.

presenta, por el momento vamos a adoptarlo, y generalizando la observación hecha propondremos la siguiente regla:

7. En el imperfecto acentúase la vocal temática

Así como está expresada, la regla (7) se aplicará también al imperfecto del subjuntivo, lo que es correcto, como puede deducirse de las formas: *hablára/habláse, habláramos/hablásemos,* etc. *comiéra/comiése, comiéramos/comiésemos,* etc. *viviéra/viviése, viviéramos/viviésemos,* etc.

¿Qué pasa con las formas verbales del pretérito? Veamos:

8.   hablé   comí   viví
     habláste   comíste   vivíste, etc.
     hablásteis   comísteis   vivísteis, etc.

Aquí también podemos asumir que las formas contienen una vocal temática, que el acento se coloca sobre dicha vocal y que luego la vocal se elide, permaneciendo el acento sobre la vocal del sufijo. Nótese de paso que de esta manera podemos explicar la acentuación y el deslizamiento en la segunda forma del plural: si la forma subyacente de *habláste[j]s* es *habláste/i/s* y si el acento se colocara con la regla (2) como lo hemos sugerido para el presente indicativo, entonces debería colocarse sobre la vocal /e/ —que aparece en la penúltima sílaba— y no sobre la vocal /a/. Pero se coloca en la /a/ precisamente porque la regla que se aplica aquí es la (7) y no la (2).

Sin embargo hay un caso que no se puede explicar de esta manera, que es el de la tercera persona, en particular en la segunda y tercera conjugación. La única posibilidad aquí es la de asumir que el sufijo /o/ tiene acento léxico, es decir /ó/. Esta solución también es la única posible para el futuro y el condicional, en los que el acento cae sistemáticamente sobre el sufijo /ré/ y /rí/, respectivamente:

9. hablaré/ría   comeré/ría   viviré/ría, etc.
   hablarémos/ríamos   comerémos/ríamos   virirémos/ríamos etc.

En cuanto a las otras formas, por ejemplo el gerundio y el participio, podemos decir que son objeto de la regla (2), mientras que el infinitivo contiene un sufijo marcado lexicalmente con acento[48]. Este análisis será modificado así como procedemos en nuestra presentación de los distintos modelos fonológicos.

---

[48] Para un análisis más completo y detallado de la acentuación de los verbos véase por ejemplo Núñez-Cedeño (1985).

3.6.2. *El análisis métrico*

El análisis de la acentuación de los sustantivos y adjetivos[49] en el apartado anterior es de carácter "lineal" en el sentido de que no prevé una estructura prosódica entre la sílaba y la palabra. La hipótesis sugerida por Selkirk (1980 y 1984) y otros lingüistas, es que entre la sílaba y la palabra hay otro nivel, el nivel del **pie,** como se expresa en el esquema siguiente, que incluye además otros niveles mencionados anteriormente (la hipótesis requiere que todos los niveles estén representados en la derivación de una oración):

10.

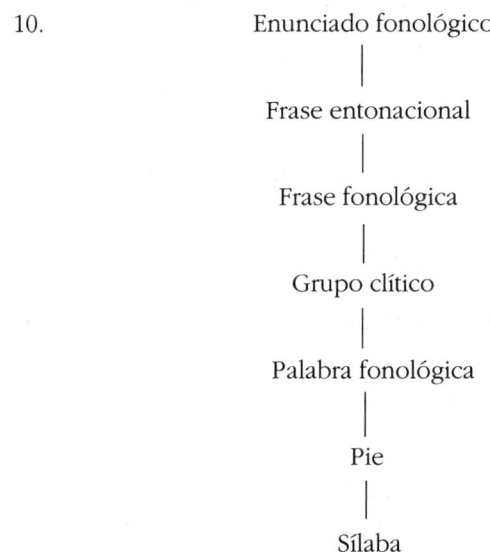

Enunciado fonológico

Frase entonacional

Frase fonológica

Grupo clítico

Palabra fonológica

Pie

Sílaba

El pie es una unidad o constituyente métrico natural, presente en toda lengua, evidente y determinante en la versificación métrica. El pie es también la unidad determinante de la acentuación. Por supuesto la justificación para el pie en fonología no se deriva únicamente del análisis de la métrica y del acento. Como Roca (1994) señala hay otras razones que motivan el uso de este constituyente. Por

---

[49] Para un análisis métrico de la acentuación de los adverbios véase Harris (1983) y (1992).

ejemplo la aspiración de las oclusivas sordas en inglés tiene lugar a comienzo de pie (Roca: 204-206).

La pregunta ahora es qué es un pie, y en particular qué es un pie en español. Los pies de una palabra son una medida del "peso" de las sílabas de la palabra, de manera que cada sílaba tendrá un peso específico, medible en número de elementos presentes en la rima. Cada pie tiene un determinado número de sílabas y una cabeza. El número o tipos de sílabas, como la posición de la cabeza del pie varía de un tipo de lengua a otro. El tipo de pie que en nuestra opinión se da en español es, siguiendo la terminología de Hayes (1995), el **Trocaico Silábico Desigual** (en inglés "Uneven Syllabic Trochee"). Asumiendo que una sílaba puede ser Ligera, es decir libre (sin Rima ramificante) en cuyo caso tiene "medio golpe" representado por un punto ".", o Pesada, es decir trabada (con Rima ramificante), en cuyo caso tiene un "golpe" representado por un asterisco " * ", un pie trocaico silábico desigual (que se representa encerrado entre paréntesis) es (11a) o (11b):

11a. dos sílabas de las cuales la de la derecha es Ligera: (σ)
11b. una sílaba Pesada: (*)

Pero esta definición nos deja con la duda de saber cuáles son los pies de una palabra como *cantando*. Si empezamos a contar las sílabas a partir de la izquierda el resultado es *(can)(tan)do,* donde la última sílaba no está incorporada en un pie. Empezando por la derecha tenemos *(can)(tando)*. Supongamos que hay una condición que requiera la incorporación "máxima" de las sílabas de una palabra en la estructura métrica, en este caso la respuesta correcta será que la incorporación de las sílabas en pies deberá empezar por la derecha. Asumamos que esta condición existe y que se aplica al español (pero véase la discusión más abajo), en este caso la respuesta es que la estructuración de las sílabas en pies empieza por la derecha. Esta solución parece ser la correcta también porque la acentuación en español se realiza sobre las sílabas finales de la palabra. De ser así, en español los pies se establecen fijado el parámetro de la direccionalidad de la manera siguiente:

12. Direccionalidad
    Los pies de una palabra se delimitan de derecha a izquierda

¿Pero qué pasa en un caso como *caramelo?* Aunque dijéramos que hay dos pies y que el segundo, es decir *(melo),* es el objeto de la acentuación, ¿cómo logramos que el acento se coloque en la penúltima sílaba y no en la última? La respuesta es que un pie tiene una **cabeza** que en el caso de un pie monosilábico coincide con la sílaba, pero en los pies bisilábicos es la sílaba a la izquierda en algunas lenguas y la de la derecha en otras. En español es la de la izquierda, lo que permite fijar el siguiente parámetro[50]:

13. La cabeza del pie es la sílaba izquierda

De manera que en *(melo) me* es la cabeza. Si ahora agregamos la siguiente regla de acentuación, el acento caerá justamente sobre la sílaba *me* de *caramelo,* y sobre la sílaba *tan* de *cantando:*

14. Acentúase la cabeza del pie a la derecha de la palabra

Resumiendo:
    a) los pies de una palabra se delimitan a partir de la derecha
    b) un pie es una sílaba Pesada o una sílaba Ligera junto con la sílaba precedente
    c) la cabeza de un pie es la sílaba a la izquierda
    d) el acento se coloca sobre la cabeza del pie

¿Qué pasa cuando después de formar los pies de una palabra queda una sílaba Ligera al comienzo de la palabra? Esta situación surge al construir los pies de una palabra como *papel,* puesto que el pie derecho es la última sílaba, *(pel),* que es Pesada. La otra sílaba, *pa,* es Ligera. Por convención asumiremos que esta sílaba se incorpora en un pie, *(pa)(pel)* que llamaremos pie "super-ligero"[51]. ¿Es el requerimiento de que la última sílaba Ligera a la izquierda forme un pie necesario? Por el momento diremos que sí y agregaremos que este requerimiento se deduce de una condición que exige que la estructuración de los pies de una palabra cubra toda la palabra[52].

¿Podemos extender este análisis a la asignación del acento secundario? Veamos. Recordemos, en primer lugar, que el acento secundario se asigna alternativamente partiendo desde la sílaba acentuada y hacia los extremos de la palabra (véase 2.4.1), y en segundo lugar que en la gran mayoría de los casos la primera sílaba tiene acento secundario (si no tiene acento primario). De hecho hemos asumido que

---

[50] En otras lenguas la cabeza puede ser la sílaba de la derecha, lo que produce el pie yámbico.
[51] Este tipo de pie a veces se llama "pie degenerado" (en inglés "degenerated foot").
[52] Esta es esencialmente la Condición de la Exhaustividad (en inglés "Exhaustivity Condition") de Halle y Vergnaud (1987).

por lo menos en una pronunciación del español toda primera sílaba (que no tenga acento primario) recibe acento secundario. Así que tenemos dos pronunciaciones posibles:
   a) en una, la mayoría de las sílabas iniciales (que no tengan acento primario) tienen acento secundario,
   b) en la otra, toda sílaba inicial (que no tenga acento primario) tiene acento secundario.

En el caso (a) la sílaba con acento secundario es la cabeza de un pie. Este acento se asigna con una regla que coloca un acento secundario sobre toda cabeza de un pie que no sea super-ligero: Regla 1.

En el caso (b) el acento secundario de la primera sílaba se consigue con la regla R1, o una regla que coloca un acento secundario sobre un super-ligero: Regla 2.

R1 y R2 son posléxicas y en una pronunciación se aplica sólo R1, en la otra R1 y R2. En esta última pronunciación que es la que presentamos y analizamos en el capítulo II, palabras como *emperadores* tendrán el patrón acentual: 2-2-3-1-2. Pues bien, hemos propuesto que este patrón se convierta en 2-3-3-1-2, por una condición que prohíbe dos acentos contiguos (implícitamente estamos presuponiendo que 3 no es un acento a pesar de llamarse acento terciario). ¿Necesitamos esta condición? La respuesta es sí, pero no hace falta formularla, porque es OCP, el Principio del Contorno Obligatorio, que prohíbe una secuencia de dos elementos idénticos.

Volvamos a la pregunta que nos hemos hecho más arriba. Si adoptamos la solución que acabamos de sugerir la respuesta es que la asignación de las reglas para el acento secundario es sensible a la estructura silábica, o por lo menos a las Rimas, y no se aplica al mismo tiempo que la regla del acento primario. Pero esta hipótesis no es la única posible. De hecho, podemos suponer que el acento secundario se asigna —y nos referimos ahora únicamente a la regla R1— cíclicamente junto con la regla del acento primario. El proceso podría ser el siguiente: en el primer ciclo se marca con acento toda cabeza de pie, luego en el ciclo siguiente (o poscíclicamente) se marca con otro acento la cabeza del pie derecho. De esta manera el pie derecho recibirá un acento más y tendrá más prominencia acentual que las otras cabezas del pie. Si analizamos de la manera sugerida las palabras *gramaticalidad* y *caramelo,* obtenemos las representaciones en (15), en las que los asteriscos y puntos en la primera fila debajo de la palabra indican Rimas y los paréntesis los pies, los asteriscos de la segunda fila indican las cabezas de los pies, los de la tercera fila las cabezas acentuadas y el asterisco de la cuarta fila el acento primario. La pronunciación será entonces *gramàticalidád* y *càramélo*.

15a. g r a m a t i c a l i d a d
    (.) (. .) (. .) (*)   estructuración de pies
      *   *   *   cabezas de pies
      *   *   acento
                    *   acento
15b. c a r a m e l o
    (. .) (. .)   estructuración de pies
      *   *   cabezas de pies
      *   *   acento
           *   acento

Agreguemos que si se aplicara también la regla R2, el resultado final sería para la primera palabra *gràmaticalidád,* que es una pronunciación posible[53].

El latín usa esencialmente el mismo patrón que el español, pero con algunas diferencias importantes. En latín una sílaba con vocal larga constituye una sílaba Pesada y puede formar pie por sí misma. Otra diferencia importante es que en latín la última sílaba no cuenta para la acentuación. Por ejemplo *amí:cus* se acentúa en la sílaba *mí:* porque la última sílaba no cuenta, lo que se puede expresar colocándola entre paréntesis angulares: *amí:<cus>*. Otro ejemplo es *símula:* con acento sobre la primera sílaba porque el pie es *(simu)* *<la:>* con dos sílabas Ligeras (la sílaba final no cuenta). Otro ejemplo es *domésticus* donde el acento cae sobre el pie *mésti* que contiene la sílaba Ligera *ti* y la sílaba Pesada *mes*. Una vez más la sílaba final no cuenta. La sílaba final en latín es **extramétrica:** no se computa para la estructuración métrica. En un análisis que presentaremos más abajo veremos que el español se puede analizar de la misma manera que el latín.

La sílaba final en español no es en nuestra opinión extramétrica, si lo fuera la acentuación de *gramaticalidad* sería imposible[54].

La hipótesis propuesta da cuenta de la acentuación de las palabras graves y agudas, pero no da cuenta de las palabras esdrújulas "normales" y de las excepciones. Veamos primero el caso de las palabras esdrújulas como *tímpano* que, como se recordará se acentúan sobre la antepenúltima porque las dos últimas sílabas son Ligeras *(v.gr.* libres). Correctamente, la regla (1) colocaría el acento sobre la primera sílaba trabada yendo de derecha a izquierda. Si ahora analizamos esta palabra en términos de pies, obtenemos (16),

---

[53] Hay otros ejemplos en Hayes (1995:96) extraídos de trabajos de Harris y Roca.
[54] En Hayes (1995:181) quien se sucribe al análisis de Harris (1983,1992), el español es como el latín, esto es, con sílaba final extramétrica. Más abajo volvemos sobre el análisis de Harris.

16. t í m p a n o
   (∗) (. .)

y si a (16) le aplicamos la regla de acentuación (14) el acento caerá sobre la cabeza del pie derecho, es decir la sílaba *pa*, y no sobre el pie siguiente *tim*. ¿Cómo dar cuenta de la acentuación correcta? Nuestra propuesta es que la penúltima vocal de palabras como tímpano no recibe un "semi-golpe", por ello no forma un pie con la sílaba final. La sílaba sin golpe es la que superficialmente se expresa como una vocal inacentuada y a menudo relajada. En conclusión la estructuración métrica y la acentuación de *tímpano* no es la (16) sino la (17).

17. t í m p a n o
   (∗   .)
    ∗

Veamos ahora cómo podemos resolver casos como los siguientes que en el capítulo anterior y aquí arriba hemos analizado como casos de marcación léxica de la raíz o del sufijo. Empecemos con el primer caso que ejemplificamos a continuación:

18a. café   (y no ∗cáfe)
18b. sábana   (y no ∗sabána[55])
19a. Hércules   (y no ∗Herculés)
19b. hipnósis   (y no ∗hipnosís)
19c. cadáver   (y no ∗cadavér)

Hemos asumido que ejemplos del tipo (18) están marcados lexicalmente con acento o tienen un sufijo que no se toma en cuenta para la acentuación. Nuestra propuesta ahora es que la vocal de la última sílaba de palabras como *café, Panamá, paltó, rococó*, etc. es una vocal larga, y que como tal constituye una Rima ramificante que a su vez constituye un pie Pesado[56]. De manera que la estructuración métrica y la acentuación de *café* es la siguiente:

---

[55] Por supuesto esta palabra existe, pero no tiene el significado de *sábana*.

[56] Dunlap (1991) sostiene que las palabras agudas tienen una consonante final que no se realiza fonéticamente excepto en ciertas palabras derivadas. A pesar de que Dunlap dé ejemplos como *menú* y *menucero* —nosotros podemos ofrecer otro ejemplo: *café* y *cafetero* —, no sólo la hipótesis no puede generalizarse a todas las palabras, sino que además hay pares como *agua* y *aguacero, carne* y *carnicero*, etc., que no son agudas y sin embargo tienen una consonante en la forma derivada. Pero nuestro análisis no se aleja mucho de esta idea. Podemos en efecto decir que la vocal final de palabras agudas es larga precisamente porque hay una posición posnuclear en la Rima

20. c a f é
    (.) (*)
          *

En cuanto a palabras como *sábana, sábado,* etc., podemos explicitar que la marcación léxica que permite la acentuación sobre la antepenúltima consiste en que la penúltima vocal no tiene un semigolpe. De manera que su análisis es el siguiente:

21. s á b a n a
    (.   .)
       *

Pasemos a casos como el de *Hércules, hepatítis, hipnósis,* etc. Nuestra propuesta es que en este caso la [s] final es paralela al sufijo del plural y por ende no cuenta para la metrificación, o si se quiere es extramétrica. Por otra parte la segunda vocal de *Hércules* está marcada para no recibir un semi-golpe de manera que la acentuación de esta palabra procederá de la forma siguiente:

22. Hé r c u l e <s>
    (.   .)
       *

¿Qué otros segmentos son extramétricos? La consonante final de algunas palabras que no tienen sufijo, como por ejemplo *huésped, lápiz, cadáver, Júpiter*[57], etc., palabras obviamente "expecionales" en el sentido de que son graves a pesar de terminar en consonante. Esta excepcionalidad es marcada lexicalmente como extrametricalidad. Nótese que en este análisis sólo las consonantes finales de palabras pueden ser extramétricas, por ello la única información presente en el morfema lexical es que es "extramétrico", el resto, es decir la designación de cuál es el segmento extramétrico, es automático.

Revisemos ahora la regla (3) que estipula cómo se acentúa una palabra con morfemas derivacionales. Si una palabra contiene un sufijo derivacional, *v.gr. -(c)it, -ísim -ur, -eño, -an, -on, -eñ*, etc., la palabra se acentúa de la manera acostumbrada, con la particularidad de

---

que es ocupada por la vocal y que en ciertas formas derivadas es ocupada por una consonante. La propuesta de Dunlap es similar a la que hemos mencionado en el capítulo II sobre compensación vocálica (en abertura o duración y por lo menos en algunos dialectos andaluces) a causa de la elisión de una consonante siguiente, por ejemplo por elisión de la /s/ final de palabra. Nótese que la palabra *pie* se obtiene de /ped/ por elisión y alargamiento por compensación, y finalmente diptongación. Volveremos sobre esto más abajo.

[57] *Júpiter* es excepcional también en otro sentido. La segunda vocal, [i], debe ser marcada lexicalmente para no recibir semi-golpe.

que si el sufijo es *-ísim* el acento cae sobre la primera vocal, lo que se resuelve diciendo que la segunda [i] no recibe semi-golpe. Así obtenemos *bell-ísima, blanc-úra, caraqu-éño,* etc. ¿Qué pasa cuando hay más de un morfema? Invariablemente el acento está sobre el último sufijo, como en *canc-ion-cíta, caraqu-eñ-íto, caraqu-eñ-ísimo,* etc.

Notemos ahora que estas últimas palabras son de dos tipos: las que están formadas por una palabra mínima más un sufijo como por ejemplo *cancion-cita,* o *fuerte-cito,* que como Harris (1983) señala es el adjetivo *fuerte* más el sufijo *-cito,* y las que no lo están (o no parecen estarlo), como por ejemplo *caraqu-eñ-íto.* Pues bien, si *cancioncita* y *fuerte-cito* son palabras compuestas como acabamos de decir, ¿cómo se acentúan? Si la acentuación de *cancioncita* se hiciera de acuerdo con las reglas sugeridas, el acento debería estar sobre *-ión* por ser ésta una sílaba Pesada (aunque antepenúltima). ¿Cómo hacer que el acento caiga sobre el segundo sufijo? Nuestra hipótesis (compatible con la que sugiere Harris (1983) y con los postulados de la fonología léxica) es que en los casos en que una palabra está formada por una palabra mínima más otros sufijos, la acentuación se realiza en dos niveles: primero en el nivel de la palabra mínima, luego en el nivel de la palabra derivada que incluye los otros sufijos. En el caso de *cancioncita,* la acentuación tendrá lugar primero en el nivel de *canción* y luego en el nivel de *cancion-cita.* Pero esto no evitaría que el acento se colocara sobre *-ión.* ¿Cómo resolver este dilema? Supongamos que estos dos niveles corresponden a dos ciclos distintos, y adoptemos el principio de la ciclidad estricta, en este caso el problema se disuelve porque en el segundo nivel, cuando se toma en cuenta la palabra derivada, y se aplica acentuación el acento no podrá colocarse en el ciclo anterior afectando *-ión,* y tendrá que colocarse sobre el siguiente sufijo, es decir *-cito* que aparece en el nivel del ciclo en curso. En conclusión la derivación del acento de *cancioncita* será la siguiente:

23a. Primer nivel/ciclo c a n c i ó n
                         (*)   (*)
                             *

23b. Segundo nivel/ciclo c a n c i o n c i t a
                           (*)   (*) (. .)
                           *   *
                             *

Después de la estructuración de pie en el segundo nivel tenemos dos cabezas de pie consecutivas, pero no en el mismo ciclo y no se funden, y asumiendo que en el nivel posléxico se le asigna otro acento a la cabeza derecha, el resultado es el que se indica en (23b).

Este análisis es aplicable a los compuestos y a los adverbios en -*mente*, por ejemplo *alta-mente,* que se forman con un adjetivo y el sufijo -*mente*. Acentuación que se aplica a estos adverbios primero en el nivel de palabra mínima, por ejemplo en el nivel de *alta,* luego en el segundo ciclo al sufijo *mente*. Posteriormente en el nivel posléxico se asigna un acento más a la cabeza a la derecha y el resultado es el que se señala en (24), en que la sílaba *al* tiene acento secundario y *men* tiene acento primario.

24. a l t a]$_{Pal}$ m e n t e]$_{Pal'}$
     (* .)   (*   .)
        *   *
                *

Todavía nos falta dar cuenta de casos con los sufijos inacentuables: *satánico, orgánico, hercúleo,* etc. Hemos dicho que los sufijos -*ic*- y -*e*- de estas palabras están marcados lexicalmente para no recibir acento, lo que en la nueva hipótesis se traduce en que la vocal del sufijo no tiene peso métrico y no recibe semi-golpe, como se indica en 25 para la palabra *satánico*.

25. s a t á n i c o
     (*) (.   .)
          *

Pero ¿qué pasa en el caso de *hercúleo?* Aquí tanto la [u] de la raíz como la [e] del sufijo en principio no pueden recibir un semi-golpe. Suponiendo sin embargo que un pie debe incluir un máximo de tres sílabas, diremos que la sílaba de la [u] recibe un semi-golpe resultando en la pronunciación *hercúleo*.

Pasemos a los verbos. Ya hemos mencionado que los marcadores de número, por ejemplo la [n] de *canta-n,* la [s] de *canta-s* son extramétricos. También es extramétrica la marca -*mos* de la primera plural. También hemos señalado que en el futuro y condicional el acento cae sobre una vocal particular, que es en ambos casos la vocal después de [r]. Si suponemos que estas formas verbales están formadas del infinitivo más uno o más sufijos, por ejemplo *hablar-é,* podemos dar cuenta de la acentuación de estas formas de la manera indicada para las palabras compuestas.

En cuanto a las formas "simples", a excepción del presente, asumiremos que contienen una vocal larga que "atrae" el acento ya que por ser larga puede formar pie por sí misma. Así se explican formas como *hablába-n* y *hablába-mos*. Esta vocal larga resulta de una especie de "contracción" entre vocal temática y vocal del sufijo modaltemporal. Un ejemplo más claro de este proceso son las formas como *habl-é* y *habl-ó*, para las cuales supondremos que en la representación subyacente tienen una secuencia de vocal temática más la vocal del sufijo *-e* y *-o*, respectivamente. Las dos vocales forman un pie, y el acento se coloca sobre dicho pie. Posteriormente la vocal temática se elide, y el acento se reasocia con la vocal adyacente (de una manera parecida a la que sucede con la reasignación del tono, proceso mencionado al comienzo de este capítulo (3.2.1)). De esta manera la vocal final retiene el acento[58]. Este proceso queda resumido en (26).

26. h a b l a e ⟶ h a b l a e ⟶ h a b l e
      (*) (. .)   ╅
         *   *   *

Desgraciadamente este análisis no puede explicar la acentuación en el presente, por ejemplo en *hablo, hablas, habla* y *hablan*. Lo único que podemos sugerir para estas cuatro formas dentro del análisis desarrollado aquí es que no tienen vocal temática o que la vocal temática se elide antes de la acentuación, obviamente una solución *ad hoc*.

Con esto concluimos nuestra presentación de la acentuación de acuerdo con el esquema de la teoría métrica. En las próximas secciones elaboraremos más este análisis, resumiendo la hipótesis de Harris (1983, 1992) y Dunlap (1991). Luego volveremos a plantear este tema al hablar de la acentuación en la fonología no-derivacional.

3.6.3. *El análisis de Harris*

La hipótesis de que el pie es un factor relevante en la acentuación del español aparece por primera vez en Harris (1983), quien propone analizar las palabras *casa, té, gramaticalidad* y *generativo*[59] de la manera siguiente:

---

[58] También podemos asumir que la vocal que permanece se hace larga. Esto es, si dos vocales se reducen a una, la vocal resultante es larga por compensación y por ende tiene una Rima ramificada. Esta idea se puede comprobar en los casos de sinéresis, como en *azahar, alcohol, albahaca*, etc., en los que la vocal larga es la que recibe acento. Volveremos sobre este tema al hablar de la fonología no-derivacional.

[59] La estructura del primer pie de esta palabra es distinta de la que uno se esperaría, pero tiene el objeto de permitir asignar el acento secundario a la primera sílaba. Harris hace notar que palabras como *gramaticalidad* y *generativo* pueden tener dos patrones con respecto al acento secundario. Véase también Hayes (1995) sobre esto. Estos aspectos no son relevantes para nuestra presentación y no los abordaremos.

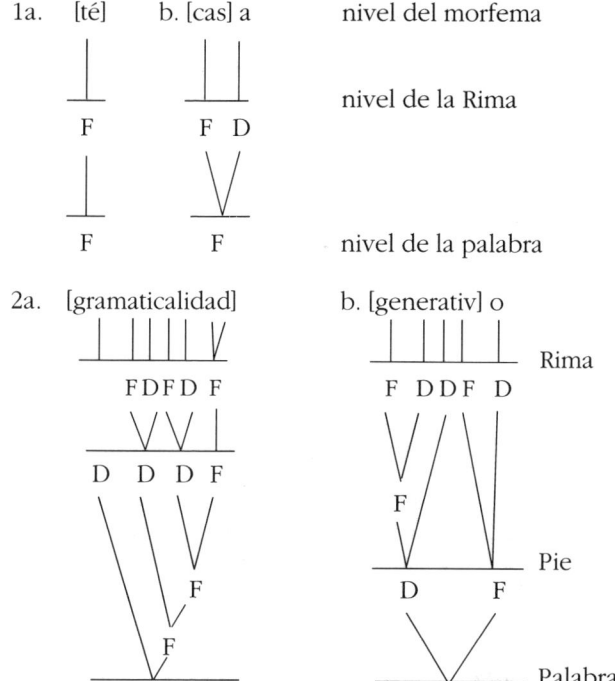

Harris sostiene que la construcción de la estructura del pie es con "ramificación a la izquierda" y se representa con F (D)[60], lo que equivale a asignar a la sílaba izquierda del pie el "peso" de la cabeza, mientras que la estructura de la palabra es con "ramificación a la derecha" y se representa con (D) F, lo que equivale a asignar el peso del acento primario a la cabeza del pie derecho.

El análisis de Harris correctamente da cuenta de la acentuación primaria y secundaria de palabras agudas terminantes en consonante y de las graves terminantes en vocal. También da cuenta de palabras como *caramba* y *sosiego*, pues en ambas la penúltima sílaba tiene una Rima ramificante, una con consonante y la otra con deslizada, lo que hace que dicha sílaba sea Pesada. Combinada con la última sílaba que es libre, por ende Ligera, forma un pie pesado que es el que recibe el acento.

Pasemos ahora a los casos "marcados", por ejemplo los de pala-

---

[60] (D) quiere decir que D es opcional.

bras graves terminantes en consonantes como *caníbal, huésped, cráter,* etc. Harris sugiere que estas palabras están marcadas lexicalmente de manera que su consonante final no cuenta para la computación métrica del pie, es decir, se trata de una consonante extramétrica. El análisis de *esquimal,* cuya consonante final no es extramétrica es el (3a) y el de *caníbal* es el (3b).

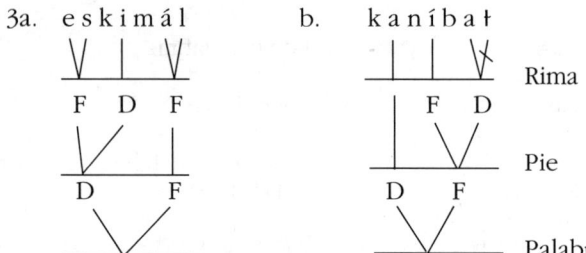

El hecho de que la consonante final de *caníbal* sea extramétrica permite que la Rima de la sílaba final de esta palabra sea incorporada en un pie del tipo (F D), lo que a su vez permite que el acento no se coloque sobre la sílaba final, como sucede por ejemplo con *esquimal.* El resultado es con acento sobre [ni].

Harris ofrece una solución similar para casos de palabras esdrújulas como *métrico, sábana,* etc. En su análisis la penúltima vocal de estas palabras es extramétrica. Por ejemplo el análisis de la palabra *métrico* es el siguiente:

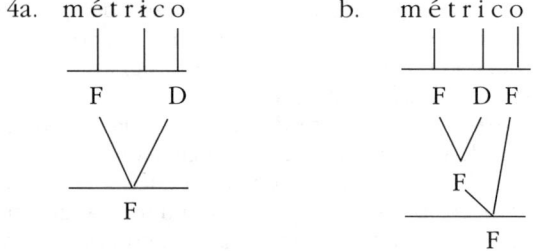

En (4a) tenemos la representación subyacente de *métrico,* con la penúltima vocal, es decir [i], extramétrica, que por lo tanto no está incorporada en la estructura prosódica. A esta representación se le aplica un proceso llamado Adjunción de la Rima Suelta (en inglés "Stray Rhyme Adjunction") que incorpora una Rima disociada a un pie adyacente como un nudo (débil) de dicho pie. Esta solución se parecé a la anterior de *caníbal* en el sentido de que en ambos casos tenemos un segmento que se anexa a la sílaba, aunque desde un punto de vista estricto sólo en este segundo caso se aplica Adjunción de la Rima Suelta, ya que en el caso de la consonante final la Rima ya está presente en la estructura prosódica.

Adjunción de la Rima Suelta no es una condición o regla particular del español sino una condición presumiblemente universal que tiene el efecto de "salvar" una estructura. Se trata pues de una condición de preservación de estructura como lo es también la epéntesis de [e].

El último caso que queremos revisar en el análisis de Harris (1983) es el de palabras agudas terminantes en vocal, por ejemplo *papá, dominó,* etc. Para estos casos Harris sugiere una solución parecida a la que hemos adoptado en el apartado anterior. Asume que estas palabras están lexicalmente marcadas con una Rima ramificante. Pero en su análisis la vocal en cuestión realmente no ocupa dos posiciones en la Rima (no es una vocal larga) y sugiere una estructura como la de (5) para la palabra *papá,* más una condición, la Condición de la Ramificación (en inglés "Branching Condition") que prohíbe que un nudo D de un pie ramifique. De modo que la segunda rama de la Rima de la vocal final [a] deberá estar incorporada en el mismo pie que la vocal, que es naturalmente un pie del tipo F.

5. p a p á

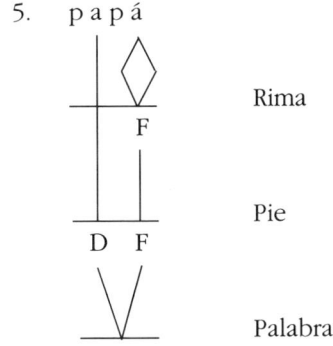

De modo que el acento se colocará en la última sílaba, y no en la penúltima como sucede con la palabra *papa*. Agreguemos que el análisis de palabras como *carey* y *Abreu,* que terminan en diptongo, por ende con una Rima ramificante es similar al de palabras como *papá,* sobre todo si se tiene en cuenta que el acento no puede estar en la primera sílaba: *c[á]rey, *[á]breu*.

En un trabajo más reciente, Harris (1992) adopta la tesis de Halle y Vergnaud (1987) de la representación de la estructura acentual en forma de "reja" —como la que hemos usado arriba en 3.6.2.— y reexamina la acentuación y el tema de la extrametricalidad. En esta nueva hipótesis Harris abandona la representación arbórea, pero mantiene la idea fundamental de que la acentuación en español está basada sobre el "peso" de la Rima. Una prueba de ello es que una palabra con la última o penúltima sílaba con Rima ramificante no puede tener acento sobre la antepenúltima. Lo interesante es que el peso es determinado por la presencia de cualquier segmento pre o posnuclear en la Rima, por ejemplo por una deslizada. Nótese la imposibilidad de por ejemplo *cáricia, *cácatua, etc. Otro caso más que Harris observa es el de palabras como *cástaña con una palatal prenuclear en la última sílaba y acento en la antepenúltima —sí existen palabras como cáñamo.

En este trabajo Harris sostiene que un sufijo consonántico o una vocal final de palabra en español es extramétrico, y el algoritmo para la acentuación es esencialmente el (6a). Este algoritmo, ilustrado con la palabra *republicano* en (6b), se aplica a la palabra y no a la "raíz derivacional" (consistente en la palabra menos los sufijos inflexionales, si los hay):

6a. i. se asigna * a cada núcleo silábico
 ii. el último segmento a la derecha es < extramétrico > si (a) es una vocal, o (b) sufijo
 iii. se asigna acento al último núcleo a la derecha
 iv. se forman constituyentes (=pies) con cabeza a la izquierda empezando por la cabeza formada en la línea anterior
 v. se forman constituyentes con cabeza a la derecha con las cabezas formadas en la línea anterior
 vi. se eliminan todos los asteriscos menos el de la última línea

6b. [(re. pu. bli. ca. no)]   segmentos y silabificación
    * * * * *   i. núcleos silábicos
              <*>   ii. extrametricalidad
        *   iii. acento
  (*) (* *) (*)   iv. pies
       *   v. cabeza
       *   vi. eliminación de asteriscos

En el caso del sufijo *-ic,* como en *democrát-ic-o,* la posición de Harris es que este sufijo es una excepción a la regla (6a.iii), de manera que al aplicarse las otras reglas se obtiene la acentuación de la vocal precedente. Otro caso excepcional en este sentido es el de palabras graves como *túnel.* A propósito de este ejemplo Harris hace notar que es distinto de la palabra "normal" *tonél*, sin embargo es más normal que la imposible *cánasta* por ejemplo. En otros términos hay una diferencia de la que hay que dar cuenta: una palabra con penúltima Rima ramificante no puede ser esdrújula, mientras que una palabra con última Rima ramificante puede ser aguda (como la no-marcada *tonél*) o grave (como la marcada *túnel*). La diferencia puede resolverse apelando a la excepcionalidad de *túnel* con respecto a la regla (6.iii) si además se asume que una consonante final (no extramétrica, es decir no sufijo) no se incorpora en la silabificación en el ciclo en que se silabifican los otros segmentos, sino en el ciclo siguiente (o en el ciclo posléxico). De esta manera la derivación de *túnel, canásta y tonél* será esencialmente la siguiente (# indica acento):

7. σ σ   σ σ σ   σ σ
    ∧ ∧   ∧ ∧ ∧   ∧ ∧
    t u n e l   c a n a s t a   t o n e l
    (*   *   )   *   (*) <*>   *   (*)
    (#   .   )   (. #)   .   (. #)
       *   .   .   *   .   .   *

El próximo caso que Harris trata de resolver es el de palabras que terminan en diptongo, que como hemos visto no pueden ser esdrújulas: *car[í]cia*, pero no *c[á]ricia*. Aquí Harris adopta la teoría de la mora y analiza *caricia* de la manera siguiente:

8. c a   r i   c i a
    μ   μ   μ<μ>
    *   *   .<*>
          #

La primera línea de esta derivación se obtiene asignando una mora a un núcleo y otra a la deslizada que es un segmento de la Rima. La última mora, como también el último asterisco de la segunda línea, es extramétrica. La última línea se obtiene aplicando la siguiente regla que Harris propone:

9. μ μ] ⟶ μ μ]
    *   *
                  #

La misma regla da cuenta de la acentuación en *náufrago, carente, carái* (esta palabra no termina en vocal), etc.

Volviendo al tema de la extrametricalidad Harris señala que la acentuación de palabras como *próspero-s, habláse-mos, había-is, paréntes-is*, etc., es inexplicable: se trata de palabras que terminan en consonante y sin embargo son esdrújulas. Lo peor es que inclusive en el caso en que esta consonante se considerara extramétrica, el acento debería estar sobre la vocal siguiente y no sobre la antepenúltima vocal. Hay sin embargo una explicación para estos casos. En primer lugar hay que notar que la consonante final en estos casos es parte del sufijo inflexional: marcador de número y a veces de persona (e.gr. *-s,-mos, -is* en *habíais,* etc.) o de clase (e.gr. *-is* en *paréntesis).* Por ello es extramétrica. En segundo lugar si consideramos extramétrica también la vocal siguiente, el patrón acentual sigue las reglas fijadas. En otros términos hay que interpretar las dos cláusulas de condición de la extrametricalidad *(v.gr.* (a) que la consonante final sea inflexional, (b) que la vocal esté a final de palabra) no de manera exclusiva sino de manera inclusiva: las dos pueden aplicarse a una misma palabra. Si tomamos el ejemplo *hablásemos,* en el que *-se-* es según Harris un sufijo excepcional inacentuable, puesto que tanto la *-s* como la *-o* son extramétricas y *se* no puede acentuarse, el acento se colocará sobre la vocal siguiente, es decir [a].

Harris también hace notar que sería incorrecto asumir que sólo las vocales que son marcadoras de clase son extramétricas, pues hay vocales como la vocal temática a final de palabra en formas verbales como *amena-za* que es extramétrica. En otros términos la vocal final es extramétrica independientemente de su función morfológica, cosa que es comprobada por la acentuación en palabras nuevas o inventadas, o en acrónimos *(v.gr. [ó]vni, UN[á]M,* etc.). Por supuesto, la vocal final de *ajonjolí, Panam-á,* etc., debe considerarse una excepción a esta generalización, de manera que el acento se colocará justamente sobre dicha vocal.

Revisemos otro caso. Formas como las que aparecen en (10) son verbales y nominales o adjetivales al mismo tiempo. Las de (10a) son iguales para los verbos y nombres, las de (10b) son distintas: el acento en los verbos está en la penúltima, en los nombres y adjetivos en la antepenúltima.

	Verbo	Nombre/Adjetivo
10a.	desarrollo	desarrollo
	vacía	vacía, etc.
10b.	interprete	intérprete
	continúa	continua, etc.

La diferencia anotada en los ejemplos (10b) es difícil de explicar. Si estas formas se analizan de acuerdo con la hipótesis propuesta arriba y se dice que la penúltima vocal es inacentuable *(v.gr.* no se le asigna un asterisco), eso daría cuenta de la acentuación de los nombres y adjetivos pero no de la de los verbos. La solución, bastante *ad hoc,* consistiría en asumir que los verbos quedaran excluidos de la excepcionalidad.

El análisis de Harris capta esta idea de una manera más explicativa. Su análisis se basa en la teoría de Halle y Vergnaud (1987) y parte de la siguiente observación. Las formas verbales terminan en un sufijo no-inflexional, mientras que las formas nominales/adjetivales terminan en un sufijo inflexional. Si se supone que los sufijos derivacionales son cíclicos y los inflexionales no lo son, el problema de la diferencia entre el verbo y el nombre/adjetivo en (10b) se resuelve. Veamos cómo.

En Halle y Vergnaud (1987) se postula que las reglas se aplican cíclicamente a los sufijos cíclicos y no-cíclicamente (o poscíclicamente) a los otros sufijos, esto es, a cualquier secuencia de segmentos que incluya dichos sufijos y que satisfaga la condición para la aplicación de las reglas. La aplicación cíclica se hace tomando en cuenta únicamente el input del ciclo en que las reglas se aplican[61], el ciclo *n*. La aplicación no-cíclica toma en cuenta la información presente en el último ciclo y en el ciclo anterior. Puesto que el sufijo verbal de *interpret-e,* por ejemplo, es cíclico (no es un sufijo inflexional), cualquier información presente en el ciclo de la raíz, *v.gr. interpret,* "se pierde" cuando las reglas se aplican en el ciclo siguiente, el del sufijo *-e* (porque las reglas en este ciclo "no saben" lo que pasó en el ciclo anterior). En la derivación del nombre *intérpret-e,* por otra parte, la información presente en el último ciclo, el de *interpret-,* no se pierde cuando se pasa al ciclo siguiente, el del sufijo inflexional *-e,* porque este sufijo no es cíclico, y en este nivel las reglas no se aplican cíclicamente. En consecuencia, la información presente en *interpret-* no se pierde cuando las reglas se aplican al nombre *interpret-e.*

Supongamos ahora que la raíz *interpret-* tiene una vocal excepcional, no acentuable según los procedimientos normales y que esta vocal es la segunda *e,* es decir la de *pret.* Si la raíz es parte del verbo, esta información se pierde cuando se pasa al ciclo siguiente, el del morfema no-inflexional verbal *-e,* y el acento se asigna justamente a la *e* de *pret.* Pero si la raíz es parte del nombre, esta información no se pierde cuando se pasa al ciclo siguiente, el del sufijo inflexional *-e,* porque éste no es cíclico y las reglas en este nivel se aplican no-cíclicamente. El resultado es que el acento se coloca sobre la penúltima sílaba[62].

---

[61] Esta interpretación de la ciclicidad es similar a la de la ciclicidad estricta mencionada anteriormente.

[62] Un ejemplo que nos parece apoyar esta hipótesis es el de *pérdida* y *perdida,* nombre y participio respectivamente, que repiten el patrón mencionado. Pero hay algo

3.6.4. El *análisis de Dunlap*

Pasemos al análisis de Dunlap (1991), quien se suscribe a la Teoría de la mora. Esta lingüista asume que la acentuación precede a la silabificación: el acento se asigna a una mora, pero después de la silabificación el acento se realiza fonéticamente en el núcleo silábico gracias a una convención (la convención de la Prominencia de la Cabeza) que simplemente acopla el acento con el pico sonoro de la sílaba, que es la vocal.

Para Dunlap, como para la mayoría de los lingüistas, el acento primario se asigna en el nivel léxico y debe preceder al proceso de diptongación, precisamente porque éste depende del acento. Otra razón por la que la asignación del acento primario debe ser léxico es que se aplica a palabras y es sensible a la categoría de las palabras, como se deduce del análisis de Harris aquí arriba. El acento secundario, por otro lado, se asigna en el nivel posléxico, independientemente de las categorías gramaticales y los lindes lexicales.

Veamos ahora cómo procede la asignación del acento primario. Para Dunlap, la morificación procede de la manera acostumbrada, asignando una mora a cada vocal y a una consonante final, si la hay. Después de lo cual se forma un solo pie moraico trocaico (es decir, un pie de dos moras y con cabeza a la izquierda) en la extremidad derecha de la palabra. De esta manera, las palabras *baráta* y *fusíl* obtienen la morificación y la estructuración del pie indicadas en (11).

11. $(_* .)$ $(_* .)$
        μ μ μ   μ μμ
        b a r a t a   f u s i l

Finalmente se asigna el acento al pie, que desciende a la cabeza del pie y a la vocal.

Por supuesto este proceso no puede dar cuenta de la acentuación en los casos de esdrújulas como *sábana,* para las cuales Dunlap asume que están lexicalmente marcadas con una mora final extramétrica. De modo que la acentuación de *sábana* es de acuerdo con Dunlap la que se indica a continuación:

---

más sobre la diferencia entre nombre y verbo en este caso: la vocal de la raíz /e/ no diptonga en el nombre, *v.gr. pérdida,* pero sí en el verbo, *e.gr. pierde,* lo que sugiere que no sólo la acentuación sino también la diptongación se aplica de manera distinta en nombres y verbos.

12. (* .)
    μ μ <μ>
    s a b a n a

En conclusión, para Dunlap palabras como *sábana, órgano,* etc., tienen un morfema lexical marcado con un rasgo de extrametricalidad en el lexicón. Este rasgo indica que en el nivel de la palabra la última mora es extramétrica. El análisis de Dunlap es más simple que otros, por ello más atractivo, pero deja sin explicación algunos casos. Por ejemplo, palabras como *Hércules, paréntesis,* etc., son esdrújulas y terminan en una sílaba con dos moras. Si decimos que una es extramétrica tenemos problemas. Por supuesto la solución consiste en decir que la consonante final no es parte de la palabra o es un sufijo inflexional, pero eso nos deja sin explicación para palabras como *Júpiter.* Recuérdese que en el análisis propuesto más arriba en 3.6.2. esta palabra no sólo tiene una consonante extramétrica, tiene también una vocal, la [i], que no puede recibir acento porque no recibe lo que hemos llamado semi-golpe. Como en Dunlap este procedimiento no es disponible, la solución debe resultar *ad hoc.* De hecho Dunlap sugiere que palabras como *ómicron,* cuya acentuación no puede obtenerse de la manera indicada, tiene otro rasgo léxico consistente en un pie léxico sobre la mora que recibe acento, la vocal [o] en este caso.

En cuanto a palabras agudas terminantes en vocal, por ejemplo *menú, café,* etc., Dunlap sostiene que tienen una mora extra final, correspondiente a una consonante sin especificar. Esta hipótesis se basa en la observación de que la consonante aparece en la superficie cuando el morfema lexical va seguido de ciertos sufijos derivacionales, por ejemplo *-ero* y *-azo*. Una prueba de ello es la alternancia *menú-menucero, maní-manisazo,* etc. Desgraciadamente esta alternancia se da también con palabras llanas como en *agua-aguacero,* etcétera —véase la nota 56 en 3.6.2. En esta alternancia las palabras derivadas muestran una consonante que no aparece en la palabra sin sufijo derivacional, por ello nos parece que la solución que hemos propuesto más arriba para estas palabras, que consiste en asumir que la vocal final de palabras agudas como *menú, maní,* etc., es larga, es una solución más adecuada. Más aún cuando esta presuposición puede relacionarse con un proceso de alargamiento de la vocal final por compensación por la elisión de una consonante final, proceso que posiblemente subyace a la palabra *pie* (véase *ped-al).* En conclusión, lo que sostenemos es que las vocales que diptongan al igual que la vocal final de palabras agudas son vocales largas.

Recapitulando, en este apartado hemos presentado tres análisis sobre el acento. En el primero la acentuación está basada en la sílaba (el pie es silábico). En el tercero está basado en la mora (el pie es moraico). El segundo es un compromiso entre las dos perspectivas. Esto podría hacer pensar que uno de los niveles, el silábico o el moraico se podría eliminar. Nuestra posición es que los dos niveles se corresponden en muchos aspectos, pero son independientes y ambos se justifican sobre todo en áreas distintas de la acentuación. Inclusive hay casos en los que en nuestra opinión lo que sucede en el nivel de la mora no se refleja en el nivel de la sílaba y viceversa. Hay aspectos de la fonología de los cuales la morificación no puede dar cuenta, uno de estos es el resilabeo entre palabras del cual hemos hablado en el capítulo anterior, proceso que hemos usado como argumento para justificar la estructura silábica al comienzo de la sección 3.5. Si hubiera una correspondencia absoluta entre los dos niveles, el silábico y el moraico, uno de los dos sería innecesario. En lo que sigue vamos a tratar brevemente de procesos que muestran la relación y al mismo tiempo la independencia entre los dos niveles.

Dunlap sostiene que la morificación precede y determina, por lo menos en parte, la silabificación. Recordemos que Dunlap asigna a las vocales que diptongan una mora subyacente y una mora por morificación como en (13):

13.   μ μ μ   μ μ μ μ
       \|/   \|/ | |
       me l   me lo so

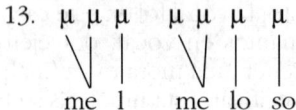

Si la vocal recibe acento, entonces diptonga, proceso representado en (14), si no, pierde una mora, como se muestra en (15):

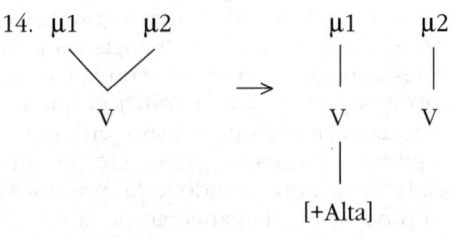

Pero este segundo proceso no es necesario: podemos muy bien asumir que la vocal mantiene dos moras, aunque en el nivel silábico se le asigne una sola plaza, la del núcleo. Esta hipótesis es para nostros válida también para las vocales que hemos llamado largas, como la -*e* final de *café:* se trata de vocales bimoraicas con una sola plaza en la sílaba. Por supuesto, estas vocales también tienen la particularidad de no diptongar, es decir, de no admitir la disociación en (14): *rococó, consomé, café*, etc., no diptongan. Notemos de paso que el análisis de la diptongación en el capítulo anterior es compatible con la hipótesis de Dunlap, pero la de Dunlap tiene la ventaja de no exigir una regla de inserción de una vocal (en nuestro análisis es la vocal por defecto [e]) puesto que dicha vocal es parte de la estructura moraica (se inserta para rellenar la segunda mora de la vocal).

Hay otra área del análisis de Dunlap que quisiéramos revisar muy brevemente porque no sólo es interesante sino que nos permite ilustrar la diferencia e independencia entre el nivel moraico y el silábico. El análisis al que nos referimos está basado en la hipótesis de los segmentos dobles y da cuenta muy elegantemente de un proceso que aún no hemos explicado: la imposibilidad de una palabra esdrújula con palatal al comienzo de la última sílaba: **cáballo*, **cástaña*, etc. son imposibles. Dunlap analiza las palatales como segmentos dobles, ambisilábicos, constituidos de una de las siguientes maneras:

    a) una lateral y una palatal [ly] (equivalente a [λ]),
    b) una dental y una palatal [dy] (equivalente a [y] o [ǰ])[63]
    c) una nasal y una palatal [ny] (equivalente a [ɲ]).

Según este análisis la estructura subyacente de *caballo* es /kabal$yo/. Ahora bien, puesto que en esta hipótesis los segmentos palatales ocupan una doble posición, la de Rima de la sílaba precedente y la de Ataque de la sílaba siguiente, la hipótesis automáticamente da cuenta de la falta de acento en la antepenúltima: la penúltima es una sílaba Pesada con dos moras. Este análisis es por supuesto extensible a la [r̄] como ya hemos visto, cosa que daría cuenta de la imposibilidad de palabras como **ámarra,* **éntierra,* etc.

Una consecuencia interesante de esta hipótesis es que puede dar cuenta del yeísmo por medio de un proceso de disociación de la lateral, por ejemplo *pol[y]o* ⟶ *po[y]o*. Pero este análisis crea un problema. Veamos. Si la primera consonante, en el ejemplo citado la lateral, se elide perdiéndose al mismo tiempo la mora correspondiente, la penúltima sílaba deja de ser Pesada, de forma que la pronunciación

---

[63] Que puede ser sorda, es decir la [č].

*cába[y]o debería ser posible, lo que no es cierto. ¿Cómo podemos resolver este problema? Nuestra respuesta es que la disociación de la parte lateral del segmento no implica pérdida de la mora correspondiente en el nivel de la estructura moraica. De manera que en un análisis de la acentuación tipo Dunlap habrá que asumir una vez más que la disociación de un segmento (o de una parte) en el nivel silábico no repercute en el nivel moraico.

Para concluir quisiéramos agregar que un análisis como el que acabamos de presentar complementa el de Dunlap y se revela superior al que hemos propuesto en el capítulo anterior y durante la presentación de la estructura silábica en lo que a yeísmo se refiere. En dicho análisis las palatales son segmentos monosilábicos y [λ] tiene el rasgo [Lateral], rasgo que se sugiere se puede disociar dando lugar al yeísmo. Pero como hemos visto, al asumir que las palatales son bisegmentales y bisilábicas damos cuenta de la imposibilidad de ciertas palabras o de un tipo de acentuación. Sin embargo el proceso de deslateralización visto como elisión o cambio del rasgo [Lateral] es imprescindible, es el que puede dar cuenta del deslizamiento y del trueque de las líquidas.

3.7. La entonación

3.7.1. *Introducción*

Un tema que todavía no hemos abordado es el de la entonación. En este apartado trataremos brevemente de este aspecto suprasegmental de la fonología del español, empezando con una descripción que sigue de cerca la de Tomás Navarro Tomás (TNT).

Cada sílaba tiene un tono que corresponde a la frecuencia fundamental —llamada también altura musical— de la vocal de la sílaba. La concatenación o secuencia de los tonos de las sílabas de una oración constituye la entonación de dicha oración.

Un hablante puede pronunciar un sonido, digamos una vocal, con la misma articulación bucal (es decir, con el mismo timbre) pero con distintas frecuencias, cada una de las cuales determina un tono. Si la frecuencia es la "normal" (véase TNT §19) en el sentido de que es la que el hablante usa normalmente, sin mucho relajamiento o sin mucha tensión de las cuerdas vocales, el tono es el normal o medio de ese hablante: es la nota natural de su pronunciación. Si el hablante hace variar la frecuencia de la vocal, aumentando el relajamiento o la tensión de las cuerdas vocales, obtiene la misma vocal pero más grave en el primer caso y más aguda en el segundo caso. De manera que en una secuencia de sílabas, el tono de la vocal de una sílaba puede ser relativamente más alto (o más agudo) que el de la vocal siguiente, en cuyo caso la entonación desciende, o puede ser relativamente más bajo (o más grave) que el de la sílaba siguiente, en cuyo caso la entonación asciende. Este cambio de entonación entre tonos sucesivos crea la "melodía musical" de la oración. Por ello hablar una lengua no consiste simplemente en pronunciar los segmentos, sino también en "cantar", por así decir, las oraciones.

Indudablemente hay cierta uniformidad entre los patrones entonacionales en un nivel universal, cosa bastante obvia si se toma en cuenta por ejemplo que:

a) los niños se comunican con buen éxito por medio de patrones entonacionales que se revelan uniformes independientemente de las lenguas y antes de comunicarse por medio de palabras u oraciones,

b) un reproche, una exclamación de dolor, una llamada de auxilio, etc., generalmente se interpretan correctamente a pesar de que a veces no se conozca la lengua en la que se pronuncian.

Pero también es obvio que hay diferencias entonacionales sustanciales entre lenguas y por supuesto entre dialectos. La entonación castellana no es igual que la inglesa, la mejicana o la argentina. Veamos ahora cuáles son las características y los patrones más relevantes de la entonación española. En TNT (§182) se sugiere que hay dos patrones esenciales en la entonación del castellano que TNT representa con los dos esquemas (a) y (b), a los cuales hemos agregado un tercer esquema (c):

1 a.  b. c.

Estos esquemas representan las tres líneas entonacionales básicas de una oración simple en español: toda oración comienza con un tono grave, más bajo que el normal, asciende hasta la primera sílaba acentuada donde adquiere un tono medio (a menos que la primera sílaba sea la acentuada, en cuyo caso la entonación empieza con un tono medio), después de la cual el tono se mantiene aproximadamente uniformemente medio hasta llegar a la sílaba con el acento principal, es decir; la sílaba con mayor intensidad y frecuencia de la oración, generalmente la última sílaba acentuada, después de la cual el tono asciende (a), desciende (b) o se mantiene medio, a menudo con un breve ascenso final. La sílaba con el acento oracional se llama el **núcleo** entonacional, noción que a menudo se extiende a todas las sílabas a partir de la sílaba con acento oracional. La parte anterior al núcleo entonacional se llama la **cabeza** de la entonación.

Estos patrones generales manifiestan variaciones según el tipo de oración, según características de la oración y según otros aspectos de carácter semántico que no vamos a tomar en cuenta en esta exposición y que TNT menciona y describe. También varían de dialecto a dialecto.

Veamos ahora cuándo se usan, sin fijarnos mucho en las variaciones. El tercer patrón (1c) es el de oraciones simples incompletas. También se da en las cláusulas no-finales de una oración compleja o coordinada, o en los sintagmas no-finales de una secuencia de sintagmas coordinados o yuxtapuestos (como en una enumeración). Este tipo de cláusulas o sintagmas no-finales tienen una entonación que se mantiene media y con frecuencia termina con un pequeño ascenso. Las primeras tres entonaciones en (2) son de este tipo:

2.

cuando vayas al mercado, por favor cómprame chorizo, arroz y pan.

El primer patrón, (1a), se usa en las oraciones interrogativas absolutas, también llamadas "sí-no" porque requieren una respuesta afirmativa o negativa. Por ejemplo es el patrón de la pregunta *¿Llegaron los invitados?*[64]

3.
¿Llegaron los invitados?

El segundo patrón, (1b), se usa en las declarativas como (4a) o en las interrogativas relativas, es decir, con un pronombre interrogativo, como (4b)[65]:

4.
a. El tren llega a las cinco

b. ¿A qué hora llega el tren?

---

[64] Si esta oración se usa con una connotación distinta, por ejemplo para expresar molestia por la tardanza en la llegada, el tono es distinto, pues tiende a ser descendente al final.

[65] Las oraciones interrogativas de este tipo pero con ciertas inferencias o implicaciones, como por ejemplo incredulidad o asombro, se pronuncian con un tono ascendente al final de la oración. Por ejemplo (3b) puede ser usado para preguntar con cierto asombro sobre la llegada del tren cuando el tren tiene horas de retraso y se des-

Ese mismo patrón se usa en las cláusulas parentéticas o extrapuestas, como por ejemplo *pienso yo* en la oración *Los hijos de María no deberían estar allí, pienso yo,* con la diferencia de que estas cláusulas se pronuncian con un tono relativamente más bajo que el de la cláusula principal.

3.7.2. *La entonación en fonología generativa*

El estudio de la entonación y los patrones entonacionales sólo se han incorporado al análisis sistemático generativo de las lenguas a partir de la fonología autosegmental. Uno de los trabajos más importantes desde el punto de vista teórico es el de Pierrehumbert (1980). En español tenemos el trabajo de Sosa (1991) quien sigue la teoría de Pierrehumbert en su análisis de la entonación de los dialectos hispanoamericanos.

En su tesis doctoral (1991) y en trabajos posteriores Sosa desarrolla un modelo de la entonación del español, concebido para dar cuenta de los contornos melódicos de la lengua, desde una perspectiva fonética, fonológica y dialectológica. Sus objetivos son los de deslindar los niveles prosódicos, formalizar las relaciones existentes entre las diversas unidades propiamente entonacionales y dar cuenta de las diferencias entonacionales entre dialectos del español.

La fundamentación empírica del modelo se basa en la curva de la frecuencia fundamental de los enunciados, que se considera la representación fonética, superficial, de la estructura tonal fonológica, subyacente. La teoría propugna que esta representación subyacente consiste en secuencias estructuradas de solamente dos tipos de tonos, el tono **Alto** representado aquí con *H* y el **Bajo** representado aquí con *L*. Estos dos tonos configuran las categorías tonales de los grupos melódicos. El tono que arriba hemos llamado medio es la anulación de la diferencia entre un tono Alto y un tono Bajo. Un conjunto de reglas relacionan las categorías tonales con las sílabas y las palabras, de acuerdo a sus patrones acentuales.

La hipótesis es que la representación fonológica de la entonación de un enunciado es simplemente una secuencia de tonos L y/o H consistente en:

a) un tono de juntura inicial con el que empieza el enunciado y que puede ser L o H y que se marca con L% o H%,

---

conoce su hora de llegada. En este caso la entonación de la oración es un poco más alta que en la verdadera pregunta, y la del núcleo tiende a ascender.

b) un tono de juntura final con el que termina el enunciado que puede ser L o H y que se marca con L% o H%,
c) una secuencia de uno o más acentos tonales del tipo: H*, L*, H*+L, H+L*, H*+H, H+H*.
Los acentos tonales marcados con asterisco son los que se asignan a las sílabas acentuadas. El tono sin asterisco que acompaña a los últimos cuatro acentos tonales (por ejemplo L en el caso de H*+L) se asigna a la sílaba que inmediatamente precede o sigue a la sílaba a la que se asigna el acento tonal (con asterisco).
La parte de la entonación que comprende el último tono entonacional, más la juntura final es el **tonema** (o *núcleo* en la terminología anterior). La parte anterior al tonema es el **pretonema** (anteriormente *cabeza*). Veamos ahora las reglas que definen la entonación del enunciado asociando los tonos con las sílabas de la oración. Las reglas son las siguientes:

I. **Asignación de acento tonal**. Esta regla asocia cada acento tonal del pretonema con una sílaba acentuada.
II. **Asignación del tono sin especificar**. Cada sílaba inacentuada y sin especificar en cuanto a tono, se asocia con:
    a. un tono bajo
    b. o un tono como el que precede
III. **Asignación de los tonos de juntura**. El tono de juntura inicial se asigna a la primera sílaba inacentuada si hay una, y el tono de juntura final se asigna a la última sílaba inacentuada si hay una.

La asignación (IIa) de tonos bajos a sílabas inacentuadas sin especificar es la que da origen a una entonación no-marcada "oscilatoria". Esta entonación es la más común y generalmente no va acompañada de una connotación particular. La asignación (IIb) de tonos a sílabas inacentuadas es la que da origen a una entonación marcada uniformemente alta o uniformemente baja, que es menos común o es típica de ciertos dialectos[66], o tiene una connotación particular.
La figura (1), donde la línea vertical corresponde a la frecuencia y la horizontal al tiempo, ilustra la curva entonacional de la oración *Hablo con la hija del amigo Pedro* pronunciada por un hablante venezolano y obtenida por análisis computacional. Al pretonema de esta oración corresponde una secuencia de tonos acentuales del tipo

---

[66] Por ejemplo en el dialecto hablado en la ciudad de Maracaibo, en Venezuela, la entonación de oraciones declarativas tiene una entonación uniformemente alta en el pretonema.

L*+H, y al tonema un tono bajo más una juntura final: L*L%. Nótese que el tono bajo L recae sobre las vocales acentuadas y el tono alto H siguiente sobre las vocales inacentuadas. El tono de las vocales [e] y [a] de la frase *del amigo* se obtiene por la regla IIa, por lo que el tono de la [e] es bajo y el de la [a] es inclusive más bajo, tanto con respecto a la [e] como con respecto al de la vocal acentuada siguiente. Nótese también que esta oración no tiene juntura inicial porque empieza con una sílaba acentuada.

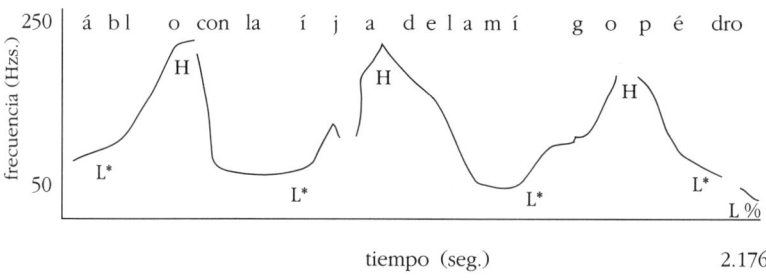

Figura 1

En este modelo, a cada contorno entonativo le corresponde una estructura subyacente particular, tanto en el tonema como en el pretonema. Por ejemplo el contorno entonativo del tipo de oración declarativa no-marcada ilustrada en la figura 1, puede expresarse como {L%-[L*+H]n}-L*L%, es decir un pretonema constituido por una juntura L% seguida de una secuencia de n acentos tonales del tipo L*+H, seguida de un tonema con acento tonal bajo y juntura baja.

Después de un estudio amplio de curvas melódicas, obtenidas por medio de un programa computacional, de muestras de distintos tipos de enunciados u oraciones del habla de informantes provenientes de distintas regiones de América Latina, Sosa propone un repertorio mínimo de unidades tonales para el español, en función de las cuales distingue dos tipos de significados que pueden ser transmitidos por la entonación, uno que llama lógico —basado en los valores de verdad e implicaciones semánticas de las oraciones— y otro llamado emocional —basado en los estados emocionales del hablante.

En cuanto a las diferencias dialectales registradas, Sosa demuestra que son sistemáticas y que se dan principalmente en el nivel de tonema y en particular en la juntura. Esto es, según Sosa los patrones de los pretonemas generalmente no varían. Por ejemplo el patrón señalado más arriba para las oraciones declarativas se da en todos los dialectos estudiados. Además el mismo patrón se da en las oraciones interrogativas absolutas de los mismos dialectos, pero con una diferencia presente en todos los dialectos con respecto a las declarativas: en las interrogativas absolutas los picos tonales pretonemáticos tienen una mayor altura. Esto quiere decir que las preguntas se realizan a una frecuencia más alta que las declarativas, hecho que es determinante en la identificación del significado de la oración.

La conclusión principal del trabajo de Sosa es que existe un número limitado de contornos melódicos para el español y que todas las configuraciones entonativas pueden ser generadas económicamente por medio de dichos contornos y las reglas de asignación de acento tonales.

3.8. La fonología no-derivacional

3.8.1. *Introducción*

La fonología generativa, al igual que la sintaxis generativa, ha sufrido varios cambios que pueden resumirse en tres períodos. El primero es el "transformacional". En este período el objetivo de la investigación es formular explícitamente las reglas capaces de dar cuenta de la competencia lingüística de un hablante generando las formas superficiales. Cada forma superficial se genera con una derivación constituida por una serie de etapas a partir de una forma subyacente, correspondiendo cada etapa a la aplicación de una regla. El segundo período es el de las representaciones, condiciones y parámetros. Aquí el interés del estudio fonológico es por una parte la representación en forma de estructura de las distintas unidades fonológicas, y por otra parte la definición de ciertas condiciones que regulan la aplicación de las reglas, y de ciertos parámetros que dan cuenta de las diferencias entre lenguas o dialectos.

En el último período, que empieza a mitad de los años 80, las reglas y derivaciones pierden importancia, mientras que las condiciones adquieren una posición central en la teoría: el punto de vista pasa del concepto de derivación al de condiciones que establecen la buena-formación de las representaciones subyacentes y de las posibles realizaciones fonéticas de dichas representaciones. En la fonología no-derivacional actual las nociones de regla y derivación han perdido toda relevancia.

El segundo capítulo de este libro está dedicado a definir la noción de regla fonológica y de derivación, reflejando así el que hemos llamado el primer período. Las primeras tres secciones de este capítulo están dedicadas a la descripción de ciertas estructuras fonológicas, condiciones y parámetros aplicables al español. En esta última sección vamos a hacer una breve presentación de la teoría fonológica no-derivacional y vamos a revisar el análisis de la silabificación desde este nuevo punto de vista.

3.8.2. *La Teoría de la Optimalidad*[67]

En las secciones anteriores hemos señalado algunas condiciones, unas generales y otras específicas, del español, que regulan la buena-formación de las representaciones fonológicas (incluyendo las fonéticas). Una de estas es el templete o patrón silábico para el plural en español (véase 3.2.1.). Otras condiciones más generales son OCP, la Condición de la Rima Suelta y la Condición de la Ramificación, entre otras. El problema es que sabemos que estas condiciones regulan la buena-formación de las representaciones fonológicas pero no sabemos cómo lo hacen, cuándo lo hacen y por qué a veces no lo hacen. Esto evidencia una falla en la teoría que merece una solución más adecuada. Por otra parte, el número y las características de las condiciones muestran una variación tan grande que claramente apuntan hacia una inadecuación teórica del modelo.

Recordemos que la relación forma subyacente-forma superficial ha sido resuelta apelando a unas reglas aplicables serialmente de manera que la forma subyacente es el aducto a una regla del tipo A $\rightarrow$ B / C ___ D, cuyo educto sirve de aducto a otra, y así sucesivamente hasta llegar a la forma superficial. Pero las investigaciones realizadas en los años 60 y 70 han mostrado que esta relación derivacional entre forma subyacente y forma superficial no es suficiente para dar cuenta de esta última: hace falta una serie de condiciones que a menudo afectan a un conjunto muy variado de reglas o de aductos de reglas. Con el tiempo, esto ha permitido establecer condiciones que restringen los resultados de las reglas, independientemente de las caraterísticas de éstas o de los elementos afectados, y ha llevado a la consecuente conclusión de que las reglas deben actuar libremente. Esto es, para dar una explicación uniforme a los fenómenos y hechos constatados resulta más conveniente dejar que las reglas se apliquen libremente, para luego condicionar las representaciones resultantes por medio de restricciones lo más generales posibles, restricciones cuyo objetivo es rechazar las formas incorrectas.

---

[67] En esta presentación de la Teoría de la Optimalidad seguimos muy de cerca la introducción en McCarthy y Prince (1993).

Un ejemplo claro de este cambio de perspectiva teórica es el que encontramos en sintaxis donde las varias reglas de movimiento han sido sustituidas por una sola regla irrestricta, llamada *Movimiento-de-α*, más una serie de principios y condiciones muy generales, de hecho de carácter universal, que regulan la aplicación o mejor aún el resultado de la aplicación de *Movimiento-de-α*. En fonología ha habido intentos de uniformar condiciones y reducir el aparato descriptivo, sin por ello llegar a una teoría explícita. Por ejemplo, en la morfología templática en lugar de derivaciones se postulan condiciones a las formas superficiales, entre las cuales tenemos el templete del plural en español mencionado más arriba.

Esta tendencia ha llevado a una concepción de la fonología en la que dada una forma subyacente y todas las formas superficiales posibles de dicha forma subyacente, más un algoritmo evaluativo constituido por un conjunto de condiciones de buena-formación, la aplicación de dicho algoritmo a la forma subyacente y sus posibles candidatos superficiales permite seleccionar el verdadero candidato entre todos ellos. Desde esta perspectiva, la fonología (y la gramática en general) consiste en dos funciones, *Gen*(nerativo) y *Eval*(uativo); la primera se aplica a los aductos fonológicos, es decir, las representaciones subyacentes, y está encargada de producir el conjunto de candidatos; la segunda se aplica a éstos y los evalua:

1. $\text{Gen}(in_i) \longrightarrow \{cand_1, cand_2 ...\}$
2. $\text{Eval}(\{cand_1, cand_2 ...\}) = out_{verdadero}$

Gen asocia cada input con un conjunto de análisis ("parsing"), cada uno de los cuales origina uno de los candidatos superficiales posibles del input. *Eval* es un sistema de condiciones cuya función es determinar la buena-formación de cada candidato, de manera que seleccione el mejor candidato, es decir, el candidato que incurre en el menor número de contravenciones a las condiciones. No es el candidato que respete todas las condiciones, pues tal candidato no existe. La razón de esto es que la mejor gramática, la más restrictiva, debe permitir la violación de por lo menos una condición para cada candidato. Por la misma razón no existe *el* candidato superficial de un input, sino el mejor candidato, el candidato *óptimo*. De allí que esta teoría se llame **Teoría de la Optimalidad** (en lo que sigue TOptimalidad). Otra razón por la que nigún candidato es "perfecto", es que *Gen* incluye todas las condiciones posibles, la mayoría de ellas en conflicto, de modo que un candidato que satisfaga una condición C que está en conflicto con la condición R, no podrá satisfacer esta última condición.

Las características fundamentales de la TOptimalidad son:

i. **Violación**. Las restricciones pueden ser violadas, pero la violación es mínima.
ii. **Orden Jerárquico**. Las restricciones están ordenadas jerárquicamente de manera particular a cada lengua, y la noción de menor violación está definida en términos de esta jerarquía.
iii. **Inclusividad**. Los análisis evaluados por las restricciones están permitidos por ciertas consideraciones muy generales de buena-formación estructural. No hay reglas o estrategias de reparación con descripciones estructurales específicas o cambios estructurales con relación a una condición particular.
iv. **Paralelismo**. La selección del mejor candidato se computa sobre toda la jerarquía y sobre el conjunto de todos los candidatos.

A estas definiciones agregaremos la siguiente:

v. **Universalidad**. Todas las condiciones son universales. No hay condiciones particulares.

Pasemos a presentar el algoritmo analítico. Supongamos que existe una gramática con dos restricciones A y B, que permite relacionar ciertos aductos con ciertos eductos, y supongamos que tenemos una forma subyacente /in_k/ que genera por medio de *Gen* el conjunto de candidatos {$cand_1$, $cand_2$}. Si uno de los candidatos obedece a las dos condiciones y el otro no, obviamente el primero es el mejor candidato. La pregunta interesante es qué pasa cuando las dos condiciones están en conflicto porque cada uno de los candidatos desobedece a una de las condiciones. Por ejemplo si $cand_1$ desobedece a A y $cand_2$ desobedece a B, podemos representar esto de la manera siguiente:

3.

Candidatos	A	B
cand 1		*
cand 2	*	

Supongamos que $cand_2$ es la forma correcta de $/in_k/$, entonces A es superior (o domina) a B, en el sentido de que A es la que determina cuál es el peor (y al mismo tiempo el mejor) candidato. Expresamos esta superioridad así: A>>B. Para mejor señalar la violación "fatal", marcamos al lado del asterisco un punto exclamativo "!".

El hecho de que A y B estén en conflicto con respecto a los candidatos de $/in_k/$ no significa que siempre lo estén: puede darse el caso de que con respecto a los candidatos de $/in_j/$ A no sea relevante porque ambos candidatos de $/in_j/$ respeten a A o ambos violen a A. Si este es el caso y uno de los candidatos desobedece a B, B es la restricción determinante. Este caso está ejemplificado en el cuadro (4) y muestra que una violación a una restricción no necesariamente permite rechazar un candidato. Una violación es "fatal" cuando hay otros candidatos que no tienen esta violación.

4.   A>>B, $/in_j/$

Candidatos	A	B
cand 1	*	*!
cand 2	*	

En este cuadro $cand_2$ resulta mejor que $cand_1$, por lo que escribimos $cand_2 > cand_1$ y decimos que $cand_2$ es más armónico que $cand_1$.

Existe la posibilidad de que dos candidatos violen las mismas restricciones, y que, *ceteris paribus,* uno resulte mejor que el otro porque desobedece menos veces a una de las condiciones. Por ejemplo si los dos candidatos desobedecen a A y B, pero $cand_2$ desobedece dos veces la restricción A entonces $cand_1$ es mejor y el cuadro correspondiente es el (5).

5.   A>>B, $/in_j/$

Candidatos	A	B
cand 1	*	*
cand 2	**!	*

Otro caso que puede surgir es el siguiente. Supongamos que existen tres condiciones, A, B y C y que las condiciones A y C no estén jerarquizadas una con respecto a la otra, y que las dos sean superiores a B, entonces la violación de cand$_2$ con respecto a A y la de cand$_1$ con respecto a C son iguales, y la decisión está determinada por B que permite seleccionar cand$_2$ como el mejor candidato.

6. A,C>>B, /inj/

Candidatos	A	C	B
cand 1	*		*!
cand 2		*	

3.8.3. Condiciones para la estructuración silábica[68]

Uno de los fenómenos que hemos estudiado en el capítulo II y que hemos retomado en parte en este capítulo es el de la alternancia entre vocales altas y deslizadas. En fonología generativa esta alternancia ha sido analizada a veces con una regla o proceso por el que un "vocoide" (es decir, un segmento no-consonántico no especificado en términos del rasgo [Vocálica]) se realiza como vocal en algunos contextos (e.gr. entre consonantes) y en otros como deslizada (e.gr. entre vocales). Otras veces ha sido analizada como un proceso de deslizamiento que convierte una vocal subyacente en una deslizada en contacto con otra vocal (éste es el enfoque adoptado por ejemplo en el segundo capítulo).

En un análisis más reciente propuesto por Rosenthall (1994) de corte no-derivacional, se recurre a un conjunto de condiciones que permiten dar cuenta por medio de un algoritmo (según los procedimientos señalados más arriba) de los mejores candidatos de formas subyacentes en las que no se distingue entre vocales y deslizadas. A continuación vamos a resumir el análisis de Rosenthall, pero antes veamos qué condiciones determinan las estructuras silábicas en general.

---

[68] En esta presentación seguimos de cerca el análisis de Rosenthall (1994).

La silabificación es el proceso por el que los segmentos se incorporan a una estructura prosódica mayor. Los segmentos incorporados lícitamente se dice que están prosódicamente "autorizados", los otros segmentos (que desacatan la autorización prosódica) son "ilícitos". La teoría de la optimalidad usa esta noción para requerir por medio de ciertas restricciones que todos los elementos fonológicos, es decir, segmentos, moras, sílabas y pies, estén prosódicamente autorizados, es decir, propiamente incorporados en una estructura mayor. Cuando esto sucede los elementos están "analizados" (en inglés "parsed").

La teoría de la optimalidad provee un conjunto de condiciones que aseguran el "análisis" de los elementos fonológicos. Por ejemplo la condición *Analice-S(egmento)* ("Parse-segment") requiere que todo segmento esté incorporado en una sílaba, y *Analice-µ* ("Parse-µ") requiere que toda mora esté incorporada en una sílaba, etc.

Otra condición propuesta en la literatura para dar cuenta de ciertos tipos de sílabas es la condición de *NoCoda* que requiere que las sílabas sean libres: *C]$_\sigma$. Supongamos ahora que en una lengua L_1 tenemos una secuencia del tipo CVC (digamos una palabra), entonces habrá un conflicto entre las dos condiciones *Analice-S* (que en lo que sigue llamaremos simplemente *Analice)* y *NoCoda,* pues una requiere incorporación de la consonante final en la estructura silábica, la otra no. La silabificación de la secuencia podrá ser CVC. o CV.<C>[69]. Si en L_1 el mejor candidato es sin la consonante final (que no se elide, simplemente no se realiza fonéticamente por no estar analizada), entonces *NoCoda* es superior a *Analice* y el cuadro será el (7), pero si en otra lengua L_2, la secuencia CVC se realiza [CVC.], entonces en esta lengua la condición superior es *Analice,* como se ve en (8).

7. NoCoda>>Analice, /CVC/

Candidatos	NoCoda	Analice
CVC.	*!	
CV.<C>		*

---

[69] El punto indica límite silábico, <C> indica que el segmento en cuestión no ha sido analizado, es decir no ha sido incorporado en la estructura silábica.

8. Analice>>NoCoda, /CVC/

Candidatos	Analice	NoCoda
CVC.		*
CV.<C>	*!	

Sirva este ejemplo también para ilustrar cómo la TOptimalidad da cuenta de la variación lingüística: las diferencias entre lenguas o entre dialectos se explican por medio de diferencias en la jerarquía de las condiciones.

El segundo ejemplo en (7) es de un candidato cuya consonante final no se realiza fonéticamente. Existe sin embargo un proceso, epéntesis[70], que se puede usar para salvar la mal-formación silábica en casos como estos. En otras palabras existe una condición, *Llene,* que requiere que todos los nudos silábicos contengan segmentos. Una lengua que haga esto, es decir que llene un segmento para satisfacer la estructura silábica, tendrá un cuadro como el (9) con *NoCoda* superior a *Llene* (Δ representa un segmento no especificado), pero si la lengua no tiene epéntesis vocálica, entonces el cuadro será el (10).

9. NoCoda>>Llene, /CVC/

Candidatos	NoCoda	Llene
CV. CΔ		*
CVC.	*!	

---

[70] Como hemos visto, epéntesis existe en español pero se da en un contexto distinto del que estamos analizando, es decir, esencialmente entre consonantes, como en el análisis de Harris de la formación del plural. Nótese de paso que cuando decimos epéntesis en la TOptimalidad no nos referimos a una regla de epéntesis como la que presentamos en el capítulo II, sino a la realización fonética de un elemento silábico vacío.

10. Llene>>NoCoda, /CVC/

Candidatos	Llene	NoCoda
CV. CΔ	*!	
CVC.		*

Otra condición es *Ataque* que prohíbe que una sílaba empiece por vocal. Si una lengua usa epéntesis consonántica para evitar que una sílaba empiece por vocal, entonces la secuencia CVV tendrá como mejor educto CV.ΔV y no CV.V, y el cuadro será el siguiente:

11. Ataque>>Llene, /CVV/

Candidatos	Ataque	Llene
CV.Δ V		*
CV.V	*!	

Prince y Smolensky (1993) llaman a las condiciones *Analice* y *Llene* las condiciones de la fidelidad, porque permiten tener un educto lo más similar posible al aducto.

Observemos ahora que el núcleo silábico en una lengua puede ser, entre otras cosas, una vocal corta, que es lo normal, o una vocal larga. Si una lengua no tiene vocales largas, esta lengua tiene una condición No-Vocales-Largas *(NVL)* que prohíbe que una vocal sea dominada por dos moras. En la interpretación paramétrica de las condiciones, la posibilidad de tener vocales largas se intepretaba como un parámetro abierto: "sí-*NVL*", y la imposibilidad de tener vocales largas se interpretaba como un parámetro cerrado: "no-*NVL*". En la TOptimalidad, puesto que todas las condiciones están presentes en todas las lenguas, la falta de vocales largas en una lengua se explica diciendo que *NVL* domina a otras condiciones, en particular a la condición *Analice-μ* (esto explicaría lo que tradicionalmente se llama sinéresis), y la presencia de vocales largas se explica diciendo que *NVL* no es dominada por otras condiciones, en particular no es dominada por *Analice-μ*.

Los diptongos son otro tipo de núcleos[71], pero hay lenguas que admiten diptongos como núcleos silábicos, y lenguas que sólo admiten monoptongos. En el segundo caso la condición *NoDipton* domina a otras condiciones y en particular a *Analice,* mientras que en el primer tipo de lengua es al revés. Rosenthall da un ejemplo del segundo tipo de lengua, el cushitic, en la que una forma como /hi:ma+u+rén/ se realiza [hi:murén], es decir sin analizar la vocal /a/. De manera que el cuadro en este caso es el siguiente:

12. NoDipton>>Analice,   /hi:matu+rén/

Candidatos	Llene	NoCoda
CV. CΔ	*!	
CVC.		*

El caso opuesto se presenta en español, donde por ejemplo /am+a+is/, se realiza [amájs] y no *[amís] o *[amás], de manera que en español la jerarquía es *Analice>>NoDipton*. Pero si en español o una lengua similar se da una secuencia de dos vocoides de los cuales ninguno es alto, el resultado no es un diptongo sino una secuencia de dos vocales, como en /le+a/ que se realiza [léa]. Esto se explica por la presencia de una condición llamada *Descen*(so de)*Son*(oridad), que exige que el segundo de los miembros vocálicos de un diptongo (esto es, dos vocoides analizados dentro de la misma sílaba) sea menos sonoro que el primero (recuérdese que en la escala de sonoridad en 3.5.2. las vocales altas son menos sonoras que las vocales no altas). Esta condición permite tener diptongos del tipo [aw], [aj], [ew], [ej], [ow] y [ej], y excluye diptongos del tipo [uj] y [iw], que como hicimos notar en el segundo capítulo en efecto no se dan, por lo menos en español.

Desgraciadamente *DescenSon* excluye diptongos ascendentes,

---

[71] El análisis de los núcleos que sugiere Rosenthall (quien sigue a otros lingüistas) no coincide con el que hemos analizado anteriormente, pero esta diferencia no es de gran relevancia para la presente discusión.

como [ja], [wa], etc., que sí se dan en español y otras lenguas, de manera que podemos asumir que existe otra condición, diametralmente opuesta a *DescenSon,* digamos *AscenSon,* que permite la realización de estos diptongos. Si incluimos esta condición en la lista de las condiciones se nos presenta el problema de ordenar las dos condiciones una con respecto a la otra. Por el momento diremos que la solución consiste en colocarlas en el mismo nivel de la jerarquía, de manera que no están jerarquizadas una con respecto a la otra. Pero volveremos sobre esto más abajo.

Rosenthall, por su parte, sugiere que los diptongos ascendentes no son bimoraicos, y de hecho en varias lenguas parecen no serlo porque pueden aparecer en sílabas trabadas mientras que los diptongos descendentes no pueden. Pero este argumento no se sostiene en español donde ambos tipos de diptongos pueden aparecer en una sílaba trabada (véase *cláus\$tro* y *can\$ción)* y donde además un diptongo ascendente debe contar como dos moras *(v.gr.* como sílaba Pesada) para poder dar cuenta de ejemplos del tipo *cari\$cia* (y no **cári\$cia)* analizados anteriormente. Por ello Rosenthall propone una condición, de todas maneras presente en la gramática, que se llama *Ramifique-μ* que requiere que una mora no se ramifique (y no domine a dos vocoides). Una lengua que viole esta condición (por estar arriba en la jerarquía) deja uno de los dos vocoides sin analizar-μ (esta situación también crearía una violación de *Analice-μ).* Si adoptamos la propuesta de Rosenthall, entonces la conclusión es que en español esta condición no está muy arriba en la jerarquía y es dominada por otras. Lo mismo sucede con *NoDipton:* debe estar bastante abajo en la jerarquía, inclusive debajo de *Ramifique-μ.* De modo que en español habrá diptongos descendentes y ascendentes. Los primeros son bimoraicos, los segundos monomoraicos. Para evitar que haya diptongos descendentes monomoraicos (que supuestamente existen pero son muy raros), Rosenthall propone una condición llamada *AscenSon* que fundamentalmente es la misma que la que nosotros hemos usado para dar cuenta de los diptongos ascendentes. Según Rosenthall esta condición prohíbe una secuencia monomoraica de dos vocoides si el primero es más sonoro que el segundo, por ejemplo $*(ai)_\mu$, $*(au)_\mu$, etc. Por supuesto una secuencia monomoraica como $(ia)_\mu$ o $(ua)_\mu$ está permitida, que es lo que sucede en el caso de los diptongos ascendentes en español. Esta condición puede identificarse con la que hemos propuesto más arriba. La pregunta ahora es en qué nivel se encuentra esta condición en la jerarquía de las condiciones. Según Rosenthall esta condición es muy alta, inclusive es posible que no sea dominada por otra condición y que forme parte de *Gen.* Pero si éste es el caso no habría diptongos ascendentes en español. Esta paradoja será resuelta más abajo cuando tratemos de la sílaba en español.

Nos podríamos preguntar si los diptongos descendentes son siempre bimoraicos, porque si lo son entonces tenemos un problema con diptongos como el de *claus$tro* (siempre bajo la presuposición de que no puede haber más de dos moras en una sílaba). La respuesta de Rosenthall es que la consonante final en este tipo de sílaba no es moraica (sería una especie de apéndice silábico).

Veamos ahora cómo se asocian las moras con los vocoides. En primer lugar hay que asumir una condición, *V-Mora,* que exige que para cada vocoide haya una mora. Por supuesto esta condición no asocia las moras con los vocoides, sólo asegura que haya tantas moras como vocoides. La asociación se consigue por medio de las condiciones ya mencionadas. Si no fuera así no podría explicarse el siguiente fenómeno. En una lengua llamada igene la forma /ha+ɔ/ da como resultado [haɔɔ], con una vocal posterior larga, por ello bimoraica. La condición *V-Mora* nos exige asignar dos moras a la forma subyacente (razón por la cual (13a) es incorrecta), pero la asociación puede ser la que se indica en (13b) o la que se indica en (13c).

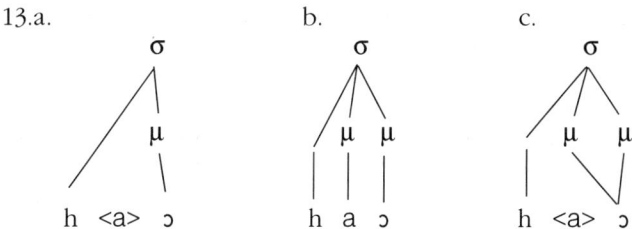

13.a.   b.   c.

Pues bien, (13b) queda exluida por *NoDipton,* mientras que (13c) queda excluida por *NVL* y *Analice.* Puesto que la forma superficial es [haɔɔ], correspondiente a (13c), eso indica que *NoDipton* y *NVL* dominan a *Analice.*

Un ejemplo similar en español es el siguiente. Recordemos que en la gran mayoría de las formas verbales, con la excepción de algunas formas del presente, y de las formas del futuro y condicional, el acento cae sobre una vocal que hemos asumido como resultante de una "contracción" entre vocal temática y vocal del sufijo. Pero ahora podemos explicar mejor la acentuación en estas formas. En primer lugar una forma como *hablábamos* es en nuestra opinión esencialmente *habl-a-aba-mos* desde el punto de vista morfológico. A las dos vocales contiguas se les asigna una mora cada una por *V-Mora.* Luego en la asociación la segunda vocal se asocia con las dos moras, de una manera paralela a (13c) y se hace larga. Por fin, cuando se aplica el acento, éste caerá sobre la vocal bimoraica de la forma *habla:ba* (recuérdese que *mos* es extrasilábico). En el caso de *com-e-ia*, una vez más la vocal temática no se asocia con la mora correspondiente, la vocal siguiente, *v.gr.* /i/, se hace larga y el acento cae sobre dicha vocal. En fin, la idea de que el acento cae sobre la vocal "larga" resultante de la contracción entre vocal temática y vocal del sufijo, tiene en este análisis una mejor explicación.

Pero el análisis de las vocales largas en español se diferencia del análisis de las formas del igene en lo que a condiciones se refiere. La violación de la secuencia *aa* deberá atribuirse a la condición OCP, que debe de ser muy alta en la jerarquía y que como recordaremos prohíbe una secuencia de segmentos idénticos. Este resultado se repite en palabras como *albahaca, nihilista,* etc.

En el caso de la secuencia *eia* de *com-e-ia* los siguientes son candidatos posibles: <e>i:a, eia, <e>ja. *NoDipton* está muy abajo en la jeraquía, y no afecta a estos candidatos. El último candidato es rechazado por *V-Mora* y otra condición, llamada *SilabSeg*, a la que volveremos más abajo. El segundo es rechazado por *AscenSon* que debe ser más alto que NVL porque la primera de estas opciones es la correcta. *Analice* también debe ser dominado por otras condiciones precisamente porque la *e* no se realiza.

La condición *V-Mora* puede ser violada, como en el caso de una secuencia del tipo /aia/ que se realiza como [a.ja] y no como [a.i.a] o como [aj.a] porque *Ataque* es una condición jerárquicamente alta. De manera que tenemos dos representaciones posibles:

14. a.   b.

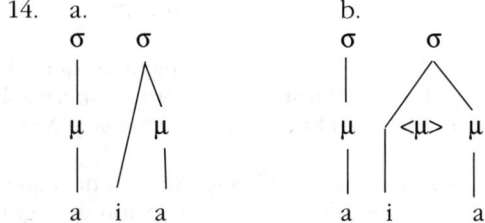

La (14a) es sin embargo la correcta y la razón de ello es que hay una condición llamada *Silab-Seg* que exige que un segmento directamente asociado con σ no tenga mora. Esta condición refleja el hecho de que el Ataque de una sílaba no tiene peso. Pero ahora notamos un conflicto entre *SilabSeg* y *V-Mora*, pues esta última condición requiere que a cada vocoide le corresponda una mora. Es más, (14a) desobedece a *V-Mora* (no hay una mora correspondiente a /i/). La solución al conflicto consiste en ordenar *SilabSeg* antes que *V-Mora*. En cuanto a la jerarquía entre *Ataque* y *SilabSeg*, no están ordenadas una con respecto a la otra. Por último nótese que (14b) desobedece a *Analice-μ* que como se recordará exige que una mora esté analizada, es decir; asociada.

Volvamos ahora al ejemplo<*e>ja*. Aquí a la /i/ le corresponde una mora, pero al asociarse con el Ataque de la sílaba siguiente si la /i/ tiene mora, la condición responsable será *SilabSeg*, si la /i/ no tiene mora se crea una violación del mismo tipo que en (14b), es decir, una violación de *Analice-μ*. Puesto que <*e>ja* y (14b) son rechazadas, la conclusión es que *Analice-μ* debe ser jerárquicamente alta, pero más baja que *SilabSeg* y *V-Mora*.

Para concluir esta introducción resumiremos las condiciones mencionadas y señalaremos que las vocales en el análisis de Rosenthall son, de acuerdo con una de las hipótesis más recientes, la combinación de partículas, *v.gr.* {I,U,A}, como se indica en (15).

15.
    i = {I}   u = {U}
    e = {I,A}   o = {U,A}
        a= {A}

16. **Condiciones**:
    a. Condiciones de la fidelidad:
        Analice (varios tipos: Analice-μ, Analice- σ, etc.)
        Llene (varios tipos: LleneSeg, Llene-C, Llene-V, etc.)
    b. Condiciones sobre la estructura silábica
        Ataque
        NVL
        NoDipton
        DescenSon
        AscenSon
        Ramifique-μ
    c. Otras condiciones
        OCP
        V-Mora
        SilabSeg

3.8.4. *Silabificación en español*

De las siguientes posibles realizaciones de /peine/ la correcta es la (17b) —en (17) representamos lo más importante, C equivale a Δ—[72].

17.a. [pe.i.ne]   b. [pei.ne]   c. pe. C i.ne]

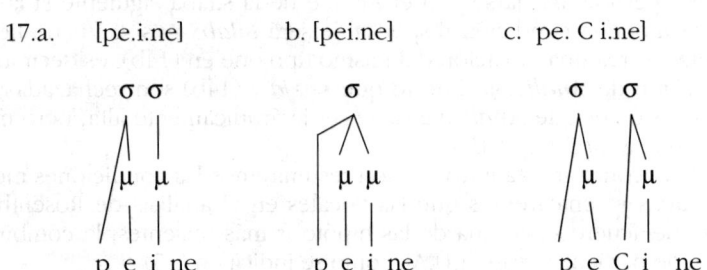

(17a) desobedece a *Ataque* (la segunda sílaba no tiene Ataque), (17c) desobedece a *Llene-C* (la consonante está vacía), (17b) desobedece a *NoDipton*. Puesto que ésta es la mejor forma, podemos deducir que *Ataque* y *LLene-C* dominan *NoDipton*. Otra posibilidad sería [p<e>i.ne] que daría lugar a una vocal larga (véase la discusión más arriba), pero es rechazada por *Analice*[73].

Como sabemos en español es posible tener secuencias de vocales, como en [to.a.ya], [re.a.li.dad], etc., si no son distintas en sonoridad. Esto es, los vocoides pueden aparecer en la misma sílaba si obedecen a *DescenSon*, que debe ser superior a *Ataque*. Si no lo fuera las secuencias de vocales —con hiato— en [to.a.ya], [re.a.li.dad], etc., serían imposibles. Por ejemplo /realidad/ se realizaría [rea.li.dad]. Tampoco puede darse [re.Δ a.li.dad] lo que muestra que *Llene* (o su variante *Llene-C)* es superior a *Ataque*, ni puede darse [re<a>.li.dad] lo que muestra que *Analice-S*[74] es superior a *Ataque*.

Por otra parte, el hecho de que no haya diptongos con dos vocoides altos, es decir [uj, uw, ij, iw], muestra que *DescenSon* es anterior a *Ataque*. Pero no hay manera de establecer un orden entre *DescenSon*, *Analice-S* y *Llene-C*, lo que sugiere que se encuentran en el

---

[72] En la presentación que sigue no haremos distinción gráfica entre vocales y deslizadas y generalmente las llamaremos vocoides.

[73] La vocal se alarga cuando va precedida y seguida de otra vocal, lo que parece indicar que *Ataque* es responsable del alargamiento.

[74] Como hemos dicho hay varios *Analice* dependiendo del elemento al que se aplica. En efecto Rosenthall llama a éste *Analice-Punto*, es decir Punto de articulación.

mismo nivel. De ser así podemos tentativamente proponer la siguiente escala de condiciones para el español:

18. {DescenSon, Analice-S, Llene}
    |
    Ataque
    |
    NoDipton

Esta escala da cuenta del hecho de que [re.a.li.dad] es la mejor forma entre las mencionadas:

19. {DescenSon, Llene-C, Analice-S}>>Ataque>>NoDipton / realidad/

Candidato	Descen	Llene-C	Analice	Ataque	NoDip
re.Ca.li.dad		*!			
re<a>.li.dad			*!		
re.a.li.dad				*	
rea.li.dad	*!				*

Recordemos ahora que los diptongos descendentes son bimoraicos, por ello impiden acentuación de antepenúltima (véase *íncauto) y no pueden tener una consonante en la misma sílaba (véase *incaunto, *incaurto), excepto [s] que hemos llamado apéndice silábico (véase cláustro). Esto se debe a una condición *BiMax* que requiere un máximo de dos moras en la sílaba.

BiMax domina a *Analice-S,* que a su vez domina a *Ataque.* Por ello una forma subyacente como /transeunte/ se realiza como [tran.se.ún.te] y no [tran.seun.te] o [tran.seu<n>.te]. En otras palabras en una sílaba no puede haber más de dos moras.

Sin embargo existen diptongos ascendentes seguidos de una consonante dentro de la misma sílaba: *muer.te, sies.ta, puen.te,* etc. Pero siempre que la consonante esté asociada con una mora, o bien la deslizada forme parte del Ataque o bien estos diptongos sean monomoraicos. La hipótesis de Harris es que son monomoraicos; la hipótesis que nosotros hemos propuesto es que forman parte del Ataque, donde, según el análisis desarrollado en el segundo capítulo, a veces son una coarticulación de la consonante del Ataque, como por ejemplo en el caso de [yiélo] y [gʷéβo]. También hemos hecho notar que los diptongos ascendentes seguidos de dos consonantes, como por ejemplo *muérs.te, no se dan porque la diptongación debería ocurrir en un núcleo con tres moras, una de la vocal y dos de las consonantes, una estructura que, independientemente de cómo se analice la diptongación, es descartada por *BiMax*. En conclusión, la estructura apropiada para estas sílabas es en nuestra opinión la (20a), y no la (20b) como sugiere Rosenthall, quien adopta la hipótesis de Harris.

20. a.   b.

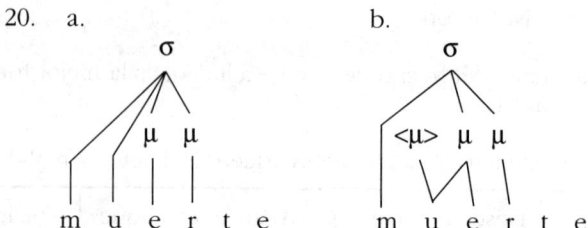

En consecuencia, si la estructura (20a) es la mejor, *Analice-µ* y *Ramifique-µ* (a las que (20b) desobedece) son más altas que otras condiciones.

Rosenthall observa que si la deslizada de un diptongo ascendente no forma parte del Ataque sino del Núcleo, la estructura del diptongo podría ser bimoraica o monomoraica. Pero no puede ser bimoraica por las razones aludidas anteriormente, por ende la estructura bimoraica debe ser rechazada por *DescenSon*. Esta debe ser por ello una condición muy alta, inclusive más alta que *Ataque*, lo que automáticamente determina que los diptongos ascendentes son siempre monomoraicos.

Este argumento está sin embargo basado en la presuposición de que el análisis de Harris es correcto. No se sostiene si adoptamos la estructura (20a). A pesar de que el argumento de Rosenthall no se sostenga no hay duda sobre la superioridad de *DescenSon* con respecto a *Ataque, Analice-µ* y *Ramifique-µ*, puesto que este orden se puede demostrar de otra manera.

Recordemos que hay otra condición llamada *AscenSon* que prohíbe secuencias monomoraicas en las que el primer vocoide es más sonoro que el segundo, por ejmplo *(au)$_\mu$, y asegura que los únicos posibles sean los del tipo (ua)$_\mu$ con el primer vocoide menos sonoro que el segundo, como supuestamente sucede en español. Ahora bien, cuando hablamos de esta condición en el apartado anterior hicimos notar que hay una contradicción entre la afirmación de Rosenthall de que esta condición forma parte de *Gen* y la conclusión nuestra de que debe ser muy baja en la jerarquía para poder dar cuenta de los diptongos ascendentes en español. Esta contradicción simplemente se disipa al adoptar nuestra hipótesis de que los diptongos ascendentes no son monomoraicos, como se muestra en (20a). En otras palabras, nuestra hipótesis corrobora la hipótesis original y más general o universal de Rosenthall de que no hay diptongos ascendentes, propuesta que Rosenthall posteriormente modifica para acomodar la hipótesis de Harris. Esta modificación nos conduce a considerar *AscenSon* muy alta y al mismo tiempo muy baja en la jerarquía de las condiciones del español. Nuestra solución a los diptongos ascendentes, según la cual el primer vocoide no está dominado por una mora, tiene la ventaja de no interferir con *AscenSon*. Esta condición simplemente no afecta a los diptongos ascendentes y podemos dejarla muy arriba en la jerarquía junto con *Ramifique-μ* que es otra condición muy alta.

3.8.5. La acentuación en español

Rosenthall adopta el análisis del acento que propone Dunlap (1991) quien como hemos visto sostiene que el pie en español es trocaico moraico. Esta configuración se logra obedeciendo a una condición llamada *FormaPie* que requiere que el pie tenga dos moras y que el acento caiga sobre la parte izquierda del pie. Pero para que el acento se coloque sobre el último pie a la derecha de la palabra (en la gran mayoría de las palabras), el español debe obedecer a la condición *Alinear* de McCarthy y Prince (1993). *Alinear* requiere que el límite derecho del pie coincida con el límite derecho de la palabra. De esta manera obtenemos la acentuación de por ejemplo *ba(táta)* y *pa(pél)*[75], palabras que Harris (1992) llama palabras tipo A. Pero esto no explica la acentuación de la penúltima en *sábado* y la penúltima en *móbil*, palabras que Harris llama tipo B. La hipótesis como sabemos es que en las palabras tipo B el último segmento no cuenta para la métrica. Esta posibilidad se debe a una condición de Prince y Smolensky (1993) llamada *No-Final* que precluye la inclusión de la última mora en el pie. La diferencia entre las palabras del tipo A, y las palabras del tipo B se explica con un orden distinto de *Alinear* y *No-Final*: en el tipo A *Alinear* domina a *No-Final*, en el tipo B es al revés[76]. Observemos que la imposibilidad de tener acento en la antepenúl-

---

[75] Los paréntesis indican *grosso modo* los pies.
[76] Si esto es cierto, como en efecto parece ser el caso, tenemos que asumir que ciertas condiciones pueden tener un orden distinto según el tipo de palabra. Lo que equivale a decir que las palabras B lexicalmente están marcadas como distintas (de las normales" A).

tima se deduce de estas condiciones: si el acento se colocara sobre una antepenúltima, *Alinear* sería desobedecida dos veces (lo que es menos armónico que una sola vez, que es lo que ocurre en las palabras tipo B).

Notemos ahora que la imposibilidad de tener acento en la antepenúltima cuando la penúltima es Pesada, se debe a las condiciones mencionadas. Si por ejemplo /kanasta/ es una palabra tipo B, entonces *No-Final* seguida de *Alinear* y *FormaPie* nos da un acento sobre la penúltima, que es bimoraica *(v.gr.* Pesada); si es una palabra tipo A entonces *Alinear* provoca una violación de *FormePie,* y el resultado es *ca(nasta)* que tiene un pie con tres moras. La conclusión es que la solución correcta es la primera.

Resumiendo, las jerarquías son las de (21), y están ejemplificadas en (22) y (23):

21. **Palabras tipo A**: FormePie >> Alinear >> No-Final
    Palabras tipo B: {FormePie, No-Final} >> Alinear

22. FormePie>>Alinear>>No-Final / kalabasa /

Candidato	FormeP	Alinear	No-Final
ka.la.(bá.sa)			*
ka.(lá.ba.)sa		*!	
(ká.la.)ba.sa		**!	

23. FormePie, No-Final>>Alinear /sabado/

Candidato	FormeP	No-Final	Alinear
sa.(bá.do)		*!	
(sá.ba.)do			*
sa.ba(dó)	*!		

Este análisis sin embargo deja sin explicar la acentuación de palabras como *tímpano,* que aun en el caso de que se cosidere una palabra tipo B, no puede ser metrificada *(tím.pa.)no* (esta sería una violación de *FormePie)*. La solución que propone Rosenthall consiste en asumir que la segunda sílaba no está metrificada, esto es, no está incluida en un pie. De manera que la metrificación de *tímpano* sería *(tim.)pa.no*. Con esta presuposición la forma *(tim.)pa.no* contendría una sola violación, la de Alinear, como en el caso de *(sá.ba.)do*. La presuposición de Rosenthall coincide con la que se hizo al analizar la acentuación en español por medio de un pie trocaico silábico desigual (véase 3.6.2.). En ese análisis la vocal de la segunda sílaba de palabras esdrújulas es una vocal breve que no recibe un "semigolpe", como cualquier otra vocal de una Rima Ligera.

Para concluir, quisiéramos señalar que Rosenthall extiende el análisis de la acentuación a los casos de palabras con diptongo, incorporando el análisis presentado en el apartado anterior. Su análisis es muy detallado y complejo, por lo menos en comparación con el que hemos ofrecido en la sección anterior. Pero ello sobrepasa los objetivos que nos hemos fijado aquí de hacer una breve presentación de los aspectos esenciales de la TOptimalidad.

Bibliografía

ALARCOS LLORACH, E., *Fonología española,* Madrid, Gredos, 1976.
ALLEN, M., *Morphological Investigations,* Tesis doctoral, University of Connecticut, 1978.
ÁLVAREZ GONZÁLEZ, J. A., *Vocalismo español y vocalismo inglés,* Madrid, Universidad Complutense de Madrid, 1980.
ANTÓN-GONZÁLEZ, M., *Sociolinguistic Aspects of Post-Nuclear Phonological Phenomena in Asturian,* Tesis doctoral, University of Massachusetts, Amherst, 1994.
ARCHANGELI, D., *Underspecification in Yawelmani Phonology and Morphology,* Nueva York, Garland, 1984.
—, "Aspects of Underspecification Theory", *Phonology* 5, 1988, págs. 183-208.
BEKESY, G. von, "El oído", en *Psicología fisiológica,* Selecciones de Scientific American, H. Blume Ed., 1979, págs. 316-325.
BORZONE DE MANRIQUE, A. Mª., *Manual de fonética acústica,* París, Hachette, 1980.
CAIRNS, C. E. y FEINSTEIN, M. H., "Markedness and the Theory of Syllable Structure", LI 13, 1982, págs. 193-226.
CEDERGREN, H., "En torno a la variación de la S final en Panamá: análisis cuantitativo", CADCH, 1978, págs. 37-50.
—, "La elisión de la /d/: un ensayo de comparación dialectal", BAPLE 7, 2: 1979, págs. 19-29.
CLEMENTS, G., "Spanish Epenthesis and Stress", en *Working Papers in Linguistics* 3, Seattle, University of Washington Press, 1977, págs. 9-33.
—, "The geometry of phonological features", *Phonology,* 2, 1985, páginas 225-252.
—, "Towards a substantive theory of feature specification", ponencia presentada en el UCLA Symposium on Segment Structure, octubre, 1987.
CLEMENTS, G. y KEYSER, S. J., *CV Phonology: A Generative Theory of the Syllable,* Cambridge, MA, MIT Press, 1983.
CRESSEY, W., *Spanish Phonology and Morphology: A Generative View,* Washington, DC, Georgetown University Press, 1978.
D'INTRONO, F., "Análisis sociolingüístico del español de Caracas: un fenómeno

suprasegmental", en Rojas, M.T. *et al.*(ed.), *Actas del IV Congreso de la ALFAL*, Caracas, Universidad Central de Venezuela, 1985.
—, "La estructura segmental", ms. University of Massachusetts, 1988.
—, "Aspectos del consonantismo posnuclear caribeño: Teoría y análisis", en *Actas del II Congreso Internacional del Español de América*, Valladolid, Universidad de Valladolid, 1992.
D'Introno, F. *et al.*, "A Sociolinguistic Study of Postnuclear stops in Caracas Spanish", ms. University of Massachusetts, 1990.
D'Introno, F. y Guitart, J., "Consonantes posnucleares y la estructura segmental X-barra", ponencia presentada en el 12th Linguistic Symposium on Romance Languages, Boston MA, 1985.
D'Introno, F., Iuliano, R. *et al.*, "Un estudio sociolingüístico sobre el español de Caracas", en *Letras*, Caracas, Instituto Universitario Pedagógico, 36, 1979, págs. 97-106.
D'Introno, F., Rojas, N. y Sosa, J., "Estudio sociolingüístico de las líquidas en posición final de sílaba y final de palabra en el español de Caracas", en *Boletín de la Academia Puertorriqueña de la Lengua Española*, VII, 1979, págs. 59-100.
D'Introno, F. y Sosa, J., "Elisión de la /d/ en el español de Caracas: aspectos sociolingüísticos e implicaciones teóricas", en *Anuario de la Escuela de Letras*, Caracas, Universidad Central de Venezuela, 1979, págs. 33-61.
D'Introno, F., Sosa, J. y Ortiz, J., "Elisió de nasal o nasalizació de vocal en caraqueño", en Hammond, R. y Resnick, M. (eds.), *Studies in Caribbean Spanish Dialectology*, Washington D.C., Georgetown University Press, 1988.
Dunlap, E., *Issues in the Moraic Structure of Spanish*, Tesis doctoral, University of Massachusetts, Amherst, MA, GLSA, 1991.
Fant, G., *Acoustic theory of speech production*, Mouton, 1970.
Feinstein, M. H., "Prenasalization and Syllable Structure", *LI* 10, 1979, páginas 245-278.
Fry, D. B. (ed.), *Acoustic Phonetics*, Cambridge, Cambridge University Press, 1976.
Goldsmith, J., *Autosegmental Phonology*, Cambridge, MA, MIT, Tesis doctoral divulgada por Indiana University Linguistics Club, 1976.
Guitart, J. M., "On the True Environment for Weakening and Deletion in Consonant Weak Dialects", ponencia presentada en la Conference on Non-English Language Variation in the Western Hemisphere, University of Louisville, Kentucky, 1979.
—, "En torno a la sílaba como entidad fonemática en los dialectos del Caribe hispánico", ponencia presentada en el V Simposio de Dialectología del Caribe Hispánico, Caracas, Venezuela, 1980a.
—, "Some Theoretical Implications of Liquid Gliding in Cibaeño Dominican Spanish", en Contreras, H. y Klausenburger, J. (eds.), *Proceedings of the Tenth Anniversary Symposium in Romance Linguistics* [Supplement II to *Papers in Linguistics* 3.], Seattle, University of Washington Press, 1980b, págs. 223-228.
Halle, M. y Vergnaud, J. R., "Metrical Structures in Phonology", ms. MIT, Cambridge, MA, 1978.

—, "Three Dimensional Phonology", *Journal of Linguistic Research* 1, 1980, págs. 83-105.
—, *An Essay on Stress,* Cambridge, MA, MIT Press, 1987.
HARRIS, J. W., *Spanish Phonology,* Cambridge, MA, MIT Press, 1969.
—, *Syllable Structure and Stress in Spanish: A Nonlinear Analysis,* Cambridge, MA, MIT, Press, 1983.
—, "Spanish Diphthongization and Stress: A Paradox Resolved", Ewen, C. y Anderson, J. (eds.), *Phonology Yearbook* 2, Cambridge, Cambridge University Press, 1985.
—, "The Geometry of Phonological Segments: Evidence from Spanish", ponencia presentada en la Louisiana Conference on Hispanic Languages and Literatures, Louisiana State University, Baton Rouge, LA, febrero, 1988.
—, *Spanish Stress: the Extrametricality Issue,* Bloomington, IN, Indiana University Linguistics Club, 1992.
HAYES, B., *Metrical Stress Theory,* Chicago, University of Chicago Press, 1995.
HOCKETT, C., *A Manual of Phonology,* Baltimore, Waverly Press, 1955.
HOOPER, J. y TERRELL, T., "Stress Assignment in Spanish", *Glossa* 10, 1976, páginas 64-110.
HÖRMANN, H., *Psicología del lenguaje,* Madrid, Gredos, 1973.
HUALDE, J.I., "Procesos consonánticos y estructuras geométricas en español", en *Lingüística,* I, 7-44, Caracas, ALFAL, 1989.
HYMAN, L. M., *A Theory of Phonological Weight,* Dordrecht, Foris, 1986.
ITÔ, J., *Syllable Theory in Prosodic Phonology,* Tesis doctoral, University of Massachusetts, Amherst, 1986.
—, "A Prosodic Theory of Epenthesis" *Natural Language and Linguistic Theory* 7, 1989, págs. 217-260.
JACKOBSON, R., "Observations sur le classement phonologique des sons", *Proceedings of the Third International Congress of Phonetic Sciences,* Ghent, 1939.
—, 1962. *Selected Writings* I, La Haya, Mouton.
JACKOBSON, R. y HALLE, M., *Fundamentos del lenguaje,* Ayuso, 1974.
JACKOBSON, R., FANT, G. y HALLE, M., *Preliminaries to Speech Analysis,* Cambridge, MA, MIT Press, 1961.
JIMÉNEZ SABATER, M., *Más datos sobre el español de la República Dominicana,* Santo Domingo, INTEC, 1975.
KAYE, J. y LOWENSTAM, J., "De la syllabicité", Del F. *et al.* (eds.), *Forme sonore du langage,* París, Hermann, 1984, págs. 123-59.
KENSTOWICS, M., *Phonology in Generative Grammar,* Cambridge, MA, Blackwell, 1993.
KENSTOWICS, M. y KISSEBERTH, C., *Generative Phonology: Description and Theory,* Nueva York, Academic Press, 1979.
KIPARSKY, P., "Elsewhere in Phonology", Anderson, S. y Kiparsky, P. (eds.), *A Festschrift for Morris Halle,* Nueva York, Holt Rinehart y Winston, 1973, págs. 93-106.
—, "Remarks on the Metrical Structure of the Syllable", en Dressler, W. *et al.* (eds.), *Phonologica 1980,* Innsbruck, 1981.
—, "Lexical Phonology and Morphology", Yang, I. S. (ed.), *Linguistics in the morning calm,* Seúl, Hanshin, 1982, págs. 3-91.

LAMONTAGNE, G., *Syllabification and Coocurance Restrictions,* Tesis doctoral, University of Massachusetts, Amherst, 1993.
LEVIN, J., *A Metrical Theory of Syllabicity,* Tesis doctoral, MIT, Cambridge, MA, 1985.
LIEBERMAN, Ph. & BLUMSTEIN, Sh. E., *Speech physiology, speech perception, and acoustic phonetics,* Cambridge, Cambridge University Press, 1988.
LINDSAY, P. H., y NORMAN, D. A., *Introducción a la psicología cognitiva,* Madrid, Tecnos.
LOMBARDI, L., "The Nonlinear Organization of the Affricate", *Natural Language and Linguistic Theory,* 1990, págs. 8.375-426.
—, "On the Representation of the Affricate", *UMASS Occasional Papers,* 13 University of Massachusetts, Amherst, 1990.
—, *Laryngeal Features and Laryngeal Neutralization,* Tesis doctoral, University of Massachusetts, Amherst, MA, GLSA, 1991.
MADDIESON, I., *Patterns of Sounds,* Cambridge, Cambridge University Press, 1984.
MALMBERG, B., *La fonética,* Buenos Aires, Ed. Universitaria de Buenos Aires, 1976.
—, *Lingüística estructural y comunicación humana,* Madrid, Gredos, 1974.
MARANTZ, A., "Re reduplication", *LI* 13, 1982, págs. 435-82.
MARTÍNEZ CELDRÁN, E., Fonética, Madrid, Teide, 1983.
—, *Fonética experimental: Teoría y Práctica,* Madrid, Síntesis, 1991.
MASCARÓ, J., *Catalan Phonology and the Phonological Cycle,* Tesis doctoral, MIT, Cambridge, MA. Distributed by Indiana University Linguistics Club, 1976.
—, "Phonological Levels and Assimilatory Processes", ms. Universitat Autónoma de Barcelona, 1983.
—, "A reduction and spreading theory of voicing and other sound effects", ms. Universitat Autónoma de Barcelona, 1987.
MESTER, A., *Studies in Tier Structure,* Tesis doctoral, University of Massachusetts, Amherst, 1986.
MCCARTHY, J. J., "Theoretical Consequences of Montañes Vowel Harmony", *LI* 15.2, 1984, págs. 291-318.
—, "OCP Effects: Gemination and Antigemination", *LI* 17.3, 1986, págs. 207-63.
—, "Feature Geometry and Dependency, a Review", *Phonetica* 43, 1988, págs. 84-108,
MCCARTHY, J. J y PRINCE, A., *Prosodic Morphology,* ms. University of Massachusetts, Amherst and Brandeis University, 1986.
—, "Foot and Word in Prosodic Morphology: The Arabic Broken Plural", *Natural Language and Linguistic Theory* 8, 1990, págs. 209-283.
—, *Prosodic Morphology I: Constraint Interaction and Satisfaction,* ms. University of Massachusetts Amherst, & Rutgers University, 1994.
MOHANAN, K. P., *Lexical Phonology,* Tesis doctoral, MIT, Cambridge, MA., Dordrecht, Reidel, 1982.
—, "The Structure of the Melody", ms. MIT, 1983.
MORAVCSIK, E., "Reduplicative Constructs", en Greenberg, J. (ed.), *Universals of Human Language,* vol 3., Stanford, CA, Stanford University Press, 1978, págs. 297-334.
NAVARRO TOMÁS, T. *Manual de pronunciación española,* Madrid, Gredos, 1965.
NUÑEZ CEDEÑO, R., *El español en Santo Domingo y la fonología moderna,* Santo Domingo, Editora Taller, 1979.

—, "Stress Assignment and Spanish Verb Forms", Nuessel, F. (ed.), *Current Issues in Hispanic Phonology and Morphology,* Bloomington IN, Indiana University Linguistics Club, 1985.
—, *Morfología de la sufijación española,* Santo Domingo, Publicaciones de la Universidad Nacional Pedro Henríquez Ureña, 1993.
PIERREHUMBERT, J., *The Phonology and Phonetics of English Intonation,* Tesis doctoral, MIT, Cambridge, MA, 1980.
PIKE, K. Y PIKE, E., "Immediate Constituents of Mazateco Syllables", *International Journal of American Linguistics* 13, 1947, págs. 78-91.
PRINCE, A Y SMOLENSKY, P., *Optimality Theory,* ms. Rutgers University, 1993.
PULLEYBLANK, D., *Tone in Lexical Phonology,* Dordrecht, Reidel, 1986.
QUILIS, A., *Fonética acústica de la lengua española,* Madrid, Gredos, 1981.
—, *Tratado de fonética y fonología españolas,* Madrid, Gredos, 1993.
RICE, K. y AVERY, P., "On the Interaction between Sonorance and Voicing", ponencia presentada en el Colloquium on Phonology MIT, Cambridge, MA, 1989.
—, "On the Relationship between Laterality and Coronality", Paradis, C. y Prunet, J.-F. (eds.), *The Special Status of Coronals,* Nueva York, Academic Press, 1991, págs. 101-24.
ROCA, I., *Generative Phonology,* Nueva York, Routledge, 1994.
ROJAS, N., "Sobre la semivocalización de las líquidas en el español cibaeño", en *El español del caribe,* República Dominicana, Universidad Católica Madre y Maestra, 1982, págs. 271-288.
ROSENTHALL, S., *Vowel/Glide Alternation in a Theory of Constraint Interaction,* Tesis doctoral, University of Massachusetts, Amherst, MA, GLSA, 1994.
SAGEY, E., *The Representation of Features and Relations in Non-Linear Phonology,* Tesis doctoral, MIT, Cambridge, MA, 1986.
SAPORTA, S. y CONTRERAS, H., *A Phonological Grammar of Spanish,* Seattle, University of Washington Press, 1962.
SELKIRK, E. O., "Prosodic Domains in Phonology: Sanscrit Revisited", Aronoff M. y Kean, M.L. (eds.), *Juncture: A Collection of Original Papers,* Saratoga CA, ANMA Libri, 1980, págs. 107-129.
—, "The Role of Prosodic Categories in English Word Stress", *LI* 11, 4, 1980, págs. 563-605.
—, "The Syllable", van der Hulst y Smith (eds.), *The Structure of Phonological Representations,* vol I, 1982, págs. 337-384.
—, *Phonology and Syntax,* Cambridge, MA, MIT Press, 1984.
—, "A Two Root theory of Length", Padgett, J. y Dunlap, E. (eds.), *University of Massachusetts Occasional Papers in Linguistics 14,* GLSA, University of Massachusetts, Amherst, 1990.
SHERER, T., *Prosodic Phonotactics,* Tesis doctoral, University of Massachusetts, Amherst, MA, GLSA.
SIEGEL, D., *Topics in English Morphology,* Tesis doctoral, Nueva York, Garland, 1974.
SOSA, J., *Fonética y Fonología de la entonación del español hispanoamericano,* Tesis doctoral, University of Massachusetts, Amherst, 1991.
STERIADE, D., *Greek Prosodies and the Nature of Syllabification,* Tesis doctoral, Nueva York, Garland, 1982.

TESTUT, L. y LATARJET, A., *Tratado de anatomía humana,* Tomo III, Barcelona, Salvat, 1976.
TIPLET, P. A., *Física,* 2 vols., Reverté, 1978.
TRUBETSKOY, N.S., *Grünzuge der Phonologie,* Praga, Travaux du Cercle Linguistique de Prague, 1939.
WESTON, R. y D'INTRONO, F., "V/C Assimilation in Bable and Barese", ponencia presentada en el 4º Coloquio de Gramática Generativa, Tarragona, marzo, 1994.
ZAMORA MUNNÉ, J. C. y GUITART, J. M., *Dialectología Hispanoamericana,* Salamanca, Ediciones Almar, 1982.

Índice de materias

acento, 156-173, 411-414
  tonal, 440
  desplazamiento del , 163
alófono, 139-143, 147
alomorfo, 323
alveolarización, 375
amplitud, 30
análisis de Fourier, 24, 37, 39
armónicos, 36
articulación, 83-85, 110, 114, 144, 272
  punto de, 144-145
  modo de, 145-146
asimilación, 140, 262, 267, 303, 343-348, 376
asociación, 350, 359
autosegmental, 348

banda,
  ancha, 89
  estrecha, 89
beles, 32

choque,
  elástico, 19-21
  inelástico, 19-21
ciclicidad estricta, 397, 422
ciclo, 28
coarticulación, 272, 383
Condición de la Preservación de la Estructura (CPE), 373-374
conjunción, 249-257

consonantes, 259
consonantización, 242, 246, 254-257
competencia lingüística, 316, 318
curva sinusoidal, 27-28

decibelio, *véase* beles
derivación, 184, 204, 328
deslizadas, 241
deslizamiento, 166, 206, 212-224, 241
diptongo, 207
diptongación, 225-231
disociación, 350, 359

e epentética, 26, 387-393
elasticidad, *véase* cuerpos elásticos
elevación, 218, 224-228
elongación, 30
energía, 15-17
  cinética, 17
  mecánica, 17-18
enmascaramiento, 75
entonación, 436-442
  cabeza de la, 437
  núcleo de la, 437
  pretonema, 440
  tonema, 440
escala de sonoridad, 234, 406
esqueleto CV, 360, 355, 386, 388, 393-394
esqueleto x, 394-395
espectro, 39
  continuo, 39
  discontinuo, 39

estructura segmental, 355, 370, 372
estructura silábica, 231, 241, 390, 400, 403, 411, 447-455
    Ataque de la, 235
    Núcleo de la, 235
    Rima de la, 235
extrasilabicidad, 388-389

filtro, *véase* resonancia
física,
    compresión (en las ondas), 22
    de los cuerpos elásticos, 19, 33
fonación, 81, 83
fonema, 139, 143, 147
    vocálico, 144
    consonántico, 144-146
fono, 69-70
fonología léxica, 397, 399
    no-derivacional, 442
frecuencia, 28-30
    e intensidad, 29-31
    fundamental, 36, 127-129
    y tono, 28, 33
fuerza, 14-15

geminación, 262

hertzio, 29
hiato, 209
homorgánico, 262

intensidad, 30-31

lexema, 162
léxico, 159, 162
linde silábico, 174
longitud de onda, 22

mel, 29, 69-70
melodía segmental, 352, 372-373
membrana basilar, 66-68
movimiento armónico, 25-26
morfema, 159
morfología templática, 351 391-396
mora, 396-398, 408-411, 432-435, 452
    cabeza de la, 396-417

oído,
    externo, 73
    interno, 65-66
    medio, 64-65
onda, 21-24
    aperiódica, 39-40
    compleja, 34-36
    longitudinal, 22
    sonora, 21-24
    transversal, 22
optimalidad,
    teoría de la, 444-445, 448

palabra mínima, 162, 340
par mínimo, 143
período, 28
pie, 396, 437
    trocaico silábico desigual, 416
potencia, 18
presión, 18
Principio del Contorno Obligatorio (OCP), 365
Prohibición de las Líneas Cruzadas, 350-351, 372-373

rarefacción (en las ondas), 22
rasgo, 149, 154, 202-203, 328
    distintivo, 269-270, 320-321
    redundante, 320-321
regla,
    de acentuación, 152, 202-203, 411-434, 459-461
    morfológica, 323-324, 331-336, 372-373
    fonológica, 147-154, 300, 336
        redundante, 150-152, 326
        por defecto, 164, 372-373
régimen, 243
representación fonémica, 280-295
resilabeo, 394
resonador, *véase* resonancia
resonancia, 34
respiración, 79
ruidos, 75

segmento, 189
sílaba, 156, 384-391, 400-401
    fuerte, 156, 385
    débil, 156, 385

silabificación, 340, 388, 393-394
sinalefa, 224
sinéresis, 209
sonoridad, 145, 234, 260-274
  espontánea, 146
sordez, 145
sufijo, 159, 162, 398

timbre, 128, 146-156
tono, 28-29
trabajo, *véase* energía

transformación, 147

variación, 380, 383
vocalización, 212
vocales, 155, 173-258
  orales, 142
  nasalizadas, 142

yeísmo, 384, 435-436
      representación fonémica, 280, 295-303

Índice de tablas

I. Esquema de los alófonos vocálicos del español 103

II. Vocales del español y sus alófonos 104-105

III. Esquema de los alófonos consonánticos del español 118-119

IV. Consonantes del español y sus alófonos 120-121

V. Articulaciones de los sonidos del español 136-137

Índice

PRESENTACIÓN 9

Capítulo I
LA FONÉTICA EN LOS ESTUDIOS DEL LENGUAJE

1.1. INTRODUCCIÓN 11

1.2. LOS FENÓMENOS ONDULATORIOS Y LAS ONDAS SONORAS 14

    1.2.1. Breve memento terminológico: fuerza, energía, potencia, presión 14
    1.2.2. Choques elásticos y cuerpos elásticos 19
        1.2.2.1. El choque perfectamente elástico 19
        1.2.2.2. Los medios elásticos 20
    1.2.3. Las ondas sonoras 21

1.3. EL SONIDO Y SUS COMPONENTES 24

    1.3.1. Las ondas simples 24
        1.3.1.1. El movimiento armónico simple 25
            1.3.1.1.1. Concepto 25
            1.3.1.1.2. Representación gráfica: la curva sinusoidal 27
        1.3.1.2. Descripción de la onda simple: la frecuencia 28
        1.3.1.3. Descripción de la onda simple: la intensidad 30
    1.3.2. La resonancia 33
    1.3.3. Las ondas complejas 34
        1.3.3.1. Concepto 34
        1.3.3.2. Frecuencia fundamental y armónicos 36
        1.3.3.3. Ondas complejas y resonancia. Espectros y análisis de Fourier 37
    1.3.4. Ondas no periódicas 40

1.3.5. El timbre 42
    1.3.5.1. Concepto 42
    1.3.5.2. Sonidos formánticos 43
    1.3.5.3. Ruidos 46
1.3.6. Las muestras espectrográficas 47
    1.3.6.1. Espectrogramas en banda ancha y en banda estrecha .. 48
    1.3.6.2. Secciones 51
    1.3.6.3. Curva de intensidad 53
    1.3.6.4. El análisis espectrográfico con equipos informatizados.. 53
        1.3.6.4.1. Operaciones 53
        1.3.6.4.2. Soporte de la información 59
        1.3.6.4.3. Tiempo de análisis 60

1.4. LA RECEPCIÓN DEL SONIDO 61

1.4.1. La estimulación acústica: breve descripción del oído y la audición........... 62
    1.4.1.1. El oído externo 63
    1.4.1.2. El oído medio 64
    1.4.1.3. El oído interno 65
        1.4.1.3.1. Cóclea y líquidos linfáticos 65
        1.4.1.3.2. La membrana basilar 66
1.4.2. La percepción de los componentes sonoros 68
    1.4.2.1. Frecuencia e intensidad 68
        1.4.2.1.1. Meles y fonos 69
    1.4.2.2. Las secuencias acústicas y su procesamiento 70
        1.4.2.2.1. Sonidos discriminables y sonidos identificables ... 70
        1.4.2.2.2. La memorización de los datos acústicos 71
        1.4.2.2.3. Segmentación y codificación de la cadena acústica 72
    1.4.2.3. El enmascaramiento 75
        1.4.2.3.1. Factores físicos implicados en el enmascaramiento 76
        1.4.2.3.2. Factores sicolingüísticos implicados en el enmascaramiento 77

1.5. LA PRODUCCIÓN DE LOS SONIDOS DEL HABLA 78

1.5.1. La respiración 79
1.5.2. La fonación 81
1.5.3. La articulación 83

1.6. LOS SONIDOS DEL HABLA. BREVE DESCRIPCIÓN DE LOS ALÓFONOS DEL ESPAÑOL ... 85

1.6.1. Los sonidos del habla: vocales y consonantes 85
1.6.2. Los sonidos vocálicos del español 88
    1.6.2.1. Los formantes vocálicos y las cartas de formantes 89
    1.6.2.2. La altura del primer formante 90
    1.6.2.3. La altura del segundo formante 91
    1.6.2.4. Clasificación de las vocales 92
        1.6.2.4.1. Densas/difusas. Abiertas/cerradas 92

1.6.2.4.2. Graves/agudas. Velares/palatales 94
1.6.2.4.3. Bemolizadas/sostenidas. Labializadas/deslabializadas 95
1.6.2.4.4. Nasales/orales 96
1.6.2.5. Vocales átonas 97
1.6.2.6. Vocales en contexto 98
1.6.2.6.1. Vocales aisladas y vocales en secuencias 98
1.6.2.6.2. Hiatos y diptongos 102
1.6.3. Los sonidos consonánticos del español 106
1.6.3.1. Las transiciones formánticas 106
1.6.3.2. La fuente de sonido. Consonantes sordas y consonantes sonoras 107
1.6.3.3. Modo de articulación 110
1.6.3.3.1. Interruptas/continuas. Oclusivas, africadas/fricativas 111
1.6.3.3.2. Nasales 113
1.6.3.3.3. Líquidas 113
1.6.3.4. Punto de articulación 114
1.6.3.4.1. Difusas/densas 115
1.6.3.4.2. Graves/agudas 115
1.6.3.4.3. Clasificación de las realizaciones consonánticas según las oposiciones denso/difuso y grave/agudo 116
1.6.3.4.4. Estridentes/mates 116
1.6.3.4.5. Tensas/flojas 117

1.7. LOS RASGOS PROSÓDICOS 121

1.7.1. Los hechos fónicos de dimensión contrastiva. Función distintiva y función culminativa 123
1.7.1.1. Carácter contrastivo de los rasgos prosódicos 123
1.7.1.2. Función distintiva y función culminativa 124
1.7.2. Los rasgos prosódicos del español: el acento y la sílaba 125
1.7.2.1. El acento 126
1.7.2.1.1. Timbre y acento 126
1.7.2.1.2. La intensidad 127
1.7.2.1.3. La frecuencia fundamental 127
1.7.2.1.4. La cantidad 129
1.7.2.2. La sílaba 129
1.7.3. La entonación 131
1.7.3.1. Naturaleza fonética de la curva melódica 131
1.7.3.2. Significado y usos de la curva de entonación 132

Capítulo II
FONEMAS Y ALÓFONOS DEL ESPAÑOL

2.1. LOS FONEMAS 139

2.1.1. Fonemas vocálicos 144
2.1.2. Fonemas consonánticos 144

475

2.2. Hacia una interpretación fonológica de TNT 146
2.3. Regla fonológica 148
2.4. Las vocales 156

    2.4.1. El acento 156
        2.4.1.1. El acento primario 157
        2.4.1.2. Acento secundario y acento terciario 169
    2.4.2. Vocales anteriores 173
        2.4.2.1. La vocal alta /i/ 173
        2.4.2.2. La vocal media /e/ 186
    2.4.3. Vocales posteriores 193
        2.4.3.1. La vocal media /o/ 193
        2.4.3.2. La vocal alta /u/ 196
    2.4.4. La vocal central /a/ 198
    2.4.5. Adecuación del análisis 202
        2.4.5.1. Reglas 202
        2.4.5.2. Derivaciones 204

2.5. Deslizadas y diptongos 206

    2.5.1. Semivocales y semiconsonantes 206
    2.5.2. Diptongos y triptongos 207
    2.5.3. Hiato y sinérisis 208
    2.5.4. Sinalefa 224
    2.5.5. Elevación y Diptongación morfofonológicas 225
    2.5.6. Aspectos de la estructura silábica 231
    2.5.7. Consonantización de las deslizadas 241
        2.5.7.1. La deslizada [j] 241
        2.5.7.2. La conjunción "y" 249
        2.5.7.3. Consonantización de [w] 254
        2.5.7.4. La conjunción "u" 257

2.6. Las consonantes 259

    2.6.1. Introducción 259
        2.6.1.1. Explosión e implosión 259
        2.6.1.2. Tensión muscular 259
        2.6.1.3. Sonoridad e intensidad 260
    2.6.2. Las oclusivas sordas 260
        2.6.2.1. Realizaciones de /p/ 261
        2.6.2.2. Realizaciones de /t/ 263
        2.6.2.3. Realizaciones de /k/ 264
        2.6.2.4. Una hipótesis más general 265
        2.6.2.5. Rasgos binarios y rasgos graduales 269
    2.6.3. Las oclusivas sonoras 274
        2.6.3.1. Realizaciones de /b/ 274
        2.6.3.2. Realizaciones de /d/ 278
        2.6.3.3. Realizaciones de /g/ 279

2.6.3.4. La cuestión de la representación fonémica 280
2.6.3.5. Realización de las obstruyentes sonoras 282
2.6.3.6. Tres hipótesis sobre las obstruyentes sonoras 285
2.6.4. Consonantes anteriores 288
2.6.4.1. Realizaciones de /f/ y /θ/ 288
2.6.4.2. Las consonantes alveolares 289
2.6.4.3. Las consonantes palatales 304
2.6.5. Las consonantes nasales 308
2.6.5.1. Realizaciones de /n/ 308
2.6.5.2. Realizaciones de /m/ 311
2.6.6. Las consonantes /χ/ y /h/ 313
2.6.6.1. Articulación de /χ/ 313
2.6.6.2. Articulación de /h/ 313

Capítulo III
FONOLOGÍA GENERATIVA

3.1. La fonología generativa SPE 315

3.1.1. Introducción 315
3.1.2. Los rasgos en el modelo SPE 327
3.1.3. Los rasgos en la fonología del español 328
3.1.4. Las reglas en el modelo SPE 336
3.1.5. Neutralización de punto de articulación 341
3.1.6. Asimilación de nasal y lateral 343

3.2. La fonología autosegmental 348

3.2.1. Introducción 348
3.2.2. Algunas propuestas sobre la estructura segmental 355
3.2.2.1. La estructura de Clements 358
3.2.2.2. La estructura de Sagey 362
3.2.2.3. La estructura de McCarthy 365
3.2.3. Una hipótesis sobre la estructura segmental 370
3.2.3.1. Procesos y condiciones 372
3.2.3.2. Efectos y consecuencias de la hipótesis 374
3.2.3.3. Asimilación de lateral y nasal 376
3.2.3.4. Otros procesos que afectan a las nasales 379
3.2.3.5. Observaciones sobre obstruyentes sonoras y laterales .. 383

3.3. La fonología CV 384

3.3.1. Introducción 384
3.3.2. Clements y Keyser 386
3.3.3. Los constituyentes prosódicos y la morfología templática 391

3.4. La fonología léxica 397

3.5. La sílaba en la fonología española actual 400

    3.5.1. Introducción 400
    3.5.2. Una estructura silábica sin Coda 403
    3.5.3. Una estructura silábica sin Rima 407

3.6. El acento en la fonología española actual 411

    3.6.1. Introducción 411
    3.6.2. El análisis métrico 415
    3.6.3. El análisis de Harris 424
    3.6.4. El análisis de Dunlap 432

3.7. La entonación 436

    3.7.1. Introducción 436
    3.7.2. La entonación en la fonología generativa 439

3.8. La fonología no-derivacional 442

    3.8.1. Introducción 442
    3.8.2. La Teoría de la Optimalidad 443
    3.8.3. Condiciones para la estructuración silábica 447
    3.8.4. Silabificación en español 456
    3.8.5. La acentuación en español 459

Bibliografía 463

Índice de materias 469
Índice de tablas 472